한국 과학기술 연구체제의 진화

"이 저서는 2010년도 대한민국 교육부와 한국학중앙연구원(한국학진흥사업단)을 통해 한국학 특정분야 기획연구 (한국과학문명사) 사업의 지원을 받아 수행된 연구임."(AKS-2010-AMZ-2101)

한국 과학기술 연구체제의 진화

ⓒ 전북대학교 한국과학문명학연구소 2017

초판 1쇄 발행일 2017년 4월 25일

지 은 이 문만용

출판책임 박성규
편   집 유예림 · 현미나 · 남은재
디 자 인 조미경 · 김원중
마 케 팅 나다연 · 이광호
경영지원 김은주 · 박소희
제   작 송세언
관   리 구법모 · 엄철용

펴 낸 곳 도서출판 들녘
펴 낸 이 이정원
등록일자 1987년 12월 12일
등록번호 10-156
주   소 경기도 파주시 회동길 198
전   화 마케팅 031-955-7374 편집 031-955-7381
팩시밀리 031-955-7393
홈페이지 www.ddd21.co.kr

I S B N 979-11-5925-213-6(94910)
         979-11-5925-113-9(세트)

「이 도서의 국립중앙도서관 출판예정도서목록(CIP)은 서지정보유통지원시스템 홈페이지(http://seoji.nl.go.kr)와 국가자료공동목록시스템(http://www.nl.go.kr/kolisnet)에서 이용하실 수 있습니다.(CIP제어번호: CIP2017009508)」

한국의 과학과 문명 009

한국 과학기술 연구체제의 진화

문만용 지음

들녘

지은이 문만용

서울대학교 생물교육과를 졸업했으며, 같은 대학 대학원 과학사 및 과학철학 협동과정에서 한국과학사로 석사 및 박사학위를 취득했다. 전북대학교 쌀·삶·문명연구원의 인문한국(HK)교수를 지냈으며, KAIST 연구교수를 거쳐 현재 전북대학교 한국과학문명학연구소 부소장이자 교수로 재직하고 있다. 1960~70년대를 중심으로 한국 과학기술의 압축적 성장 과정에 관심을 두고 있으며, 생물학 및 농업 등 한국 과학기술의 토착적 특성이 잘 드러나는 분야의 역사에 대해서도 연구를 하고 있다. 최근에는 장기간에 걸친 현대일기를 통해 한국의 압축적 근대화를 분석하는 연구팀에도 참여하고 있다. 저서로 『한국의 현대적 연구체제의 형성: KIST의 설립과 변천, 1966~1980』, 『한국 근대과학 형성과정 자료』(공저) 등이 있으며, "Understanding Compressed Growth of Science and Technology in South Korea: Focusing on Public Research Institutes", "Becoming a Biologist in Colonial Korea: Cultural Nationalism in a Teacher-cum-Biologist", "The Dual Green Revolutions in South Korea: Reforestation and Agricultural Revolution under the Authoritarian Regime" 등의 논문을 발표했다.

일러두기

■ 이 책에 등장하는 한국 과학기술자 및 과학기술정책 관련 인물에 대해서는 일부를 제외하고 한자명을 병기하지 않았다.

■ 명사의 붙여쓰기는 이 책의 키워드를 이루는 단어는 붙여쓰기를 원칙으로 했지만, 경우에 따라서는 가독성을 위해 띄어쓰기를 했다.

■ 주석은 미주로 하고, 각 장별로 번호를 다시 매겨 정리했다.

〈한국의 과학과 문명〉 총서를 펴내며

우리나라는 현재 세계 최고 수준의 메모리 반도체, 스마트폰, 디스플레이, 철강, 선박, 자동차 생산국으로서 과학기술 분야의 경이적인 발전으로 세계의 주목을 받고 있다. 그것을 가능케 한 요인의 하나가 한국이 오랜 기간 견지해온 우수한 과학기술 문화와 역사 속에 있다고 우리는 생각한다.

문명이 시작된 이래 한국은 항상 높은 수준을 굳건히 지켜온 동아시아 문명권의 일원으로서 그 위치를 잃은 적이 없었다. 우리는 한국이 이룩한 과학기술 문화와 역사의 총체를 '한국의 과학문명'이라 부르려 한다. 금속활자·고려청자 등으로 대표되는 한국 과학문명의 창조성은 천문학·기상학·수학·지리학·의학·양생술·농학·박물학 등 과학 분야를 비롯하여 금속제련·방직·염색·도자·활자·인쇄·종이·기계·화약·선박·건축 등 기술 분야에서도 다양하게 분명히 드러난다.

우리는 이런 내용을 종합하는 〈한국의 과학과 문명〉 총서를 발간하고자 한다. 이 총서의 제목은 중국의 과학문명에 대한 새로운 인식의 지평을 연 조지프 니덤(Joseph Needham)의 『중국의 과학과 문명』을 염두에 두고 만들었다. 그러나 니덤이 전근대에 국한한 반면 우리는 전근대와 근현대를 망라하여 한국 과학문명의 총체적 가치와 의미를 온전히 담은 총서의 발간을 목표로 한다. 나아가 한국의 과학과 문명이 지닌 보편적 가치를 세계에 발신하고자 한다. 지금까지 한국은 세계 과학문명의 일원으로 정당한 가치를 인정받지 못한 채, 중국의 아류로 인식되어왔다. 이 총서에서는 한국 과학문명이 지닌 보편성과 독자성을 함께 추적하여 그것이 독자적인 과학문명이자 세계 과학문명의 당당한 일원임을 입증하고자 한다. 우리는 이 총서에서 근현대 한국 과학기술발전의 역사와 구조를 밝힐 것이며, 이로써 인류의 과학기술발전사를 새로이 해명하는 데에 기여할 것이다.

이 총서에서는 한국의 과학문명이 역사적으로 독자적인 가치와 의미를 상실하지 않았던 생명력에 주목한다. 이를 위해 전근대 시기에는 중국 중심의 세계질서 아래서도 한국의 과학문명이 독자성을 유지하면서 발전을 지속한 동력을 탐구한다. 근현대 시기에는 강대국 중심 세계체제의 강력한 흡인력 아래서도 한국의 과학기술이 놀라운 발전과 성장을 이룩한 요인을 탐구한다.

우리는 이 총서에서 국수적인 민족주의나 근대 지상주의를 동시에 경계하며, 과거와 현재가 대화하고 내부와 외부가 부단히 교류하는 가운데 형성되고 발전되어온 열린 과학문명사를 기술하고자 한다. 이 총서를 계기로 한국 과학문명에 대한 관심과 이해가 더욱 깊어지기를 기대한다.

마지막으로 〈한국의 과학과 문명〉 총서의 발간은 교육부와 한국학중앙연구원 한국학진흥사업단의 지원에 크게 힘입었음을 밝히며 이에 감사를 표한다.

〈한국의 과학과 문명〉 총서 기획편집위원회

한국의 첫 번째 정부출연연구소인 한국과학기술연구소(KIST)의 초기역사로 박사학위논문을 마무리한 지 10여년 만에 연구대상을 종과 횡으로 확장한 이 책을 내놓게 되었다. 한국의 연구체제를 연구주제로 삼기까지 적지 않은 우여곡절이 있었다. 처음 생각한 박사학위논문 주제는 한국의 생물학 형성이었지만 2년여 동안의 조사 결과 유형의 기관이나 제도가 필요하다는 판단이 들어 생물학과 관련된 한국생명공학연구원으로 주제를 변경했다. 이때의 결정으로 이후 십몇 년간 기관사(機關史)의 늪에 빠져 허우적댈지 당시에는 몰랐다. 한국생명공학연구원에 대해 1년 이상 기초 작업을 진행하면서 이 연구소가 KIST 부설 유전공학센터로 시작되었기에 자연스럽게 KIST로 초점이 옮겨갔다. 결국 KIST 설립과 이후 15년간의 변천 과정이 논문의 최종주제가 되었다.

KIST에 대한 논문을 준비하면서 처음에는 마땅한 자료를 찾지 못해 애를 먹다가 나중에는 넘쳐나는 자료들을 주체하지 못해 고생을 했다. 이것이 기관사 연구자들이 흔하게 겪는 일임을 뒤늦게 깨닫게 되었고, 이러한 고생스런 기억으로 당분간 기관사를 멀리 할 생각이었다. 하지만 한국과학문명사 총서 사업이 시작할 즈음 전북대 과학학과 김근배 교수님의 제안에 솔깃해지면서 다시 돌아오고 말았다. KIST에 대한 연구를 조금만 더 확장해서 정부출연연구소 전체 역사를 써보면 어떻겠냐는 제안이 얼마나 무거운 것인지 느끼기까지 그리 오랜 시간이 걸리지 않았다. 특히 처음에는 정부출연연구소만을 다룰 계획이었으나 과학문명사 근현대 팀세미나 과정에서 기업이나 대학까지 확장시킬 필요가 있다는 다른 공동연구원들의 조언을 받아들인 다음 연구대상이 크게 늘어나 상당한 부담을 안게 되었다.

처음에는 과연 한 나라의 연구체제 전체 역사를 한 권의 책으로 만드는 것이 가능한지에 대해서도 자신을 하지 못했다. 이 때문에 한동안 여러 연구소들이 펴낸 두툼한 기관사만 뒤적이면서 고민을 해야 했다. 그러던 차에 한 국제학회에서 인도의 디팍 쿠마르(Deepak Kumar) 교수님을 만났고, 그와 얘기를 나누다 〈인도과학문명사〉 총서에도 기관사가 있음을 알게 되었다. 그는 기관사가 지루하고 어렵지만 꼭 필요한 작업임을 강조하면서 힘을 불어넣어 주었다. 하지만 그의 소개로 구해 본 *Science and Modern India: An Institutional History, c.1784-1947*는 다수의 필자가 모여 한 기관씩 분담해서 집필한 편집본으로 나의 작업에는 큰 도움이 되지 못했다. 그에 비해 뒤늦게 알게 된 사와이 미노루(沢井実)의 『近代日本の研究開発体制』는 시기는 다르지만 접근법과 연구대상에서 많은 시사점을 주었다. 그의 책이 보여준 풍부한 자료와 꼼꼼한 서술에 주눅이 들기도 했지만 한 나라의 연구체제사가 충분히 가능함을 확인한 것만으로도 많은 힘이 되었다.

이후 많은 분들의 도움을 받아 『한국 과학기술 연구체제의 진화』를 마무리할 수 있었다. 한국과학문명사 총서 연구팀의 일원이 된 것은 개인적으로 큰 행운이었다. 무엇보다도 연구책임자인 신동원 소장님은 이 야심만만한 사업에 참여할 수 있는 기회를 주었으며, 그의 넓은 시야와 지식을 통해 많은 것을 배울수 있었다. 진심으로 감사를 드린다. 근현대팀장으로 연구체제의 미로로 초대를 해준 김근배 교수님은 팀세미나에서 예리한 문제들을 제기하고, 완성된 원고에 대한 꼼꼼한 에디팅으로 많은 도움을 주었다. 전근대 팀장인 전용훈 교수님을 비롯해 과학문명사총서 1단계를 함께 한 여러 공동연구원들은 세미나 때마다 중요한 의견을 주었다. 처음에는 신진연구자로, 3년 뒤부터는 연구소의 동료로 참여한 신향숙 박사는 난삽한 초고를 읽고 연구체제의 길을 찾는 데 도움을 주었다. 부산대 송성수 교수님은 두 번에 걸쳐 초고를 읽고 세세한 의견을 주어 책의 완성도를 높여주었다. 모두에게 감사의 말씀을 드린다.

전북대 쌀·삶·문명연구원에서 2년 반을 지내다 원치 않게 떠나야했을 때의 아쉬움은 KAIST에서 한국과학문명사 총서 사업을 시작하면서 지울 수 있었다. 한 번도 가보지 않고 글로만 보고 대덕연구단지의 역사에 대해 논문을 썼던 나에게 대덕의 중심에서 생활하게 된 것은 무척 유용한 경험이었다. KAIST에 있지 않았다면 연구체제에 대한 연구를 계속할 동력을 얻기 힘들었을지도 모를 일이었다. 대덕에 있던 인연으로 만나게 된 여러 과학기술자들로부터 소중한 생각들을 들을 수 있었으며, 한국화학연구원의 고영주 박사님은 자신의 학위논문까지 제공해주었다. 모든 분들께 감사드린다. 박사학위논문을 작성할 때 오랜 시간을 내서 인터뷰를 해주시고, 자료까지 제공해주신 권태완 박사님을 비롯한 KIST 원로 과학자께도 다시 한 번 감사를 표한다.

KAIST로 떠나면서 전북대와의 인연은 끊긴 줄 알았다. 하지만 4년 반 만에 다시 전북대로 돌아오게 되면서 사람 일은 알 수 없다는 말을 실감했다. 한국과학문명사 총서라는 멋진 사업을 만들어준 한국학중앙연구원과 이 사업의 성공을 위해 한국과학문명학연구소에 지원을 아끼지 않는 전북대학교에도 감사를 드려야겠다.

내가 처음 과학사를 공부하기 위해 대학원에 들어왔을 때부터 지금까지 변함없는 모습으로 학자의 상을 보여주시고, 이제는 과학문명사총서 3단계의 공동연구원으로 참여하고 계신 김영식 선생님께도 머리 숙여 인사를 올린다.

내가 무엇을 연구하고 있는지 정확히 모르시지만 무조건 나를 믿어주는 어머니를 비롯한 모든 가족들, 그리고 언제나 내게 힘이 되어 주는 오랜 친구들에게도 큰 고마움을 표하고자 한다. 특히 때때로 과학사학자라는 정체성을 의심하곤 하지만 변함없이 옆에서 든든하게 후원해주는 아내 경아, 이제는 훌쩍 자라 듬직한 대학생이 된 아들 하진에게 고마움과 미안함을 전한다.

2016년 11월
문만용

차례

제7장 맺음말

제1장

머리말

한 나라의 과학기술 수준이나 경쟁력을 평가하는 지표 중 가장 많이 언급되는 것이 스위스 국제경영개발원(IMD: International Institute for Management Development)이 전 세계 60여 개 국가를 대상으로 국가경쟁력을 평가하여 매년 5월경에 발간하는 『세계경쟁력연감(*The World Competitiveness Yearbook*)』의 과학경쟁력과 기술경쟁력이다. IMD의 발표는 통상 2년 전의 데이터를 이용하기 때문에 2016년의 발표는 2014년의 데이터에 기반을 둔 결과이다. 이에 의하면 2016년 한국의 과학경쟁력은 세계 8위고, 기술경쟁력은 15위다.[1] 과학경쟁력은 2004년 17위에서 계속 상승하여 2009년에는 3위를 기록했지만 몇 걸음 뒤로 물러선 상황이다. 기술경쟁력은 2005년 2위를 기록하여 역대 최고 순위를 보였지만 이후 뒷걸음질해 2010년 18위까지 떨어졌다가 다시 올라오는 중이다. 이러한 순위는 2016년 한국 국가경쟁력 29위에 비하면 훨씬 앞선 수준이다. 이는 오히려 떨어지고 있는 국가경쟁력을 과학·기술경쟁력이 지탱하고 있음을 말해준다. 한국의 과학경쟁력은 연구개발투자, 연구개발인력, 특허 등 정량적 지표에서 좋은 모습을 보여 전체 순위를 높이고 있으며, 기술경쟁력은 설문지표에 따라 순위의 변동폭이 크지만 첨단기술제품 수출 관련 지표가 강점 영역으로 나타난다. 이와 같은 결과는 반세기 전 한국의 과학기술이 처했던 상황과 비교하면 상상하기 어려운 변화였다. 그렇다면 한국 과학기술의 성취는 언제부터, 어떻게 이루어진 것일까?

한국에서 과학기술 연구활동에 대한 본격적인 조사와 통계 작성은 1963년 경제기획원 기술관리국이 '연구기관실태조사'를 실시한 것이 처음이며, 이 결과는 이듬해 발간된 『과학기술연감』에 수록되었다.[2] 이에 따르면 연구소는 83개소, 전체 인력은 3,072명이지만 이 중 연구원은 1,750명, 83개 연구소의 연구비 총액은 5억6609만 원에 불과했다. 하지만 그로부터 정확히 50년 만에 연구개발비와 연구원 수 모두 괄목할 만한 증가를 기록했다. 한국의 2013년 총 연구개발비는 59조3009억 원(541.6억 달러)으로, 절대적인 연구개발비 규모는 세계에서 6번째이며, GDP 대비 연구개발비는 4.15%로 이스라엘을 제치고 처음으로 세계에서 가장 높은 순위에 올라 2015년까지 이 자리를 지키고 있다. 2013년 연구개발비를 재원별로 보면, 정부·공공이 14조2417억 원(24.0%), 민간 44조8792억 원(75.7%), 외국 1800억 원(0.3%)으로, 정부·공공재원 연구개발비 비중 24%는 미국(37.1%), 프랑스(37.3%), 영국(34.7%), 독일(30.2%) 등에 비해서는 낮은 수준이나 일본(23.4%), 중국(21.6%)에 비해서는 높은 편이다. 2013년 연구개발인력의 경우, 총 연구원 수는 410,333명으로, 연구개발 업무에 전념하는 정도에 따른 비율을 반영하여 산정한 연구원 수인 상근 상당 연구원(FTE: Full Time Equivalent) 수는 321,842명으로 연구개발비와 마찬가지로 세계 6위 수준이었다. 그러나 경제활동인구 천 명당 연구원 수(FTE)는 12.4명, 인구 천 명당 연구원 수(FTE)는 6.4명으로, 세계 최고 수준을 보였다. 반면 연구원 1인당 연구비는 1억8425만 원으로, 미국, 일본, 독일, 프랑스 등보다는 낮은 수준이었다.[3]

연구원 수, 연구개발투자, 과학인용·색인(SCI: Science Citation Index) 논문, 국제특허 등 양적 지표에서 한국은 단기간에 놀라운 성장을 보였다. 물론

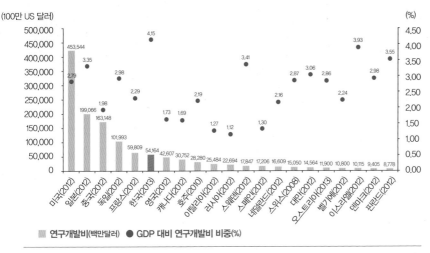

〈그림 1〉 연구개발비 국제 비교. (출처: 미래창조과학부 보도자료, "2013년 국내 총 연구개발투자는 59조 3,009억 원, 전년대비 6.91% 증가" [2014. 11. 21])

그 같은 성장에도 불구하고 최근 이웃 일본이 거의 매년 노벨상 수상자에 이름을 올리는 등 2016년까지 22명의 노벨과학상 수상자를 배출한 실적에 비해 우리는 아직 단 한 명의 수상자도 갖지 못한 상황에 대해 아쉬움의 목소리가 크다. 실제 앞에 언급한 과학경쟁력 지표에서도 노벨상 관련 지표가 한국의 약점으로 지적된다. '노벨상 앓이'가 아니더라도 한국 과학기술이 양적 성장에 비해 논문 피인용회수, 기초연구 논문의 영향력지수, 국제특허수지 등의 질적 성장이 따르지 못했다는 자성이 이어지고 있다. 이에 따라 연구개발투자의 증가세와 달리 기업의 수익성은 낮아지고 기술무역수지 적자는 커진다는 '코리안 패러독스'라는 표현까지 등장했다.[4] 그러한 한계를 안고 있지만 한국 과학기술이 반세기 만에 유례없는 기록적 성장을 달성한 것은 분명하며, 그 중심에는 여러 형태의 연구소가 자리 잡고 있다.

   2013년 우리나라의 연구원 410,333명을 소속 기관별로 살펴보면, 기업에 가장 많은 281,874명(68.7%)이 소속되어 있으며, 대학은 97,319명(23.7%),

정부출연연구소 및 국공립연구소는 31,140명(7.6%)이었다. 같은 해 국가 전체 연구개발비 59조 가운데 기업이 46조5599억 원(78.5%)을 사용했으며, 정부출연연구소와 국공립연구소를 합한 공공연구기관은 7조2607억 원(12.2%), 대학이 5조4803억 원(9.2%) 순서를 보였다. 연구개발비나 연구원 숫자 모두 기업이 주도하고 있는 상황이며, 1990년대부터 국가 전체 연구개발비에서 기업이 차지하는 비중은 70%대를 넘어 꾸준히 늘어가는 추세를 유지하고 있어 현재 한국 연구개발활동에서 기업이 중심적 역할을 하고 있음을 보여준다.

하지만 지금과 같은 민간주도의 연구체제는 해방 직후부터 보았을 때 뒤쪽 1/3의 시기에 해당하는 1980년대 중반부터 나타난 비교적 최근의 현상이었다. 그 이전까지는 공공연구기관이 연구개발활동을 주도했으며, 공공연구기관도 처음 국공립연구소에서 시작해서 이후 정부출연연구소가 배턴을 이어받았다. 또한 1990년대부터는 비록 기업이나 정부출연연구소에 비해 연구개발비의 비중은 작지만 대학이 상대적으로 가장 높은 성장세를 기록하면서 의미 있는 연구개발주체로 등장하게 되었다. 이처럼 한국 현대 사회에서 연구체제는 각 시기마다 연구개발을 주도하는 연구소의 면모가 변화했고, 1990년대 형성된 이 같은 구조는 대체로 현재까지 큰 폭의 변화 없이 유지되고 있는 상황이다. 이에 따라 2000년대 이후에는 기업이 주도하는 구조 속에서 새롭게 부상한 대학, 공공연구기관의 중핵인 정부출연연구소, 가장 오랜 역사를 지닌 국공립연구소가 각기 고유한 역할을 찾아가며 서로의 관계를 새롭게 정립해가는 노력을 전개하고 있다. 이 책은 그 같은 한국 연구체제의 등장과 성장의 역사를 추적하는 연구이다.

이 연구에서 다루는 '과학기술연구체제(science and technology research system)'란 연구개발활동이 이루어지는 공간인 연구소와 이를 둘러싼 제도를 주로 지칭하며, 그 속에 연구를 이끌어가는 과학기술자와 그들이 만들어낸 연구성과, 문화까지 담길 수 있다. 엄밀하게 정의된 개념은 아니지만 '과학기술체제(science and technology system)'는 일반적으로 국가혁신체제(national innovation system)와 동일한 의미로 사용되거나, 한 국가의 과학기술 연구 및 행정기구 전반을 지칭하는 용어로 사용된다.[5] 과학기술체제는 과학기술에 관한 연구체제, 행정체제, 지원체제 등으로 이루어진다고 볼 수 있으며, 연구체제는 과학기술체제를 구성하는 핵심요소이다. 연구체제는 연구개발체제, 연구시스템 등으로도 불리며, 좁게는 연구소라는 대상에만 집중해서 설명되기도 하며, 이 책에서도 주로 연구소라는 연구개발인프라와 연구소에 직접 관련된 제도에 초점을 두고 있다.

필자는 이 책을 통해 한국의 연구체제가 밟아온 길, 그 과정에서 드러난 특징들을 찾아보면서 한국 현대 과학기술사의 면모를 이해하고자 한다. 한국 현대 과학기술은 단기간에 압축적 성장, 특히 양적 성장을 기록했다. 연구체제는 그러한 성장을 이끌어온 중요한 메커니즘으로 작동했으며, 과학기술발전을 위한 정책이 추진되고 실현되는 장이었다. 특히 한국 연구체제의 독특한 특성으로 간주되는 정부출연연구소는 그러한 빠른 변화의 중심에 놓여 있었다. 이 책을 위한 연구는 정부출연연구소를 중심으로 한 공공연구체제를 대상으로 시작했으며, 점차 기업 및 대학의 연구조직으로 확대되었다. 한국 연구체제 전반을 대상으로 살핀 결과 각 시기별로 중심적 연구체제가 변화했음을 확인했으며, 이 책의 구성도 각 시기를 대표하는 연구체제를 중심으로 이루어지게 되었다. 그렇더라도 이 연구는 정부출연연구소가 걸어온 길이 논의의 중심을 차지하고 있다. 이는 한국이 과학기술인프라를 구축하고, 필요한 인력을 양성하면서 압축적인 과학기술 성장을 도모했던 과정에서 정부출연연구소가 중요한 출발점이자 가장 효과적인 기반 및 도구로 작동했기 때문이다.

한국 정부는 1960년대 후반 재단법인 형태의 연구조직인 정부출연연구소를 세우고, 그를 뒷받침하는 제도적·물적 지원을 통해 과학기술에 대한 정책적 관심과 투자를 확대시키기 시작했다. 즉, 정부의 과학기술정책이 본격화되는 과정은 정부출연연구소의 등장과 동시에 이루어졌으며, 현대적 연구체제의 등장이 현대적 과학기술체제의 출발점이자 촉매로 작용했다. 1970년대 연구단지를 건설하고 전문 분야별로 연구소를 설립했던 정책은 새로운 인력을 받아들일 여력이 없었던 대학이나 고급 인력의 수용의지가 약했던 기업을 대신해서 고급 과학기술자 인력풀을 확보하는 핵심수단이었다. 실질적으로 연구소 설립은 당시 과학기술정책에서 가장 많은 노력과 재원이 투입된 중심축이었다. 그리고 1980년대 정부출연연구소를 주 대상으로 하는 국가연구개발사업을 통해 과학기술정책의 성격이 달라지고 과학기술처의 위상과 영향력은 강화되었다. 이 시기에도 정부와 과학계는 새로운 분야 육성을 위해서 가장 먼저 연구소의 설립이나 확대를 추진해나갔다. 또한 1980년대 기업연구소의 설립이 크게 늘어나면서 민간이 주도하는 연구체제가 등장하기 시작했는데, 이는 정부의 기업연구소 설립에 대한 제도적, 정책적 지원에 힘입은 바 컸다. 이러한 방식은 기업연구소들이 먼저 설립되고 정부가 세워서 운영하는 공공연구체제가 나중에 정립되었던 서구와 달리, 한국에서는 공공연구체제의 형성 이후 정부가 기업의 연구체제 성장을 직간접으로 유도해냈음을 의미한다. 그 같은 정부 정책은 연구소, 연구인력, 연구개발비 규모의 지속적인 증가를 가져왔으며, 이는 한국의 압축적 과학기술 성장의 유용한 수단으로 작동했다. 즉, 연구체제는 정부의 과학기술 진흥정책이 구체화되고 과학기술발전의 양상을 보여주는 공간이자 준거 틀이었다. 따라서 한국 현대 과학기술사를 이해하는 데 연구체제가 중요한 접근법이 될 수 있다.

　과학활동이 이루어지는 공간이라는 일반적 의미로 볼 때 연구소는 오랜 역사를 지니고 있다. 기원전 3세기 알렉산드리아 왕궁 내에 설치된 무제이온(Museion)은 헬레니즘시대 과학의 중심지로서 도서관, 동물원, 천문대, 실험실, 해부실 등을 갖추고 100여 명 이상의 석학들이 모여 연구와 교육을 했던 것으로 알려져 가장 오랜 연구소의 하나라 할 수 있다. 16세기 천문학자 티코 브라헤(Tycho Brahe)가 덴마크 왕의 후원을 받아 이끌었던 우라니보르그천문대(Castle of Uraniborg Observatory)나 1675년 설치된 영국 왕립그리니치천문대(Royal Greenwich Observatory)처럼 특정 분야의 전문적 연구를 수행했던 기관들은 근대 이후 등장했던 연구소의 초기 사례이다. 초창기 과학단체의 대표 격인 파리의 왕립과학아카데미(Academie Royal des Sciences)의 경우 과학적 업적과 능력을 갖춘 최고의 과학자들이 모여 조직적인 연구활동을 펼쳐 당시 유럽 과학활동의 중심지 역할을 했다. 과학아카데미를 필두로 프랑스의 여러 왕립기관들은 과학연구와 소속 인물들의 활동을 통해 미국에서 서인도에 이르기까지 프랑스 식민지 개척과 운영을 뒷받침하는 핵심 기구로 기능하기도 했다.[6] 이처럼 왕실이나 국가의 지원으로 설립된 천문대, 식물원, 자연사박물관, 과학단체 등의 기관은 공공연구기관(public research institutions)의 출발점으로 설명되기도 한다.[7] 하지만 특정 개인의 역량에만 의지하지 않고 제도화된 조직과 안정적 재정을 갖추고 장기간 체계적인 활동을 펼친 연구소들은 대체로 과학연구를 직업으로 하는 전문과학자가 등장하고 과학연구가 중요한 기능이 된 19세기에 이르러 형성되었다.

19세기는 과학이 산업 및 정부와 본격적인 관련을 맺게 되면서 과학자 사회가 팽창하고 과학의 전문화가 진행되면서 과학기술과 관련된 많은 기관들이 만들어진 시기였다.[8] 물리·화학 분야의 작은 실험실에서부터 시작한 대학의 연구공간은 19세기 중반 독일 대학을 중심으로 국가가 제공한 재정 지원을 바탕으로 시설과 인력을 갖춘 제도화된 연구소로 변모했다. 이처럼 대학의 연구가 중요한 기능으로 강조되기 시작한 상황을 제1차 대학혁명이라 부른다.[9] 곧이어 그 같은 대학연구소에서 수행된 과학연구의 가치를 인식한 기업들이 직접 연구소를 설립하여 연구활동을 본격화하면서 기업연구소가 새로운 연구활동의 중심지로 떠올랐다. 1870년대 이후 독일의 화학염료회사들은 경쟁적으로 대학이나 고등기술학교와 연결을 맺고 자문을 받거나 연구를 의뢰했으며, 대학연구실을 본떠 기업 내에 연구소를 세워 대학 출신의 과학자들을 고용해 대학의 실험실과 같은 방식으로 운영하게 되었다. 이처럼 1880년대 중반 이후 기업 내 연구소가 제도적으로 정착되면서 독일 화학공업의 성장에 큰 힘이 되었다. 19세기 말 미국의 전기공업 분야에서도 유사한 방식으로 기업의 연구소가 만들어졌다. 에디슨이 뉴저지 멘로파크에 연구소를 설립한 것이 1876년이었으며, 뒤이어 특허가 만료되고 반독점 법안의 강화로 그간의 독점적 지위가 흔들리게 된 전기공업회사들이 새로운 기술개발을 통해 주도권을 유지할 필요를 느끼고 자체적인 연구소를 설치하게 되었다. 특히 1900년 설립된 제너럴 일렉트릭(GE)의 사내 연구소는 우수한 과학자를 유치하여 대학보다 나은 처우를 제공하고 연구주제의 자율적 선택 등을 보장하여 본격적인 산업적 연구를 시작했다.[10]

  정부 지원으로 설립·운영되는 공공연구기관의 경우 등장 시기나 성격 등이 국가마다 많이 다르기에 직접적인 비교는 쉽지 않다. 일반적으로 중앙집권적 정치구조를 지녔던 프랑스와 독일의 경우 국가의 자금을 과학연구와 교육에 지원하는 시스템이 먼저 만들어졌으며, 상대적으로 분권적·민주적 성격이 강했던 영국과 미국에서는 더디게 진행되었다. 독일의 경우 1887년 독일 전기공업의 개척자인 지멘스(Ernst Werner von Siemens)의 개인적 노력과 독일제국 정부의 협력으로 제국물리기술연구소(PTR: Pyhsikalisch-Technische Reichsanstalt)가 설립되면서 제국 차원에서 지원하는 대규모의 연구소가 등장했다. 이 연구소는 국가의 산업발전에 필요한 표준을 정하는 일을 주로 담당했으며, 그와 함께 순수물리에 대한 연구를 뒷받침해서 이후 베를린이 세계 물리학의 중심도시로 떠오르는 데 중요한 주춧돌이 되었다.[11] 영국에서는 공공연구기관의 기원을 왕립학회(Royal Society)나 그리니치천문대에서 찾기도 하며, 1842년 담배의 품질 관리를 위해 설립된 소비세청연구소(Laboratory of the Board of Excise)를 첫 번째 공공연구기관으로 보기도 한다.[12] 20세기 들어와 유럽과 미국에서 기업들의 연구소 설립이 확산되는 속에서 국가가 세운 공공연구기관들이 본격 등장해 기초과학 연구를 주도했으며, 특히 두 차례의 세계대전을 겪으면서 크게 늘어난 국방 관련 연구를 위한 조직들이 전후 냉전시대가 전개되면서 국가적 차원의 연구투자 증가에 힘입어 국공립연구소로 정착하면서 공공연구기관의 중심을 구성했다.

대학, 기업연구소에서 시작되어 국공립연구소로 확대되는 서구 국가들의 연구체제 발전 양상에 비해 후발산업국가들은 대체로 정부가 세운 연구소의 역할이 더 두드러진다고 얘기된다. 일본의 경우 서구 국가보다 대학의 등장과 연구개발의 경험이 늦었기 때문에 상대적으로 공공연구기관이 중요했다. 1882년 농상무성 직할의 지질조사소 설치를 비롯하여 메이지 정부가 시험연구소를 세우는 것과 거의 동시에 비록 소규모였지만 민간의 연구소도 다수 등장했다.[13] 1916년 재단법인 형태로 발족한 이화학연구소를 필두로 1910~20년대 대학, 기업, 공공연구기관이 본격적으로 등장하기 시작했다. 1차 세계대전으로 과학과 기술의 전략적 가치를 인식한 일본 사회는 정부, 대학, 기업이 다양한 연구소를 세웠으며, 태평양전쟁을 맞이하여 국가총동원체제 아래 일본의 연구소는 국가의 필요에 복무하게 되었다.[14] 패전 이후 이화학연구소가 해체되는 등 일본의 연구체제는 큰 타격을 받았으나, 1950년대에 들어와 '중앙연구소 붐'이라 불릴 정도로 각 기업들이 연구소들을 대거 설립하면서 일본의 전후 고도성장을 이끌게 되었다.[15] 이처럼 일본도 비록 서구 선진국과 동일한 방식은 아니었지만 초기부터 민간 연구체제의 역할이 매우 컸다.

한편으로 인도나 남미 국가들처럼 서구 제국주의 국가의 식민지 지배를 경험한 국가에서는 식민지 시기에 식민통치와 관련된 시험연구소들이나 교육기관들이 세워지면서 연구체제의 형성이 시작되었다. 대체로 그 기관들은 제한된 기능을 갖고 있었고 피식민지인의 참여도 그리 활발하지 않았지만 오랜 역사와 전통을 쌓아오면서 공공연구기관으로 꾸준히 그 역할을 담당했으며, 독립 이후에 새로운 기관들이 등장하면서 자국의 맥락에 맞는 연구소로 기능하게 되었다.[16] 한국이나 대만 같은 신흥공업국가들의 경우 식민지 시기에 형성된 연구소들의 역할이 두드러지기보다 1960년대 이후 국가주도로 공공연구체제를 형성한 다음 민간기업으로 확산되어가는 과정을 겪었다.[17]

이처럼 각 국가들은 각각의 역사 속에서 형성된 여러 형태의 연구체제를 갖고 있으며, 특히 공공연구기관은 구조, 기능, 성과, 활동이 나라마다 매우 다양한 모습을 보여준다.[18] 이는 개별 국가의 공공연구기관 발전 과정이 그 나라의 역사적 경험이나 사회적 조건에 직접적인 영향을 받아 국가마다 독특한 면모를 보이는 경로의존성(path dependence)을 지니고 있기 때문이라고 설명된다.[19]

그렇다면 한국의 연구체제는 어떠한 역사적 궤적을 그렸으며, 그러한 진화를 이끈 요인은 무엇이고, 그 과정에서 나타나는 특성은 무엇인가? 한국 역사 속에서 형성된 고유한 '한국적 연구체제'가 존재하는가? 존재한다면 언제, 어떠한 계기를 통해 어떻게 탄생했나? 이 책의 연구는 이 같은 질문에 대한 답을 찾으려는 노력에서부터 시작되었다. 일차적으로 필자는 한국의 연구체제, 즉 '한국 연구체제'를 주로 사용할 것이다. 이는 한국

연구체제의 구성상 나타나는 특성이나 그러한 연구체제가 만들어지기까지의 과정 자체가 '한국적 연구체제'를 의미한다고 생각하기 때문이다. 이 연구는 한국 연구체제의 형성과 성장 과정을 추적하여 앞의 질문에 대해 답하면서 한국 연구체제의 특성과 의미를 찾아보려 한다.

과학기술 관련 연구소의 역사를 다루는 '기관사'는 오랜 역사를 가지고 있지만 한 국가의 전체적 연구체제의 역사를 다룬 연구는 매우 드물다.[20] 한국 연구체제의 형성사를 다룬 이 책은 〈한국과학문명사〉 총서라는 큰 연구 사업의 일부로 추진되었다. 흥미롭게도 인도에서 한국과학문명사총서와 유사한 〈인도과학문명사(*History of science, philosophy, and culture in Indian civilization*)〉 총서가 추진되었고, 최근 그 총서의 한권으로 『과학과 근대인도(*Science and Modern India: An Institutional History, c.1784-1947*)』가 간행되었다. 이 책은 '기관사'라는 부제에 맞게 인도의 과학기술 관련 기관과 단체를 총망라하고 있다.[21] 하지만 이 책은 수십 명의 필자가 개별 기관의 역사를 정리한 글들을 모은 편집본으로 전체적인 조망은 미흡하다.

한국의 과학기술정책에 많은 영향을 끼친 일본의 과학기술연구체제에 대해서는 앞에서 간략히 소개한 연구 외에도 많은 저작들이 존재한다. 나카야마 시게루(中山茂)는 2차 대전 종전 이후 일본 과학기술연구의 역사를 미국과의 비교연구를 통해 설명하면서 정부기구, 대학, 기업의 연구소 등 일본의 다양한 연구소에 대해 다룬 바 있다.[22] 물론 연구소 자체가 논의의 초점이 아니었기 때문에 각각의 연구조직에 대해 상세하게 논의하지는 않았다. 하지만 그는 기본적으로 일본의 과학기술발전 과정은 서구와 달리 연구소를 비롯한 제도가 중요한 역할을 담당했다고 보고 있기 때문에 그의 일본 과학기술사에 대한 서술에서 연구소는 항상 중심적 소재가 된다.[23] 한편으로 테사 모리스 스즈키(Tessa Morris-Suzuki)는 일본 기술혁신의 원천을 추적하는 과정에서 일본 연구체제의 다양한 모습들을 보여주었다.[24] 그녀는 일본의 기술발전 배경으로 정부의 중심적 역할을 강조하거나 시장과 민간기업의 주도권을 부각시킨 기존 견해와 달리 중앙정부와 시장 수요를 연결하는 기술혁신의 사회적 네트워크가 중요했음을 지적하면서 지방의 소기업들이 연합해서 세운 연구소나 소규모 연구소 사이의 네트워크가 현지의 경제구조에 맞는 중간기술을 개발하여 큰 힘을 발휘했으며, 이러한 경험은 이후 일본 연구체제의 중요한 역사적 배경이 되었음을 보였다. 이를 위해 메이지시대 중앙정부나 지방정부가 세운 각종 연구소에서부터 생산자 단체가 세운 작은 연구소, 그리고 1890년대부터 설립이 시작된 민간기업연구소 등 각종 연구체제의 변천을 추적하여 일본식 기술혁신의 원천을 밝히고자 했다. 스스로 '사회네트워크 접근법(social network approach)'으로 명명한 방법을 통해 일본의 다양한 연구조직들의 등장과 활동을 추적함으로써 일본식 기술혁신의 특성을 설득력 있게 주장했다.

사와이 미노루(沢井実)의 『근대일본의 연구개발체제』는 이 책의 접근법과 가장 유사한 연구이다. 그는 방대한 사료를 바탕으로 1차 세계대전부터 1950년대에 이르기까지 반세기에 걸친 일본의 연구개발체제의 특성을 규명한 바 있다.[25] 이 연구는 양차 세계대전 사이의 군의 연구소를 비롯해서 관공립연구소, 기업, 대학까지 포괄하여 군·관·산·학(軍官産學)의 4부문이 어떻게 등장하여 성장했는지, 전쟁이 끝나고 변화된 상황 속에서 연구체제도 어떻게 변모해나갔는지를 상세히 추적했다. 일본은 1차 세계대전의 충격으로 과학의 제도화가 본격화되었으며, 전쟁을 거치면서 육해군을 중심으로 군사적 색채가 심화된 연구가 추진되었으나 전후 개혁이라는 변동 속에서 군 대신 정부의 역할이 증대되어 산·관·학 협력체제 아래 경제성장을 목표로 한 기술추격이 추진되면서 고도성장기를 이끌었다. 사와이는 그 과정에서 정부부문이 일본의 연구개발체제를 주도했으며, 전시의 군사기술 공동연구 경험이 전후에도 공동연구 네트워크로 이어져 전후

부흥을 위한 산·관·학 연구개발체제로 이어졌음을 강조했다.

한 국가의 연구체제와 관련해 주목할 만한 저작으로 웨스트윅(Peter J. Westwick)의 미국 국립연구소에 대한 연구를 들 수 있다.[26] 그는 2차 대전 이후 미국 국립연구소들이 연방정부와의 관계를 재정립하고 그 속에서 자신들의 역할을 새롭게 규정하면서 성장해가는 과정을 세밀하게 분석했다. 그에 따르면, 전후 미국에서 개별 연구소들은 각각 경쟁하면서도 협력을 통해 과학연구의 자율성과 정치적 책무성(political accountability)이라는 목표를 함께 달성하려 한 '시스템적 성격(systemicity)'을 갖추고 있었다. 개별 기관의 이해와 연구소 전체의 이해를 조정해가는 과정에서 국립연구소의 개념 자체도 변모했고, 국립연구소의 정체성도 새롭게 만들어지게 되었다.

각국의 공공연구기관체제 현황을 비롯한 전반적 상황과 특징에 대해서는 OECD가 펴낸 일련의 보고서나 과학기술정책연구원의 관련 보고서들이 유용한 정보를 제공한다.[27] 한국의 공공연구체제에 대해서는 적지 않은 연구들이 존재하는데, 특히 고영주의 논문은 한국의 과학기술계 정부출연연구소와 영국의 국공립연구소의 역사를 통해 관련 정책의 변동 양상을 분석해서 이 책의 연구에 많은 시사점과 정보를 제공하고 있다.[28] 그는 이 논문에서 문헌 분석과 함께 한국에서 37명, 영국에서 17명과의 심층 인터뷰를 통해 두 국가의 공공연구기관의 변화를 비교했으며, 특히 1990년대에 주목해 이 시기에 나타난 일련의 정책 변동은 이전과는 질적으로 다른 양상임을 강조했다.

이러한 선행 연구를 바탕으로 이 책은 한국 연구체제의 다양성을 구성하고 있는 여러 형태의 연구소들이 언제, 어디서부터 시작되었고, 어떠한 역할을 담당했으며, 시간이 흐름에 따라 어떠한 방식으로 변화했으며, 그 과정을 추동한 힘은 무엇이었는가를 살피고자 했다. 각 연구소들이 등장하고 진화해온 과정을 이해함으로써 오늘날 한국 연구체제가 보여주는 특성들과 함께 장래 한국 연구소들이 나아가야 하는 방향에 대한 시사점도 얻을 수 있을 것이다. 이를 위해 여러 형태의 연구소가 왜 등장했고, 어떻게 확대 재생산되었으며, 어떠한 방식으로 새로운 형태의 연구소 체제가 부상하게 되었는지를 살펴보고, 각 시기마다 연구체제를 둘러싼 정책과 인물, 그리고 여러 연구체제 간의 상호작용에 대해서 규명해보고자 한다. 연구소를 비롯한 모든 제도들은 주어진 환경 속에서 적응하기 위해 변해왔으며, 그 과정에서 관련 정책의 변화를 일방적으로 받아들이기보다 그 정책에 대응하는 행위자로서 정책 자체에도 영향을 주었다. 즉, 특정한 제도나 기관은 그를 둘러싼 환경과 정책의 변화에 맞추어나가려 노력하지만 동시에 그 조직에 맞는 합리적인 정책이 추진될 수 있도록 적극적으로 대응하기도 한다.[29] 이러한 과정을 통해 제도나 기관의 진화가 이루어지며, 한국 연구체제도 예외는 아니었다.

한국이 단기간에 과학기술에서 거둔 성취는 많은 나라와 연구자의 주목을 받고 있고, 그 메커니즘을 이해하여 후발국에 새로운 모델로 제시하려는 시도가 계속되고 있다.[30] 최근 김근배는 『한국 과학기술혁명의 구조』라는 제목 아래 해방 이후 한국 과학기술이 달성한 성취를 '제도-실행 도약론'으로 모델화했다.[31] 그에 따르면, 현대 과학기술은 기본적으로 제도(institutions)에 기반을 두고 진행되며, 제도는 연구소, 대학, 프로젝트, 학회, 법령 등을 의미한다. 선진국의 과학기술활동은 규범적, 가치적 측면을 강조하는 경향이 있으며, 개발도상국에서는 조직, 인력, 재원 등 과학기술을 위한 구조적, 물질적 요소가 중요하다. 따라서 뒤늦게 과학기술발전을 추진하는 개발도상국은 제도를 잘 갖추는 것이 무엇보다 중요하며, 한국은 국내 상황에 맞는 효과적인 제도를 정립하고, 연구개발비의 집중 투자와 연구인력의 결집으로 규모의 과학기술을 실현하여 도약을 이루어냈다는 설명이다. 그는 한국 과학기술은 시대별로 현저한 차이를 보이는 단속적인 성장을 보였으며, 해방 직후, 1960년대 초반, 1980년대 초반, 1990년대 후반 등 적어도 네 번의 시기마다 단절이 있었고, 각각의 시기마다 과학기술 인력 양성→과학기술인프라→개발연구 성과→글로벌 과학연구 등으로의 전환이 일어났고, 시대별로 중심적 과학기술제도는 대학→정부출연연구소→연구개발사업→기업 등으로 변모했음을 주장했다. 결과적으로 이러한 단절은 과학기술 도약의 새로운 기회가 되었음을 강조했다.

필자는 기본적으로 김근배의 설명에 동의하며, 제도-실행 도약론을 관통하는 핵심 제도가 연구소이며, 여기에도 시대적 불연속이 존재한다고 생각한다. 제도는 단순히 연구소와 같은 인프라만을 의미하지 않으며, 문화적 측면까지 포함한 과학 전통을 의미한다.[32] 하지만 한국에서는 연구소가 가장 중요한 제도로 작용했다. 한국의 과학기술연구소는 연구가 이루어지는 공간이라는 기본 의미를 넘어 과학기술정책이 본격화하는 출발점이라는 역사적 가치를 지니고 있다. 연구소는 정부의 과학기술에 대한 정책적 관심이 시작되기 이전부터 과학기술자들이 과학기술 진흥을 위해 가장 먼저 기대하고 주장했던 목표였으며, 정부가 과학기술정책을 전개할 때 가장 먼저 모색한 주요 시책이 해당 분야 연구소의 설립이었다. 1980년대 중반 민간주도의 연구체제로 본격적으로 나아가기 이전부터 정부는 기업들에게 연구소 설립을 강력히 요구했고, 정부의 국가연구개발사업과 기업연구소의 급격한 확대가 결합되면서 연구개발활동이 본격화되었다. 또한 조성된 연구소들이 본격적으로 생산하기 시작한 연구성과들이 오늘날 한국 과학 및 산업기술이 지니는 경쟁력의 원천이 되었다. 즉, 연구체제는 과학기술발전을 위한 정부와 연구자의 노력이 모아지는 출발점이자, 그 같은 과정의 중심에 놓인 대상이며, 연구개발 노력이 최종적으로 결실을 맺는 현장이기도 한 것이다. 따라서 한국 과학기술의 압축성장을 규명할 때 연구체제에 대한 분석이 중요하게 다루어져야 한다고 생각한다.

최근 필자는 한국 과학기술 압축성장의 한 메커니즘으로 대표적 공공연구기관의 교체를 주장한 바 있다. 대표적 연구소를 판별하는 절대적인 기준이나 인증이 있는 것은 아니지만 규모나 성과 면에서 최대, 최고로 평가받은 연구소들이 존재했고, 1950년대 국방부과학연구소를 시작으로 원자력연구소, 한국과학기술연구소, 국방과학연구소 그리고 1980년대의 한국전자통신연구소에 이르기까지 계속해서 대표 연구소가 달라졌다. 또한 국방부과학연구소를 제외하고는 기존 기관들도 계속 존재하면서 새 기관들에 정책적 관심과 투자가 모아져 전체적인 연구인프라가 빠르게 구축되었음을 주장했다.[33]

　　그에 비해 이 책은 단일한 연구소가 아닌 제도적 성격으로 구분한 집단적인 연구조직 차원에서도 대표적 연구체제가 시대에 따라 달라졌음을 보이고자 한다. 이 책에서 보여주는 한국 연구체제가 걸어온 길은 압축적 과학기술발전의 결과이자 동시에 발전을 추동했던 원동력이요 수단이었다. 통상 한국 과학기술의 발전은 이를 주장하는 담론이 등장하고, 이를 구체화하기 위한 제도가 형성되고, 그 제도를 통해 과학기술 활동이 이루어지는 모습을 보였다. 과학기술연구체제는 그러한 과정의 중심에 놓인 대상이자 주체였다. 따라서 연구체제의 역사에 대한 연구는 연구소라는 제한된 공간에 대한 이해를 넘어 한국의 과학기술정책 혹은 과학기술개발 노력이 구체화되는 과정의 핵심을 살핀다는 의미를 지닌다.

　　이 책의 본문은 5개의 장으로 구성되어 있으며, 대체로 시간 순서를 따르고 있다. 하지만 각 장들의 구성은 균일하지 않으며, 특히 전반부는 일부 기관만을 집중적으로 다루고 있다. 이는 필자가 그동안 연구해온 주제와 무관하지 않지만 한편으로 각 시기 연구체제의 특징을 반영한 결과이다. 1980년대 여러 연구주체들이 의미 있는 연구조직으로 정립되기 이전까지는 그 시기의 가장 대표적인 기관을 중심으로 서술했다. 2장은 해방 직후에서 1960년대 초까지를 대상으로 당시 대표적인 국공립연구소 네 곳을 다룬다. 3장은 첫 번째 정부출연연구소이자 현대적 과학기술체제 형성의 출발점이 되었던 한국과학기술연구소(KIST: Korea Institute of Science and Technology)의 설립과 초기 활동에 대해 설명한다. 4장은 서울연구개발단지에서 대덕연구개발단지까지 1970년대 건설된 연구단지와 정부출연연구소에 대해 주로 논의한다. 5장은 1980년대 급부상한 기업연구소의 양적 확대를 중심으로 하면서 변화된 환경에 놓였던 정부출연연구소에 대해 서술한다. 6장은 1993년 김영삼 정부 이후 2000년대까지를 대상으로 이 시기 연구개발비 측면에서 상대적으로 가장 높은 성장세를 보였던 대학연구소를 중심으로 서술하고, 기업과 국공립연구소를 함께 다루면서 한국 연구체제를 이루는 주체들 사이의 새로운 역할 정립에 대해 설명할 것이다. 마지막 7장에서는 책 전체의 논의를 정리하면서 한국 연구체제의 특성은 무엇이며, 현재 우리 앞에 놓인 과제는 무엇이고, 이를 통해 우리가 만들어나가야 될 미래의 연구체제는 어떤 것이어야 하는지에 대해 논의해보고자 한다.

제2장

과학기술자의 공간, '연구소'의 탄생

1945년 8월의 해방은 한국인들에게 감격과 환희를 안겨다주었으나 그들 앞에 놓인 현실은 녹록치 않았다. 38선을 경계로 남과 북으로 분단된 한반도는 정치적·사회적 혼란과 일제 말 전시총동원체제가 남긴 피폐한 경제 상황 속에서 새로운 국가 건설이라는 난제를 풀어야 했다. 한국 사회는 각 분야에서 새로운 국가 건설을 위해 힘을 모았으며, 과학기술자들도 독립된 과학기술, '과학조선'을 건설하기 위해 과학기술 진흥이 중요함을 강조하고 나섰다. 하지만 남북분단과 좌우 대립, 뒤이은 한국전쟁의 시련 속에서 사회 전반의 혼란과 경제적 불안정으로 인해 과학기술에 대한 우선순위는 현저히 낮을 수밖에 없었고, 과학기술자들의 목소리는 반향을 얻기 어려웠다.

식민지 시기에 남쪽의 경공업, 북쪽의 중화학공업으로 편재되었던 산업구조는 분단으로 극심한 불균형 상태가 되었으며, 88.5%의 전력이 북한 지역에서 생산되고 있는 상황에서 분단에 뒤이은 단전 조치는 한국 산업에 큰 부담을 주었다. 주요 산업을 장악하고 있던 일본인들이 물러남에 따라 한국의 산업은 한동안 경영자와 숙련노동자 부족을 겪게 되어 남아 있는 시설도 충분히 활용하지 못하게 되었다. 영세한 자본과 열악한 시설, 원자재와 기술의 부족으로 전체적인 산업생산은 크게 위축될 수밖에 없었다. 1946년 한국의 총 수출에서 수산물의 비중이 거의 70%에 달했으며, 1949년에는 93.3%를 차지할 정도로 당시 산업은 전반적으로 낙후된 상태였다. 대부분의 비료공장이 북한에 세워졌기 때문에 비료 부족은 농업생산에 상당한 타격이 되었고, 이는 늘어나는 인구 속에서 만성적인 식량 부족으로 이어졌다.[1]

해외원조에 의존하면서 조금씩 늘어나던 산업생산은 곧이어 발발한 한국전쟁으로 인해 물적·인적 기반에 심대한 타격을 받았고, 급격히 감소한 산업생산이 해방 직후의 수준을 회복하는 데에도 상당한 시간이 걸렸다. 1950년대까지 한국 경제는 재건·복구라는 당면 과제를 안고 있었고, 모든 것이 부족한 당시 상황에서 해외원조에 크게 의존할 수밖에 없었다. 전쟁 직후인 1953년의 산업구조는 농림어업이 전체의 47.3%로 가장 큰 비중을 차지했으며, 제조업은 9.0%에 불과했다. 휴전이 성립된 다음 가장 시급했던 비료, 시멘트, 판유리공장 등이 건설되었고, 원조자금의 투자로 방적시설이 확충되고 염색가공공장이 건설되면서 섬유공업도 살아나기 시작했다. 또한 대한중석이 설립되어 중석광 개발을 본격화하면서 중석이 중요한 수출품의 하나가 되었다.

하지만 1950년대의 공업화는 소위 3백산업(제분, 제당, 면방직) 등과 같은 비내구 소비재 중심의 구호원조물자 가공에 편중되었다. 당시 외국원조는 민생 안정과 인플레 수습에 긴요한 소비재와 중간재 등 추가적 가공을 하지 않는 최종 제품의 공급 확대에 중점을 두어 식량 부족 완화, 인플레 억제, 산업생산 증대 등에 기여했으나 산업 측면에서는 균형적이고 체계적인 산업발전이 지연되는 부작용을 낳았다. 공업화의 진전에 따라 섬유산업, 식품가공산업 등 경공업은 급속히 성장했으나, 한편으로 소비재산업의 팽창은 산업구조의 불균형을 심화시키고, 원자재와 시설재의 수입 의존도를 높여 국제수지 악화로 이어졌다.

이처럼 정치와 사회·경제 모두 어려움을 겪고 있는 상황에서 과학기술의 문제는 높은 우선순위를 받기 어려웠다. 일제강점기 동안 대학에서 과학과 공학을 전공한 한국인은 400여 명 남짓에 불과했고, 해방될 무렵 이 중 절반만이 우리 땅에 살고 있었다. 그나마 남북분단, 그리고 상당수 과학기술자들의 월북으로 인해 한국은 과학기술 분야 인력난을 겪어야 했다.[2] 하지만 각 지역마다 자리 잡은 국공립대학을 중심으로 과학기술계 고등교육은 크게 늘어나면서 숨통이 트이게 되었다.[3] 물론 미흡한 교육 환경으로 인해 이공계 교육의 질은 기대에 미치지 못했고, 고급 과학기술에 대한 갈망은 해외유학의 급증으로 이어졌다. 주로 미국에서 공부한 해외유학자들은 과학기술 교육이나 연구에서 세대교체를 이루어낼 주역으로 기대를 모았다. 이러한 변화에도 불구하고 1950년대 한국 과학기술계는 아직은 새로운 과학기술인력을 받아들일 수 있는 충분한 여건을 갖추지 못했다.

이 장에서는 해방 이후 1960년대 전반까지 한국을 대표했던 연구소 네 곳에 대해 살펴볼 것이다. 이는 중앙공업연구소, 중앙원예기술원, 국방부 과학연구소, 그리고 원자력연구소로 그 시대 가장 활발한 활동을 보인 연구소이자 시대적 특징을 보여주는 기관들이다. 2절에서 다루는 중앙공업연구소는 일제강점기의 중앙시험소를 계승한 기관이며, 3절의 중앙원예기술원은 일본에서 건너온 우장춘이 육종연구를 이끌었던 연구소이다. 4절의 국방부과학연구소는 새로 태어난 기관이지만 처음부터 계획적으로 설립되기보다 한국전쟁을 거치면서 인력 확보책의 측면이 부각되어 독립적 연구소로 성장한 경우이다. 이에 비해 5절에서 논의하는 원자력연구소는 체계적인 구상 아래 세워졌으며, 한국의 첫 번째 현대적 과학기술연구소로 평가받았던 기관이다. 그러나 이들 기관은 모두 국립연구소로서의 어려움을 안고 있었고, 이는 1960년대 들어 한국의 독특한 제도로 평가되는 정부출연연구소가 등장하게 되는 배경이 되었다. 그리고 네 연구소에 대한 논의 이전에 그 배경으로 1절에서는 해방 직후부터 과학기술자들이 국가 재건, '과학조선'의 건설을 위해 과학기술 진흥이 필수적임을 주장하고 정부에 대해 과학기술 진흥을 위해 노력해줄 것을 요구했던 목소리에 대해 살펴볼 것이다. 과학기술자의 핵심 주장 두 가지 중 하나가 바로 '제대로 된 연구소'의 설립이었고, 이는 한국의 현대적 연구체제 형성의 토양이 되었다.

해방 직후 과학기술자들의
과학기술 진흥 요구

일제강점기 조선총독부는 고급 과학기술의 교육과 연구를 제한하는 정책을 폈기 때문에 과학기술연구소 역시 매우 적었다. 농업, 수산업, 임업 등의 분야에 관립 시험연구소를 세웠지만 농업시험장이 처음 설립될 때 이름이 권업모범장(勸業模範場)이었던 사실에서 드러나듯이 연구보다는 "본받을 만한" 일본식 기술의 도입을 주된 목적으로 삼았다. 1906년 농상공부 산하의 농사시험기관으로 설립된 권업모범장은 사실상 통감부 주도하에 세워졌으며, 대다수 기술진이 일본인으로 구성된 조직이었다. 이 기관은 일본에서 도입한 근대적 농법과 품종을 통해 뒤떨어진 조선의 농업을 개선하겠다는 의도를 지니고 있었다. 권업모범장은 1910년 일제강점 이후 조선총독부 소속 기관이 되었으며, 1929년 농사시험장으로 이름을 바꾼 다음 도입 종자의 보급에 더해 한반도의 환경에 맞는 독자적인 품종개량 등의 사업을 추진했다.[4] 이공학 분야에서는 1912년 설립된 총독부 중앙시험소가 대표적인 기관으로, 의뢰받은 공업원료를 분석·시험·감정하고 기술지도나 강습을 통해 염직, 요업, 화학 분야의 기술을 개량·보급하거나 각 지역의 자원을 조사하는 것이 주된 임무였다.[5] 그 밖에 광업을 위한 연료선광연구소, 지질조사소가 있었으며, 보건·의료 분야에는 조선총독부 경무국 산하의 위생시험소, 병독검정소, 세균검사소 등이 설치되었다.[6] 이러한 관립 시험연구소들은 일본인들이 주도했으며, 기관마다 소수의 한국인들이 일을 하고 있었다. 또한 일본 이외의 국가에서 과학기술을 전공한 경우에는 관립기관에서 일할 기회를 얻는 것이 불가능했다. 따라서 일제강점기에 한국인들이 과학연구자가 되기 위해서는 일부 박물학자를 제외하고는 매우 좁은 문을 통과해야 했다.[7] 하급 기술인력 양성만을 고려했던 총독부의 초기 정책을 볼 때, 1920년 조선총독부가 펴낸 『朝鮮語辞典』(조선어사전)에 기술은 있지만 '과학'이나 '연구소'라는 단어가 들어 있지 않은 것은 당연해 보인다.

기본적으로 식민지의 관립기관에서 이루어지는 활동은 일본제국의 이해관계라는 틀을 벗어날 수 없었기 때문에 한국인을 위한 연구활동은 제한적일 수밖에 없었다. 이에 1932년 김용관을 비롯한 발명학회 간부들은 한국인에 의한, 한국의 산업화에 기여할 수 있는 발명가 중심의 이화학연구소를 세우려 했고,[8] 몇 년 뒤 김병하 등 박물학자들은 한국인 연구자들이 연구할 수 있는 자연과학관 혹은 과학박물관이라는 이름의 연구소를 세우려 계획했다.[9] 그러나 이러한 구상은 식민지라는 현실 속에서 물적 여건이 뒷받침되지 않아 결실을 맺지는 못했다. 한편으로 천일약품의 계농생약연구소나 금강제약연구소 등 몇몇 약업 관련 업체들이 연구소를 세웠는데, 대부분 극소수의 인원만으로 겨우 명맥만 유지하는 상황이었다.

해방이 되자 한국인 연구자들은 일본인이 물러난 시험연구소를 접수했다. 중앙시험소는 1946년 중앙공업연구소로 개편되었으며, 지질조사소와 연료선광연구소도 같은 해 중앙지질광산연구소로 통합되었다. 그렇지만 연구소의 이름을 달고 있는 기관들일지라도 당시 정치·사회적 혼란과 경제적 어려움으로 인해 연구에 집중할 수 있는 상황은 아니었다. 사실 해방 직후 한국의 산업이나 과학기술, 특히 이공학은 연구를 논하기 힘든 단계였다. 전력, 자원, 중공업 시설이 북쪽에 편재된 상태에서 분단을 맞게 되어 남쪽은 미약한 경공업과 농림수산업이 산업의 거의 전부일 정도로 산업화와 경제발전의 수준이 낮았다. 연구를 수행할 만한 경험을 쌓은 과학기술자의 숫자도 적었으며, 그나마 남북분단과 월북으로 인해 그 수는 더욱 줄었다. 수도와 전기의 공급도 원활하지 않은 상황에서 상당한 재원과 고급 인력이 요구되는, 게다가 단기간에 가시적 효과를 내기 쉽지 않은 과학기술 연구에 대한 지원 요구가 바로 정책망에 포섭되는 것은 어려운 일이었다.

비록 현실 여건은 열악했지만 과학기술자들은 국가 재건을 위해서는 과학기술이 무엇보다 중요하다는 탈식민주의 갈망(post-colonial desires)을 갖고 있었다.[10] 과학기술의 위력에 일본이 패망하는 것을 지켜본 그들에게 과학은 조국의 완전한 독립과 부강에 필수 요소가 되었다. 과학기술 뒷받침이 이루어지지 않는다면 외견상 독립을 했더라도 실질적으로 식민지와 같은 처지로 내몰리게 된다는 우려에서였다.

> 우리의 금후는 주로 과학기술발전 여하에 달려있다. 현대국가 사회 민족의 실력은 전적으로 차(此)에 집결발휘되고 있으며 또 인류의 복지도 구체적으로 차에 기대되고 있음으로써이다.(중략) 과학기술의 기초가 없는 경제는 매판(買辦) 이상의 발전을 불허할 것이며 차(此)는 실질상 식민지의 범주 내에서 신음함을 의미한다.[11]

해방 후 조선 사람은 누구나 다 과학교육을 진흥시켜야 한다, 공업을 장려하지 않으면 안 된다고 주창한다. 그 이유는 두 가지가 있다고 볼 수 있다. 하나는 과학수준이 저급하면 문명인의 생활을 할 수 없다. 따라서 우리도 속히 과학수준을 높이지 않으면 안 된다는 것이다. 둘째는 과학이 발달치 않으면 무력상으로는 물론이고 경제상으로도 타국의 침략을 받기 쉽다. 따라서 36년의 노예생활로부터 간신히 자주독립을 약속받은 우리로서도 차제에 과학을 발달시켜 타국의 지배하에서 벗어나지 않으면 안 된다는 것이라고 생각한다.[12]

해방된 조국의 재건을 위해 필요한 것이 한두 가지가 아니었지만, 과학기술자들은 과학기술력이 갖추어지지 못하면 국가의 미래가 위협을 받을 수 있다고 믿었기 때문에 과학기술 진흥을 그 무엇보다 강조했다. 이러한 배경에서 서울대 문리대 초대학장을 지낸 이태규는 미군정청 교육심의회에서 과학 진흥을 위한 강력한 기능을 가진 '과학기술부'를 정부기구로 설치할 것을 주장했다. 과학기술부가 각 부에 분산된 과학기술 행정을 일원화하여 추진함으로써 필요한 과학자, 기술자를 단시일에 양성하고 사회가 필요로 하는 공업 발전을 효율적으로 이끌어낼 수 있다는 믿음이었다. 이태규가 과학기술부를 강조한 다른 이유는 과학기술부의 중핵 기관으로 종합연구소를 창설하려는 것이었다. "미국의 록펠러연구소, 소련의 과학학사원연구소, 독일의 카이저-빌헬름연구소, 일본의 이화학연구소와 같은 종합연구소"를 우리도 갖고 싶다는 바람이었다. 정부가 "과학의 궁전"인 해외의 유명 연구소와 같은 "제대로 된 연구소"를 세워 유능한 과학자와 기술자를 다수 양성하는 꿈을 꾸었던 것이다.[13]

중앙공업연구소 소장이었던 안동혁도 국가 전체의 과학 발전을 꾀하는 동시에 관련된 행정부문과 긴밀한 연계를 취하여 과학의 발전을 촉진시킬수 있는 '과학기술참모본부'를 구성할 것을 주장했다. 이 본부는 과학기술관련 행정부문과 각종 전문연구소를 직속기관으로 갖춘 방대한 과학기술

진흥 정부기구로 설명되었다.[14] 이러한 구상은 이태규가 구상한 과학기술부 및 종합연구소와 유사한 개념이었다. 연구소의 세부 목록에서는 다소 차이가 있었지만 과학행정을 총괄할 정부기구와 그 핵심이 될 연구소의 설립은 당시 많은 과학기술자들이 품었던 꿈이었다. 국가적으로 연구소를 총괄하는 과학기술 행정기구 설치라는 구상은 일본이 전시체제 아래 국가총동원을 위해 1942년 설치한 '기술원(技術院)'으로부터 영향을 받은 것으로 보인다. 1941년 일본 기획원이 과학기술의 국가총력체제를 확립하기 위해 작성한 "과학기술신체제 확립요강"은 과학기술 행정기구 창설, 과학기술연구소의 종합조정, 과학기술심의회 설치 등을 핵심으로 했다.[15] 이에 따라 1942년 2월 기술원이 개청했다. 기술원은 육해군의 지원을 받아 항공기술원의 성격을 진하게 갖고 있었으며, 기술원을 통해 전시에 과학과 기술이 융합된 '과학기술'이라는 용어가 급속히 확산되었다. 즉, (군사)기술에 봉사하는 과학이 제국대학과 국립연구소에 강하게 요구되었던 것이다. 이 때문에 기술원은 일본의 패전 이후 미군정에 의해 폐지되었다.[16]

물론 이태규나 안동혁과 같은 과학기술자들의 요구는 국가 재건에 필수 요소로서 과학기술을 강조하기 위한 것이었지만 동시에 자신들의 직업적 이해를 강화시키려는 목적도 담겨 있었다. 자신들이 몸담고 있는 기관을 확대 개편하거나 자신이 연구하는 분야의 연구소 설립을 통해 과학계 내에서 영향력을 확대시키려는 구상과도 무관하지 않았던 것이다.[17]

그러나 과학기술자들의 요구는 미군정이나 새로 출범한 대한민국 정부에서 받아들여지지 못했다. 사회적 혼란과 경제난 속에서 과학기술 진흥은 우선순위가 그리 높지 못했다. 또한 곧이어 한국전쟁을 거치며 사회 전체가 물적·인적 타격을 크게 받았고, 상당수 과학기술자가 납북이나 월북을 통해 북으로 떠나게 되면서 과학기술계의 희망사항은 결실을 맺기가 더욱 어려워졌다.[18]

과학기술자로서 과학기술 연구를 수행할 연구소의 설립을 기대하는 것은 매우 자연스러운 일이다. 하지만 당시까지 연구소의 효용이나 의미에 대한 경험과 이해가 많지 않았기 때문에 사회적으로 연구소라는 존재가 그렇게 당연하게 받아들여졌던 것은 아니다. 예를 들어, 1938년 출판된 최초의 국어사전인 문세영의 『우리말 사전』에는 과학이나 연구는 들어 있지만, 연구소라는 단어는 존재하지 않았다. 조선어학회가 1947년부터 펴내기 시작해 1957년에야 완간된 『조선말 큰 사전』은 총 5권에 164,125단어를 담고 있는 방대한 저작이지만, 놀랍게도 연구소라는 단어를 포함하지 않았다. 이에 비해 1958년 초판이 나온 신기철·신용철의 『표준국어사전』이나 1961년 이희승의 『국어대사전』에는 '연구하기 위한 시설이 되어 있는 곳'이나 '연구를 전문으로 하는 기관'이라는 의미를 지닌 연구소가 실려 있다.

국어사전이 변화하는 사회상을 즉각적으로 반영할 수 있는 출판물은 아니지만, 1950년대 후반에 이르러 처음으로 연구소가 국어사전에 등장했다는 사실은 이 시기에 들어와서야 연구소가 사회적으로 탄생했음을 의미한다고 볼 수 있다. 즉, 연구소가 최소한의 사회적 주목이나 인정을 받는 대상이 된 셈이었다. 물론 일제강점기에도 연구소라는 이름을 달고 있는 기관이 없지는 않았으며, 앞에 논의한 김용관의 사례와 같이 새로운 연구소를 설립하려는 움직임도 있었다. 그러나 김용관 등의 시도는 한국인들이 연구소라는 이름에 걸맞은 연구활동을 수행할 수 있는 공간이 드물었음을 보여주며, 이러한 사정은 해방 이후에도 크게 달라지지 않았다. 그렇기에 과학기술자들은 힘 있는 조국을 만들기 위해 계속해서 제대로 된 연구소 설립이 필요함을 주장했고, 열악한 환경 속에서도 과학기술연구소 간판을 내걸고 시험·조사를 수행하는 기관들과 연구자들의 노력 덕분에 1950년대를 거치면서 국어학자와 대중들의 인식에 연구소가 자리 잡게 되었던 것이다.

　그렇다면 그 같은 연구소의 탄생에 기여한 기관은 어떤 곳이었을까? 1959년 한국산업은행 기술부가 펴낸 『한국과학기술요람』에 의하면 당시 정부기관으로 과학기술 분야에서 연구소라는 이름을 달고 있는 곳은 11곳이 있었다.[19] 원자력원 산하의 원자력연구소, 국방부과학연구소, 농사원 산하의 가축위생연구소, 상공부 산하의 중앙공업연구소, 중앙지질광물연구소, 보건사회부 산하의 중앙화학연구소, 중앙방역연구소, 교통부 소속의 교통기술연구소, 재무부 산하의 연초제조기술연구소, 문교부 산하의 서울대학교 생약연구소, 농림부 소관의 가축위생연구소가 전부였다. 이들 기관 중 연구소의 구성원이나 연구활동에 대해 어느 정도 알려진 곳은 중앙공업연구소, 원자력연구소, 국방부과학연구소 정도이며, 이는 이들 세 기관이 상대적으로 큰 규모에 활발한 활동을 펼쳤음을 뜻한다.

　이들 기관 외에 연구소라는 이름을 달고 있지 않지만 시험 및 연구를 진행하고 있는 기관이 여럿 있었다. 예를 들어, 국립과학관은 일제강점기 은사기념과학박물관을 이어받아 해방 직후 국립과학박물관이라는 이름 아래 생물의 우리말 이름 짓기나 몇몇 지역의 생물상 조사 등의 생물학 연구를 수행했다. 우장춘이 이끌었던 원예시험장은 처음에는 농업과학연구소로 시작했다가 이름을 바꾸었으며, 각종 채소 종자의 육종연구에서 중요한 성과를 거두고 있었다. 농사원 산하에는 원예시험장 외에 농업시험장, 잠업시험장, 임업시험장, 축산시험장 등이 설치되어 당시로서 가장 중요했던 1차 산업 분야의 시험연구를 추진했다. 또한 조선총독부 수산시험장을 계승한 중앙수산시험장은 수산물의 분석·시험·감정, 해양조사, 현지 지도, 강습 등을 주 업무로 삼고 있었는데, 1950년대 후반 예산 부족에 따른 운영난으로 장장(場長) 희망자가 없어 한동안 장장서리를 임명해야 했다.[20]

　1950년대 후반 당시 운영되고 있는 과학기술 연구조직 중에 해방 이후 새롭게 설립된 연구소들은 많지 않았고, 대체로 일제강점기에 뿌리를 두고 있는 연구소들이 많았다. 그럼에도 불구하고 이들 기관들은 한국인과 한국사회를 위한 연구를 한국인 연구자들이 추진한다는 기본적인 사실에서 일제강점기의 시험연구소와는 차이가 났다. 문제는 그런 가치를 실현시킬 만한 조건이나 구상이 부재했기 때문에 연구소들이 기대만큼 큰 성과들을 내기가 쉽지 않았다. 비록 이들 연구소가 과학기술자들이 희망했던 제대로 된 연구소의 모습에는 미치지 못했지만, 이들의 존재로 과학기술연구소는 한국 사회에서 의미 있는 단어로 자리매김되었다.

국내 유일의 공업기술 시험연구기관,
중앙공업연구소

해방이 되고 일본인들이 모두 빠져나가자 총독부 중앙시험소는 한국의 시험연구소가 되었다. 일제강점기에 화학공업부장을 지냈던 안동혁이 주도하여 중앙시험소를 접수했으며, 1946년 4월 중앙공업연구소로 이름을 바꾸고 그가 초대 소장으로 정식 취임했다. 중앙공업연구소는 "공업기술에 관한 중추 목적을 통찰하여 그 실제적 해명에 노력하고 그 성과를 기업, 행정 및 국방에 반영시키는 것"을 설립 목적으로 내세웠으며, 몇 차례 기구 개편을 통해 무기화학과, 요업과, 유기화학과, 염직과, 기계공작과, 식품공업과 6개 연구과를 갖추었고, 이는 1950년대 내내 유지되었다.[21]

중앙공업연구소는 기관의 뿌리를 1883년 설립된 조폐기관인 전환국에서부터 찾고 있다. 전환국은 주화를 제조하는 최초의 국가 상설기관이었지만 한편으로 서구 선진국의 기계를 도입해 처음으로 공업제품을 제조한 곳이자 주화 제조 과정에서 필수적이었던 시험분석을 담당한 첫 번째 기관이었다. 하지만 러일전쟁에서 승리한 일본이 한국 식민지화를 위한 제도 개혁을 추진하면서 전환국의 폐지를 추진했다. 그에 따라 1904년 11월 전환국은 국가의 조폐기관으로 설립된 지 21년 만에 문을 닫고 말았고, 이후 화폐 주조는 일본 오사카 조폐국에 위탁해서 주조하게 되었다.[22] 비록 전환국의 조폐 기능은 중단되었지만 시험분석 기능은 이후 공업전습소를 거쳐 중앙시험소로 이어졌다. 공업전습소는 1912년 조선총독부 중앙시험소가 설립되면서 그 부설기관이 되었고, 시험분석 기능은 중앙시험소로 이전되었던 것이다. 따라서 중앙시험소를 접수한 중앙공업연구소는 전환국에서부터 기원했다고 볼 수 있으며, 중앙공업연구소가 이름을 바꾼 국립공업기술원의 공식 기관사는 전환국에서 그 역사를 시작한다.[23]

1946년 당시 중앙공업연구소 정원은 146명이었으나 인력 부족으로 실제 직원은 사환을 포함하여 98명뿐이었으며, 이후 직제 개편을 거치면서 연구소 정원도 조금씩 줄어들어 100명 이하로 유지되었다. 연구활동은 안동혁 소장을 포함하여 과학사(科學士) 4명, 화학사(化學士) 15명, 기사(技士) 11명, 물리사(物理士) 2명이 주도했다. 이들은 대학에서 공학을 전공했거나 공업전문학교를 졸업하고 오랫동안 현장 경험을 쌓은 기술자 출신이었다. 무기화학과 과장대리 최한석은 경성대 응용화학과 출신의 화학사이고, 기사 김재원은 도쿄대 공대 출신이며, 1963년부터 3대 소장을 맡게 되는 유기화학과장 이범순은 경성고공 졸업 후 다년간 제지 연구 경험이 있었다. 안동혁의 회고에 의하면, 일제강점기에 중앙시험소에서 근무한 경험이 있는 한국인은 수위 등 모든 직급을 포함해 47명인데, 이 중 17명이 해방 후에도 연구소에서 근무했다.[24]

중앙공업연구소는 각 과별로 해당 분야에 대한 연구, 시험, 분석, 감정, 조사를 기본 임무로 삼았으며, 기술 지도보급과 공업 관련 인력 양성도 담당했다. 연구소가 분석을 의뢰받은 주요 대상은 비료, 고령토, 석탄, 텅스텐, 세탁비누 등이었는데, 이는 당시의 산업 수준에서 가장 긴요한 제품이자 원자재였다. 한 수입업체가 연질PVC시트로 제조된 핸드백을 처음으로 수입하자 세관에서 세율을 정하기 위해 연구소에 물질 감정을 의뢰하기도 했다. 인력 양성은 당시 연구소가 담당한 중요한 임무 중 하나였다. 연구소는 6~7개월 동안 화학의 기초지식과 화학분석 등의 화학기술을 교육시켜 화학시험연구에 종사할 여자화학기술원을 양성했으며, 1년 교육과정으로 초·중등학교 공작과를 담당할 교원과 2년 교육과정으로 중등학교 과학과 교사를 훈련시키기도 했다. 또한 1948년 기술자양성소를 부설기관으로 설치하여 기초교육을 마친 전문학교 졸업자 또는 공장 기술자를 대상으로 실험 중심의 훈련을 통해 생산현장을 책임질 중견 기술인력을 배출하기도 했다.[25]

그러나 당시 연구에 필요한 기기와 재료 및 예산이 부족하여 연구원들이 왕성한 연구를 펼칠 수 있는 상황은 아니었다. 정부수립을 전후한 시기에 연구소는 보고서 형식의 책자로 연구결과를 펴냈는데, 특정 지역의 요업원료나 공장지대의 공업용수에 대한 조사보고가 대부분이었다. 수도와 전기 공급이 원활치 못해 연구실에 숯불을 피우고 우물물을 길어다 쓰는 상황에서도 연구원들은 국내 산업발전에 기여하는 것을 목표로 볏짚펄프 제조, 석탄산수지첨가제, 고무가황촉진제 합성, 염료 합성, 이온교환수지 제조연구, 요업원료의 정제 및 제조에 관한 연구 등을 수행했고, 이 중 일부 연구는 특허로 이어졌다. 대한민국 발명특허 제1호는 바로 중앙공업연구소의 작품이었다. 이범순과 김찬구가 발명한 유화염료제조법이 1947년 2월 출원된 후 이듬해 11월, 특허 등록번호 1번을 받았던 것이다. 이 발명은 「피크라민」산 또는 그의 염류를 「디오」유산 「소다」와 다유화 「소다」의 혼합수용액에 주의하여 소량씩 첨가하여 약 6시간 반응시킨 후 공기는 탄산와사를 통하거나 혹은 염석하여 석출하는 침전을 여과건조하는 유화염료제조법"으로, 기존 방법에 비해 품질이 우수한 염료를 단시간에 저렴한 생산비로 쉽게 생산하는 방법으로 기대를 모았다.[26] 1호 특허 외에도 연구소는 1949년까지 출원한 특허 중 4건을 등록하는 데 성공했으며, 유기화학과의 이범순과 기계공작과의 성찬용이 각각 두 건의 특허를 취득한 발명자로 이름을 올렸다. 특허의 상업적 효과는 충분히 확인할 수 없지만 국내 첫 특허를 취득한 기관으로서 연구소의 존재 의미와 가치를 알리는 효과가 있었을 것이다.

1950년 한국전쟁은 중앙공업연구소에도 상당한 타격을 주었다. 전쟁이 발발하고 연구소는 기계, 약품, 도서 등 300여 상자의 물품을 가지고 부산으로 남하하여 중앙수산시험장 내의 일부 건물과 대한경질도기회사 건물 일부를 빌려 업무를 수행했지만 정상적인 활동을 기대하기는 힘들었다. 휴전 성립 후 서울로 복귀한 연구소는 시설 복구에 힘을 쏟는 한편, 기업과 각 대학에서 연구생 및 실습생을 위탁받아 일정 기간 실습과 기술교육을 시켰으며, 도자기공장, 제지공장, 기계공작실 등의 중간시험공장을 개방하여 중소기업 육성에 힘을 보탰다.[27]

1953년 안동혁이 상공부 장관에 임명되자 이채호가 2대 소장이 되어 10여 년간 연구소를 이끌었고, 전후 복구가 본격화되고 사회가 안정되어 가면서 연구소의 활동도 제자리를 찾아갔다. 1955년 연구소는 처음으로 연구발표회를 가졌으며, 1958년 미국 국제협력국(ICA: International Cooperation Administration) 원조자금에 의해 건물을 신축 보수하고 다량의 현대화된 연구시설을 도입함으로써 연구소로서의 면모를 새롭게 했다. 그리고 1948년부터 간헐적으로 펴내던 『중앙공업연구소 보고』를 1957년부터 매년 정기적으로 발간하기 시작했으며, 1959년부터 공업 소식 및 공업기술에 대한 사회적 인식을 높이기 위해 『공연레뷰』라는 기관지를 발간하여 각 기관에 배포했다. 창간호에 실린 인사말에서 소장 이채호는 중앙공업연구소의 위상과 성격을 "국내 유일의 공업기술 시험연구기관"이라고 규정했다.

1950년대 후반에 이르러 연구소의 운영은 안정된 상태에 접어들었으나 한편으로 물적·인적 자원의 한계로 새로운 연구사업의 기획·추진을 통해 한 단계 나아가는 계기를 마련하지는 못했다. 무엇보다 이승만 정부에서 처우 개선을 명분으로 공무원을 상당한 폭으로 감원한 다음 연구인력의 증원이 이루어지지 못해 충분한 인력을 확보하지 못한 어려움이 컸다. 필요한 인력은 겨우 촉탁이나 연구생으로 채워야 했으며, 연구활동을 위한 재원 자체가 부족했다. 국립연구소였기 때문에 연구소 조직이 환경의 변화에 따라 재빠르게 적응하기 어려웠고, 세분화된 조직을 부족한 연구인력이 이끌어야 하는 상황이었기에 새로운 연구활동을 수행하기는 쉽지 않았다. 예를 들어 1959년 6개의 연구과 중 무기화학과의 경우, 일반무기분석실, 기기분석실, 공업용수시험실, 무기약품분석실, 희원소(稀元素)연구실 등 5개의 연구실을 두었으나, 공업용수시험실이나 희원소연구실의 경우 촉탁 1명으로 유지하는 등 정직원 2명에 촉탁 6명, 연구생 4명, 총 12명이 5개의 연구실을 꾸려가고 있는 상황이었다.[28] 촉탁과 연구생의 비중이 높은 것은 다른 과들도 마찬가지였다. 고용원을 포함해서 연구소의 전체 인원이 90명에 미치지 못했는데, 그 같은 연구인력 부족은 연구소의 발걸음을 더디게 했다. 당시 한 신문은 중앙공업연구소, 중앙지질광물연구소 등 상공부 부속기관이 거창한 임무를 내걸었음에도 열악한 환경과 처우로 기능과 그에 대한 인식이 극히 낮아 "귀양사리 외소(外所)"로 불리고 있음을 지적했다.[29] 이러한 상황은 상공부나 중앙공업연구소만의 문제는 아니었다.

또한 중앙공업연구소는 부처 간 소관 문제로 인해 서울대와 갈등을 겪었다. 연구소는 상공부 소관 기관이었지만 서울대는 기원을 따질 경우 중앙공업연구소가 서울대에 속해야 된다고 주장해 논란이 되었다. 즉, 해방 직후 중앙시험소는 경성공업전문학교에 소속되었던 기관이었고, 군정법령에 의해 경성공업전문학교 일체가 서울대학교에 이관되었기 때문에 중앙공업연구소 역시 서울대에 이관되어야 한다는 주장이었다. 또한 서울의 동숭동에 자리 잡은 중앙공업연구소가 1959년 서울대 법과대학 대지를 잠식하여 실험실과 공장을 건축했다가 갈등이 생겼으며, 1963년에는 법대 도서관 부근에 새로운 공장을 건설하려다 법과대 학생들의 실력 행사에 의해 무산되기도 했다. 결국 1963년 8월 문교부, 상공부, 내무부가 합의하여 중앙공업연구소는 연차적으로 이전하고, 더 이상 현 위치에 새 건물을 증축하지 않기로 했다. 하지만 정부로부터 약속된 예산이 계획대로 집행되지 않아 연구소의 이전이 실현되지 못했기 때문에 서울대와 연구소 양쪽 모두 어려움을 겪어야 했다.[30]

일제강점기의 중앙시험소, 더 멀리는 대한제국기의 전환국까지 기원을 두고 있는 중앙공업연구소는 국내 최고(最古)이자 1950년대 "국내 유일의 공업기술 시험연구기관"이었다. 하지만 연구소 앞에 붙은 시험이라는 표현이 시사하듯, 연구보다는 시험·검정·감정의 비중이 컸다. 비누나 고무신 공장을 세우려는 사업가, 도자기 사업을 시작하려는 기술자, 새로운 염료를 개발하려는 발명가 모두 중앙공업연구소에 시험검사를 의뢰했다. 그들이 기술적 어려움에 부딪혔을 때 제일 먼저 찾는 곳 역시 중앙공업연구소였다. 1961년 중앙공업연구소는 국립공업연구소로 개칭했으며, 수출 중심의 산업화가 본격화됨에 따라 공산품의 검사·시험·분석·감정 업무의 비중이 크게 늘어났다. 1962년 응용물리연구실의 명칭을 전자공학연구실로 바꾸었는데, 이는 국내 정부기관에서 '전자'라는 명칭이 붙는 첫 번째 사례로서 주목을 끌었다.[31]

그러나 중앙공업연구소는 물적·인적 자원의 한계로 연구 기능은 제한적이었으며, 특히 1960년대 이후는 시험검사기관으로서의 정체성이 더욱 뚜렷해졌다. 국내 유일의 공업시험연구기관이라는 자부심 이면에는 연구원들에 대한 낮은 처우와 열악한 연구환경이 있었고, 그 때문에 연구원들의 높은 이직이 불가피했다. 1964년 한 잡지는 국립공업연구소에 대해 "우리나라 공업계의 밑거름과 같은 기관, 그러면서도 「버림받은」 기관이라는 별칭으로 부르고 있는 곳"이라 설명했다. 이는 연구소가 수행한 여러 활동에도 불구하고 필요한 예산의 뒷받침이나 기술진에 대한 대우 문제가 제대로 되지 않고 있으며 서울대와의 연고권 문제 때문에 시설 확충이 벽에 부딪힌 현실을 나타내는 표현이었다.[32] 특히 정부출연연구소가 등장한 이후 중앙공업연구소의 위상과 역할은 축소될 수밖에 없었다. 연구소는 1973년 공업진흥청의 발족과 함께 표준과 관련 업무를 흡수하여 공업진흥청 산하의 국립공업표준시험소로 이름을 바꾸는 등 계속해서 기관의 명칭, 소속, 기능이 변화했으며, 지금은 산업통상자원부 소속 국가기술표준원(KATS: Korean Agency for Technology and Standards)으로 그 맥이 이어지고 있다.

우장춘과 중앙원예기술원

일제강점기 과학기술 연구는 일본인들이 주도하고 있었고, 이 같은 사정
은 육종학도 마찬가지였다. 태평양전쟁이 본격화되면서 일본에서 인력 부
족으로 종자생산이 차질을 빚고, 일본에서 조선으로 종자를 싣고 오던 선
박이 격침당하는 경우가 생기면서 무, 배추 등 채소의 종자가 크게 부족하
게 되었다. 이에 조선총독부는 1943년 말 조선 내에서 종자를 개발하는
계획을 세우고 우장춘에게 적당한 인물을 추천해줄 것을 요청했고, 이에
우장춘은 김종을 소개했다. 김종은 니혼대학 영문과를 졸업한 후 일본에
서 영자신문사 기자로 일하면서 농사시험장을 방문해 우장춘을 만났다.
그는 이후 《동아일보》 등의 신문에 기사를 기고해 우장춘을 자세히 소개
하여, 우장춘을 한국과 연결하는 역할을 담당했으며, 우장춘의 조카딸과
결혼을 했다. 김종은 육종학자는 아니었지만 우장춘의 소개로 다키이종묘
회사의 연구농장에서 발행하던 『육종과 원예』 잡지의 편집기자로 일하면
서 육종학에 본격적인 관심을 갖게 되었으며, 1952년 『소채채종학(蔬菜採
種學)』을 펴내기도 했다.[33] 우장춘의 소개를 받은 김종은 1944년부터 종자

생산을 위한 조직을 만드는 일을 시작했지만 일본의 패전으로 중단되고 말았다.

해방 이후 일본과 국교가 단절되자 당장 우량 채소 종자의 공급이 문제가 되기 시작했다. 자체적인 종자생산능력을 갖추지 못하고 있는 상황에서 일본으로부터의 수입도 제한을 받게 되자 채소 종자 부족은 심각한 문제가 되었으며, 특히 한국전쟁을 겪으면서 채소 부족은 더욱 악화되었다. 이러한 상황을 극복하기 위해 김종 등은 우장춘의 '환국(還國)'을 추진했고, 우장춘의 승낙을 받은 다음 '우장춘 박사 환국추진위원회'는 1948년 5월 부산 동래구에 재단법인 한국농업과학연구소를 발족시켰다. 이 연구소는 당초 환국추진위원회가 대대적인 모금운동을 벌여 확보한 자금으로 준비되었으나 초대 농림부 장관이었던 조봉암과 당시 국회 농림분과 위원장이었던 이주형이 국가기관으로 하는 것이 좋겠다며 이승만 대통령에게 보고해서 정부의 예산 지원이 결정되었다.[34] 이에 따라 과거 일본인의 재산으로 등재되어 있던 각종 부동산을 관리하기 위해 설치된 귀속농지관리국의 행정인력이 옮겨왔으며, 1949년 10월 김종이 소장 대리격인 소장 사무취급으로 임명되었다. 연구소의 건물과 연구에 이용되는 농장은 모두 일제강점기 일본인이 소유한 과수원과 건물이었고, 직원들의 봉급과 예산은 귀속농지관리국의 국고에서 지원되었다. 정식 정부조직이 아닌 재단법인격이었지만 농림부 장관이 발령을 내는 농림부 산하 기구인 셈이었다.[35] 공식 정부기관이 아닌 재단법인으로 시작한 정확한 이유는 확인되지 않았지만, 처음 환국추진위원회라는 민간기구가 연구소 설립을 추진했고, 한편으로 우장춘이 아직 귀국하지 않은 상황이었기 때문에 직제 개정 등의 복잡한 절차를 따라야 하는 정부기관보다 재단법인을 우선 택한 것으로 여겨진다.

1950년 3월 우장춘이 한국에 돌아오고 2개월 뒤 한국농업과학연구소 소장이 되었고, 그의 지휘감독 아래 본격적인 육종연구가 시작되었다. 이 연구소는 1953년 5월 대통령령에 의해 정부의 공식직제로 편입되어 우장춘을 초대 원장으로 하는 중앙원예기술원으로 개편되어 채소와 화훼의 육종을 담당하는 정부기관이 되었다. 이에 따라 중앙원예기술원은 중앙농업기술원(1949), 중앙임업시험장(1949), 중앙가축위생연구소(1949), 중앙축산기술원(1952)과 더불어 5대 중앙농업연구소의 하나가 되었다.

비록 국가의 정식 연구소로 개편되었지만 중앙원예기술원은 우장춘의 주도하에 그의 영향력이 매우 강하게 작용했다. 연구소의 연구활동은 우장춘이 총괄하는 연구과제를 서로 분담하는 방식으로 수행되었다. 모든 연구자들은 팀 단위로 나누어져 우장춘이 주는 세부 연구과제를 수행했다. 팀 연구조직은 2~4명 단위의 기사(기좌)-연구생(촉탁)으로 구성되었으며, 1958년의 경우 총 14개의 연구팀이 운영되었다. 각 연구팀은 매년 2~3개의 연구주제를 맡아 수행하면서 연구 분야를 특화시켜나갔다. 이들 연구팀은 내부 결속력이 매우 강한 조직으로 우장춘을 중심으로 한 연구공동체이자 생활공동체였기 때문에 '장춘학파(長春學派)'로 평가받기도 한다. 우장춘의 지도를 받은 후학들은 40여 명에 이르렀고, 이들은 이후 '원우회'를 조직하고 스스로를 '우장춘교도'라고 부르기도 했다.[36]

우장춘은 연구소의 활동을 우량 채소 종자를 확보하기 위한 실용 및 응용연구에 집중했다. 연구소는 채소 부족이라는 당장의 문제를 해결하기 위해 정부로부터 상당한 재정 지원을 받아 넓은 시험포장과 온실 등 연구에 필요한 물적 기반을 갖출 수 있었다. 아울러 우장춘은 연구생 제도를 만들어 젊은 연구인력을 대거 끌어들였고, 이들을 직접 지도하여 최신의 육종 연구 지식과 기술을 습득시켰다. 연구생들은 일정한 보수 없이 숙식을 제공받으면서 육종 업무와 기술을 배웠으며, 그들 중 일부는 조수와 촉탁을 거쳐 정규직으로 진출하기도 했다. 그리하여 우장춘을 정점으로 특정 연구주제를 전담하는 다양한 연구팀을 만들어 운영함으로써 채소 품종개량 연구를 효과적으로 추진했다. 한편으로 종자의 증식과 보급을 위해 한국농업과학협회를 설립해 연구소의 연구활동과 구분하여 종자의 보급 판매를 맡겼다. 그 결과 1953년에는 재래품종과 도입품종을 이용하여 한국의 기후와 한국인의 식성에 맞는 우수한 고정품종을 얻어냈고, 그에 대한 검정시험도 실시했다. 이 선발된 종자를 지리적으로 고립된 전남 진도의 채종지에서 대량 생산함으로써 1955년에는 배추, 무, 고추 등의 채소 종자를 자급자족하는 데 성공을 거두었다. 이후 우장춘은 자가불화합성과 웅성불임성을 이용해 잡종강세를 지니는 우량 품종개발에도 본격적인 노력을 기울여 1960년에는 연구소에서 신품종 배추 '원예1, 2호'를 개발했으며, 뒤이어 양배추 '동춘', 양파 '원예1, 2호' 등을 잇달아 개발하는 성과를 거두었다.[37]

1957년 농사원이 설립되면서 독립적인 행정기능을 갖고 있던 중앙원예기술원도 농사원의 산하 원예시험장으로 재조정되었다.[38] 농사원은 시험국과 교도국을 두고, 시험국 산하의 연구소로 원예시험장, 농업시험장, 잠업시험장, 임업시험장, 축산시험장, 가축위생연구소 등을 두었다. 하지만 당시 농사원은 농민들에게 그리 큰 신뢰를 얻지는 못했고, 육종에 대한 마뜩찮은 분위기 속에서 우장춘이 개발한 종자 역시 농민들의 선택을 받기까지 적지 않은 어려움을 겪어야 했고, 농사원 구성원들은 농민들을 설득하느라 "시골장 약장사" 같은 노릇을 해야 했다.[39]

우장춘의 노력으로 한국은 1950년대 말 우량종자 자급체계를 갖추게 되었고, 육종학은 다른 과학기술 분야에 비해 상대적으로 매우 이른 시기에 높은 수준에 올라서게 되었다. 해방 후 씨감자 공급이 두절되어 생산량이 현저하게 떨어졌던 감자 문제 해결도 우장춘이 거둔 성과였다. 그는 무균종저(無菌種薯) 생산 기초작업에 착수하여 대관령에서 무균종저 증식을 추진했으며, 생산된 씨감자는 전국 재배 농가에 보급되었다. 또한 우장춘은 일본에서 도입한 귤의 시험재배와 품종개량도 시도하여 소기의 성과를 거두었다. 그는 다음으로 벼의 품종개량을 통한 식량 증산에 관심을 보였지만, 그즈음 닥친 병으로 인해 성과를 보지 못하고 후학에게 연구를 넘겨야 했다.[40]

우장춘은 세상을 떠난 1959년까지 만 9년 5개월 동안 한국농업과학연구소장, 중앙원예기술원장, 원예시험장장을 역임하면서 연구와 후학 양성에 전념했다. 농민이 필요로 하는 각종 종자는 민간 종묘상들이 특성 있는 좋은 종자를 개발 육종하여 공급해야 하지만 당시 한국에는 우량종자를 육성할 지식과 기술을 갖춘 인력이 없었다. 이에 우장춘은 국립시험장은 시험연구를 주 업무로 삼아야 하지만 시급히 필요한 종자를 만들어 농민에게 공급하는 일까지 추진하게 했다. 또한 연구업무를 수행하면서 동시에 민간 육종에 필요한 후학을 양성하는 사업을 병행하겠다고 주장하고 실제 다수의 후학을 양성했다. 우장춘은 자신에게 필요한 국가의 지원을 끌어내기 위해 정부나 고위 정치인과 적절한 관계를 유지했으며, 입영 대상이 된 연구원들의 입대 연기를 이승만에게 청원하여 관철시키기도 했다.[41] 우장춘이 세상을 떠난 이후에도 그로부터 육종학을 배운 후학들을 중심으로 육종 연구가 계속되어, 1960년대부터 많은 근대적인 육종 연구 농장이 개설되어 현재는 50여 개에 이르고 있다.[42]

우장춘이 이끌었던 중앙원예기술원이 길지 않은 기간에 채소 종자 자급과 우수품종개량 등에서 분명한 연구성과를 거둘 수 있었던 것은, 국립 연구소이지만 우장춘에게 막강한 권한과 지원이 주어지고, 해결해야 할 분명한 역할이 주어졌기 때문이다. 물론 그러한 과정이 성공적인 결실로 이어지는 데는 우장춘이라는 걸출한 연구자의 존재가 가장 핵심적인 요인이었음은 분명했다. 비록 기관의 법적 지위나 소속, 이름은 달라졌지만 그는 10여 년간 같은 공간에서 자신이 주도해 선발한 연구자들을 이끌고 자신의 기획 아래 연구와 관련 사업을 이끌어나갈 수 있었다. 이는 다른 국공립연구소의 연구책임자가 2~3년을 넘기지 못하고 교체되던 상황과 크게 대비되었다. 결과적으로 중앙원예기술원, 그 뒤를 이은 농사원 원예시험장은 여타의 국공립연구소와는 구별되는 독특한, 예외적인 환경 속에서 운영되었고, 그에 맞는 결실을 낼 수 있었다고 볼 수 있다. 중앙원예기술원은 해방 이후 새롭게 설립된 기관이었을 뿐 아니라 한국인과 한국 사회를 위한 연구라는 측면에서 일제강점기 시험연구소와는 근본적인 차이점을 보였다. 또한 분명한 목적, 리더, 이를 뒷받침하는 지원과 연구원들의 노력으로 전반적으로 열악한 환경 속에서 성과를 냈던 것이다.

과학기술자의 군대생활, 국방부과학연구소

1. 한 육군 대위의 과학자 되기

민족의 비극이었던 한국전쟁이 발발한 바로 다음 날인 1950년 6월 26일, 이날은 서울대학교의 개강일이기도 했다. 문리대 이학부 신입생 권태완은 동숭동의 붉은 벽돌 건물에서 대학 첫 강의를 들었다. 하지만 점점 가까워지는 대포 소리로 인해 두 번째 강의는 끝까지 진행되지 못했다. 이후 전쟁이 계속되면서 학교에 갈 기회가 없었고, 그는 그해 말에 군에 입대했다. 이듬해 3월 육군종합학교를 졸업하고 육군 소위가 되었으며, 작전장교로 공비 토벌에 참여하기도 했다. 화랑무공훈장은 그 과정에서 얻은 영예였다. 휴전 이후 대위로 진급한 권태완은 미국 보병학교 초등군사반 과정을 마치고 귀국해서 육군본부에서 육군참모차장의 전속부관으로 근무했다. 전시군인연합대학에서 일부 과목을 수강했지만 단 한 시간 강의로 대학생활이 중단되었기에 그는 항상 공부에 대한 갈증을 느꼈다. 이런 사정을 알게 된 상관의 주선으로 1957년 1월 권태완은 국방부과학연구소를 찾았다. 당시 연구소의 정낙은 소장은 권태완이 대학을 1년도 마치지 못한 것을 알고 연구원이 아닌 상황장교를 제안했다. 하지만 권태완은 연구실로 보내달라고 간절히 요청했다. 그를 내보내고 소장실에서 간부들이 모여 회의를 했다. 회의를 마치고 한 간부가 그에게 "우리 같이 일해 봅시다"며 손을 내밀었다. 육군 대위 권태완에게 새로운 인생이 열리는 순간이었다.

권태완은 얼마 뒤 육군본부에서 국방부과학연구소로 옮겨 군용식품[兵食]과 영양을 담당하는 9실로 배속되었다. 7년 동안 전후방을 돌았던 그에게 실험실의 실험기구와 시약 냄새는 너무도 그리운 자극이었지만, 자신의 짧은 학력을 생각할 때 걱정이 앞서는 것도 사실이었다. 그래서 그는 자신이 속한 연구실의 이태녕 실장에게 모교에 복학해서 조금씩이라도 강의를 듣고 싶다는 뜻을 밝혔고, 이태녕은 가능한 한 많이 수강을 하라며 최대한 편의를 봐주었다. 그해 봄 권태완은 서울대 화학과에 복학했으며, 전시군인연합대학에서 이수한 학점을 인정받아 전공과목을 많이 수강할 수 있었다. 얼마 후 그는 연구원 몇 명과 함께 서울대 의대 생화학교실에 파견되어 이기녕 교수에게 의뢰된 '한국군인 혈액 성분에 관한 연구'에 참여하게 되었다. 화학과와 생화학교실은 길 하나 건너에 자리 잡고 있었기 때문에 그는 노량진의 국방부과학연구소에서 오가는 시간을 줄이고 공부에 매진했다. 강의가 끝나면 바로 생화학교실에 돌아와 밤늦게까지 연구를 하면서 그동안 쌓였던 공부에 대한 아쉬움을 날려 보낼 수 있었다.

입학한 지 햇수로 10년 만인 1959년 대학을 졸업한 권태완은 내친김에 대학원에 진학해서 공부를 계속하기로 했다. 같은 해 서울대학교 논문집에 지도교수를 비롯한 3명의 연구자와 공동으로 발표한 "대두 발아중의 화학적 변화"라는 논문은 콩이 발아할 때 유리당(遊離糖)의 변동에 대해 분석한 연구로, 권태완의 이름이 들어간 첫 번째 논문이었다.[43] 영어로 작성된 이 논문의 서두에는 국방부과학연구소(Scientific Research Institute,

Ministry of National Defense)의 지원을 받아 수행된 연구임이 표기되어 있다. 첫 논문으로 콩에 대한 연구와 인연을 쌓은 그는 이후 콩 전도사이자 최고의 콩 연구자로 명성을 쌓게 되었다.

석사과정에서도 권태완은 연구소와 대학원을 오가는 생활을 계속하면서 본격적인 연구자의 길로 들어서게 되었다. 국내에서 처음으로 이온교환 크로마토그래피를 이용한 아미노산 정량에 성공하는 등 크로마토그래피를 이용해 다양한 생화학성분 분석 연구를 수행했다. 뒤늦게 다시 시작한 공부였지만 1961년 석사학위를 받을 때까지 그는 10편의 논문과 보문(報文)을 펴내며 연구자로서의 면모를 갖추어나갔다.

권태완은 석사를 마치고 새로운 도전을 시작했다. 11년에 걸친 군복무와 4년 반의 연구소 생활을 마치고 미국 유학길에 오른 것이다. 그는 플로리다주립대 대학원에서 식품과학을 전공하여 1963년 박사학위를 취득했다. 남보다 늦게 떠난 유학이었지만 국방부과학연구소에서 충실한 연구 경험을 쌓은 그는 짧은 시간에 학위논문을 마칠 수 있었고, 이후 캘리포니아주립대 버클리캠퍼스의 해양자원연구소 연구원으로 일하게 되었다. 그는 꾸준히 논문을 발표하여 1966년 아이오와주립대 농과대학 조교수로 임용되었다. 얼마 뒤 고국에 KIST가 새로 설립된다는 소식을 들은 그는 바로 지원하여 이듬해 16명의 1차 해외유치 과학자의 일원이 되어 귀국했다. KIST의 식품 분야 연구책임자로 활약한 권태완은 이후 부소장을 역임했으며, 1988년 한국식품개발연구원의 설립을 주도하여 초대 원장이 되었다. 그는 한국식품과학회, 한국식량영양경제학술협의의, 한국콩연구회 등 식품 관련 학회의 조직과 운영을 주도하여 국내 식품과학계의 핵심 인물로 활약했다.

육군 대위 권태완이 뒤늦게 공부를 다시 시작하여 대학과 대학원을 마치기까지 4년 반 동안 국방부과학연구소는 그에게 공부와 연구를 함께 할 수 있는 소중한 기회를 만들어주었다. 자신의 표현대로 국방부과학연구소는 그의 인생의 길을 바꾸어놓았던 것이다.

2. 육군병기공창과 과학기술연구소

권태완에게 새로운 인생을 열게 한 국방부과학연구소는 어떤 기관이었을까? 많은 사람들이 국방과학연구소(ADD: Agency for Defense Development)를 떠올리겠지만 국방부과학연구소는 ADD의 조상쯤 되는 기관으로 직접 관련은 없다. 이 연구소는 육군병기공창에서 시작해 1954년 국방부과학연구소라는 이름을 갖게 되었다. 1948년 정부수립 이후 군은 병기 제조와 관련된 연구개발을 위해 육군병기공창을 창설했다. 당시 경제 사정상 새로운 시설을 갖추기가 쉽지 않았기 때문에 서울과 인천의 귀속기업체의 공장 두 곳을 접수하여 육군특별부대 소속으로 육군병기공창을 세운 것이다. 육군병기공창 초대 창장은 김창규 육군 대령이 맡았다. 그는 병기공창 창장 시절 서울대 공대 졸업반 학생들을 단기 특별교육 이수 후 육군소위로 임관시키는 육군기술장교 제도를 시행했으며, 한국전쟁 당시 공군기술장교 제도를 도입하여 이공계 대학에 재학 중이거나 학위를 가진 사람을 기술장교로 받아들여 나중에 '이공계의 쉰들러'라는 별칭을 얻었다. 기술장교의 혜택을 본 수백 명 중에는 과학기술처 2대 장관 최형섭과 박정희 시대 중화학공업화 정책을 추진한 청와대 경제제2수석 오원철이 있다.[44]

육군병기공창은 기본 병기의 생산기술을 습득하여 국내에서 대량 생산을 하겠다는 목표를 세웠으며, 이를 위해 무엇보다 우수한 인력의 확보에 신경을 썼다. 우선 안동혁, 성좌경, 전풍진, 이채호 등 10여 명의 과학기술계 인사를 기술자문위원으로 위촉하여 자문을 받았다. 이들은 교수, 국립연구소 간부, 공기업 기술간부 등 당시 최고 수준의 과학기술계 인사들이었다. 그리고 일제강점기에 저명한 기술계 대학을 졸업했거나 관련 분야에서 실무경험을 갖춘 사람을 선발해 현지 임관을 시켜 병기공창의 기술관리 업무를 책임지도록 했는데, 중앙공업연구소 기계공작과장이던 정낙은이 첫 번째로 특채되었다. 또한 공창 산하 공장에서 생산관리, 연구개발, 기술관리 등 업무를 담당하는 기술장교는 공개모집을 했다. 공과대학 졸업자는 무시험 서류전형으로 선발하여 3개월 복무 후 중위로 진급시켰으며, 공업고등학교, 공업전문학교 졸업자는 시험을 거쳐 선발한 뒤 육군사관학교에서 3주간 군사훈련을 받게 한 뒤 소위로 임관시켰다. 아울러 병기 생산 분야에서 실무 경험이 많은 기술자들을 장교급 기술문관으로 채용했다.[45]

국방부는 육군병기공창의 역할을 확대하여 군과 경찰이 필요로 하는 병기와 탄약을 보급하기로 결정했다. 이에 따라 1949년 12월 국방부병기행정본부를 발족시켜 그 산하에 병기공창을 두었고, 정낙은에게 병기공창의 책임을 맡겼다. 한국전쟁이 발발하기 열흘 전인 1950년 6월 15일, 국방부는 병기 생산과 연구 능력을 높이기 위해 병기행정본부 아래 두 곳의 조병창을 두고, 동시에 병기와 탄약에 대한 연구를 목적으로 과학기술연구소를 창설했다. 정낙은이 과학기술연구소의 초대 소장에 임명되어 연구진용을 갖추어나갔다.[46]

막 설립된 과학기술연구소는 한국전쟁의 발발로 부산으로 피난을 떠나 연구업무도 중단될 수밖에 없었지만 전쟁은 연구소가 많은 고급 연구인력을 확보하는 계기가 되었다. 연구소는 9·28수복 후 서울로 올라갔다 1·4 후퇴 때 다시 서울을 떠나면서 영등포에 있던 연구소의 보유 장비를 철도편으로 부산까지 이동시켰다. 이때 정낙은은 서울에 있던 여러 과학기술자들을 기술장교, 문관, 촉탁으로 긴급 채용하여 부산으로 함께 이동하게 했다. 이러한 방침은 전시에 무엇보다 고급 인력의 보호가 중요하다는 데 뜻을 같이한 정낙은 소장과 국방부병기행정본부 3대 김창규 본부장(1950. 5~11), 4대 이종찬 본부장(1950. 11~1951. 6)의 의지로 추진되었다. 당시 연구소의 촉탁으로 급하게 발령받아 부산으로 피난했던 과학기술계 인사들은 중앙공업연구소장 안동혁을 비롯하여 서울대 교수였던 최상업, 최규원, 김태봉, 김순경, 조순탁 등 30여 명에 이르렀다. 몇몇 교수는 문관으로 발령을 받았으며, 서울대 졸업반 학생과 조교 등 10여 명을 문관으로 채용하여 연구업무를 담당하도록 했다. 여기에 공군 및 육군기술장교로 입대 후 연구소로 옮겨 핵심 연구인력이 된 이태녕, 박태원, 최웅 등까지 당시 과학기술연구소는 화학, 기계, 금속, 전기, 식품 등 전 기술 분야를 망라해 최고의 고급 인력을 확보한 셈이었다. 물론 이 같은 조처에는 고급 인력의 월북이나 납북을 막겠다는 의도가 크게 작용했다. 전시였기 때문에 사회 전체가 어려움을 겪어야 했지만, 다른 한편으로 전시였기에 군 관련 기관이 큰 역할을 할 수 있었다. 결과적으로 전쟁으로 터전을 잃었던 과학기술자들에게 국방부과학기술연구소는 뛰어난 여건은 아니었지만 연구를 논할 수 있는 장이 되었고, 국가적으로 고급 인력을 보호하는 수단이 되었던 것이다.

과학기술연구소는 부산 영도의 국립부산수산시험장에 임시로 시설을 마련하고 병기와 화약에 관한 연구, 군용식품을 비롯한 병참물자에 관한 연구를 계속해나갔다. 당시 연구소의 조직은 정낙은 소장 아래 제1연구과는 화학 분야 연구, 제2연구과는 군용식량 연구, 제3연구과는 화약의 기초 연구, 제4연구과는 전기·통신 분야 연구, 제5연구과는 금속재료 분야 연구를 전담했다. 1952년, 전쟁 중임에도 불구하고 연구소는 정부 보유 외화약 10만 달러로 전자현미경, X선 분석장치, 분광분석장치 등의 연구기자재를 주문해 이듬해 설치했다. 당시 연구소가 추진했던 주요 연구주제들은 대체로 군 현장에서 필요로 하는 것들로서, 수류탄 생산 연구, 소총 탄환 관련 연구, 화약 제조 연구, 한국군에 적합한 휴대식량 연구, 군용 옷감 염료 연구, 통신기기 연구 등이었다.

몇 차례의 조직 개편으로 국방부병기행정본부 산하의 과학기술연구소와 조병창은 국방부 장관 직속기구로 격상되었고, 연구소는 조병창과 구별되는 연구소로서의 성격을 더욱 분명히 했다. 1952년 연구소는 등사판이었지만 『과연휘보』라는 제목 아래 연구결과보고서를 모은 잡지를 펴냈다. 『과연휘보』는 군사비밀로 취급되었고, 100부를 찍어 국방부 내부와 각 군에만 배포되었다. 1952년 2월에 나온 1편은 아직 확인되지 않았으며, 그해 8월에 발행된 2편부터 남아 있어 연구소의 연구활동에 대한 중요한 정보를 제공해준다. 2편의 서두에는 소장 정낙은의 서언이 실려 있는데, 그는 연구소가 한국전쟁 직전에 창설되었지만 최근에 와서야 연구활동이 본궤도에 오르게 되었다고 평가하면서 앞으로 더 나은 성과를 얻을 것을 확신한다고 밝혔다.

본호(本號)는 시설과 더불어 인원의 부족과 예산상의 여러 가지 애로로 인하여 그 성과와 만족할 수는 없다 할지라도 그중 병식지부(兵食之部)에 있어 과연(科研) ration no.1을 얻게 되었고 병기지부(兵器之部)에 있어는 대한식 무전기 시작(試作)에 성공하였으며, 기타 폐윤활유 재생문제 같은 것은 우리나라 실정에 빛우어 가장 절실히 연구의 필요성을 느끼는 제목의 하나라고 본다. (중략) 특히 우리가 가장 중요하다고 인식하면서도 종래 구체적으로 과학적 연구를 못한 병식관계는 개량고안된 점이 허다하며 이후도 계속하여 가일층 병식 개량에 매진할 것이다.[47]

당시는 식량난으로 인해 군 장병들의 영양 상태가 매우 부실한 상태였기 때문에 군용식품 문제가 매우 중요한 과제로 떠올랐다. 1951년 초 소위 '국민방위군 사건'으로 인해 10만여 명의 아사자, 동사자가 발생한 바 있었는데, 이 사건은 국민방위군 고위 장교들의 부정이 주된 원인이었지만 당시 군에서 먹고 입는 것과 같은 기본적인 요건을 갖추는 것이 무엇보다 시급한 과제였음을 보여준다.[48] 이에 연구소는 군용식품에 대한 여러 과제를 진행했다. 『과연휘보』에 실린 연구보고서 중에서 군용식품 부분은 중요한 위치를 차지했는데, 『과연휘보』가 이름을 바꾸어 1960년 7월에 간행된 『과학연구소보고』에 이르기까지 『과연휘보』에 실린 312편의 논문 중 식품분야가 92편으로 가장 큰 비중을 차지했다. 현재 남아 있는 『과연휘보』의 제일 첫 번째 연구보고서도 "야전 휴대식량에 관한 연구"이다. 또한 병참 분야에도 통조림용 강판에 대한 연구나 휴대 군용식품용 캔의 도료에 대한 연구 등 군용식품과 관련된 연구가 많았다. 연구결과인 영양건빵, 건조쌀밥, 건조야채, 곰국진액, 분말된장, 가루팥죽 등의 시제품은 일선 부대에서 시식을 실시하여 좋은 반응을 얻기도 했지만 실제 양산까지 이어지는 경우는 많지 않았다.

한국전쟁이 끝난 이후에도 연구소는 우수 연구원의 확보를 위해 병역특례제도를 활용했다. 1953년 국방부 장관 명에 의해 연구소에서 문관으로 근무 중이던 징집대상 연구원들은 공군에 지원입대하여 100일간의 단기 훈련을 마치고 공군 소위로 임관하여 다시 연구소로 전입되었다. 이들은 2년간의 현역복무를 마치고 제대한 후 다시 문관 신분으로 연구를 계속할 수 있었다. 과학기술자들이 군대 생활을 야전이 아닌 연구실에서 보낼 수 있도록 한 이 같은 제도는 연구소가 우수 인력을 확보할 수 있게 하는 한편 국가적으로도 유능한 과학기술자들의 연구역량을 군복무로 사장시키지 않도록 하는 의미를 지녔다. 일반적으로 1970년대 한국과학원이 설립되면서 이공계 대학졸업자들에 대한 병역특례가 시작되었다고 얘기되지만, 세부적 형식은 다를지라도 그 출발은 20년을 더 거슬러 올라간 1950년대 초부터였다.

3. 국방부과학연구소

육군병기공창에서 시작해서 국방부병기행정본부를 거쳐 국방부 장관 직속기구까지 잦은 개편을 겪던 조병창과 과학기술연구소는 1954년 4월 단일 체제로 새롭게 개편되었다. 각종 병기의 시험제작 및 생산을 담당했던 조병창을 해체하고 과학기술연구소에 편입시켜 새롭게 국방부과학연구소로 발족했던 것이다. 이전까지 연구소는 당시로서는 쟁쟁한 인사들을 확보하고 있었으나 국방부 장관이 설치한 기관으로, 대통령령으로 설치된 중앙공업연구소에 비해 법적 근거가 약해 인원과 예산 확보에 어려움을 겪었다. 그해 7월 대통령령으로 '국방부과학연구소령'이 제정됨으로써 국가의 핵심 연구소로 새롭게 자리매김하게 되었다. 그리고 뒤이어 상공부와 협의를 거쳐 노량진의 지질광물연구소의 부지 및 건물을 인수받아 보수를 거쳐 이전하여 훨씬 안정된 공간과 시설을 확보했다.

국방부과학연구소는 1955년부터 대학졸업자를 대상으로 매년 연구원을 공모하여 연구인력을 꾸준하게 확보해나갔다. 첫해 공채로 선발된 24명의 연구원들은 공군 입대 후 3개월의 단기 기초훈련을 마친 다음 제대하여 문관 신분으로 연구소에 배속되어 연구업무 수행에 투입되었다. 이듬해 채용된 27명은 해군 입대 후 13주간 훈련을 받고 귀휴역(歸休役)으로 편입되어 현역 근무를 면제받고 문관 신분으로 최소 3년간 근무토록 했다.

이 제도는 현재 시행되고 있는 특례보충역과 비슷한 형태라 할 수 있다. 귀휴병은 복무대상자이지만 특별한 사유로 일정 기간 현역 근무를 면제받은 병사를 말하며, 당시 병역법 개정 과정에서 귀휴병 제도가 적지 않은 논란이 되었다.[49] 1957년 이후에도 매년 18~30명이 채용되었으며, 이들은 단기훈련을 받고 현역 육군 이등병으로 연구소에 배속되었다. 낮에는 소속된 연구실에서 연구원으로 일했지만 일과 후는 연구소 본관 뒤의 내무반에서 생활하면서 연구소 보초 및 경비 근무를 담당하여 '연구사병'으로 불렸다. 그들은 일정 기간이 경과하면 귀휴 조치되어 문관 신분으로 근무했으며, 만 3년이 되면 제대증을 받았다. 제대 후에 상당수는 문관으로 남아서 연구를 했으며, 일부 연구원들은 의무복무기간을 마치기 전에 연구소의 승인을 받아 해외유학이나 국영기업의 기술훈련생으로 떠나기도 했다. 남북이 대치하고 있는 상황에서 병역의 의무는 매우 민감한 문제였지만 연구소는 상당한 융통성을 발휘했던 것이다.

1955년 육군조병창이 다시 설립됨에 따라 병기, 탄약 연구는 육군조병창이 담당하고, 연구소는 군용식품, 피복, 유기·무기재료, 원자력 이용, 로켓 등의 연구로 초점을 재조정했다. 당시 병기와 탄약은 미국의 군사원조를 받고 있었기 때문에 조병창이 그와 관련된 기술을 미국으로부터 습득하게 했고, 연구소는 한국군의 특성에 맞는 식품, 피복류 등의 연구와 국내생산이 가능한 군수물자 부문의 연구를 당면 목표로 삼았다. 예를 들어 한국군의 체형에 맞게 중량을 줄인 수류탄 제조 연구나 휴대식품 제조를 위한 한국 식품 분석 및 시제품 연구 등을 수행했다.

국방부과학연구소가 많은 신경을 쓴 군용식품 연구는 좋은 성과를 얻었고, 그 과정에서 군의 급식에 대한 영양소 분석과 김치 등 전통식품에 대한 종합적 연구도 함께 진행되었다. 개발된 휴대식량은 호평을 받았지만 당시 군의 급식비가 워낙 적었기 때문에 대량 생산에는 이르지 못했다. 또한 군의 영양 상태를 정밀하게 평가하기 위한 군인의 혈액성분 분석 연구나 급식 시료 성분분석 등을 수행했고, 영양 상태 개선을 위해 소맥분에 비타민B2를 강화하거나 군원물자에 식용유를 포함시켜 칼로리를 높이도록 했다. 이러한 연구는 민간의 인스턴트식품 개발을 촉진시키는 역할을 했으며, 몇몇 연구성과는 특허 취득으로 이어졌다. 1961년까지 연구소가 취득한 한국 발명특허는 13건이었으며, 1953년 첫 번째로 등록된 가루팥죽 제조법을 비롯해 모두 9건이 식품 분야였다.

연구소는 연구뿐 아니라 병참물자에 대한 화학분석 의뢰도 받았고, 이를 통해 신뢰할 수 있는 과학기술기관으로서의 입지를 다지게 되었다. 1958년 군납품 비누 부정사건이 발생했는데, 여러 군 관련자가 관련된 사건이었기 때문에 연구소에 적지 않은 회유와 압력이 가해졌다. 하지만 연구소는 문제가 된 비누의 시험분석을 공정하게 실시하고 법정증언까지 하여 사건이 잘 마무리되도록 했다. 이처럼 과학기술과 관련되어 사회적인 논란이 되는 이슈에 대해 연구소가 공정한 조사와 시험을 실시하여 판단 근거를 제시하는 것은 그 기관의 위상을 높이는 계기가 될 수 있었다.[50]

국방부과학연구소의 활동과 관련해서 특기할 사항은 원자력 기초연구가 수행되었다는 점이다. 정낙은의 회고에 의하면, 1953년 새로 국방부 장관으로 부임한 손원일이 원자폭탄이나 원자력의 군사적 이용도 아닌, 건조쌀밥이나 건조된장 등 민간에서나 연구해야 할 일을 국방부에서 할 필요가 없으니 연구소를 해체하겠다고 밝히자 연구소가 원자력 연구도 하고 있음을 보이기 위해 원자력에 관한 세미나를 긴급히 개최하기도 했다. 다행히 당시 상공부 장관 안동혁 등 과학기술계, 학계 인사들이 국방부뿐만 아니라 상공부에서도 꼭 필요한 기관이라며 연구소에 대한 적극적인 지원을 강조하여 위기를 벗어날 수 있었다. 그 사건 이후로 연구소는 원자력과 관련된 자료를 수집해왔으며, 1955년 가을 연구소의 연구원 중 김준

명, 정구순 등 일부가 소위 원자력 '스터디 그룹'에 참여했다.[51] 연구소는 국내에서 처음으로 방사성물질의 취급과 방사능을 측정하는 연구를 시작했으며, 이를 위해 방사성동위원소연구실을 독립 건물로 확보하고 역시 국내 최초로 방사성 측정 및 실험장치도 갖추게 되었다. 그리고 원자력 발전에 관한 자료, 원자로 폐기물 처리에 대한 자료를 수집하는 한편 강대국들의 핵실험에 따른 공기오염 상태와 국산 농수산물의 방사능 오염 상태 조사를 정기적으로 실시했다. 이 조사 결과는 국내 관련 기관과 UN에 보내졌고, 국제회의에서도 보고되었다. 또한 농산물에 방사선을 조사하는 등 동위원소 이용에 관한 연구도 진행했다. 1956년 4월에 간행된 『과연휘보』 4편에는 "방사능 측정에 관한 연구"(지철근), "방사선 측정에 관한 연구: 중간자의 자연붕괴와 그 수명"(박흥수), "방사선 측정에 관한 연구: 우주선(宇宙線)에 관한 연구"(김준명), "한계량 축소화에 관한 연구: 원자로에 관한 이론적 연구"(윤세원), "동위원소 분리법에 관한 연구"(홍순복) 등의 보고서가 실렸다. 이후로도 물리 관련 연구보고의 일부로 원자력과 관련된 연구들이 수록되었다.

연구소의 연구활동 중 흥미로운 것으로 1958년부터 시작된 로켓 연구를 들 수 있다. 로켓 연구개발 과제는 유도장치, 추진장치, 비행성능, 추진제, 내열재료의 5개 부문으로 나누어 진행되었으며, 연구소 외부의 교수나 공군의 전문가들도 참여시켰다. 비록 기초실험 수준이었지만 1959년 7월 인천시 고잔동 해안에서 이승만 대통령이 참석한 가운데 소형로켓의 발사 시험을 실시하기도 했다.[52] 1961년 연구소의 해체로 이 연구는 더 이상 진척되지 못했지만 10여 년 뒤 문을 연 국방과학연구소에 관련 자료들이 인계되어 활용되었다.

연구소는 예산의 상당 부분을 해외 학술잡지 구독과 실험기자재 도입에 투입하여 1950년대 후반 국내에서는 가장 나은 연구환경을 갖추게 되었다. 1960년 국제원자력기구(IAEA: International Atomic Energy Agency) 후원의 자문역으로 방한하여 원자력연구소, 서울대 공대, 문리대, 연세대 이공대 물리과, 국방부과학연구소를 방문한 미국 아머연구재단(Armour Research Foundation) 물리학부장 레이펠(Leonard Reiffel)은 방문한 기관 중 국방부과학연구소 도서관만이 제대로 된 장서를 갖추고 있었다고 밝혔다.[53] 그는 다른 기관들의 시설과 도서실의 장서가 매우 낮은 수준이었으며, 국방부과학연구소는 좋은 시설에도 불구하고 외부인이 이용하기 어렵다는 문제가 있다고 밝혔다. 연구소는 도서관의 장서뿐 아니라 연구기자재도 다른 기관보다 훨씬 잘 갖추고 있었다. 매스 스펙트로미터, 감마-레이 에너지 스펙트로미터, 적외선분광분석기 등은 국방부과학연구소만이 갖고 있는 장비였다. 또한 1959년 설립된 원자력연구소가 본격적으로 운영되기 전까지 국방부과학연구소가 방사성 관련 기자재도 유일하게 운영하고 있었다. 이러한 우수한 시설은 대학교수를 비롯한 외부의 과학기술자에게 큰 유인이 되었고, 연구소는 그들을 촉탁으로 채용해 연구 기회를 제공했다. 1961년 연구소는 대부분이 교수인 13명의 촉탁연구원을 두었는데, 이 중 9명이 서울대에 몸담고 있었다.

이처럼 우수한 인력과 시설을 바탕으로 국방부과학연구소는 장기적으로 한국을 대표하는 종합적 과학기술연구소를 지향하게 되었다. 그 일환으로 연구소의 연구성과를 외부에 공개하기로 했다. 그동안 군 내부와 관련된 일부 기관에만 비공개로 회람되던 『과연휘보』는 1956년 12월 같은 제목의 학술지로 일반에 배포되었다. 국문으로는 같은 『과연휘보』였지만 내부용의 영문명은 *Journal of the Scientific Research Institute, M.N.D, Korea*였으며, 외부용 학술지의 영문명은 *Bulletin of the Scientific Research Institute, Korea*로 표기하여 구분했다. 정낙은 소장은 창간사에서 연구소의 연구성과 중 학술이나 산업 발전에 공헌할 수 있고 일반에 발표해도 지장이 없는 것들은 공개하는 것이 좋겠다는 각계의 의견에 따라 창간했다고 밝혔다. 그는 원래 국방부과학연구소는 국방에 직접 관계되는 연구를 하고 학술적으로 가치 있는 연구결과를 기대함은 부수적인 것이지만, 국방과학 연구를 광범위로 해석하면 국력 증강을 목적으로 하는 연구 전체가 해당된다며 연구소에서 수행되는 다양한 분야의 학술적 연구활동을 옹호했다. 이 학술지는 1960년 5집 2호까지 발간되었으며, 여기에 실린 논문 중 일부는 미국에서 발간된 『화학초록(Chemical Abstract)』에 등재되기도 했다.

그러나 국가 대표 연구소로 도약을 준비하던 국방부과학연구소는 1961년 갑작스럽게 문을 닫아야 했다. 4·19혁명으로 장면 내각이 들어선 다음 10여 년간 연구소를 이끌어온 정낙은 소장이 준장 예편과 함께 퇴임하고 이홍종 준장이 새로운 소장으로 부임했다. 그러나 이듬해 5·16군사쿠데타 후 국방부 장관이 된 송요찬은 기자회견에서 국방부 직할부대의 기구를 간소화하기 위해 연합참모본부와 국방부과학연구소를 해체할 것이며, 이러한 기구 간소화는 필요 이상의 예산 지출을 절감하기 위해서 취해지는 것이라고 발표했다. 연구소의 갑작스런 폐지 결정의 배경으로 연구소에 대한 송요찬 개인의 부정적 경험에서부터 주한미국군사고문단과의 갈등 관계 등 여러 가지가 제시되었다.[54] 어떤 이유에서였든지 과학기술계 인사들에게 드문 연구활동의 기회를 제공했던 연구소의 해체는 과학기술계에 적지 않은 타격이 되었다.

그나마 연구소 안팎의 설득으로 국방부과학연구소의 인원과 시설장비 일체를 새로 창설되는 육군기술연구소로 이관토록 하여 연구소의 맥이 완전히 끊이지 않게 된 것은 다행이었다. 육군기술연구소는 육군병참기술연구소, 육군병기기술연구소를 합병해서 새롭게 발족한 기관이었다. 1961년 간행된 국방부과학연구소 소개책자와 뒤이어 나온 육군기술연구소의 소개책자를 비교해보면, 보유하고 있는 연구 기자재나 그간의 연구 실적은 거의 동일하다. 다만 육군기술연구소는 국방부과학연구소가 더 기초적인 연구에 치중했던 것에 비해 군이 긴급히 요구하는 과제와 군수 조달에 수반하는 규격 작성과 검사분석 등에 초점을 두었다고 밝혔다. 실제로 이후 육군기술연구소를 소개하는 자료에도 같은 언급이 반복되었고, 특히 국내 어떤 기관보다도 많은 규격업무를 처리하여 방직공업을 비롯한 산업발전에 큰 기여를 했다고 자평했다.[55] 이에 따라 그간 국방부과학연구소에서 촉탁으로 연구를 수행했던 대학교수들과의 관계는 크게 약화될 수밖에 없었다.

국방부과학연구소는 연구진 구성이나 연구의 수준에서 1950년대를 대표하는 연구소라 할 수 있다. 무엇보다 연구소가 받아들여 키워냈던 연구 인력의 측면에서 큰 의의를 지닌다. 전시에 많은 과학기술자에게 기술장교, 문관, 촉탁을 통해 연구 기회를 제공했으며, 이공계 졸업생에게 병역 혜택을 주고 연구 경험을 쌓게 했던 것은 연구소의 중요한 기능이자 성과였다. 비록 국방부과학연구소는 문을 닫았지만 이 연구소를 거친 많은 과학기술자들이 이후 학계, 연구계, 산업계에서 핵심인물로 활약하게 되었다는 점은 분명 중요하게 평가되어야 한다. 또한 연구소의 연구성과들이 실제로 군에 활용된 사례는 많지 않았지만 자국의 국방을 위한 연구소를 세우고 운영했다는 사실은 식민지 시기에는 상상할 수 없었던 일로, 독립된 국가였기 때문에 가능한 상황이었다. 군사정부라는 특수한 환경 속에서 군 소속 기관이 겪어야 했던 불가피한 조처였지만, 국방부과학연구소의 갑작스러운 해체는 이 연구소가 많은 우수 인력의 확보에도 불구하고 해방 이후부터 과학기술자들이 기대했던 '제대로 된' 연구소의 위상을 갖추지는 못했음을 보여주었다.

원자력 유학생과 원자력연구소

일본에 투하된 원자폭탄으로 인해 해방을 맞이하게 된 한국인들에게 원자력은 각별한 의미를 지니고 있었다. 원자력은 강한 국력의 지표이자 과학기술의 힘을 상징했던 것이다.

한 개의 시험관은 세계를 지배한다는 구절은 표어에만 그치지는 않았다. 이번 전쟁에서 과학의 힘으로써 일본을 족쳐낸 원자탄은 우리에게 무엇을 가르치었는가. 우리의 살길은 우리 조국을 부강하게 할 단 한 가지는 과학의 힘이다. 아무리 정치적으로 독립한다 하드라도 과학적으로 독립 없이는 다시 남의 노예의 굴레를 뒤집어쓰고 말 것이다. 과학기술의 총동원, 생산의 과학화, 건국의 기초가 되는 모든 부문의 과학적인 설계와 과학적 건설만이 오직 사랑하는 조국을 자주독립의 반석위에 오르게 하는 길임을 새해부터 더욱 명심하며 그 실천을 위하여 기초를 쌓자.[56]

과학이 진정한 독립의 바탕이 된다고 주장했던 과학자들에게 원자력은 과학의 힘을 가시적으로 보여주는 유용한 증거였다. 한편으로 한국전쟁 과정에서 미군의 원자폭탄 투하 가능성에 대한 보도가 나오면서 원자력의 위력은 다시금 대중들에게 회자되었다. 따라서 휴전이 성립되고 국가 재건이 본격화되던 1953년 12월 미국의 아이젠하워 대통령이 국제연합 총회에서 원자력의 평화적 이용을 주창했을 때 한국은 곧바로 관심을 보였고, 이후 원자력연구소 설립까지 이어지게 되었다. 물론 대통령 이승만을 비롯해 정부가 원자력을 바라보는 관점은 과학기술연구라는 차원이 아니라 군사무기나 전력 생산이라는 실용적 목적이 강했다. 1955년 8월 스위스 제네바에서 개최된 '원자력의 평화적 이용을 위한 국제회의'에는 문교부 기술교육국장 박철재, 서울대 공대 교수 윤동석, 미국 플로리다주립대 유학생 이기억 등 3명의 한국 대표가 참석하여 한국의 전력 수급 전망과 우라늄, 토륨 등 한국의 방사성 지하자원의 실태에 대해 발표했다. 이를 계기로 젊은 연구자들의 원자력에 대한 관심도 높아졌으며, '스터디 그룹'을 만들어 원자력을 함께 공부하게 되었다.[57]

1955년 12월 주미대사 양유찬과 미국 국무부 극동담당 차관보 로버트슨(W. S. Robertson)이 양국을 대표해 서명한 '원자력의 비군사적 이용에 관한 한미 정부 간의 협력을 위한 협정'이 국회에서 비준되면서 원자력을 향한 열의는 더욱 구체화되었다. 곧이어 문교부에 원자력대책위원회가 구성되었고, 기술교육국장 박철재가 구체적인 실무를 이끌었다. 1956년 3월 문교부 기술교육국에 원자력의 연구개발 및 이용을 위한 행정부서로 원자력과가 신설되었다. 정부는 원자력이 지니는 실용적 측면에 주목했지만 현실적으로 상공부나 국방부 등 관련 부처에는 원자력을 담당할 인력이 없었기 때문에 문교부에 원자력과가 설치된 것이다. 원자력과 과장은 서울대 물리학과에서 강의를 하다가 미국에 건너가 원자력 연수를 받은 윤세원이 임명되었다. 원자력 연수는 국내 젊은 연구자들을 선발하여 국비나 IAEA, ICA 등 외국의 원조자금으로 미국, 영국 등 선진국에 보내 원자력에 대한 지식과 실무 교육을 받게 하는 프로그램이었다. 당시의 빠듯한 외환 사정에서 국비로 연수를 보냈다는 사실은 정부가 원자력에 거는 기대가 상당했음을 말해준다. 기본적으로 6개월이나 1년의 단기연수였으나 일부는 연수를 마치고 대학원에 진학하기도 했다. 원자력 유학생은 모두 260여 명에 달했고, 1966년 중반까지 2/3 정도가 귀국했으며, 귀국자 중 1/3 정도가 원자력 관련 기관에서 핵심 인력으로 근무했다.[58]

원자력과는 설치 이후 중요 사업으로 원자력의 연구개발 및 이용과 관리에 관한 기본 사항을 규정한 원자력법을 마련했고, 이 법은 1958년 2월 국회를 통과했다. 원자력연구소의 설립과정에서 한미 양국 간 협상의 미국 측 카운터파트였던 휘플(George Hoyt Whipple)과 곰버그(Henry J. Gomberg)는 한국이 지닌 기존 자원을 활용하는 방향으로 사업이 진행되기를 권고했다. 즉, 기존 대학의 시설이나 연구소들을 활용하고 원자로 역시 그에 맞는 작은 규모의 교육용 원자로를 도입할 것을 제안했다. 이에 비해 한국 측 과학자인 박철재, 윤세원은 더 큰 규모의 연구용 원자로를 기대했고, 원자로 입지를 둘러싸고 줄다리기를 했다. 휘플은 한국이 기존 대학과 원자력연구소를 분리시키려 한다고 이해하면서 반론을 제기했으나 한국 과학계는 새로운 연구소를 통해 재원을 집중시켜 과학기술 진흥을 위한 발판을 마련하고자 했다.[59] 결국 1958년 원자력을 전담할 행정기구를 설치하기 위한 원자력원 직제가 공포되었으며, 원자력원은 대통령 직속 기관으로 각료급 원장 아래 사무총국, 원자력위원회, 원자력연구소를 두었다. 이듬해 1월 김법린이 초대 원장으로 임명되어 원자력원이 공식 출범했으며 서울대 공과대학 4호관을 임시 청사로 삼았다.

그리고 1959년 2월 원자력원 산하에 원자력연구소가 설립되었고, 문교부 기술교육국장이자 '스터디 그룹'을 주도했던 박철재가 초대 소장으로 임명되었다. 연구소는 당시 서울대 공대 근처인 불암산 자락에 자리를 잡았으며, 원자로부, 기초연구부, 방사성동위원소부 등 3부의 조직으로 출발했다. 원자력 유학생에게 걸었던 기대만큼 원자력연구소에 대한 기대도 컸다. 원자력연구소는 직제상 소장 1명을 포함해 1급 원자력연구관 3인과 2급 원자력연구관 11인을 두었다. 당시까지 가장 큰 연구소였던 상공부 중앙공업연구소에는 1급이 아예 없고 소장도 2급에 불과했음을 볼 때 신설기관인 원자력연구소에 상당한 힘을 실어주고자 했음을 알 수 있다.[60] 국공립기관에서 공무원인 구성원의 직급은 그 기관의 위상과 직결되는 문제였다.

많은 기대를 받았지만 원자력원과 원자력연구소의 초창기는 평탄하지 않았다. 일단 원자력연구소의 핵심 사업이었던 연구용 원자로 '트리가 마크-2(TRIGA Mark-II)'는 1962년 3월 가동을 시작했는데, 그때까지 3년여 동안 두 차례의 정권 교체를 경험하고 군사정부가 집권함에 따라 원자력원과 원자력연구소를 둘러싼 환경이 그리 안정적이지 못했다. 또한 기관 안팎을 둘러싸고 적지 않은 갈등이 있었다. 원자력원의 행정인력과 연구소의 연구자 사이에 갈등이 있었으며, 연구소 내부에서 연구인력 사이에도 갈등이 있었다.[61]

행정직과 연구자 사이의 갈등은 일차적으로 서로를 보는 시각이 매우 상이했기 때문에 생겨났다. 연구자들은 연구소의 중심이 연구자가 되어야 함에도 불구하고 행정인력들이 관료적인 통제와 관리를 강조함으로써 창의적인 연구활동에 지장을 주고 있다고 생각했다. 연구용 원자로 가동 뒤의 이야기이긴 하지만 당시 원자력연구소의 연구관이었던 이창건의 회고는 연구자들이 느꼈던 관료적인 연구 관리의 단면을 잘 보여준다. 그는 연구를 위해 아침마다 원자로의 온도를 측정해야 했는데, 이 작업에는 얼음

덩어리가 꼭 필요했다. 이에 이창건은 냉장고를 구입해달라는 결재를 여러 차례 올렸으나 당시 군사정부가 냉장고를 사치품으로 분류했기 때문에 구입 허가가 나지 않았고, 결국 품목을 냉장고가 아닌 '원자로 온도 보정용 제빙장치'로 바꾸어 결재를 내서 어렵게 구입 허가를 받을 수 있었다.[62]

그러나 과학기술자들이 행정직의 관료적 일 처리에 불만을 느끼는 동안 그들을 보는 행정직 공무원의 시각 역시 그리 곱지 않았다. 연구자들도 국가기관에 속한 공무원으로서 조직이 부여한 의무와 그에 맞는 특성이 있음에도 연구자들이 무신경하다는 비판이었다. 원자력원의 총무과장을 지낸 송겸호는 연구자들이 엘리트주의적 성격이 강해 공무원사회 조직에 어울리지 못한다고 보았다. 과학자들이 일반적으로 사고방식이 기계적이고 융통성이 없고 내성적인 성격의 소유자인 경우가 많다는 평가에서부터 개인의 독립성과 자유만을 강조하며 조화 있는 조직의 운영에는 신경 쓰지 않고 실리를 떠난 호기심에 의거한 기초적 문제 연구만 하려 한다는 평가였다.[63] 이러한 국립연구소의 행정에 대한 인식 차이는 이후 재단법인 형태의 정부출연연구소가 등장하게 되는 배경의 하나가 되었다.

한편으로 연구인력 내부의 갈등도 있었다. 가장 큰 문제는 정규직 연구원과 비정규직 연구원 사이의 처우 차이로 인한 갈등이었다. 원자력연구소의 연구원들은 정부가 걸었던 기대에 걸맞게 준수한 처우를 받았으나 문제는 국립기관이다 보니 기관마다 직제에 규정된 기준 인원 이상을 채용하기 어렵다는 것이었다. 이에 따라 원자력 유학생으로 연수를 받고 돌아온 경우라도 정규직이 아닌 촉탁으로 일을 해야 하는 경우가 많았고, 이들은 정규직의 절반에도 미치지 못하는 급여를 받아야 했다. 당시 정부가 공무원 정원을 상당한 폭으로 감원했기 때문에 기관마다 많은 수의 촉탁이 있었고, 원자력연구소뿐 아니라 앞에서 살펴본 중앙공업연구소나 국방부과학연구소에도 많은 수의 촉탁이 근무하고 있었다. 연구소마다 존재하는 촉탁은 실질적으로 연구원과 동일한 업무를 담당하는 경우가 많았다. 국방부과학연구소가 펴낸 소개책자에는 영문 설명이 함께 담겨 있는데, 촉탁을 'part-time workers'로 표현했다가 정오표를 통해 'non-regular staff members'로 수정한 바 있다. 이는 촉탁의 위상과 역할을 보여주는 해프닝이었고, 촉탁 문제는 원자력연구소나 중앙공업연구소의 상황도 크게 다르지 않았다. 오히려 국방부과학연구소의 촉탁은 현직 교수가 파트타임으로 연구하는 사례가 많았지만, 원자력연구소나 중앙공업연구소는 실제로 풀타임으로 근무하면서도 처우에서는 큰 차이가 났던 것이다.

결국 1960년 민주당 정부 아래서 갈등의 책임을 지고 김법린 원자력원장과 박철재 원자력연구소장이 모두 교체되었다. 박철재의 뒤를 이어 화학공학자 김동일이 원자력연구소 소장서리로 취임했지만 연구인력들은 규탄대회를 열어 사대주의적 인사행정과 관료적 직제의 개선 등을 정부에 요구하고 책임 있는 관련 인사들의 총사퇴를 요구했다. 결국 두 달 만인 1960년 9월 기술교육국장 최상업이 새로운 연구소장에 임명되었지만, 그가 1급 연구원으로 최형섭 당시 국산자동차 부사장을 발령 내자 연구인력 간에 갈등이 심화되었다. 그러한 갈등은 연구소 내에 일종의 파벌을 만들어냈고, 이는 연구소 운영에 적지 않은 지장을 주었다. 이듬해 군사정부가 들어선 다음 연구소에 대한 정부의 관리가 강화되었고, 연구소의 2명의 부장급 인력이 해임되고 새로운 인물이 원자력원과 연구소의 책임을 맡게 되었다. 화학공학 전공자로 전기회사 근무 경력이 있는 정태하가 원자력연구소장이 되었으나 1년을 채우지 못하고 물러났으며, 후임 소장 최형섭도 1년이 되지 못해 연구소를 떠나야 했다. 이러한 상황은 1967년 8대 소장에 임명되어 1970년 2월까지 재임한 이상수 소장 이전까지 계속되었다.[64]

연구소 안팎을 둘러싼 불안정한 상황은 연구소 연구활동에도 영향을 미칠 수밖에 없었다. 원자로 건설이 진행되고 있는 설립 초기 연구소의 연구활동은 기초연구가 중심이 되었지만 원자로 가동 이후에도 그 같은 연구활동에는 근본적인 변화가 없었다. 원자력이라는 새로운 분야에서 성과를 얻기까지 기본적인 연구역량을 갖추기 위한 물리적인 시간이 필요했고, 한편으로 연구소 운영진이 연구활동에 큰 폭의 변화를 가져올 수 있는 지도력 발휘의 여건이 갖추어지지 못했기 때문이다. 다만 원자로 가동을 앞두고 연구실이 6개로 확대되었는데, 물리학연구실, 화학연구실, 생물학연구실, 원자로공학연구실, 전자공학연구실, 보건물리연구실 등 학문분야 중심으로 구성되었다. 기본적으로 연구용 원자로에서 추진할 수 있는 응용연구는 방사성동위원소의 활용 등으로 제한될 수밖에 없었고, 연구실의 구성도 평이하게 학문별 구분을 따랐던 것이다. 연구소의 연구활동에 대해 미국 측 컨설턴트들은 대체로 연구소의 분위기가 너무 상아탑적이라며 한국의 당면 문제를 푸는 데 기여할 필요가 있음을 강조했다.[65] 새로 들어선 군사정부도 연구소에 대해 계속해서 응용연구의 강화를 강조했고, 그에 따라 1962년 방사선의학연구실과 1965년 방사선농학연구실이 신설되었다. 방사선의학연구실은 1963년 12월 방사선의학연구소로 독립했고, 방사선농학연구실은 1966년 11월 방사선농학연구소로 독립했다.

1960년대 초반 각 연구실에서 이루어진 연구들을 보면 대체로 원자로나 방사선과 관련된 기초연구들이 많았다. 우선 물리학연구실의 경우 연구용 원자로 빔 튜브를 통해 방출되는 고속중성자의 에너지 분포 측정이나 원자로조사(原子爐照射)에 의한 금속의 변화 연구 등을 수행했다. 화학연구실은 각종 방사성동위원소를 이용한 합성물에 관한 연구들을 추진했고, 생물학연구실은 방사선을 식물에 조사한 효과에 대한 연구들을 진행했다. 나머지 세 연구실은 원자로 가동과 직접 관련된 연구를 했는데, 원자로공학연구실은 원자로의 출력보정에 관한 연구와 원자로 조작이나 재료에 관한 연구를, 전자공학연구실은 방사선계측을 위한 각종 기구 제작이나 원자로의 전달함수 측정 및 해석에 대한 연구를 수행했다. 보건물리연구실은 연구소 내의 방사선 관리, 개인방사선 피폭량 관리, 방사성폐기물 관련 연구 등을 추진했다.[66]

원자력연구소는 많은 기대 속에 탄생되었다. 앞에서 소개한 중앙공업연구소나 국방부과학연구소에 비해 체계적인 기획 아래 설립이 추진되었으며, 많은 외화를 들여 원자력 유학생을 파견하는 등의 준비 기간을 거쳤다. 또한 당시로서는 거액의 장비인 연구용 원자로의 구매를 결정하여 많은 과학자들의 기대를 모았다. 과학사학자 박성래는 원자력연구소가 한국의 첫 번째 현대적 연구소이며, 원자력원과 원자력연구소가 설립된 1959년을 한국에서 현대과학이 본격적으로 시작된 시기로 보기도 했다.[67] 그러나 새로운 연구소에 어울리는 새로운 운영방식에 대해서는 충분한 고민이 없었고, 연구소의 과학자와 행정인력, 그리고 연구소를 지원한 정치가에 이르기까지 연구소에 기대하는 상(像)이 조금씩 달랐다. 또 연구소가 설립되고 얼마 되지 않아 연이어 정치적 변동을 경험하면서 연구소 운영진이 여러 이견들을 조정할 수 있는 힘을 충분히 갖지 못했던 상황도 연구소가 한동안 제자리를 찾지 못하고 어려움을 겪어야 했던 요인의 하나가 되었다. 정치적 격변 속에서 원자력원장이나 원자력연구소장의 평균 임기가 1년도 안 되는 상황에서 연구소 운영이 안정되기를 기대하는 것은 무리였다. 이러한 상황에서 귀국을 꺼리는 원자력 연수생들도 늘어났는데, 여기에는 연구소가 수용 태세를 갖추지 못하고 안정적 연구 분위기가 이루어지지 못한 데도 적지 않은 원인이 있었다.[68]

그러한 제약에도 불구하고 원자력은 종합과학적 특성을 지니고 있기 때문에 연구소는 여러 분야의 과학기술자와 관련을 맺을 수 있었다. 또한 당시 과학기술 분야 학회 등 과학활동을 뒷받침할 만한 제도가 드물었기 때문에 원자력원과 원자력연구소를 통한 학술활동은 과학계를 망라하는 대표적 학술대회로 기능했다. 1959년 7월 원자력원이 주관한 제1차 원자력 학술회의는 한국 과학계가 총동원되고 정부 고위관리까지 546명이 참가한 대규모 학술대회가 되었고, 참가자들은 "건의문"이라는 이름 아래 과학기술 진흥을 위해 중요한 몇 가지를 정부에게 공개적으로 요청했다.[69] 이 건의문의 핵심은 과학기술진흥법 제정에 관한 것으로, 여기에는 과학기술 교육 문제와 과학기술자에 대한 처우 개선과 함께 '과학기술센터' 설립이 중요한 내용으로 담겨 있었다. 과학기술센터는 과학기술 행정과 연구를 포괄하고 있는 중추 기관으로서 "아카데믹하면서도 역동적이고, 실질적 기능을 발휘하는 기관"으로 묘사되었다. 관료화를 막기 위해서 독립적인 위원회 혹은 기관으로 설치하며, 분과별로 연구소를 갖추고 사회가 필요로 하는 여러 연구를 수행하고, 장기적으로 국가최고과학기술회의로 발전시켜야 한다는 것이었다. 즉, 과학기술센터는 해방 이후부터 과학기술자들이 주장했던, 과학기술 진흥을 위해 연구와 행정, 기획 기능이 종합된 기관으로서, "센터"라는 표현 그대로 과학기술활동의 중심지로 기능할 것으로 기대되었다. 또한 원자력학술대회에 참석한 각계 대표 80명이 별도의 모임을 갖고 과학 진흥을 구체화하기 위해 전국의 과학기술자들을 총망라한 조직을 만들 것을 결의하여 창립준비위원으로 윤일선 외 15명을 선출했다. 이듬해인 1960년 10월 제2차 원자력학술회의에서 한국과학기술진흥협회가 조직되었고, 모든 과학 분야를 포괄하여 국가적인 연구과제 선정에 대비한다는 뜻으로 500여 개의 소분과위원회를 갖추는 창대한 꿈을 구상했다.[70] 하지만 이러한 구상은 3·15부정선거와 4·19혁명 그리고 5·16군사쿠데타라는 격변 속에서 별다른 반향을 얻지 못했다. 따라서 과학기술자들의 과학기술 진흥을 위한 목소리는 계속될 수밖에 없었다.

국립연구소의 역할과 한계

일제강점기의 시설을 이어받은 중앙공업연구소, 일본에서 건너올 우장춘을 믿고 세운 한국농업과학연구소(이후 중앙원예기술원), 전쟁 중에 수많은 과학기술자들을 받아들여 그들에게 새로운 기회를 제공했던 국방부과학연구소, 그리고 보유한 외환이 많지 않았음에도 불구하고 원자력 유학생을 양성하면서까지 설립한 원자력연구소까지, 이들은 모두 해방 이후부터 1960년대 초까지 한국을 대표했던 과학기술연구소들이었다. 이들 외에도 농업, 임업, 수산업, 보건 등의 분야에도 국립연구소들이 운영되고 있었다. 몇몇 국립연구소들이 일제강점기에 뿌리를 두고 있었지만 한국인과 한국 사회를 위한 연구를 한국인 연구자들이 추진한다는 기본적인 사실에서 일제강점기의 시험연구소와는 차이가 났다.

상대적으로 오랜 역사를 지닌 중앙공업연구소나 지질조사소 등은 해방 이후에 새롭게 등장한 국방부과학연구소나 원자력연구소에 비해 연구 여건, 연구자에 대한 처우, 위상 등이 낮았다. 새로운 기관들의 경우에도 해방 공간에서 과학자들이 조국의 재건과 완전한 독립을 위해 과학기술 진흥이 필요하다며 정부가 세워주길 기대했던 종합연구소 혹은 '제대로 된' 연구소에는 미치지 못했다. 그렇지만 국가가 지원하여 연구자들이 모여 연구를 논하고 실험을 할 수 있는 공간이 주어졌다는 점에서 이들 기관은 분명 나름의 의미와 역할이 있었다. 당시까지 연구소는 연구성과라는 측면보다는 연구자를 끌어들이고 그들에게 실험기구를 제공하여 활동하게 함으로써 과학기술 연구자의 존재 가치를 사회적으로 확인시켰다는 점이 중요했다. 과학기술자들이 모여 있는 공간을 통해 정부나 대중들은 연구소라는 기관과 연구라는 활동의 가치에 대해 조금씩 이해하게 되었다. 비록 당장 눈앞에 제시할 수 있는 성과는 크지 않았지만 과학기술자의 연구 활동에 대한 기대를 키워갈 수 있었고, 과학기술자들 역시 이태규의 표현대로 '과학의 궁전'이 될 연구소에 대한 희망을 키워갔던 것이다.[71]

그러나 시대를 대표했던 네 기관들은 모두 국립연구소라는 한계를 지니고 있었다. 분명한 임무와 공무원으로서 안정된 신분 보장이라는 장점이 있지만 관료적 행정이나 기관마다 지정된 연구인력 정원 때문에 촉탁을 늘려 인력을 확보했던 방식은 국공립기관으로서 불가피한 일이었다. 이는 당시 시대적 상황에서 기인한 문제가 아니라 현재도 국공립연구소가 갖는 어려운 점 중 하나이다. 또한 국공립연구소 연구원들은 공무원 신분이었기 때문에 2~3년마다 새로운 근무지나 보직을 발령받았는데, 특히 여러 기관들이 상이한 연구 분야를 지니고 있던 농업 관련 연구원들은 발령 때마다 새로운 연구주제와 씨름을 해야 했다.[72] 이는 특정한 목적을 가지고 설립되었으며, 정부조직법과 공무원법에 따른 규제 속에서 운영되는 국공립연구소의 기본적 특성이라 할 수 있다. 바로 이 같은 문제 때문에 원자력연구소가 큰 기대 속에 설립되었음에도 불구하고 과학기술자들은 계속해서 새로운 연구소를 꿈꾸게 되었던 것이다.

1965년 우리나라의 과학기술 분야 연구소는 79개소였는데 이 중 49개

기관이 국공립연구소였고 대학부설이 10개소, 기업부설이 13개소로서, 국공립연구소는 연구소의 숫자뿐 아니라 인적인 면이나 예산에서도 절대적인 비중을 차지하고 있었다.[73] 연구소의 숫자는 적지 않은 것 같지만 한 기관당 평균 종사원 수는 50명이었으며, 연구원의 수는 그 절반을 조금 넘는 27명에 불과했다. 기관의 총 인원이 100명이 넘는 몇 개의 기관을 제외하면 대부분 아주 작은 규모였으며, 큰 규모의 기관에는 중앙관상대, 국립지질조사소, 국립보건원, 국립수산진흥원 등 연구가 주 기능이 아닌 기관들이 절반 이상을 차지했다. 사실 대부분의 국공립연구소는 제한된 예산과 낙후된 시설 속에서 시험 및 조사 활동을 주된 임무로 삼았기 때문에 극히 일부 기관을 제외하고는 연구활동의 비중이 아주 낮았다. 여기에 국공립연구소의 연구원들은 대부분 공무원으로서 기관마다 지정된 직급의 정원이 정해져 있었고, 처우 역시 공무원법의 적용을 받았기 때문에 우수한 연구원의 채용이 원천적으로 힘들었다. 그리고 국가의 예산회계법의 적용을 받아 연구소 운영에 관한 회계상 자율성이 전혀 없는 상황이어서 연구소가 창의성 있는 새로운 연구활동을 벌이기가 거의 불가능한 형편이었다. 연구소 운영에 대한 다양한 경험이 없었기 때문에 연구활동에 적절한 관리방안이 제시되지 못했고, 바로 이러한 처지 때문에 과학기술자들은 새로운 연구소의 등장을 바라게 되었다.

제3장

KIST의 등장과 '역두뇌유출'

원자력원과 원자력연구소의 등장에도 불구하고 1960년까지는 국가 전체의 과학기술을 진흥시키기 위한 포괄적인 정책이 마련되지는 못했다. 사실 당시까지 과학기술이라는 문제 자체가 정부나 정치권의 주된 관심사가 아니었다. 과학기술 진흥을 공식적으로 내세운 정당은 1960년 2월 자유당이 처음이었다. 3·15부정선거가 있기 한 달 전 자유당 간부와 정부각료의 연석회의에서 9개 항의 공약이 합의되었는데, 여기에 가장 마지막으로 제시된 것이 '과학 진흥의 향상'이었다. 이 공약은 '교육의 충실과 문화의 향상'과 함께 처음 합의된 7개 공약 외에 뒤늦게 추가된 것으로,[1] 선거를 앞두고 급조된 것이었지만 정치권이 과학 진흥을 전면에 내세운 것은 처음이었다. 그러나 자유당은 그로부터 두 달 뒤 4·19혁명으로 종말을 고했다. 뒤이어 등장한 민주당은 정부조직 개편 과정에서 과학기술부를 설치하겠다는 구상을 밝혀 과학기술자들을 들뜨게 했지만 구두선으로 그치고 말았으며,[2] 한 과학자의 표현대로 "입밖에 [과학의] 과자도 내보지 못"하고 단명으로 끝나고 말았다.[3] 5·16쿠데타로 등장한 군사정부도 처음에는 과학기술 문제에 대해서는 별다른 구상이 없었지만 경제개발을 추진해나가면서 과학기술 진흥의 여지를 만들어나가기 시작했다.

1960년대는 수출을 위한 공업화 중심의 산업화를 추진하면서 한국 경제가 본격적인 성장을 시작한 시기였다. 1961년 10대 주요 수출품은 8위의 합판을 제외하고는 철광석, 중석, 생사, 무연탄이 1~4위를 차지하는 등모두 1차 산업 생산물이었다. 이에 비해 1971년의 경우 합판이 1위였으며, 스웨터, 가발, 면직물, 전자제품 등 경공업제품이 뒤를 이었다. 당시 국내산업발전은 노동집약적 경공업제품을 중심으로 수출을 지속적으로 늘려가면서 이루어졌으며, 여기에는 저임금의 노동력이 주된 요인의 하나로 작용했다.[4]

1차 경제개발5개년계획(1962~66)은 전원개발계획, 석탄증산계획, 5대 기간산업(비료, 시멘트, 제강, 기계, 정유)의 촉진, 수산자원개발, 농촌 생산고 증대 등을 목표로 했다. 차관에 힘입어 시멘트, 비료, 정유, 화학공업 등의 사회간접자본 확충이 이루어졌으며, 섬유, 신발, 가발 등 경공업제품과 합판등이 수출 주력 품목이 되었다. 1960년대 중반 이후 비내구 소비재의 수출산업화로 기계설비 등의 자본재와 석유화학, 철강 등 자본집약 중간재의 국내 수요가 크게 확대되어 국내 산업을 육성할 필요성이 커졌다. 이에 따라 2차 경제개발5개년계획(1967~71) 기간에는 주요 수입대체산업을 비롯하여 특정 공업의 선별적 육성 정책을 추진했으며, 이를 위해 7개 특정분야 공업진흥법을 제정했다. 1967년 섬유공업근대화촉진법, 기계공업진흥법, 조선공업진흥법, 1969년 전자공업진흥법, 1970년 석유화학공업육성법, 철강공업육성법, 1971년 비철금속제련사업법이 제정되었다. 특히 울산석유화학단지와 종합제철공장 건설에 역점을 두었으며, 외자 유치 어려움으로 착공이 지연되었으나 대일청구권자금 조달로 건설이 본격화되었다.

이처럼 경공업 생산이 확대되는 속에서 산업정책의 추가 점차 중화학공업 육성으로 기울어지면서 이를 위한 기술도입의 필요성과 도입할 기술의선별과 도입한 기술의 소화 개량에 대한 요구가 커지게 되었다. 해방 직후부터 과학기술자들이 희망했던 "제대로 된 연구소" 설립이라는 문제는 경제개발이 본격화되고 이를 뒷받침할 과학기술력의 필요성이 생겨나면서 다시 주목을 끌게 되었다.

이 장에서는 과학기술자들의 오랜 희망이었던 연구소 설립이 1966년 KIST 설립으로 결실을 맺었음을 보이고자 한다. 한미정상회담에서 연구소 설립 지원이 나오기 이전에 국내에서 새로운 형태의 연구소를 세우기 위한 노력이 있었음을 보이고, 어떤 배경에서 미국이 연구소 설립을 제안하고 그 제안이 어떻게 구체화되었는지 살펴볼 것이다. 1절에서는 KIST 설립 이전 한국 정부의 연구소 개편 노력과 미국의 연구소 설립 제안의 배경에 대해 다루며, 2절에서는 KIST 설립 과정에 대해 서술할 것이다. 3절은 KIST의 연구인력 유치, 4절은 KIST의 연구활동에 대해 논의하고, 5절에서는 KIST 설립 직후 한국 과학계의 '과학기술 붐'에 대해 설명하면서 KIST가 한국의 현대적 과학기술체제 형성의 촉매가 되었음을 주장하고자 한다. 이러한 논의를 통해 KIST가 한국 연구체제의 역사, 과학기술의 역사에서 지니고 있는 의미에 대해 생각해볼 것이다.

연구소 개편 방안과 한미정상회담

1. 기술관리국의 연구소 개편 노력

5·16쿠데타로 등장한 군사정부는 경제 번영을 첫 번째 목표로 내걸고, 이를 위해 필요한 기술을 확보해야 한다고 밝혔으나 과학기술 문제에 대해 뾰족한 구상이 없었다. 오히려 1961년 7월 그동안 열악한 환경 속에서도 꾸준히 연구활동을 해온 국방부과학연구소를 특별한 이유 없이 폐지하고, 같은 해 10월 정부조직 개편 과정에서 문교부 기술교육국을 학무국의 기술교육과로 축소시켜 과학기술계에 큰 실망을 안겨주었다. 하지만 군사정부는 과학기술자들의 목소리에 귀를 기울이면서 점차 과학기술 진흥에 관심을 두게 되었다. 군부가 설치한 최고 통치기구인 국가재건최고회의는 과학기술 진흥을 위해 연구소 설립을 검토하라고 지시했으며, 이에 문교부는 '종합자연과학연구소 설립연구위원회'를 구성해 '한국과학기술원(가칭) 설치계획안'을 작성했다. 처음 "국가의 절대적인 지원을 받지만 국공립이 아닌 특수법인 형태의 민간연구소"를 지향했던 이 계획은 신설에 필

요한 막대한 자금 문제로 인해 기존 연구소를 통합·조정하는 방향으로 선회했고, 단순한 연구소가 아니라 국가의 전체적인 과학기술 연구활동을 종합조정하는 행정기구를 만들겠다는 구상과 결합했다. 이는 해방 직후 과학기술자들이 제안했던 과학기술 행정과 연구를 종합한 기구나 1959년 원자력학술회의에서 채택된 건의서에 들어 있던 과학기술센터 구상과 유사했다. 과학기술원은 각 부처에 산재되어 있던 과학기술기관을 모두 흡수하고 과학기술심의위원회를 통해 전체 연구소의 연구 방향을 조정하는 역할을 맡는 것으로 논의되었다. 하지만 기존 연구소의 통합에 대해 관련 부처가 난색을 표시했고, 재정 문제와 함께 과학기술계에서도 이견이 있어 이 방안은 더 이상의 진전을 보지 못했다.[5] 비록 계획안에 머무르고 말았지만 국공립이 아닌 특수법인 형태의 연구소를 세우겠다는 것은 운영되고 있는 국공립연구소가 상당한 문제점을 지니고 있다고 인식했음을 뜻하며, 이 문제를 해결하기 위해 이후에도 연구소 개편 시도가 이어졌다.

새로운 연구소나 독립적인 과학기술 행정기구를 세우지는 못했지만 1962년 '기술진흥5개년계획'의 수립은 이 시기의 주목할 만한 성과였다. 여기에는 부진한 국공립연구소의 활동 현황과 함께 이를 개선하기 위해 각종 관료적 통제와 제약을 줄여야 한다는 제안이 담겨 있었다.[6] 이 계획이 발표되자 국내 과학기술 분야 학술단체는 과학기술 행정을 전담하는 행정기구를 설치하라고 재차 건의했다. 이에 따라 1962년 6월 이미 있던 기술관리과가 확대되어 기술관리국이 설치되었는데, 이는 과학기술 진흥에 대한 종합적인 정책의 입안 및 집행을 담당하는 국(局) 단위의 행정기구가 처음으로 등장했음을 의미했다.

기술관리국은 발족 이후 첫 번째 핵심 사업으로 우리나라 과학기술의 현황을 전반적으로 조사한 『과학기술백서』를 펴냈다. 백서는 과학기술 전반에 걸친 구체적인 현황과 문제점, 그리고 앞으로의 전망에 대해 상세한 내용을 담고 있었으며, 1964년부터는 『과학기술연감』이라는 이름으로 매년 간행되었다. 백서에는 연구소가 지닌 문제점이 지적되었고, 기초연구를 중심으로 하는 원자력연구소를 제외하면 우리나라에는 여러 과학기술 분야를 포괄하는 종합연구소가 하나도 없기 때문에 현대 과학기술이 요구하는 집중적인 종합연구개발을 위해서 여러 과학기술 분야를 포괄하는 종합연구소가 필요하다는 주장이 포함되었다.[7] 또한 기술관리국은 1963년 전국의 과학기술 관련 연구소의 실태를 파악하기 위한 조사를 실시했다. 전국의 국공립연구소, 대학, 민간 연구기관의 연구시설과 연구요원 및 운영 실태까지 정밀하게 조사한 이 자료는 이후 연구개발 정책과 계획 수립에 중요한 기초자료가 되었다.[8] 이처럼 기술관리국 설치 이후 과학기술과 관련된 기본 자료나 통계가 본격적으로 작성되기 시작했으며, 과학기술 예산도 독립된 항목으로 집계되었다.

연구소 설립 문제는 기술관리국 국장 전상근과 원자력연구소 화학실장 심문택, 이화여대 화학과 교수 한상준이 미국학술원의 초청을 받아 1963년 2월 초부터 5주에 걸쳐 미국의 대학, 연구소 및 정부기관을 시찰하고 제출한 보고서에서 좀 더 구체화되었다. 시찰단은 과학 진흥책과 연구활동이 어떻게 산업발전에 결부될 수 있는지를 주된 시찰 목적으로 삼았으며, 귀국 후 제출한 보고서에 시찰 결과를 토대로 한 몇 가지 건의사항을 담았다. 그중 첫 번째는 각종 연구활동의 협조, 조정 및 국가정책 수립을 위한 중앙기구를 대통령 직속에 두어 대통령을 보좌토록 하자는 것이었고, 두 번째는 연구활동이 산업발전에 직결될 수 있는 산업연구소를 발족·육성시켜야 한다는 것으로, 정부 보조로 비영리 특수법인 연구소를 세워 중소기업과의 계약하에 연구를 진행시켜야 한다는 주장이었다.[9] 이는 국공립연구소의 한계를 극복하자는 취지에서 제안되었으며, 연구소의 장에게 인사나 회계 등에 상당한 권한을 부여하자는 기존 주장에서 한 발더 나아간 것이었다.

곧이어 기술관리국은 우리나라 과학기술연구소의 구체적인 실태를 보다 더 정확히 파악하기 위한 광범위한 조사에 착수했으며, 국립연구소를 민간기관으로 개편하려는 방안을 추진하게 되었다. 국립연구소를 민간기관으로 개편하려는 기술관리국의 방안은 국립공업연구소를 특수법인 형태의 종합과학기술연구소로 전환시키는 것이었다. 이러한 구상에 대해 국립공업연구소 소장 이채호도 동의하여 국립공업연구소 기구강화추진위원회가 조직되어 기술관리국이 작성한 초안을 바탕으로 새로운 연구소 개편안을 만들었다. 이 개편안은 정부가 10억 원 전액을 출자하여 국립공업연구소를 '특수법인 한국과학기술연구소'로 개편하여 산업발전을 위한 기술센터로 육성한다는 것이었다.[10] 국공립연구소의 연구원에 대한 임용 및 처우가 공무원법의 규정을 받아야 하므로 우수한 연구요원의 확보가 곤란하고, 정부 회계법에 의한 예산회계 체제하의 제약을 받고 있는 상황을 극복하여 인사와 회계에서 자율성을 높이겠다는 것이었다. 정부 예산을 관장하는 예산국도 이 방안에 동의하여 최종적으로 '한국과학기술연구소법(案)'이 작성되어, 1963년 여름 상공부 장관의 명의로 경제각료심의회의에 상정되었다.

그러나 '과학기술연구소법(案)'은 정부 안팎에서 적지 않은 반대에 부딪혔다. 우선 재무부는 이 연구소를 다른 국공립연구소보다 특별히 우대할 근거가 없다는 이유로 반대했다. 또한 법안이 상정될 즈음 연구소 개편에 우호적이었던 상공부 장관 박충훈과 국립공업연구소 소장 이채호가 교체되면서 상공부와 연구소 내부에서 구한말에 창설된 유서 깊은 국립연구소를 재단법인으로 바꿀 수는 없다는 반대 목소리가 커졌다. 결국 '한국과학기술연구소법(案)'은 통과가 보류되었고, 1963년 12월 제3공화국이 출범하면서 군사정부 하에서 제안된 일체의 미결법안이 자동 폐기됨에 따라

이 법안도 사라지고 말았다.[11] 그러나 비록 결실을 맺지는 못했지만 특수법인화함으로써 국공립연구소가 지니는 문제점을 극복하려는 시도는 '민간기구 형태의 연구소'라는 아이디어를 확산시키는 계기가 되었다. 동시에 산업발전을 위한 기술개발을 담당할 연구소가 필요하다는 인식도 그 과정을 통해 정부의 경제 관련 부처 사이에 퍼지게 되었다.

'한국과학기술연구소법(안)'이 폐기되면서 중단된 연구소 개편 시도는 국립공업연구소 개편 논쟁이 대통령 박정희에게 알려지면서 다시 시작되었다. 그간의 연구소 개편 노력에 대한 보고를 받은 박정희는 1964년 9월 경제기획원 장관에게 국립공업연구소, 원자력연구소, 금속연료종합연구소를 통합·개편하여 종합적인 과학기술연구소를 창설하는 안의 타당성 여부를 검토·보고하라고 지시했다. 세 곳의 연구소는 당시로서는 가장 나은 여건과 연구진을 갖춘 기관들이었고, 특히 재단법인 형태의 금속연료종합연구소는 다른 국공립연구소와 달리 국영기업체들의 재정 지원으로 운영되고 있는 민간연구소로 연구원의 구성 등에서 다른 기관보다 매우 높은 수준임이 기술관리국이 실시한 연구기관 실태조사를 통해 확인된 상태였다.[12] 기술관리국은 검토 결과 성격이 다른 세 기관의 인위적인 통합보다는 금속연료종합연구소를 주축으로 하는 재단법인 형식의 새로운 연구소를 창설하는 것이 효과적이라는 보고서를 올렸다. 이 보고서는 금속연료종합연구소 운영을 지원하고 있는 국영기업체들의 보조를 확대하고 민간기업으로부터 자금을 보조받아 산업생산과 직결되는 연구개발을 추진할 수 있을 것으로 전망했다. 이러한 방안에 대해 금속연료종합연구소 창설을 주도한 최형섭 원자력연구소 소장, 상공부 장관에 복귀한 박충훈, 금속연료종합연구소 이사장 박태준이 모두 적극적으로 동의하여 새로운 종합과학기술연구소 방안은 구체화되기 시작했다. 신설될 연구소는 상공부보다는 국가예산과 개발계획을 관장하는 경제기획원이 주무부처가 되는 것

으로 의견이 모아졌다.[13]

1965년에 접어들어 기술관리국은 연구소 설치에 대한 기본 방향을 준비하였으나 재정 확보 등의 문제로 빠른 진전을 보지는 못하고 있었고, 그런 가운데 정부 안팎에서는 계속해서 연구소 설립의 필요성이 제기되고 있었다. 1965년 2월 경제·과학심의회의가 과학기술을 전담할 행정기구로 '과학기술원'을 설립하자는 건의안을 작성해서 보고했는데, 여기에는 과학기술원의 부속기관으로 '종합과학연구소'를 설치하자는 제안이 포함되었다.[14] 비록 이 제안에는 종합과학연구소의 구체적인 성격과 운영에 대한 상세한 논의가 담겨 있지는 않지만, 당시의 연구소 체제가 문제를 지니고 있었고 새로운 형태의 종합연구소가 필요하다는 인식이 확산되고 있었음을 알 수 있다.

이처럼 KIST 설립 이전에 국공립연구소가 지니는 한계를 극복하고 산업계의 기술개발을 지원하는 역할을 담당하는 종합연구소를 세우려는 논의는 몇 년간 지속되었다. 물론 논의에 참여했던 인사들이 희망했던 연구소의 상은 조금씩 달랐지만 당시 경제개발 노력과 산업발전이라는 흐름 속에서 연구소의 필요성이 제기되었기 때문에 연구소의 주된 지향은 대체로 산업기술을 향하고 있었다. 또한 연구소 설립 논의의 바탕에는 연구소의 자율성과 독립성을 위해 민간기구로 설립해야 된다는 원칙이 있었고, 대통령 박정희도 그 같은 연구소 개편 시도의 취지와 방향을 알고 있었다. 이러한 상황에서 1965년 5월 한미정상회담에서 연구소 설치 문제가 제기되자 박정희는 곧바로 적극적인 동의를 표명할 수 있었고, 공동성명 발표 이후 단시간에 기술관리국이 중심이 되어 연구소 설치방안을 마련할 수 있었던 것이다.

2. 미국의 연구소 설립 제안

1965년 5월 박정희의 방미는 연구소 설립의 새로운 전기가 되었다. 5월 17일과 18일 두 차례에 걸쳐 열린 한미정상회담에서는 사전에 조율된 12개항의 공동성명이 예정되었으나, 한미행정협정의 체결에 관한 사항과 공업기술 및 응용과학연구소의 설치를 위한 과학고문의 파견 문제가 추가되어 2차 정상회담 후 14개 항의 공동성명이 발표되었다. 특히 연구소 설치 문제는 현안 문제에 대한 구체적인 합의가 이루어진 다음인 2차 회담에서 미국 대통령 존슨(Lyndon B. Johnson)이 직접 제의해서 즉석에서 공동성명에 포함된 것으로, 한국 측으로서는 사전에 전혀 기대하지 않았던 뜻밖의 성과였다. 이 합의에 따라 1965년 7월 미국 대통령 과학기술특별고문 호닉(Donald F. Hornig)이 연구소 설립의 가능성을 타진하기 위해 한국을 방문하게 되었다.

연구소 설치를 지원하겠다는 존슨의 제안은 박정희의 미국 방문을 앞두고 그에게 줄 뜻 깊은 선물을 준비하라는 존슨의 지시에 따라 호닉이 강구해낸 것으로 알려져 있다.[15] 미국이 한국에 제공할 기술원조 방안을 마련한 것은 무엇보다도 베트남전쟁에 한국이 전투부대 파병을 결정한 것에 대한 대가의 측면이 있었다. KIST 설립 과정에 대해 연구한 김근배는 미국의 연구소 설립 지원 제안의 배경으로, '베트남 파병에 대한 대가', '두뇌유출에 대한 반대 사례 만들기', '기술 지원을 통한 박정희 정권에 대한 정치적 지원'의 세 가지를 제시했다.[16] 실제로 베트남 파병은 박정희의 방미와 한미정상회담의 가장 중요한 의제의 하나였다. 따라서 파병의 대가로 미국 측이 1억5천만 달러의 차관을 비롯한 경제 지원을 약속했으며, 연구소 설치 문제도 그러한 경제 지원의 연장이었다고 볼 수 있다.

박정희의 방미에서 베트남 파병과 함께 중요하게 다루어진 또 하나의 문제는 한일협정에 관한 것이었다. 당시 미국은 한일외교정상화의 타결을 통해 동아시아의 지역통합 구상을 실현하여 미국의 안보 부담을 덜 수 있다는 판단하에 한일 양국 간의 관계 정상화를 촉구하고 있었다. 그러나 1965년 초 기본조약에 양국이 가조인하면서 거의 마지막 단계에 달한 한일협정은 한국 내에서 격렬한 반대를 불러일으켰다. 반대 논리 중 수교 협상의 타결로 미국의 대한지원이 감소되며 한국이 일본에 예속될 것이라는 우려가 큰 축을 형성했다. 이에 따라 미국은 이미 1964년부터 한일수교 이후에도 미국의 대한지원이 계속될 것이라는 점을 강조해왔다. 이러한 상황에서 벽에 부딪힌 한일회담의 최종 난관을 타개하는 데 큰 역할을 한 것이 바로 박정희의 미국 방문과 한미정상회담이었다. 한미 간의 공동성명에서 개발차관 1억5천만 달러를 비롯한 미국의 대한지원 패키지는 미국의 대한지원이 불변할 것임을 입증하려는 차원에서 제공되었으며, 미국의 이러한 지원은 당시 박정희 정부의 정통성과 신뢰성에 상당한 무게를 실어주었다. 존슨이 마련한 선물인 연구소 설치 지원도 이 같은 미국의 한국에 대한 경제 지원의 연장이었다고 볼 수 있다. 호닉이 실장으로 있던 미국 대통령 직속 과학기술실(OST: Office of Science and Technology)의 역사 기록도 존슨의 제안을 한일회담과 관련해서 해석하고 있다.[17]

결국 미국은 연구소 설치와 개발차관을 통해 박정희 정권에 대한 지지와 한국에 대한 지속적인 경제·기술 지원 의지를 나타냄으로써 베트남 파병과 한일수교에서 한미 양국이 원하는 결과를 얻고자 했던 것이다. 사실 한국 전투병의 베트남 파병, 한일협정의 타결 그리고 한국의 경제개발이라는 세 가지 사안은 모두가 서로 연결된 문제였고, 미국은 세 가지 모두에 실질적인 이해관계를 갖고 있는 당사자이자 이를 추진하는 중요한 추동력이었다.[18] 미국의 지원은 박정희의 정치력 강화에 적지 않은 도움을 줄 수 있었고, 특히 정치와는 직접 관계가 없는 과학기술에 대한 지원이므로 논란의 소지도 없었다. 연구소 설립은 단순히 경제개발이나 근대화에 도움을 준다는 차원을 넘어 정권의 긍정적 이미지 형성에도 기여할 수 있었고, 박정희도 이 점을 인식하고 연구소 설치 문제에 적극적으로 나서게 되었다.

이처럼 연구소 설립을 지원하겠다는 존슨의 제안은 다양한 의미와 배경을 지니고 있었고, 이 제안을 박정희가 매우 적극적으로 받아들임으로써 호닉의 아이디어는 미국 내의 평가처럼 "대성공"을 거두게 되었다. 연구소 설치 제안이 한국으로부터 좋은 반응을 얻고 신속하게 추진되어가자 호닉은 다른 지역에서도 유사한 방식의 '기술원조(technical assistance)'를 적극 활용할 것을 권유했다. 실제 호닉은 대통령 과학기술 특사 자격으로 1965년 말부터 대만, 파키스탄, 인도, 리비아, 라틴아메리카 등을 공식 방문하여 연구소 설립 프로그램을 비롯한 기술지원 방안을 모색했으며,[19] 1966년 필리핀 마르코스 대통령의 방한을 앞두고 의학 교육과 연구를 지원하는 '의료원조(medical aid)' 사업을 제안하기도 했다.[20]

흥미롭게도 미국의 연구소 설립 지원 제안 이후 북한에서도 과학기술 개발에 대한 강조와 중국과의 과학기술 협력이 추진되었다. 북한은 1965년 6월 29일부터 7월 1일 평양에서 열린 제11차 조선노동당 중앙위원회 전체회의에서 기술인력 훈련과 연구개발을 개선하기로 결의했다. 사회주의 건설에서 떠오른 과학적·기술적 문제를 해결하기 위해 단기간에 조국의 과학을 세계 수준으로 끌어올리는 데 집중하겠다는 것이었다. 이를 위해 뒤이은 7월 9일 중국과학원(Chinese Academy of Sciences) 대표단이 평양에 도착해 양국 과학원 사이에 협력 사업을 위한 합의문에 서명했다. 이에 대해 미국은 한국에 대한 미국의 제안이 북한을 비롯한 사회주의 국가들의 신경을 자극했음을 보여준다면서 이러한 방식의 경쟁은 환영할 만하고 고무적이라고 평가했다.[21] 물론 북한 과학원과 중국과학원과의 협력 사업을 위한 합의문 서명은 새로운 일은 아니었으며 한미정상회담으로부터 영향을 받았다고 볼 근거도 부족했지만, 남북 간의 체제경쟁이 경제개발에 이어 과학기술 분야에서도 시작되었다는 해석은 냉전이라는 시대 상황을 반영했다.

박정희-존슨의 공동성명 이후 경제기획원에서는 기술관리국을 중심으로 호닉의 방한에 대비하여 이미 마련했던 금속연료종합연구소 개편안의 내용을 기본 골격으로 삼아 새로운 연구소 설치안을 작성했다. 이와 동시에 연구소 설립뿐 아니라 침체 상태에 있는 국내의 과학기술 연구활동을 전반적으로 진작시키기 위해 종합적인 과학기술 연구개발 방안을 마련했다. 이 방안은 '과학기술종합연구소'의 설치와 '과학기술연구기금 특별회계'의 창설 및 '과학기술진흥법'의 제정이 핵심이었다. 이에 따르면, 국가개발의 종합적인 계획에 의해 기초 및 응용연구 분야를 전담할 종합연구소로 과학기술종합연구소를 설치하며, 이 연구소는 일반 공무원과는 다른 처우를 보장하고 자율성을 부여하기 위하여 '민간재단법인체'로 한다는 것이었다.[22] 이러한 과학기술 연구개발 방안과 호닉의 방한은 침체되어 있던 국내 과학기술의 현황을 되돌아보는 계기가 되었고, 국내의 과학기술자들도 상당한 관심을 갖고 지켜보았다.

1965년 7월 한국을 찾은 호닉조사단은 1주일간 머물면서 각계 인사들을 만나 연구소 신설에 대한 의견을 나누었고, 한국 정부는 미리 준비한 '한국과학기술연구소 설치방안'을 제시했다.[23] 귀국 후 호닉은 연구소 설립이 가능하고 타당성이 충분하다는 보고서를 미국 정부에 제출했다.[24] 이 보고서의 제안에 따라 미국 국제개발처(USAID: United States Agency for International Development)와 미국의 기술연구소가 예비계약을 체결해 연구소의 설립과 운영을 돕기로 했으며, 바텔기념연구소(Battelle Memorial Institute)가 예비계약기관으로 선정되었다. 당초 호닉은 오크리지국립연구소

(ORNL: Oak Ridge National Laboratory)가 원자력에서 시작하여 다른 분야로 적극적으로 영역을 넓혀가고 있었고, 그 과정에 관여한 유능한 인력이 있었기 때문에 한국에 새로 설립될 연구소의 자매 기관으로 오크리지연구소를 염두에 두고 있었다.[25] 실제 호닉은 방한 시 금속연료종합연구소와 원자력연구소의 통합에 대해 관심을 보였고,[26] 귀국 후 제출한 보고서에서 두 기관이 새로운 연구소의 '핵' 역할을 할 수 있을 것이라고 밝혔다.[27] 그러나 기존 연구소 개편 시도에서 어려움을 겪었던 한국 정부는 완전히 새로운 기관의 설립을 희망했고, 결국 신설 연구소가 원자력연구소와 완전히 독립된 기관으로 추진되면서 오크리지국립연구소 대신 바텔기념연구소가 그 자리를 차지하게 되었다.

바텔기념연구소는 전문가단을 구성, 9월 하순에 내한하여 연구소 설립을 위한 구체적인 조사작업을 진행했으며, 각계의 의견을 듣고 한국 정부와 의견을 조율한 다음 보고서를 제출했다.[28] 이 보고서가 이후 KIST 설립의 기본 지침이 되었는데, 한국 측이 호닉의 방한 때에 제시한 연구소 설치 방안은 바텔기념연구소의 전문가단과의 논의를 거치면서 연구 분야를 제외한 기본 원칙이 대체로 유지되었다. 연구 분야는 미국의 원조금액과 밀접하게 관련된 문제였기 때문에 계속적인 협의를 거쳐야 했으나, 자율성과 독립성을 보장하기 위해 비영리 독립기관으로 설치하고 연구용역을 통해 연구소를 운영한다는 부분에서는 한미 양측이 의견의 일치를 보았다.

연구소를 비영리 독립기관으로 설치함으로써 인사와 회계 처리에 자율성을 부여한다는 점은 그동안 정부에서 추진한 국립공업연구소 개편 방안이나 금속연료종합연구소 확대 방안의 저변에 깔린 일관된 철학이었다. 국공립연구소가 지니는 한계를 잘 알고 있던 국내 과학계도 재단법인 형식의 연구소 설립을 환영했다. 물론 이에 대한 우려의 목소리도 있었지만 기존 국공립연구소의 한계를 분명하게 인식하고 있던 한국 정부는 미국의 지원이라는 호기를 맞아 완전히 새로운 연구소 설립을 신속하게 추진해나 갔다.

첫 번째 정부출연연구소의 탄생

1. "동양 최대의 연구소"

호닉이 떠난 후 한국 정부는 연구소 설립 움직임을 본격화했다. 우선 과학기술계와 산업계 인사들로 '과학기술연구소 설치준비위원회'(이하 준비위원회)를 구성하여 연구소 설치에 관한 자문을 받았다. 위원회는 비영리 독립기구라는 원칙하에서 재단법인 형태의 정관(안)을 결정했으며, 이 정관(안)은 바텔기념연구소의 법률고문의 검토와 준비위원회의 추가 수정을 거쳐 최종 확정되었다. 연구소 정관이 마련되면서 신설될 연구소는 '한국과학기술연구소(KIST)'라는 정식 명칭이 붙게 되었다. 한국과학기술연구소는 1963년 국립공업연구소를 개편해 특수법인으로 세우려 했던 연구소의 이름이었다. 당초 한국 정부는 존슨산업기술응용과학연구소, 한미산업기술응용과학연구소, 벤자민플랭클린산업기술응용과학연구소, 한국산업기술응용과학연구소 등의 명칭을 제안했는데, 미국 측은 존슨이나 미국의 이름이 들어갈 경우 미국이 연구소에 대해 지속적인 의무를 져야 함을 시사할 수 있다며 부정적인 태도를 보였다.[29] KIST 정관에서 눈에 띄는 사항은 정부로부터 보조금을 지급받지만 운영계획서와 결산서는 정부의 승인 없이 이사회의 승인만을 받는다는 것으로, 연구소 운영의 자율성을 강화시키기 위한 의도가 담겨 있었다. 정관만으로 연구소의 자율성이 자동적으로 보장되는 것은 아니었지만 KIST 정관은 그동안 연구소 개편의 취지와 철학이 보다 분명하게 구현된 것이었다. 그리고 이 모델은 1970년대 본격적으로 설립되는 정부출연연구소에 그대로 이식되었다.

KIST는 호닉의 구상을 받아들여 '연구용역'을 통해 연구소를 운영한다고 표방했는데, 이는 국내에서는 다소 생소했던 '계약연구체제'를 의미했다. 경제발전을 뒷받침하기 위해 산업기술을 연구한다는 기본 구도에 의하면, KIST에 연구를 의뢰하는 주된 고객은 산업계가 되어야 했지만 당시의 산업계에는 연구개발의 필요성에 대한 인식이 그리 폭넓게 받아들여지지 못한 상황이었다. 당시의 산업 수준에서는 고유 기술의 독자적 개발보다 외국 기술의 도입이나 모방이 일반적이었기 때문에 기업들이 새로운 제품이나 공정 개발을 의뢰할 가능성이 매우 낮았다. 그러나 미국 측의 의견을 쉽게 물리칠 수 없었던 한국 정부는 우리나라의 연구 풍토를 쇄신하는 중요한 계기가 될 수 있다는 명분을 들어 호닉이 제안한 계약연구체제를 받아들였다. 물론 여기에는 기업으로부터의 연구계약이 활발해져 수탁연구만으로 KIST가 재정적 자립을 이룰 수 있다면 정부의 부담이 줄 수 있다는 판단도 들어 있었다. 사실 미국 정부가 계약연구체제를 제안한 배경에도 계약연구를 통해 연구소 운영에 필요한 자금을 얻는다면 미국 측이 KIST의 운영을 위해 지원해야 하는 부담을 줄일 수 있을 것이라는 판단이 깔려 있었다고 볼 수 있다. 아울러 계약연구를 통해 산업계가 연구개발의 결과를 바로 활용함으로써 연구소 설립의 효과를 빠른 시간에 확인할 수 있으리라는 점도 작용했다.

결국 계약연구체제는 연구 풍토를 쇄신하고 연구계약으로 재정 자립을 꾀한다는 두 가지 목적을 지니고 있었다. 연구계약으로 운영비를 스스로 번다는 기본 원칙은 단순히 정부의 재정지원 부담을 줄인다는 의미뿐 아니라 연구소로서는 정부에 의존하지 않고도 연구소를 운영할 수 있는 방법이기도 했다. 따라서 연구계약을 통해 현실적으로 재정 자립이 가능한가라는 문제를 떠나서 계약연구체제는 연구소의 자율성과 독립성을 유지할 수 있는 중요한 요소의 하나로 강조되었던 것이다.

1966년 2월 한미 양국 정부가 한국과학기술연구소 설립에 관한 '사업계획합의서'를 조인하여 연구소 설립에 합의함에 따라 공식적으로 재단법인 KIST 설립이 공포되었다. 한국 정부는 KIST 설립자와 소장, 이사의 선정에서부터 연구소 설립 작업을 시작했으며, 미국 정부의 대외원조 담당부처인 AID는 바텔기념연구소와 계약을 맺고 KIST 설립 지원을 위탁했고, 바텔기념연구소는 KIST와 자매연구소 계약을 체결하여 KIST 설립에 본격적으로 나서게 되었다. 홍릉의 임업시험장 터에 자리 잡은 KIST는 3년간의 1단계 공사를 마치고 1969년 10월 준공식을 갖고 본격적인 운영 단계로 접어들었다.

한국 정부는 KIST 설립을 준비하면서 과학기술 진흥을 꾀할 제도적인 장치를 하나씩 마련해가기 시작했다. 호닉 방한 이후 정부는 미국 측과 협의하는 과정에서 KIST는 우리나라 과학기술 진흥이라는 전체 프로젝트의 일부임을 강조하면서 과학기술 전반에 걸친 미국의 지원을 희망한다는 뜻을 내비쳤다.[30] 비록 미국의 기술원조는 KIST 건설 문제에 국한되었으나, 정부는 1966년부터 시작된 2차 경제개발5개년계획에 처음으로 투자 계획까지 반영된 과학기술 진흥 목표를 수립했으며, 그 계획 속에서 KIST 건설은 가장 큰 규모의 사업으로서 정부 과학기술정책의 시금석이 되었다.

호닉은 KIST가 몇몇 분야만을 중심으로 작은 규모로 시작하여 차차 확대되어가기를 희망했지만 한국 정부가 기대한 연구소의 규모와 연구 분야는 훨씬 크고 넓었다. 이 문제는 미국 측의 지원 규모와도 관련이 있지만 해당 분야의 우수한 연구자를 확보할 수 있느냐가 또 다른 관건이었다. 연구소의 규모에 대해서는 국내 일각에서도 작은 규모로 시작해야 한다는 견해가 있었는데, 이는 국내 과학계의 인력 부족이라는 현실적인 문제 때문이었다. 따라서 과학기술자의 부족을 짧은 시일 안에 극복하는 가장 좋은 방법으로 외국에 나가 활약 중인 학자들을 불러오는 방안이 부각되었는데, 이는 연구소 설립을 통해 '두뇌유출'에 대한 반대 사례를 만들겠다는 미국의 의도와도 부합되었다.

KIST가 해외로 유출된 두뇌들을 성공적으로 받아들인다는 것은 한국 정부에게 상당한 의미가 있었다. 무엇보다도 떠났던 과학기술자들의 귀국은 이전과는 달라진 한국의 위상을 국내외에 나타내는 지표가 될 수 있었다. 결과적으로 KIST는 해외의 한국인 과학기술자들을 성공적으로 유치했으며, KIST는 박정희가 내걸었던 '조국 근대화'의 상징물로 기능함으로써 정권의 정당성 확보에도 도움을 주었다. KIST 설립 초기에 영화를 비롯하여 연구소를 소개하는 각종 홍보자료가 다수 제작되었고, KIST가 한국을 방문한 외빈이 반드시 찾았던 장소가 되었던 것은 그러한 정치적 효과와 무관하지 않았다. 최고의 시설과 해외에서 유치한 연구진을 갖추고 정부의 직접적인 통제를 받지 않는 KIST는 1967년의 대통령 선거를 앞둔 시점에서 박정희에게는 중요한 정치적 가치를 지니고 있었던 것이다.[31] 1970년대 중반 대표적인 정부 홍보성 드라마였던 KBS의 〈꽃피는 팔도강산〉의 첫 번째 사위가 KIST 연구원으로 설정된 것 역시 우연이 아니었다.[32]

이 같은 상징적 효과와 함께 KIST가 유치한 인력은 국가적으로 추진하는 대형 기간산업 분야에서 실제적인 역할을 할 수 있을 것으로 기대를 모았다. 박정희는 KIST가 유치한 핵심 연구요원 개개인에 대해 관심을 보였으며, 특히 1960년대 초부터 시도해온 종합제철소 건설을 위해 철강 분야 연구원에 대해 직접 메모를 하면서 챙길 정도였다. 즉, KIST는 단순히 기업이 요구하는 기술을 계약을 맺고 개발해주는 연구소가 아니라 처음부터 국가적인 과학기술 분야 '싱크탱크(think tank)' 역할을 부여받았던 것이다. KIST의 모델이 되었던 바텔기념연구소는 미국 내 여러 민간연구소 중의 하나였지만 KIST는 당시 국내에서 최고의 인력과 시설을 갖추고 정부의 집중적인 지원을 받는 '대표적인' 연구소였기 때문에 처음부터 정부와 긴밀한 관계가 될 수밖에 없었다. KIST 설립과 초기 운영 과정에서 바텔기념연구소의 제도와 조언이 큰 도움이 되었지만 두 연구소가 처한 상황이 달랐기 때문에 상당 부분은 한국의 상황에 맞게 변용하는 것이 필요했다.

KIST가 지닌 상징적 효과를 극대화하기 위해서는 호닉의 구상처럼 작은 규모로 시작해서 조금씩 성장시키는 방법은 적당하지 않았다. 이에 따라 한국 정부는 당초 한미 양국이 KIST 설립 기준으로 삼기로 합의했던 바텔전문가단의 보고서가 제시한 연구소 규모와 인력을 크게 넘는 대형 연구소를 지향하게 되었다. 이는 무엇보다도 KIST를 "동양 최대의 연구소"로 만들겠다는 박정희의 의지가 반영된 결과였다. 연구소의 규모가 너무 확대되어 재정 부담이 가중되는 등 문제가 있다는 감사의 지적에 대해 연구소 운영진은 정부의 특별 지시로 불가피한 결정이었다고 해명했다.[33]

KIST가 동양 최대의 연구소라는 기치하에 막대한 재원을 얻어내면서 확장할 수 있었던 것은 최고통치자가 설립자였다는 점이 상당한 작용을 했다. 당초 바텔전문가단은 KIST의 설립자로 주무부처인 경제기획원 장관을 생각했으나 기술관리국장 전상근은 후진국일수록 최고통치자가 과학기술에 관심을 가져야 한다는 생각으로 대통령을 설립자로 추대했다. 대통령이 설립자라는 점은 KIST가 민간 재단법인으로서 자율성과 독립성을 강조하는 속에서도 정부의 지원을 이끌어 낼 수 있었던 요인의 하나로 간주된다.[34] 대통령이 설립자라는 사실 자체가 안정적인 정부 지원을 자동적으로 보장할 수는 없지만 KIST에 대한 대통령의 높은 관심을 대외적으로 과시하기에는 충분했던 것이다.

박정희는 설립자로서 KIST에 대한 든든한 후원자를 자처하고 나섰으며, 설립 초기에 발생한 몇몇 문제들을 중재해서 해결하는 역할을 담당했다. 대통령이 설립자라는 상징적 차원에 그치지 않고 KIST에 매우 적극적인 관심을 갖고 지속적인 후원을 보냈고, 이는 KIST 연구원들에 대한 사회적 지위를 높이는 동시에 연구원들에게 특별한 책임감과 부담을 부여하는 효과를 가져왔다.[35] 박정희의 후원은 KIST가 정부의 확고한 지원 아래 빠른 시간 내에 성장할 수 있었던 요인의 하나가 되었으며, KIST 연구원에 대해 정부가 보여준 지원과 대우는 과학기술자가 자신의 전공 분야에서 전문적인 능력을 발휘하고 사회적으로 권위를 인정받을 수 있게 되는 계기로 작용했던 것이다.[36]

2. 안정성과 자율성의 줄타기

KIST 구성원들은 연구소의 성공적 운영을 위해서는 안정성과 자율성이 가장 중요한 요소라고 보았다. 이를 위해 그들은 연구소 설립 및 초기 운영 과정에서 매우 적극적인 행위자로 나섰으며, 특히 초대 소장인 최형섭의 역할이 컸다. 최형섭은 학계·관계·산업계·연구계 등 여러 분야에서 일한 경험을 지니고 있었다. 그는 1944년 일본 와세다대학 채광야금과를 졸업하고 해방 이후 국내에서 2년 정도 대학 교수를 지냈으며, 국산 자동차주식회사 기술고문을 거쳐 1950년부터 3년간 공군항공수리창장을 맡았다. 이후 미국 유학 길에 올라 1955년 노틀담대학에서 석사학위를 취득한후 미네소타대학으로 옮겨 1958년 부유선광법에 관한 논문으로 박사학위를 받았다. 최형섭은 미국에서 귀국한 뒤 국산 자동차주식회사 부사장을지냈으며, 원자력연구소 연구관으로 있으면서 10여 달 동안 상공부 광무국장을 겸직했고, 1962년부터 원자력연구소 소장으로 재직했다. 이처럼 최형섭은 길지 않은 기간이었지만 산업계·관직의 경력이 있으며, 원자력연구소 소장으로 있으면서 금속연료종합연구소 설립을 주도했었기 때문에그러한 경험이 KIST의 설립과 운영에 적지 않게 반영될 수 있었다.[37]

KIST 육성법을 둘러싼 논란은 최형섭이 연구소 운영에서 자율성을 강조했음을 잘 보여준다. 1966년 9월 정기국회에 상정된 KIST 육성 법안의특징은 정부의 재정 지원에도 불구하고 연구소는 정부로부터 사업계획의승인이나 회계감사를 받지 않는다는 것으로 KIST의 독립성과 자율적인운영을 보장하고 있었다. 그러나 국회 통과 과정에서 주무장관의 '승인'과회계감사를 해야 한다는 수정이 가해졌다. 1966년 12월 이 육성법이 통과되자 KIST 구성원들은 강력히 반발하였다. 보조금이 아닌 출연금이란 표현을 일부러 쓴 이유가 보조금관리법에 따른 감사나 회계 문제를 피하기위해서인데, 통과된 법률에 따르면 자율적인 운영이 힘들었기 때문이다. 법안이 통과될 무렵 연구원 유치를 위해 해외에 체류 중이던 최형섭은 귀국 이후 주한미국대사관과 주한미국경제협조처(USOM: United States Operation Mission to the Republic of Korea)를 통해 법안의 개정에 대한 지원을 요청했으며, 다른 KIST 간부들도 "한국과학기술연구소 육성법의 문제점"이라는 자료를 들고 정치권 인사들과 접촉하면서 법 개정의 필요성을 설득해나갔다. 이런 움직임에 의견을 같이한 USOM 처장 번스틴(J. Bernstein)은 청와대 비서실장 이후락에게 서한을 보내 통과된 법안에 대해 미국 측이 큰 우려를 품고 있음을 밝히면서 육성법의 개정이 조속히 이루어지지 않을 경우 추가적인 자금 지급이 어려워져 KIST 설립이 지연될 것이라고 주장했다. 결국 이 같은 움직임에 의해 박정희는 특별명령으로 KIST 육성법의 즉시 개정을 지시했고, 그 결과 1967년 3월 30일 개정 법률이 통과되었다. 통과된 법률이 제대로 시행도 되지 않은 채 3개월 만에 개정된 것은 매우 이례적이었다. 개정된 육성법에 의하면, 주무장관의 '승인'은 '보고'로 바뀌었고, 정부가 지정하는 공인회계사의 감사를 받은 매회계년도 세입세출결산서를 주무장관에게 '제출'하도록 수정되었다.

연구소의 자율성은 한국 정부가 계속해왔던 연구소 개편 시도의 기저에 있는 철학이자 호닉과 바텔기념연구소 측이 연구소의 성공을 위해 첫 번째로 꼽았던 요소였다. KIST의 정관을 만들고 육성법 논란을 거치면서 자율성의 내용과 형식이 좀 더 구체화되었지만 그러한 제도가 자동적으로 연구소의 자율성을 보장해주지는 않았다. KIST는 비록 재단법인이라는 형태를 띠고 있었지만 막대한 정부 예산의 지원을 받는 상황 속에서 정부로부터 유형무형의 압력을 받을 수밖에 없었고, 자율적인 운영과 연구 활동을 위해서는 연구소 구성원들의 적극적인 노력이 요구되었다. 외부의 비정상적 요구에 대해 KIST 구성원들은 완곡하게 거부하면서 연구소의 자율성이라는 기본 원칙을 지키고자 했다. 예를 들어 KIST 전산실장 성기수는 도입할 컴퓨터를 특정 기종으로 선정하라는 청와대 비서관의 압력을 거부하면서 자신의 뜻을 굽히지 않았다. 한미 양국 정부로부터 막대한 자금 지원을 받아 설립된 연구소의 초기 멤버로서 대부분의 연구실장들은 강한 자부심과 책임감을 지니고 있었고, 연구실과 직접 관련된 문제는 연구실장의 판단이 절대적이었다. 또한 KIST가 처음으로 위탁받은 연구과제인 '장기 에너지수급에 관한 조사연구'에 대해 위탁자인 정부부처가 일부 결과를 수정해줄 것을 요청했지만 연구소는 원래 연구결과를 끝까지 고수했다.[38] 결국 이 프로젝트는 외압에도 불구하고 본래의 연구결과를 지켜냄으로써 KIST의 자율성과 독립성을 정부 측에 재인식시키는 계기가 되었으며, 또 한편으로는 조사결과가 상대적으로 정확했기 때문에 KIST 연구에 대한 신뢰를 높여주는 효과를 거두었다.

자율성과 함께 연구소 성공의 열쇠는 재정의 안정성이었는데, 이를 위해 KIST에서 고안해낸 방식이 '일괄계약연구(package deal contract research)'였다.[39] 개정된 KIST 육성법에 의하면 정부는 연구소의 건설비뿐 아니라 운영비도 지급할 수 있었지만 운영비를 정부로부터 제공받는다면 연구소 운영에 대한 정부의 통제가 불가피해질뿐더러 계약연구소라는 설립 취지에도 맞지 않았다. 이에 따라 KIST에서는 운영비가 아닌 연구비의 형태로 정부의 재정 지원을 받기를 원했고, 그 결과로 일괄계약이라는 아이디어가 나왔다. 일괄계약은 KIST가 매년 여러 분야의 연구계획서를 작성해서 패키지로 제출하고 그에 대해 정부와 협의를 거쳐 정부 예산에 반영되어 한꺼번에 제공되는 것으로, 다른 연구소에서는 찾아보기 힘든 방식이었다. 일괄계약연구비가 KIST에 제공되면 구체적으로 어떤 연구를 진행하고 연구비는 어떻게 배분할 것인가는 KIST가 자체적인 심사를 통해 최종 결정했다. 당초 정부는 KIST가 제안한 일괄계약에 대해 육성법상 운영비가 아닌 연구비를 직접 지원할 수 없다고 하면서 반대했다. 이에 KIST는 운영비에 연구비가 포함된다는 해석 아래 행정담당 부소장, 감사, 행정관리부장 등이 국회 법사위원과 전문위원들을 상대로 설득 작업을 벌였다.[40] 이러한 노력으로 정부의 출연금에 연구비를 포함시키는 것으로 결론이 나서 1969년 전자공업 육성을 목적으로 4200만 원이 연구비로 책정되었고, 이것은 KIST의 일괄계약연구의 시초로서 이후 KIST의 안정적인 운영에 큰 기여를 했다.

KIST 구성원들은 정부의 재정 지원에 의존하고 있는 상황에서 어떻게 자율성을 내세우면서 독자적인 목소리를 낼 수 있었을까? 여기에는 KIST 가 한미 간의 공동사업으로서 USOM과 바텔 등 미국 측 행위자들이 직접 참여하고 있다는 사실이 일차적인 요인으로 작용했다. KIST는 이들을 바람막이로 삼아 국내에서 제기되는 부당한 압력이나 요구를 막았는데, 앞에 언급한 '장기 에너지수급에 관한 조사연구'에 대한 수정 요구를 거부할 수 있었던 데에도 연구 과정에 바텔 측 연구원들이 공동연구원으로 참여했다는 사실이 중요했다. 또한 육성법 개정의 경우처럼 USOM 측이 KIST의 요청을 받고 정부에 직접적인 영향력을 행사하기도 했다. 그리고 대통령이 KIST에 대해 절대적인 믿음과 지원을 아끼지 않았다는 사실도 KIST가 자율성을 주장하는 데 큰 역할을 했다. 아울러 대통령의 신임을 얻은 소장 최형섭과 함께 예비역 육군 중장이자 국방부 차관을 지낸 행정 담당 부소장 신응균과 교통부 차관을 역임한 감사 이창석, 청와대 측 인사들과 두터운 인맥을 지내고 있던 행정관리부장 이민하 등 KIST 운영진의 경력과 인맥은 정부부처와의 협의 과정에서 KIST가 독자적인 의견을 제시하고 집행하는 데 큰 힘을 발휘했다. 이 같은 조건하에서 컴퓨터 기종 선정 과정에서 성기수의 태도가 상징하는 것처럼 KIST의 연구원들은 자율성이라는 원칙을 지키는 데 적극적인 의지를 보였다. 결국 민간재단법인이나 육성법이라는 제도에 구성원들의 의지와 노력이 더해져서 KIST는 기존 국공립연구소와는 비교할 수 없을 정도의 자율성을 확보해나갈 수 있었던 것이다.

KIST의 '두뇌유치'

1. 한국의 '두뇌유출'

'두뇌유출(brain-drain)'이란 높은 수준의 교육을 받은 노동력이 국외로 빠져나가는 현상을 말한다.[41] 두뇌유출이 국제적인 문제가 되기 시작한 것은 1950년대 중반부터였으며, 한국의 두뇌유출도 1950년대 해외유학이 본격화되면서 시작되었다. 한국전쟁으로 인해 국내에서는 정상적인 교육을 받기 어려웠고 유학을 통해 병역의무를 유예받을 수 있었기 때문에 전쟁이 소강상태에 접어든 1952년부터 해외유학이 점차 증가하기 시작했다. 유학생의 대부분은 사비유학생이었으며, 정부기관으로부터 장학금을 지급받는 경우는 대부분 자연계 분야 교수요원이었다. 문교부의 해외유학생 인정자 통계에 의하면, 1952년 403명에서 1954년 1,129명, 1955년 1,079명으로 해외유학생 수는 급속히 늘어났다. 그러나 해외유학의 급증은 좋지 않은 외환 사정에 더욱 부담을 주고 군 인력 확보에도 지장을 줄 수 있다는 판단하에 정부는 해외유학의 요건을 점차 강화했다.[42]

1950년대 정부의 해외유학 정책은 유학생의 수를 통제하는 방식이 주를 이루었다. 문교부는 해외유학 인정시험을 실시하여 합격자에 한해 유학을 허가함으로써 유학생의 증가를 억제하였으며, 1958년 4월 '해외유학생감독규정'을 제정하여 해외유학생에 대한 정부의 통제 의지를 분명히 했다.[43] 현실성이 떨어지는 규정이라는 비판 속에도 정부가 통제 위주의 정책을 펼칠 수밖에 없었던 것은 해외유학생이 학업을 마치고 귀국하지 않는 경우가 많았기 때문이다. 1960년까지 해외유학을 마치고 귀국한 유학생은 15% 정도에 불과했다. 이에 따라 5·16으로 등장한 군사정부는 1962년 초 해외에 나가 있는 현역군인은 체류 기간을 2년을 넘기지 말고 모두 귀국하라는 지시를 내렸고, 이와 동시에 학업을 마친 해외유학생들의 귀국을 강력히 촉구하였다.[44] 그 결과 일부가 귀국했지만 전체적인 귀국률은 여전히 10%대에 불과한 수준이었다.

해외유학생들이 귀국을 꺼리는 이유는 무엇보다 자신의 연구를 계속하거나 전문지식을 활용하면서 안정된 생활을 영위할 수 있는 일자리가 국내에는 없다는 점이었다. 산업계는 해외유학까지 마친 고급 인력을 고용할 준비가 되어 있지 않았으며, 일부 사립대학을 제외하고는 대학교수들의 급여도 낮은 편이었다. 1960년대 들어 대학에 대한 통제가 강화되고 정원을 억제하는 정책이 추진됨에 따라 대학의 양적인 팽창이 주춤해지면서 대학에서 수용할 수 있는 고급 인력의 수도 한계가 있었다.[45] 또한 정부부처나 국공립연구소의 경우 국가공무원 처우규정에 묶여 충분한 대우를 보장하기 어려웠을 뿐 아니라 정원의 제약으로 인해 채용할 수 있는 숫자도 작았다. 박사학위 소지자들도 일부를 제외하고는 대부분 안정적인 생활이 힘든 월급을 받고 있었다. 아울러 병역을 마치지 않고 유학길에 오른 경우 병역 문제가 귀국을 꺼리는 요인의 하나로 작용했다. 이에 미국 측은 이공계 인력의 경우 병역기간 단축 등의 조처가 필요하다고 제안하기도 했다.[46]

해외유학자들이 귀국해서 일할 수 있는 직장 자체가 부족한 상황에서
유학생들에게 귀국을 종용하는 일은 한계가 있을 수밖에 없었고, 정부도
두뇌유출 문제에 대한 대책은커녕 정확한 실태조차 파악하지 못하고 있었
다. 이러한 상황에서 1965년 한미정상회담에서 제안된 연구소 신설은 한
국의 두뇌유출 문제에서 새로운 변화를 가져온 전기로 작용했다. 한국의
산업을 발전시키기 위해 연구소를 설립하여 미국에서 훈련받은 고급 과학
기술자들이 연구활동을 하게 할 것이라는 발표로 인해 이때부터 두뇌유
출은 한국에서 커다란 사회적 관심사로 떠올랐다. 정상회담 이후 한국 정
부는 처음으로 해외유학생에 대한 조사에 착수했다. 문교부는 한미재단
(American-Korean Foundation)의 협조를 받아 실태조사를 실시하여 1967년
3월 『해외유학생 실태조사 중간보고서』를 발간했다.[47] 그러나 이 보고서는
처음 시도된 것인 만큼 미비점과 누락 인사가 적지 않았기 때문에 정부는
곧바로 2차 실태조사를 실시하여 해외유학생 실태조사 보고서의 증보판
을 1968년 4월 간행했다. 이후 문교부는 유학생 실태조사를 정례화하여
매년 추가로 조사된 내용을 담은 『해외유학생실태조사』를 펴냈다. 이 조
사는 해외유학생 인정자 현황과 유학 후 귀국자 현황 및 귀국자 개개인에
대한 개인정보를 담고 있다. 1968년의 보고서에 따르면, 1953년부터 1967
년 3월 말까지 해외유학자격 인정시험을 통과한 유학생은 7,958명이고, 유
학생의 86%가 미국을 선택했으며, 유학생 중 귀국자는 973명으로 12.2%
의 귀국률을 보였다.[48]

해외유학생들의 현황 및 귀국률에 대해서는 조사 주체와 방법에 따라
어느 정도 차이가 있지만 1960년대 말까지 해외유학 길에 오른 한국인 과
학기술자의 귀국률은 10~15% 정도로 알려져 있다. 미국에서 실시한 조
사에 의하면 1967년 현재 한국인 엔지니어 87.0%, 자연과학자 96.7%, 의
사 42.9%, 사회과학자 90.5%가 귀국하지 않고 미국에 체류 중이었다. 당

시 세계적인 미(未)귀국률 평균치는 엔지니어가 30.2%, 자연과학자 35.0%, 의사 16.0%, 사회과학자 34.6%로, 한국의 두뇌유출은 매우 심각한 편이었다.[49] 미국에서 수행된 또 다른 조사에 따르면 1962년부터 1976년까지 미국 유학생 중 한국인의 미귀국률은 62.62%로 조사대상 25개국 중 가장 높게 나타났다.[50]

　정부의 해외유학생 실태조사와는 별개로 학회 차원에서도 두뇌유출에 대해 본격적인 관심을 갖고 조사를 실시했다. 1966년 초 한국물리학회는 물리학자의 해외유학 현황조사를 실시하여 그해 말 『재해외(在海外) 물리학자 실태조사 보고서』를 펴냈다.[51] 또한 KIST 설립이 진행되면서 두뇌유출에 대한 언론의 관심도 커져갔고, 신문들은 앞다투어 두뇌유출 문제를 다루기 시작했다.[52]

　이처럼 KIST 설립 추진과 함께 해외의 한국인 과학기술자에 대한 국내의 관심이 커졌지만, 정부로서는 KIST의 해외인력 유치의 성공 여부가 불투명한 상황에서 두뇌유출 극복을 위한 구체적인 방안을 선뜻 제시하지 못했다. 1966년 7월에 정부가 마련한 『제2차 과학기술진흥 5개년계획』은 414억 원의 예산을 인력개발·연구개발·기술협력 및 도입에 투입할 계획임을 밝혔지만 해외 한국인 과학자 유치 문제에 대한 직접적인 정책을 제시하지는 않았고, 다만 KIST에 대한 항목에서 "해외 체재중인 한국과학기술자의 국내유치와 활용을 위한 시설과 조건을 마련토록 한다"고 언급했을 뿐이다.[53] 이처럼 KIST의 해외인력 유치 노력에 대해 해외의 고급 두뇌들이 적극적으로 호응할 것인가에 대해 KIST 안팎에서 적지 않은 우려와 회의적인 시각이 존재했다. 따라서 KIST의 인력 유치 성패는 장차 한국이 두뇌유출이라는 난제를 풀 가능성이 있는가를 확인하는 시금석이 되었다.

2. KIST의 연구인력

미국이 KIST 설립을 지원한 목적의 하나가 '역두뇌유출센터(reverse brain-drain center)'였던 만큼 해외 과학기술자의 유치는 연구인력 확보에서 가장 중요시되었고 많은 시간과 노력이 투여된 부분이었다. KIST가 해외의 과학기술자를 유치하는 것은 단순히 KIST의 성공적 운영뿐 아니라 이후의 해외 연구자 귀국을 촉진시킴으로써 한국의 두뇌유출 극복의 가능성을 확인한다는 의미도 있었던 것이다. 해외의 한국인 과학기술자 유치 과정은 1966년 여름 바텔기념연구소에서 시작되었다. 바텔기념연구소는 해외의 약 500개 기관에 근무하는 한국인 과학기술자들에게 연구소의 설립 취지와 규모, 그 밖에 필요한 자료를 배포했고, 그 결과 미주와 유럽에서 활약하고 있던 800여 명의 한국인 과학자들과 경제학자들이 지원 의사를 보내왔다. 이때 배포했던 KIST의 첫 번째 안내책자는 바텔기념연구소에서 영문으로 제작되었는데,[54] 이에 따르면 KIST 연구원이 될 수 있는 최소한의 자격 기준은 한국인, 또는 한국에서 태어났으나 현재 타국 국적을 지니고 있는 자로서 자연과학, 공학, 경제학 분야의 박사학위 취득자나 학사 또는 석사학위 후 최소 2년 이상의 연구개발 경험이 있는 자로 제시되었다.

최형섭과 바텔기념연구소의 해당 분야별 전문가들은 지원 의사를 밝힌 800여 명에 대한 서류전형을 통해 1차로 150명을 추려냈고, 다시 분야별 우선순위에 따라 2차로 75명을 선발했다. 1966년 10월 최형섭은 후보자들을 면접하기 위해 미국과 유럽을 방문해서 69명으로부터 적극적인 귀국 의사를 확인받았다. 최형섭은 지원자들과의 인터뷰에서 제대로 된 연구환경, 안정된 생활을 영위할 수 있는 충분한 처우를 강조했다. 이와 아울러 그는 KIST가 산업기술을 지원하는 연구소로서 연구자가 원하는 연구가 아닌, 산업계가 원하는 연구를 하게 된다는 점을 설명했다. 한 지원자의 회고에 따르면, 최형섭은 "노벨상을 자신하거나 희망하는 사람은 응모 말라, 한국에 나와 미국에서 하던 공부를 계속하면서 논문을 쓸 생각은 말라, 귀국하면 학술적인 기반은 다소간 저해된다"는 표현으로 KIST의 연구 성격을 나타냈으며, "돈을 벌 생각이 있으면 오지 말라, 다만 생활에는 불편이 없을 정도의 처우는 보장하겠다"는 뜻을 밝혔다고 한다.[55] 최형섭은 KIST가 계약연구소로서 수요가 있는 연구를 담당해야 하지만 안정적인 연구환경을 갖추고 있기 때문에 귀국을 생각한다면 이만한 기회는 없다면서 지원자들을 독려했다.

비록 계약연구체제하에서 연구자들의 과제 선택 자율성은 제한될 수밖에 없었으나 전체적인 연구실 운영에서 연구실장에게 최대한의 자율성을 보장하겠다는 것이 최형섭이 내세운 조건 중 하나였다. 그는 박사학위 취득 후 5년의 연구 경험을 갖춘 사람이 귀국하면 모두 연구실장 대우를 해주겠다고 했으며, KIST는 연구실 단위의 독립채산제를 채택하기 때문에 연구실장은 실질적으로 전권을 행사할 수 있음을 강조했다.[56] KIST가 연구실장의 자율성을 최대한 보장하는 분권적 운영방식을 채택한 것은 국내의 관료적이고 위계적인 조직문화를 우려하던 연구자들이 귀국을 결정하는 데 어느 정도 효과가 있었다. 또한 KIST가 국공립기관이 아닌 재단법인 형태로 설립되어 자율적으로 운영될 것이라는 계획도 지원자들에게 호감을 주었다. 다만 민간기구로서 KIST가 안정적으로 존속할 수 있느냐는 우려가 제기되었으나 이는 'KIST 육성법'을 통해 보장된다는 것이 최형섭의 입장이었다.

이처럼 연구원 유치 과정에서 연구소의 목표와 성격을 분명하게 인식시킨 후 그에 맞는 연구원을 선발한 것은 KIST 초기의 인력 선발 과정에 나타난 중요한 특징이라고 할 수 있다. KIST는 최고의 시설을 갖추고 연구원에 대한 월등한 처우를 보장하면서 한국의 근대화를 상징하는 최고의 연구소를 표방했지만 그러한 최고의 연구소에서 첨단의 연구성과를 생산하는 것보다 낮은 수준이라도 '국내 산업계'가 필요로 하는 연구를 수행한다는 점을 확실하게 내세웠다. 이를 위해 바텔기념연구소와 국내의 분야별 전문가들이 공동으로 수행했던 산업실태조사 결과를 담은 중간보고서를 면접을 통해 귀국 의사를 밝힌 지원자들에 송부하여, 그들에게 산업실태조사 결과로 나타난 문제점을 해결하기 위해 각자가 원하는 과제에 대한 구체적인 연구계획서와 연구실 구성에 관한 계획서를 제출하게 했다. 이 계획서를 바탕으로 최형섭과 바텔기념연구소의 전문가들은 25명의 최종 면접 대상자를 선정할 수 있었고, 지원자들은 이러한 과정을 통해 자신이 KIST에서 담당해야 할 연구의 내용과 방향성을 사전에 파악하여 자신의 연구활동과 국내의 연구 요구와의 괴리를 좁힐 수 있었던 것이다. 이처럼 연구자 유치 과정에서 '시장을 목표로 한 연구'를 분명히 표방했다는 사실은 KIST가 '외적 두뇌유출'을 극복하면서 동시에 후발국 연구자가 자국의 필요와 여건에 맞는 연구활동을 추진하기보다 선진국이 설정한 연구의 우선순위에 따라 연구를 진행하는 '내적 두뇌유출'[57]도 줄일 수 있는 방식이었다고 해석된다. 물론 KIST가 산업기술 지향에 적합한 연구자를 선발했고, 그들이 의도대로 산업계에 밀착한 연구활동을 성공적으로 수행했느냐는 별개의 문제이지만, 최소한 연구소의 지향성을 분명히 했다는 사실은 선발된 연구인력의 안착에 중요한 요소의 하나가 되었던 것이다.

KIST는 해외의 과학기술자 유치를 공식적으로 표방한 첫 번째 기관이었고, 정부 재원으로 설립되지만 비영리 민간재단법인체로 설립된 첫 번째 경우였다. 따라서 KIST의 법적 형태나 계약연구라는 운영방식 등 전례가 없던 새로운 연구소였기 때문에 이후의 전망에 대해 회의적인 시각이 없지 않았는데, 이는 연구자 유치의 큰 난점이 되었다. 이 문제를 해결하기 위해 최형섭은 해외의 연구자들에게 KIST의 장래에 대해 확신을 심어 주었고, 해외인력의 귀국이 일회성으로 그치지 않고 지속될 수 있도록 해외 과학기술자들을 대상으로 한 심포지엄을 개최하기로 했다. 그는 1966년 10월 미국을 방문했을 때 포드재단에 심포지엄 개최에 필요한 재정 지원을 요청했으며, 포드재단이 이 제안을 받아들여 1968년 9월 9일부터 3일간 미국 오하이오주 컬럼버스의 바텔기념연구소에서 "한국의 산업연구 발전(Development of Industrial Research in Korea)"이라는 제목으로 심포지엄이 열렸다.[58] KIST 주최로 열린 이 행사에는 재미 한국인 과학기술자 60명, 미국 과학 및 산업계 35명, KIST 13명, 바텔기념연구소 27명 등 140명이 참석했는데, 여러 전공 분야의 해외 한국인 과학기술자들이 공식적인 행사를 위해 한자리에 모인 것은 드문 일이었다. 심포지엄 과정에서 재미 한국인 과학기술자들이 조직체를 만들어서 국내 과학기술자들과 협조 연구를 수행할 필요가 있다는 주장이 제기되었고,[59] 이는 이후 '재미한인과학기술자협회'의 설립으로 구체화되었다. 결국 KIST 설립은 해외의 한국인 과학기술자들이 결집할 수 있는 하나의 계기가 되었고, 이를 통해 그들 사이에 모국에 대한 관심이 지속되면서 그들의 귀국에도 긍정적인 영향을 줄 수 있었다.

1969년 말 KIST가 준공식을 갖고 본격적인 출발을 할 때까지 모두 25명의 해외 유치 연구자들이 KIST의 연구원으로 임용되어 귀국했고, 이들 중 17명이 책임연구원이 되었다. 8명의 선임연구원 중에서 박사학위 취득 예정자나 박사학위를 취득하고 곧바로 귀국한 경우는 2명뿐이었고, 나머지는 대학원 졸업 후 여러 해 동안 연구소 및 산업체 경력을 쌓은 사람들이었다. KIST는 처음으로 해외의 한국인 과학기술자를 공개적인 절차를 밟아 유치한 기관이었기 때문에 그동안 형성된 풍부한 인력풀에서 연구원을 선발할 수 있었고, 그에 따라 상당한 경력을 지닌 연구자들이 KIST

에 들어왔던 것이다. 이처럼 책임연구원은 주로 해외에서 유치한 연구자들로 구성되었으며, 책임기술원은 국내에서 현장 경험을 갖춘 인력들이 유치되었다. 선임급 연구자들은 국내외에서 고르게 유치되었으며, 연구원·기술원급 인력은 공개경쟁시험을 통해 전원 국내에서 선발했다.

대규모의 공개적 절차를 밟은 해외 유치 작업과는 달리 국내에서는 개별적인 접촉 등 조용한 방식으로 인력 채용이 이루어졌다. 당시 국내 대학이나 연구소에는 고급 과학기술자의 수가 많지 않았는데, KIST가 이들을 대거 임용할 경우 해당 기관의 운영에 적지 않은 차질을 줄 수 있었고, 실제로 대학이나 기존 연구소들이 KIST의 연구원 선발에 대해 상당한 우려를 보였기 때문에 KIST는 국내에서는 적극적인 유치 활동을 하기 어려웠다. 그럼에도 불구하고 KIST 이전까지 국내 최고의 연구소로 평가받던 원자력연구소의 경우 상당수 인력이 KIST로 옮겨감으로써 연구소 운영에 상당한 타격을 받았다.[60] 국내에서 선발된 연구실장급 인력은 KIST의 첫 번째 연구원으로 임용된 심문택을 시작으로 하여 1969년 말까지 12명이었다. 국내 유치자라고는 하지만 이 중 9명은 해외유학을 통해 박사학위를 취득하고 귀국해서 활동하던 상태였고, 3명은 대학 졸업 후 산업계에서 10여 년 이상 활동한 엔지니어였다. 국내의 열악한 처우 때문에 해외에서 유학을 마치고 귀국했던 과학기술자들이 다시 한국을 떠나는 상황에서 KIST의 설립은 국내의 고급 과학기술인력에게 좋은 기회가 될 수 있었다.

KIST 설립 초기에는 과연 해외의 연구자들이 얼마나 적극적으로 동의하여 귀국할 것인가에 대해 연구소 안팎에서 회의적인 시각이 적지 않았지만 결과적으로 KIST는 해외의 과학두뇌들을 성공적으로 유치해냈다. 높은 급여, 주택 제공 등의 혜택, 연구 휴가 등 KIST 연구원들에게 주어진 처우와 KIST의 연구환경은 당시 국내 다른 기관에서 찾아보기 힘든 높은 수준의 것으로 성공적인 인력 유치에 중요한 요소가 되었다. 사실 KIST가

택한 계약연구체제는 연구 수요자 중심으로 작동되기 때문에 연구자로서는 껄끄러운 방식이었으나, 연구자들이 받았던 특별한 대우와 사회의 기대는 그 같은 단점을 상쇄시켜주었다. 그리고 연구를 통해 조국의 발전에 동참하자는 최형섭의 설득과 연구소의 방향을 분명하게 주지시켰던 신중한 연구자 인선 과정은 KIST가 해외두뇌 유치에서 만족할 만한 성과를 거둘 수 있었던 요인으로 작용했던 것이다.

3. 정부의 해외유학 정책 변화

KIST는 1967년까지 20여 명과 임용계약을 맺는 등 해외 과학기술자 유치 사업을 순조롭게 추진해갔고, 이에 고무된 정부는 해외유학을 억제하는 수동적인 정책에서 해외인력의 귀국을 촉진시키는 적극적인 정책으로 방향 전환을 꾀하게 되었다. 이는 1968년 과학기술처가 수립한 『과학기술개발 장기종합계획』에서 찾아볼 수 있다.[61] 이 계획은 KIST와 무관하게 '재외 과학기술자 유치' 문제를 언급하면서 재외 과학기술자의 국내 유치 활용을 강화하기 위해 정부가 적극적으로 나설 것을 제안했다.[62]

이 제안처럼 과학기술처는 1968년부터 정부 예산으로 재외 한국인 과학기술자 유치 사업을 벌이기 시작했다. 이 사업은 2년 이상 국내에 취업하여 체재하는 영구유치와 단기간 강의·자문을 하고 돌아가는 일시유치로 구분하여 추진되었다. 영구유치의 경우 취업을 알선해주고 본인과 가족의 왕복항공권, 이사비용, 정착비 등을 지원했는데, 이는 KIST가 해외 유치자에게 제공했던 방식이었으며, 일시유치의 경우 본인의 왕복항공권과 국내체재비를 지원했다. 사업 첫해인 1968년 영구유치자 5명, 일시유치자 2명을 시작으로 매년 그 수가 조금씩 늘어났으며, 유치자들의 근무처는 대학과 연구소가 대부분을 차지했다. 〈표 1〉에서 보는 것처럼, 1968년부터 1980년 사이에 276명이 영구유치되었으며, 이들이 소속된 기관은 대학 139명, 연구소 130명, 정부기관 4명, 산업체 3명으로 나타났다. 1960년대에 줄곧 고등교육 정원 증원을 억제해왔던 정부는 1970년대 들어 지속적인 산업화에 필요한 고급 인력 수요에 대응하기 위하여 부분적으로 대학의 정원을 확대시켰고, 공학 계열을 중심으로 대학을 특성화하여 집중적으로 투자함으로써 기술인력을 효율적으로 양성하고자 했다.[63] 이에 따라 정부가 해외에서 유치한 과학기술자의 절반 정도는 대학에 자리를 잡게 되었다. 〈표 1〉에 나타난 수치는 과학기술처가 주도해서 유치한 인력들만을 합계한 것으로, 각 기관들이 독자적으로 해외에서 유치한 인력은 들어 있지 않다. 1980년까지 연구소로 영구유치된 인원이 130명으로 나타났으나 KIST 한 기관이 같은 기간 동안 해외에서 유치한 연구자의 수가 119명에 달했음을 감안한다면, 10여 개가 넘는 정부출연연구소나 국내 주요 대학들이 자체적으로 유치한 인력을 모두 합하면 그 숫자는 훨씬 커질 것이다.

	영구유치			단기유치		
	1968~80	1981~90	계	1968~80	1981~94	계
대학	139	355	494	21	203	224
연구소	130	387	517	182	360	542
산업계·기타	7	33	40	74	287	361

〈표 1〉 정부의 재외 한국인 과학기술자 유치실적(1968~1994).
　　(출처: 이영창, "해외과학기술두뇌의 유인과 공헌에 관한 연구", 『한양대 사회과학논총』 제7집, 1988, 103쪽과 과학기술처, 『과학기술 30년사』, 1997, 199쪽을 참고로 하여 재구성)

이처럼 해외의 한국인 과학기술자들의 귀국이 이어지게 된 데에는 KIST의 초기 해외인력 유치의 성과가 매우 중요하게 작용했다. KIST가 처음으로 해외의 연구자들과 임용계약을 맺었다는 사실이 중앙일간지의 사회면 머리기사로 실릴 정도로 주목을 받았으며,[64] 1970년대에 들어서도 KIST가 해외로부터 유치한 연구원에 대한 간단한 소개 기사가 신문에 실릴 정도로 해외 유치 과학자들에 대한 사회적 관심이 높았다. 또한 설립 초기 KIST가 유치한 연구자들 대부분이 국내에 성공적으로 정착하게 되었고, 이는 귀국을 주저하던 한국인 과학기술자들에게 긍정적인 영향을 미쳤다. KIST가 1969년까지 해외에서 유치한 25명의 연구원 중 22명이 첫 번째 계약기간 만료 후 재계약을 맺고 KIST에 남았으며, 1980년까지 다시 한국을 떠난 사람은 단 1명에 불과했다. 1960년대 중반까지만 해도 귀국했다 다시 출국하는 사례가 많았기 때문에 KIST가 유치한 해외두뇌들이 국내에 안정적으로 정착했다는 사실은 해외에 남아 있던 한국인 과학기술자들이 귀국에 대한 불안감을 더는 데 긍정적인 영향을 주었던 것이다. 이러한 배경과 함께 '조국 근대화'의 상징이라는 KIST의 위상이 결합되어 1970년대에 들어와서는 KIST가 특별한 유치 작업을 하지 않더라도 꾸준히 해외 연구자의 임용 지원이 이어지게 되었다.

다음 장에서 논의하겠지만 해외에서 유치한 과학기술자에 대한 사회의 우호적인 분위기 속에서 국방과학연구소(1970), 한국과학원(1971), 한국개발연구원(1971) 등이 KIST 주위에 설립되면서 서울연구단지가 형성되었고, 이 기관들도 KIST의 선례를 따라 해외의 연구자들을 유치하고 KIST를 기준삼아 연구원에 대한 처우를 결정했다. 또한 KIST의 설립과 운영이 성공적이었다고 판단한 정부는 전문 분야별로 정부출연연구소를 설립하는 정책을 추진하게 되었다. KIST가 연구자를 선발하는 방식, 처우, 연구원 고용방식 등 인력의 채용과 관련된 KIST의 경험은 이후 설립되는 정부출연연구소에 가장 영향력 있는 지침으로 활용되었다. KIST 운영진은 KIST에 지원한 해외 과학기술자들의 지원서류를 국내의 다른 기관에 제공함으로써 연구자들의 귀국을 간접적으로 지원했다.[65] 결국 KIST의 경험과 지원을 바탕으로 신설 연구소들이 해외 연구자의 유치에 나섬으로써 KIST에서부터 시작된 두뇌유출의 극복 노력은 KIST에서 그치지 않고 국내 과학기술계 전반으로 확대되어갔던 것이다.

1980년대 이후 정부의 유학정책에 대한 규제가 완화되면서 차차 해외유학이 자유화되어갔으며 유학생의 귀국 경향은 더욱 강화되었다. 1982년부터 재외 한국인 과학기술자 유치 사업을 한국과학재단이 넘겨받아 수행하게 되었는데, 1980년대를 거치면서 국내 이공계 대학원의 박사학위 배출 능력이 상대적으로 높아져 국내에서도 고급 인력의 유치가 가능해졌으며, 한편으로 해외유학생들의 자발적인 귀국자가 크게 늘어나면서 1991년부터 영구유치에 대한 지원은 중단되었다. 그 결과 1990년대 초반에 이르러 한국은 더 이상 두뇌유출이 문제가 되지 않는다는 연구결과까지 등장하기에 이르렀다.[66] 실제로 한국인 과학기술자의 두뇌유출 문제를 다룬 연구에 의하면 1970년 이전에 미국에서 박사학위를 받은 한국인 과학기술자의 귀국률은 16.1%에 불과했으나 1970~1979년 박사학위 취득자의 귀국률은 32.8%로 높아졌으며, 1980~1987년 박사학위 취득자의 68.4%가 귀국길에 올랐던 것으로 나타났다.[67] 이처럼 한국의 두뇌유출은 20여 년 만에 큰 변화를 보여주었고, 여기에는 KIST라는 기관의 설립이 중요한 분수령이 되었던 것이다.

KIST의 연구활동

1. "연구를 팝니다"

KIST가 주된 운영원리로 채택한 계약연구체제는 외부로부터 의뢰받은 연구과제에 대해 계약을 맺고 연구비를 지급받아 연구를 수행하여 그 결과를 의뢰자에게 제공하는 것이었다. 그리고 KIST는 정관에 "산업기술개발에 기여함을 목적으로 한다"고 명시했기 때문에 산업계가 요구하는 기술문제를 해결하여 그 결과를 산업계에서 직접 활용할 수 있게 하는 방식이 가장 기본적인 운영구도였다. 이에 의하면 KIST의 주된 고객은 산업계가 되어야 했지만 당시의 산업계는 연구개발의 필요성을 그리 폭넓게 인식하지 못했다. 사실 1960년대 전반부터 이루어진 정부의 연구소 개편 시도나 KIST의 설립이 산업계의 요구를 수렴해서 추진된 것이 아니라 정부의 판단에 의해 하향식으로 결정된 정책이었기 때문에 산업계가 얼마나 활발하게 연구위탁을 할 것인가라는 질문에 대해서 낙관적으로 대답하기 어려웠다.

따라서 설립 초기 KIST는 산업계 인사와의 접촉을 강화하면서 연구개발에 대한 관심을 환기시키고, 연구과제 수탁을 위한 적극적인 홍보활동을 해나갔다. 이처럼 KIST의 연구능력을 판매하기 위한 '연구과제개발(project development)'은 KIST의 안정적 운영을 위한 중요한 활동이었고, 이를 효과적으로 수행하기 위해 KIST는 1967년 6월 '연구개발실'을 설치했다. 연구개발실은 KIST의 역할을 적극적으로 외부에 소개하여 연구계약을 이끌어내는 기능을 담당했으며, 동시에 연구과제의 관리와 연구개발과 관련된 장·단기 계획을 입안하는 임무를 부여받았다.

연구개발실은 첫 번째 사업으로 3개월간 전국의 70여 개 기관을 방문하여 KIST를 소개하고 산업계가 안고 있는 문제를 파악하고자 했다. 이를 통해 연구개발실은 산업체로부터 연구계약을 유도하기 위해서는 수시로 접촉할 수 있는 계기를 만드는 것이 중요하며, 계약연구의 개념이 약한 국내 실정에 맞는 기술지원 방식이 필요하다고 보았다. 이를 위해 도입된 방식이 1968년 7월부터 시작된 '일반기술지원사업'이었다. 이는 특정한 과제를 지정하지 않고 일반적인 조건과 기한만을 정해두고 연구위탁자의 요청에 따라 수시로 기술 및 공업경제 문제에 관련된 자문이나 기술 서비스를 제공하는 것이었다. 많은 중소기업들은 자신들이 처한 문제 자체를 파악하지 못하거나 아주 일반적이고 기본적인 문제로 어려움을 겪고 있었다. 이런 중소기업들이 KIST의 연구개발실에 일정액의 적립금을 내고 등록을 한 뒤 수시로 요청을 하면 연구개발실은 KIST의 해당 연구실을 주선하게 된다. 이에 연구원들이 문제를 검토하고 KIST의 시설을 이용해 문제를 해결한 한 후 소요 경비는 적립금에서 공제해나가는 방식이었다.[68] 또한 연구개발실은 산업계와 긴밀한 유대를 유지하고 기술적 문제에 대해 서로 토의할 수 있는 기회를 마련하기 위해 간담회나 세미나 자리를 마련하고 산업계 관련 인사들을 초청해서 연구 필요성을 강조하고 KIST의 연구능력에 대한 홍보활동을 벌였다.

KIST에 대한 산업계의 과제 위탁을 촉진하기 위한 법적인 지원도 뒤따랐다. 정부는 1968년 초 KIST에 기부하거나 연구위탁을 하는 개인이나 법인에 대해 기부액이나 지급연구비에 해당하는 금액을 소득계산에서 필요경비나 손금(損金)으로 인정받을 수 있도록 했는데, 이는 연구개발장려책으로 특별면세제도가 국내에서 처음으로 법제화된 것으로서 산업계의 연구투자에 자극제가 될 것으로 기대를 모았다.[69]

산업계가 연구개발에 대한 필요성을 느끼지 못하고 있는 상황에서는 KIST가 먼저 산업계에 접근하면서 연구과제를 발굴하여 연구계약을 유도하는 것이 필요했다. 예를 들어, KIST가 산업계와 맺은 첫 번째 연구과제인 '자동차 엔진 윤활유의 성능 조사연구'는 회사 운영진과 안면이 있던 KIST 초대 소장 최형섭의 제안과 설득에서부터 시작되었다. KIST가 산업계와 체결한 두 번째 연구과제인 '울산정유공장의 제반금속부식 문제에 관한 기초연구'도 회사 대표와 KIST 행정담당 부소장 신응균이 군 동기라는 관계에 힘입어 계약이 체결되었다. 이처럼 초기 산업계와의 연구과제 계약은 인적 연결을 통해 이루어진 경우가 많았다. 그런데 계약연구라는 개념이 익숙하지 않은 당시 산업계는 KIST가 요구하는 연구비에 대해 호의적이지 않은 경우가 많았고, 연구원에 대한 식사 대접 정도를 대가로 기술적 자문이나 도움을 청하는 경우도 있었다. 특히 KIST의 연구비에는 연구원들의 인건비에서부터 연구소와 연구실 운영에 필요한 간접비용까지 포함되었기 때문에 직접연구비만을 고려했던 기업 측 관계자들은 KIST가 요구하는 연구비가 부당하다는 입장을 보였다.[70]

산업계가 KIST에 지속적으로 연구위탁을 하기 위해서는 처음 계약을 맺은 과제가 성공적으로 수행되어 계약자가 연구과제의 효용을 직접 느낄 수 있게 하는 것이 중요했기 때문에 최형섭은 연구책임자들에게 첫 번째 연구과제는 절대로 실패하면 안 된다는 점을 강조했다. 또한 연구계약을 꺼리는 산업계를 설득하기 위해 상대적으로 적은 연구비로 연구계약을 체결해서 연구개발의 효과를 인식시키려는 전략을 쓰기도 했다.

이처럼 설립 초기 KIST는 산업계와의 연구계약을 확대시키는 데 많은 노력을 기울여야 했다. 하지만 KIST가 계약연구체제를 채택한 주된 목적의 하나가 연구개발의 필요성과 가치를 인식시킴으로써 연구 풍토를 쇄신하겠다는 것이었으므로 연구수탁을 위한 노력 자체가 의미 있는 과정이었다. KIST가 설립되었던 당시 국내 상황에서는 연구소에 대한 기업들의 관심이 약했기 때문에 산업계가 연구개발의 의미를 인식할 수 있도록 다양한 방법으로 KIST의 기능을 알리고, 작은 규모의 과제라도 유용한 연구개발 결과를 내놓음으로써 신뢰를 확보하는 과정이 필요했던 것이다. 이를 위해 연구자들도 산업계가 필요로 하는 것이 무엇인지, 어떠한 연구를 통해 산업계에 기여할 수 있을지에 대해 고민을 해야 했다.

2. 과학기술 분야 '싱크탱크'

다양한 노력에도 불구하고 설립 이후 1972년까지 전체적인 연구계약고에서 산업계위탁연구의 비중은 그리 높지 못했다. 그에 따라 연구활동의 중심은 정부 위탁연구에 놓이게 되었는데, 이는 어느 정도 예측되었던 모습이었다. KIST는 기업의 요구를 받아 산업기술을 개발하는 계약연구소였지만 동시에 정부가 필요로 하는 다양한 연구활동을 수행했다. 정부위탁과제는 정부 각 부처나 그 산하기관에서 정식으로 계약을 맺고 의뢰한 것으로, 정책 수립을 위한 조사연구에서부터 구체적인 제품 개발이나 플랜트 설계·건설까지 여러 가지 성격의 과제를 포함했다. 설립 초기에는 실험실적 연구가 필요한 과제보다 조사연구와 정부의 국책사업을 지원하는 역할이 가장 두드러졌다.

KIST가 설립되고 첫 번째로 맺은 연구계약은 1967년 경제기획원으로부터 의뢰받은 '장기 에너지수급에 관한 조사연구'였는데,[71] 이 같은 조사연구는 해당 기관의 정책 결정에 필요한 기초 자료로 활용되었다. 에너지수급 조사연구에 뒤이어 1967년 8월부터 과학기술처의 요청을 받아 추진된 '과학기술진흥의 장기종합정책 수립을 위한 조사연구'도 그 같은 성격을 지닌 과제로, KIST는 기초과학과 제조업 분야를 담당했다.[72] 과학기술처는 이 조사연구를 바탕으로 다음 해에 우리나라 최초의 '과학기술개발 장기종합계획'을 수립하여 발표했다.[73] 1969년 경제기획원의 요청으로 수행된 '기계공업육성방안' 과제도 설립 초기 정부의 정책 수립을 지원하는 대표적인 조사연구였다.[74] 이와 같이 정부의 과학기술 및 산업정책 수립에 필요한 기본 자료를 제공하고 특정 산업의 진흥방안을 제시한 KIST의 조사연구는 기계공업 분야에서 가장 활발했으며 전자공업 등 다른 분야에서도 추진되었다.[75]

KIST 설립 초기 정부에 대한 정책 지원에서 빼놓을 수 없는 것이 포항제철 설립 지원활동이었다. 1969년 경제기획원장관 직속으로 구성된 '종합제철사업계획 연구위원회'(일명 종합제철 건설기획 실무 전담반)의 작업은 공식적으로는 경제기획원이 총괄하고 있었으나 실질적으로는 KIST와 포항제철이 주도했으며, KIST가 종합제철사업의 골간이 되는 기술적·경제적 타당성을 검토했고 포항제철이 세부계획을 작성했다.[76] 특히 KIST 금속가공연구실장 김재관은 연구보고서를 작성하는 책임을 맡아 KIST와 포항제철의 작업 결과를 토대로 새로운 사업계획을 종합하는 데 핵심적인 역할을 담당했다. 또한 KIST는 포항제철의 건설이 진행되는 과정에서 포항제철과 일본 업계 사이의 가교 역할을 수행했는데, 1970년 9월 일본 도쿄에 설치된 KIST의 '중공업연구실 동경분실'은 포항제철이 KIST에 의뢰한 기술지원을 전담하는 목적으로 세워졌다.

이 시기 KIST가 수행한 대정부 연구과제로는 조사연구 및 기술지원 사업이 더 많이 알려졌지만 각 부처가 필요로 하는 구체적인 연구개발의 결과물을 내놓는 연구과제도 많았고 연구수탁 금액의 규모도 후자가 더 컸다. 이는 설립 초기 과제당 연구비가 가장 컸던 방위산업 관련 연구과제처럼 특정 부처의 업무와 관련된 기술이나 시설의 개발을 추진하는 경우였다. 예를 들어, 전매청이 의뢰한 홍삼 제품 생산에 관한 일련의 연구나 농촌진흥청이 위탁한 '그린하우스' 건설 과제 등이 그 같은 성격에 해당되는 연구과제였다.

또한 KIST의 초기 대정부 연구과제에서 전자계산실이 수행한 전산화 과제들도 상당한 비중을 차지했다. 당시 KIST 전자계산실에 연구비를 제공할 수 있는 산업체가 드물었기 때문에 전산실의 초기 수탁 과제는 대부분 정부부처 및 산하기관과의 계약이었다.[77] 이 중 1970년부터 시작된 '예산업무의 EDPS(electronic data processing system)화에 관한 연구'는 정부 업무에 컴퓨터를 효과적으로 사용할 수 있다는 것을 가시적으로 보여줌으로써 이후 정부부문 업무 전산화와 관련된 과제를 KIST 전산실이 지속적으로 수탁할 수 있는 단초가 되었다. 1971년부터 시작된 '전화요금 계산업무 EDPS 개발 및 운영'은 공공행정의 대량 자료 처리에 컴퓨터를 활용함으로써 얻을 수 있는 효과, 특히 계속 늘어만 가던 인력을 감축시킬 수 있다는 것을 처음으로 인식하게 하는 계기가 되었다. 그리고 1969년부터 시작된 '대학입학예비고사 전산처리'에 관한 업무는 이후 18년이나 계속되었는데, 신뢰성과 정확성이 생명인 입시 업무를 효과적으로 처리하면서 KIST는 사회적인 공신력을 얻게 되었다. 이처럼 KIST 전산실이 담당한 정부부처 업무의 전산화 과제들은 단기간에 연구개발의 효과를 가시화시켰으며, 정부가 KIST 설립의 효과를 바로 확인할 수 있게 해주었다. 정부부처뿐 아니라 산업계도 전산화의 효율을 인식하여 업무의 전산화 관련 과제를 KIST 전산실에 위탁하는 사례가 늘어남에 따라 KIST 전산실은 지속적인 성장을 할 수 있었고, KIST 설립 이후 1980년까지 가장 높은 수탁고를 기록한 연구 분야가 되었던 것이다.

지금까지 살펴본 것처럼 설립 초기 KIST가 정부로부터 위탁받은 연구과제는 국가산업발전 기본계획 수립에 관한 조사연구가 큰 비중을 차지했으며, 기계, 자동차, 선박, 전자, 철강 등 중공업 분야에 대한 정책은 이후 정부의 중화학공업화선언에 힘입어 한국 경제의 주력산업으로 결실을 맺었다. 이처럼 KIST는 정부의 과학기술 분야 '싱크탱크'로서 관련 정책의 수립과 집행을 뒷받침하는 역할을 담당했다. KIST의 자체적인 기관사에서도 중공업 발전의 기반을 확립한 국가산업발전 기본계획 수립을 매우 중요한 기여로 평가했으며,[78] 2013년에 KIST의 의뢰를 받아 수행된 KIST의 경제사회적 파급효과 분석 결과에서도 정책적 파급효과를 가장 큰 기여로 꼽았다.[79] 그런데 싱크탱크로서의 역할은 정부와의 공식적인 연구계약의 형태로만 이루어지는 것은 아니었다. KIST는 계약연구소로서 연구자들의 모든 활동이 계약하에서 진행되어야 했지만 정부가 요구하는 자문이나 정책 수립 지원은 특정한 대가를 받지 않고 연구자가 개인적으로 참여하는 경우도 많았다. KIST가 자체적으로 분석한 결과 정책 입안 및 판단, 자료 작성 등 대정부 무상 자문활동은 평균 연구원 총 업무시간의 20% 정도가 소요되는 것으로 추정되었다.[80] 이에 대해 KIST 운영진은 정부 측에 적절한 재정적 보상을 요구했지만 현실적으로 정부의 재원으로 설립되었고 매년 상당한 규모의 재정 지원을 받고 있는 상황에서 그 같은 요구의 강도는 한계가 있을 수밖에 없었다. 이는 KIST가 형식상 민간재단법인이지만 실질적으로는 '준정부기관(quasi-government organization)'이었음을 보여준다.

현대적 과학기술체제의 형성

1. 과학기술처의 설립

2장에서 논의한 것처럼 해방 직후부터 과학기술자들이 과학기술의 진흥을 위해 정부에 요구했던 것은 독립적인 과학기술 행정기구와 제대로 된 연구소의 설립이었다. 대다수 과학자들은 정부가 일관된 정책 방향을 세우고 그 아래 과학기술연구소들을 배치시켜 국가적인 필요성에 맞추어 연구활동의 방향까지 계획적으로 이끌어줄 것을 기대했다. 이를 위해 과학기술 전담 행정기구가 과학기술연구소를 관리해야 하며, 연구소가 정상적인 연구활동을 진행하기 위해 물적·인적·제도적 여건을 제대로 갖춘 연구소를 세워줄 것을 요구한 것이다. 비록 국가가 연구를 포함하여 과학기술 행정을 조직적으로 관리하는 것과 과학기술자들의 자유로운 연구라는 구상이 항상 자연스럽게 조화되는 것은 아니었지만 그들은 국가 재건에서 과학기술의 역할을 강조하면서 자신들의 힘과 영역을 키우고자 했다.

　과학기술 전담 행정기구에 대한 기대는 1950년대에도 이어졌다. 1958년 원자력원 설치를 추진하고 있을 때 당시 몇몇 언론들은 과학청을 설립할 필요가 있음을 주장했는데, 이는 1956년 일본의 과학기술청 설치에 영향을 받은 것이었다.[81] 또한 1959년 개최된 제1회 원자력학술회의에서 참가자들이 정부에게 요청한 "건의문"에 들어 있던 과학기술센터는 과학기술 행정과 연구를 포괄하고 있는 중추 기관으로 구상되었다. 하지만 이러한 구상은 몇 달 뒤 부정선거에 따른 전 국민적인 저항에 의해 정권이 붕괴되면서 공허한 주장으로 그치고 말았다.

4·19 이후 새롭게 들어선 민주당 정부조직 개편 과정에서 과학기술부, 혹은 총리 직속의 과학기술진흥위원회를 설치한다는 구상이 제기되면서 과학기술자들을 들뜨게 했다. 하지만 최종적으로 기존 원자력원 체제가 유지되어 과학기술자들은 실망의 한숨을 내쉬었다. 일부에서는 과학기술보다 산업기술을 이끌어낼 수 있는 부처가 더 시급함을 주장하기도 했지만 여전히 과학기술 전담기구에 대한 기대는 식지 않았다.

그러한 과학기술자들의 기대를 알게 된 군사정부에서도 종합적 과학기술 관리기구에 대해 논의했으며, 국가재건최고회의 문교사회위원회 위원장인 홍종철이 구체적인 방안을 마련하기도 했다. 그 방안은 국공립연구소 재편과 맞물려 있어 쉽게 구체화되지 못했지만 이후에도 과학기술진흥위원회, 과학심의위원회 등으로 계속 제기되었다. 또한 1962년 작성된 『기술진흥5개년계획』에서도 과학기술 분야 종합행정체제 구축이 필요하다는 주장이 포함되었다. 이에 따라 기술관리국이 발족되었으며, 1964년 경제·과학심의회의가 구성되어 과학기술정책 문제를 다루게 되었다. 하지만 경제·과학심의회의에서 과학이 차지하는 비중은 매우 작았고, 기술관리국이 펼치는 과학기술정책도 '국'으로서의 한계가 분명했다. 이에 과학기술계는 여전히 독립적 행정기구를 희망했다.

1965년 2월 경제·과학심의회의 상임위원 최규남과 비상임위원 이종진

이 제5회 경제·과학심의회의 안건으로 제출한 '과학기술 행정기구개편안'
도 그러한 희망을 담고 있었다. 이 개편안은 국무위원을 장으로 하는 과
학기술 분야의 독립적 행정기구로 과학기술원을 설치할 것을 건의했다.[82]
이 건의는 과학기술의 일부분에 불과한 원자력 사업을 담당하는 원자력
원이 유일한 독립행정기구로 설치된 상황이 불합리하다는 점을 지적하고
단일한 과학기술 행정기구로서 과학기술원을 신설할 필요성이 있음을 주
장했다. 이 개편안에 뒤이어 한미정상회담에서 미국이 연구소 신설을 지
원하겠다고 제안했고, 이를 위해 한국을 방문한 호닉에게 한국 정부가 제
시한 과학기술진흥정책 방안에 과학기술 행정기구 설치도 포함되었다. 또
한 1965년 12월 한 공무원에 의해 행정학 석사학위논문으로 "과학기술 행
정기구개혁에 관한 연구"가 제출되었다. 이 논문은 선진국의 과학기술 행
정기구와 과학기술정책을 개관하며, 경제기획원 기술관리국, 원자력원, 경
제·과학심의회의로 구분된 과학기술 행정을 총괄할 수 있는 전담기구인
'과학기술원'을 총리 직속으로 설치할 것을 제안했다.[83]

　　KIST 설립으로부터 석 달 뒤인 1966년 5월 19일 발명의 날을 기해 '제
1회 전국과학기술자대회'가 열렸고, 이 자리에서 과학기술자들은 과학기
술의 진흥을 위한 대정부 건의안을 채택했다. 이 건의안은 ①과학기술진
흥법을 조속히 제정할 것, ②과학기술자의 처우를 개선할 것, ③과학기술
회관을 건립할 것, ④국무위원을 행정책임자로 하는 과학기술 전담부처를
설치할 것 등 4가지 요구를 담고 있었다.[84] 이 대회를 준비하는 과정에서
과학기술단체들 사이의 유대를 강화하고 과학기술 진흥을 위한 방안의 체
계적 계획 및 실천을 통하여 국가 발전에 기여하며, 과학기술인의 지위 향
상을 목적으로 과학기술인을 총망라한 전국적인 조직체를 건설해야 한다
는 의견이 모아졌다. 이에 따라 과학기술자대회는 한국과학기술단체총연
합회(이후 과총)의 발기총회를 겸하게 되었고, 그해 9월 과총이 공식 출범

했다. 과총도 출범 이후 종합적인 과학기술 행정기구의 설치를 비롯한 4가지를 공식적으로 건의했다.

과총의 요구에 대해 정부는 과학기술진흥법의 조속한 제정을 여당에 촉구하는 한편 정부 여당이 과학기술 전담 행정기관의 설립을 논의 중이라는 입장을 밝혔다.[85] 결국 1967년 1월 과학기술진흥법이 국회를 통과함으로써 과학기술 진흥을 위한 기본적인 법적 장치와 함께 과학기술자의 처우 개선과 과학기술회관 건립 지원의 근거가 마련되었다.[86]

과학기술진흥법의 통과로 과학기술 전담 행정기구의 설립이 남은 과제가 되었고, 정부도 이미 이 문제의 해결을 구상 중이었다. 1966년 기술관리국은 제2차 과학기술진흥5개년계획을 준비하고 있었는데, 여기에 과학기술 진흥 자체를 행정 목적으로 하며 국무위원을 장으로 하는 독립된 종합적 과학기술 행정기구를 설치할 필요가 있다는 주장이 포함되어 있었다.[87] 기술관리국은 독립된 행정기구의 설치 시기를 제2차 5개년계획이 끝나는 1971년 정도로 계획했으나 1967년의 대통령 선거를 앞두고 있던 정부 여당의 정치적 판단에 의해서 그 시기가 앞당겨지게 되었다.[88] 1966년 가을 기술관리국장 전상근은 여당인 공화당 정책연구실의 요청에 의해 2차 과학기술진흥5개년계획에 대한 브리핑을 했는데, 과학기술 행정을 전담할 독립 부처 설립에 대해 관심을 갖게 된 공화당 정책위원들이 1967년 5월 3일의 대통령 선거일 이전에 부처를 설립할 것을 구상하게 되었다. '조국 근대화'를 기치로 걸었던 정부 여당에게 과학기술 전담부처의 설립은 유용한 선거전술이 될 수 있었던 것이다.

한편으로 나중에 초대 과학기술처 장관으로 임명된 김기형의 회고에 의하면, 1966년 8월 귀국 후 과학기술과 관련해 자문을 하는 자리에서 과학기술 행정기구 설치의 당위성을 주장했으며, 대통령과의 면담에서 영국식 부총리제를 강력히 주장했다고 한다. 그는 경제·과학심의회의 상임위원으로 임명된 뒤 과학기술 행정기구 설립에 대한 보고서를 제출했으며, 이를 본 대통령은 11월 21일에 열린 10차 수출진흥확대회의에서 과학기술 업무를 전담하는 과학기술부 신설을 연구·추진하기로 했다. 박정희는 "제대로 된 과학기술연구소[KIST]를 갖게 되었으니 이를 관리할 과학기술진흥 정부기관이 필요하다"고 하면서 선진국의 과학기술 분야 정부기관의 실태를 조사·보고하라는 지시를 내렸다. 이에 따라 김기형이 미국, 영국, 이탈리아 등 구미 국가들과 인도, 파키스탄, 필리핀, 일본 등을 시찰하여 각국의 과학기술 행정체계를 조사하고 1967년 1월 5일 '(가칭)과학기술원 설치안'을 작성해 대통령에게 보고했다.[89]

김기형이 제출한 과학기술원 설치안을 검토한 박정희는 1월 11일 문교부 연두순시 과정에서 과학기술 행정 전담기구 설치를 지시했으며, 1월 17일 국회연두교서에서 과학기술 행정기구 설치를 공식 발표했다. 이후 대통령의 지시에 따라 무임소장관은 경제기획원 기술관리국의 자문을 받아 과학기술 행정기구 설치안을 마련하기 시작했다. 기술관리국장 전상근의 회고에 의하면, 과학기술 행정은 상공부나 내무부와 같이 고유의 집행 업무가 없기 때문에 '부(部)'로 하는 것은 적당하지 않고 '원(院)'이나 '처(處)'로 해야 하는데, 국가적인 차원에서 과학기술을 진흥하자면 부총리 수준의 권위를 가져야 한다는 판단 아래 과학기술원 기구(안)을 작성해 무임소장관실에 제공했다.[90] 무임소장관실은 각계 전문가들의 의견을 수렴하여 '과학기술원 기구안'을 결정하여 2월 8일 대통령에게 보고했다.[91] 청와대는 이 자료를 정부 행정조직과 기구 설치의 주무부처인 총무처에 보내 구체적인 설립 작업을 지시했으며, 총무처는 독자적인 조사연구 속에서 전문적인 문제에 대해 외부의 자문을 받으면서 '과학기술 행정기구 설치안'을 확정했다.[92]

총무처의 방안에서 주목되는 부분은 신설 행정기구를 과학기술원이 아닌 과학기술처로 만든 것이다. 과학기술 행정업무는 성격상 여러 행정부처가 관계되어 종합조정의 필요가 있기 때문에 처음부터 원이나 처로 구성되었다. 그러나 당시의 상황에서 신설 행정기구를 부총리급의 과학기술원으로 설치하는 것은 쉬운 일이 아니었다. 사실 부총리는 헌법에 명시된 행정기구가 아니었으며, 당시 부총리급의 부처는 경제기획원이 유일했다. 군사정부가 위헌 논란에도 불구하고 부총리를 급조했던 것은 정부가 경제발전을 주도적으로 이끌어나가야 하는 상황에서 경제기획원 장관에게 강력한 리더십을 부여하고자 했기 때문이었다.[93] 따라서 경제와 긴밀한 관련이 있는 과학기술 분야에 별도의 부총리를 두는 것은 경제기획원은 물론 다른 부처와의 갈등을 불러올 가능성이 컸다. 또한 '원'이 곧바로 부총리급의 기구를 의미하는 것은 아니었다. 실제로 과학기술원을 희망했던 1965년 2월 경제·과학심의회의의 행정기구 설치 건의나 무임소장관실의 행정기구 설치안에서도 과학기술원의 장관을 부총리로 해야 한다는 제안을 명시적으로 밝히지는 않았다. 왜냐하면 부총리 여부는 대통령의 결단이나 정치권의 합의라는 정치적인 결정에 의해서 가능한 문제였기 때문이었다.

결국 1967년 4월 21일 문을 연 종합적인 과학기술 전담부처는 과학기술처가 되었다. 비록 과학기술계의 기대처럼 부총리급 기구가 되지는 못했지만 과학기술처 장관이 국무위원으로 임명됨으로써 과학기술 행정을 전담하는 독립적인 기구 설치라는 과학기술계의 계속된 건의가 드디어 실현되었던 것이다. 과학기술처의 설립과 함께 원자력원은 과학기술처 장관 소관의 원자력청이 되었으며, 국립중앙관상대와 국립지질조사소를 흡수하여 과학기술처 장관이 관장토록 했다. 또한 문교부에는 '과학교육국'을 신설하여 정부의 과학기술정책과 과학교육정책과의 조율을 효과적으로 수행할 수 있도록 했다. 비록 정부 내에서 차지하는 위상은 그리 높지 않았지만 과학기술처의 설립은 과학기술정책의 형성 과정에서 한 획을 긋는 전환점이 되었다. 해방 직후부터 과학기술자들이 요구했던 오랜 기대가 KIST와 과학기술처의 설립으로 결실을 맺은 셈이었다.

2. 한국의 '과학기술 붐'

과학기술처의 설립은 정부의 과학기술정책의 폭과 깊이를 더욱 넓고 깊게 만들었다. 설립 이후 과학기술처는 과학기술진흥시책의 기본 방향을 설정하고 행정제도와 법령을 포함한 체제의 정비와 함께 종합조정제도의 확립, 과학기술진흥 장기계획의 수립작업 등에 착수했다. 대통령은 과학기술처 장관의 요청을 받아들여 1968년 예산 편성과정에서 전년 대비 10% 증가라는 예산 편성지침을 무시하고 예산 재배정을 지시하는 등 과학기술정책에 힘을 실어주었다.

　발족 이후 과학기술처는 과학기술개발 장기종합계획(1967~86)의 수립을 최우선 대형 과제로 추진했다.[94] 이 계획은 1980년대까지 우리나라 과학기술이 자주 개발능력을 강화하여 중진공업국가군에서 최상위 수준에 도달하는 데 목표를 두었고, 이를 위해 선진기술도입의 촉진과 흡수, 과학기술계 인력의 개발과 최대 활용, 민간기술개발활동의 조성 강화, 국제 분업적이며 특성 있는 기술개발 등을 중점 개발전략으로 설정했다.[95] 이에 대해 실현 가능성이 높지 않은 '탁상계획'이라는 회의적 반응도 적지 않았지만,[96] 경제개발에 연동되는 중·단기 개발계획이 아닌 20년 단위의 장기종합계획은 과학기술 전담부처가 있었기에 가능했다. 또한 앞에서 논의한 것처럼 KIST의 해외인력 유치 성과에 고무된 과학기술처는 해외유학을 통제하는 그동안의 소극적 정책에서 벗어나 정부 재원을 이용하여 해외 한국인 과학기술자들의 귀국을 유도하는 적극적인 정책으로 전환했다.

　과학기술처가 설립된 이후에는 과학기술 분야 학회들의 활동도 활발해졌다. 1950년대까지 과학기술학회는 그 수도 적었을 뿐 아니라 재원과 인력 부족으로 인해 학회지 발행이나 연구발표회 등의 학술활동을 제대로 수행하지 못했다. 그러나 1960년대에 접어들어 해외유학이나 연수를 떠났던 연구자들이 귀국하면서 학회활동에 대한 의욕이 커져갔으며, 적은 금액이었지만 원자력원이 과학기술 진흥을 위해 일부 연구자들에게 연구비를 지원하면서 연구활동이 조금씩 활성화되어갔다. 1960년대 중반에 이르러 자연과학과 공학 분야 학회들이 정규적으로 발간하는 학술지가 21종이 되었으며, 이를 통해 매년 발표되는 논문의 수가 300편을 넘게 되었다.[97] 농학과 의약학 분야까지 포함하면 정규 학술지의 수는 60종에 달했으며, 과학기술처의 발족 이후 정부가 각 학회에 보조금을 지원하면서 학회의 학술활동은 안정적 상태를 유지할 수 있게 되었다. 비록 정부의 지원은 그 규모가 크지 않아서 학회지 발간, 학술발표회, 국제학회 가입 및 참가 등으로 제한되었지만 물리학과 화학을 비롯하여 중점 지원분야로 선정된 학회들은 발표된 연구논문의 수가 2~3배로 늘어났을 뿐 아니라 학회지의 발간회수도 증가하는 등 학술활동이 크게 증진되었다.

　과학기술처가 설립되고 몇 달이 지난 1967년 12월 원로 과학기술자들의 후생복지를 목적으로 내세운 재단법인 한국과학기술후원회가 대통령을 설립자로 하여 설립되었으며, 박정희는 과학기술후원회 설립취지문을 직접 작성했다.[98] 이 취지문은 과학기술의 진흥을 위해서는 과학자와 기술자를 우대하고 생활의 구석구석까지 과학기술이 스며드는 사회 풍토의 조성이 시급하며, 이를 위해 우선 원로 과학기술자에 대한 후생복지가 필요하다고 주장을 담고 있었다. 과학기술후원회의 초대 이사장은 1960년 조직된 과학기술진흥협회의 초대 회장으로 선출되었던 윤일선이 임명되었다. 윤일선은 전국경제인연합회의 협조 아래 대기업을 방문하여 3천만 원이 넘는 기금을 모집했으며, 박정희는 후원회의 기금 모집을 돕기 위해 '생활의 과학화'라는 휘호를 써주었다. 과학기술후원회는 1968년 유공과학기술자로 선정된 9명의 원로 과학자에게 월 2만 원씩의 지원금을 종신으로 지급하기 시작했으며, 다음 해부터 생활과학 아이디어를 모집하여 이를 책자로 발간·보급하는 등 과학기술 풍토 조성과 관련된 사업을 전개했다.[99] 또한 과학기술처가 발족하면서 소관부처를 문교부에서 과학기술처로 바꾸고 재단법인체로 출발한 한국과학기술정보센터(KORSTIC: Korea Scientific & Technological Information Center)도 새로운 변화를 맞게 되었다.

이처럼 1967년 과학기술처 설립을 전후로 과학기술 관련 기관·제도의 구축 및 정비가 줄지어 진행되었는데, 이러한 상황에 대해 당시 한 신문은 1967년을 우리나라에서 '과학기술 붐'이 일어난 해라고 높이 평가했다.[100] 이는 그로부터 3년 전 대부분 언론들이 1964년의 과학기술계에 대해 부정적인 평가를 내렸던 것과는 매우 대조적이었다.[101] 결국 이러한 '과학기술 붐'은 독립적인 과학기술 전담부처가 등장하여 과학기술에 대한 국가적 지원체계가 만들어졌고, 과학기술 관련 기관의 설립과 전문 학회들의 본격적 활동으로 과학기술 연구가 체계적이고 조직적으로 추구되었으며, 과학기술에 대한 정부 안팎의 관심이 크게 높아지면서 여러 기관과 제도가 등장했음을 의미했다.

이 같은 현상을 근거로 이 시기에 한국에서 현대적인 과학기술체제가 형성되었다고 평가할 수 있다. 1장에서 논의한 것처럼 과학기술체제는 일반적으로 ①과학기술 연구체제, ②과학기술 행정체제, ③과학기술 지원체제 등으로 이루어진다고 볼 수 있다. 1960년대 중반 한국에서는 우선 새로운 연구소인 KIST가 설립되어 산업기술 연구가 시작되는 한편 과학기술

분야 학회의 활동이 활성화되면서 연구개발이 본격화되었다. 연구체제는 산업계나 대학도 중요한 주체가 될 수 있지만, 이 시기까지 산업계는 연구개발의 필요성을 아직 인식하지 못한 상태였으며, 대학은 일부 연구자들이 학회를 통해 연구성과를 발표했지만 열악한 연구환경으로 인해 연구보다 교육에 중심을 두고 있었다. 결국 이 시기에 정부가 세운 KIST가 연구개발활동의 유력한 주체로서 활약을 준비했다. 그리고 뒤이어 과학기술처가 설립되면서 과학기술진흥 관련 제도와 정책들이 수립·집행되면서 과학기술 행정체제가 구비되었다. 세 번째 기타 과학기술 관련 기구의 경우 과학기술계를 대변하는 민간기구로 과총이 조직되고, 과학기술후원회의 설립으로 과학기술자의 후생복지와 과학기술 풍토 조성에 관한 사업이 시작되는 등 과학기술에 대한 사회적인 관심 고조와 함께 과학기술 진흥을 직간접으로 지원하는 기관들이 활동하기 시작했다. 이러한 점에서 볼 때 1966~67년은 한국의 과학기술체제가 형성된 시기이며, 이는 한국에서 현대적인 과학기술이 시작되었음을 뜻한다고 해석할 수 있을 것이며, 이러한 일련의 과정은 1966년 KIST 설립이 출발점이자 강력한 촉매로 작용했다.

정부출연연구소 등장의 의미

과학기술처는 설립 다음 해인 1968년 과학기술개발 장기종합계획 수립을 위한 기초자료를 얻기 위해 전국적인 과학기술연구활동조사를 실시했다. 전국 223개의 연구소를 대상으로 조사한 결과 연구종사자 수는 6,698명으로 연구소당 평균 30명이었으며, 연구투자액은 53억5700만 원으로 집계되었는데, 이는 국민총생산(GNP: Gross National Product)의 0.43%에 불과했다. 실질적으로 연구개발활동을 전개하고 있는 국내 연구소는 국공립연구소 67개와 민영연구소 7개뿐이었다. 국공립연구소 중 농학 부문이 40개였으며, 1967년도 농학 부문에 지출된 연구비가 11억3600만 원으로 농학 부문이 국공립연구소 연구비에서 가장 큰 비중을 차지하고 있었다. 이는 1차 산업의 비중이 컸던 당시의 산업구조와 관련이 있었으며, 아직 공업이나 자연과학에 대한 연구개발이 본격화되지 못했음을 보여준다. 1967년도 전국 51개 대학부설연구소의 연구비는 1억3천여만 원으로 연구소당 260만 원에 불과했으며, 기업연구비 총 지출액은 98개 업체가 6억9천만 원을 사용하여 업체당 700만 원을 넘지 못했다. 따라서 1960년대까지 과학기술

연구개발투자는 국공립연구소의 지원 업무를 수행하는 데 필요한 경비가 주종을 이루었다고 볼 수 있다. 1960년대 연구개발투자는 정부가 주도했는데, 1965년의 경우 정부·공공부문이 90%를 차지했으며 1970년에는 다소 줄었지만 여전히 정부·공공부문이 76%에 이르렀다. 〈표 2〉는 1960년대 연구개발주체별 연구비와 연구원 수를 정리한 것이다. 아직은 절대 수치 자체가 작고, 조사방법이 정립이 안 되어 있기 때문에 통계의 변동 폭이 크지만 연구개발비에서 국공립연구소의 압도적 비중이 눈에 띤다.

구분	1965		1967		1969	
	연구비	연구원	연구비	연구원	연구비	연구원
합계	2,065	2,765	3,834	3,258	9,774	5,337
공공연구기관	1,752	2,105	3,180	2,386	8,446	2,413
−국공립	1,706	2,055	3,091	2,326	5,983	1,987
−비영리[102]	46	50	89	60	2,463	426
대학	105	470	267	599	331	2,142
기업체	208	190	387	273	997	782
국공립:비영리:대학:기업체	83:2:5:10	74:2:17:7	81:2:7:10	71:2:18:8	61:25:3:10	37:8:40:15

〈표 2〉 1960년대 연구개발 통계(단위: 백만 원, 명). (출처: 각 연도 『과학기술연감』)

이러한 환경에서 1966년 설립되어 1969년 완공과 함께 본격적인 연구 활동을 펼친 KIST는 새로운 변화의 출발점이 되었다. KIST의 설립은 한국의 독특한 연구소 형태로 알려진 정부출연연구소의 탄생을 의미했다. 국가의 재정 지원으로 설립되고 운영되는 연구소를 정부출연연구소라는 새로운 용어와 법적 형태를 취하도록 한 이유는 기존 국공립연구소가 지니고 있던 운영상 비효율을 극복하며, 우수한 연구자에게 좋은 처우를 제공하여 유치하고, 인사나 복잡한 회계감사 등의 간섭과 통제를 피해 자율적으로 연구소를 운영하게 하겠다는 것이었다. 자율적 운영을 위해 비영리 재단법인이라는 연구소 형태를 갖춘다는 것은 한국 정부가 1960년대 초부터 국공립연구소가 지닌 문제점을 극복하기 위해 기존 연구소를 개편하려던 시도의 저변에 일관되게 깔려 있었던 특징이었다. 사실 국가가 세운 연구소가 국립이 아닌 별도의 법인격을 갖는 연구소는 다른 나라에서도 존재했지만, KIST는 산업기술을 연구하여 국가경제에 이바지하기 위한 목적 아래 계약연구체제를 택했고 동시에 국가연구소의 기능도 수행했다. 이와 동일한 성격의 연구소는 찾아보기 힘들었기 때문에 정부출연연구소는 한국의 독특한 제도라고 간주된다. KIST에서 처음 시도된 정부출연연구소는 과학기술발전을 위한 정부의 적극적인 관심과 지원을 상징하는 제도였으며, 이후 다른 연구소로 확산되면서 한국의 대표적인 연구소 체제로 자리 잡았다. 또한 KIST의 설립은 단순히 정부출연연구소라는 새로운 형태의 연구소 설립에 머무르지 않고, 한국의 현대적 과학기술체제의 형성이라는 큰 변화의 초석이 되었다.

KIST는 한국 내에서 새로운 연구소의 모델로 주목을 받았지만 국제적으로도 상당한 관심을 끌고 있다. 2011년 한국국제협력단(KOICA: Korea International Cooperation Agency)은 베트남 정부에 정책자문 컨설팅을 수행하면서 베트남이 빈곤 문제를 어느 정도 해결했기 때문에 앞으로는 산업과 연결된 과학기술이 중요하다고 진단하고 KIST와 유사한 연구소 설립을 권고했다. 이듬해 한국을 방문한 베트남 응우옌 떤 중 총리는 한국에 연구소 설립을 지원해줄 것을 요청했다. 베트남에는 VAST(Vietnam Academy of Science and Technology) 등 국책연구소가 존재하지만 기초과학기술 연구에 초점을 두고 있어 과학기술과 산업기술 사이의 연계가 약한 편이다. 이에 베트남은 KIST를 모델로 한 새로운 연구소의 설립을 희망하게 되었고, 결국 V-KIST(Vietnam-Korea Institute of Science and Technology) 설립 사업으로 결실을 맺게 되었다. 2013년 9월 박근혜 대통령의 베트남 방문 시 정상회담 후 공동성명에서 V-KIST 공동설립계획이 공식 발표되었다. 이

사업은 크게 2단계로 구성되었는데, 2014년부터 2017년까지 1단계 기간에는 양국이 총 7천만 달러(KOICA 무상원조 3500만 달러, 베트남 부지 공여 등 3500만 달러)를 들여 연구소 캠퍼스를 설립하고, 기본 연구기자재, 연구인력 구축 및 연구 사업 구성 등의 핵심 사업을 진행할 예정이다. 이후 2022년까지 2단계에는 차관 및 기업투자 유치를 통해 연구소 시설을 한층 더 강화하고 우수 인력 확보 등을 지속적으로 추진할 계획이다.[103]

한국은 2010년 OECD 국가 중 24번째로 OECD 개발원조위원회(OECD DAC: OECD Development Assistance Committee)에 가입하면서 원조 받던 나라에서 원조하는 나라로 탈바꿈했다. 현재 베트남은 한국의 공적원조(ODA: Official Development Assistance) 사업의 가장 큰 수혜국이며, V-KIST 프로젝트는 한국의 ODA 사업 중 가장 큰 규모이다.[104] 한국이 베트남전에 전투병을 파견하기로 한 결정이 계기가 되어 설립된 KIST가 베트남에 자신을 닮은 연구소를 세운다는 소식은 역사의 아이러니를 느끼게 하지만 한편으로 KIST가 가지고 있는 위상을 잘 보여준다. 후발국가가 과학기술 수준을 끌어올리기 위한 방법의 하나로 새로운 개념의 연구소를 세워 해외에 나가 있는 자국의 우수 인력을 유치하고 국내 산업계가 필요로 하는 연구를 수행하게 하는 KIST 모델은 한국이 과학기술에서 단기간에 거둔 압축적 성장과 이어지면서 많은 나라의 관심을 끌고 있으며, 베트남에서 새로운 역할 모델로 기능하게 된 것이다.

제4장

연구단지 건설과 공공연구체제 구축

1960년대 본격화된 경제개발 흐름 속에서 KIST는 산업기술 연구를 통해 경제발전에 기여한다는 설립 목적을 세웠고, 이는 "과학기술의 경제적 번역"이 이루어진 것이라 설명된다.[1] 이전까지 대학의 과학자들을 중심으로 학문 중심의 과학기술이 강조되던 상황에서 1960년대 후반부터 경제와의 관련이 중시되는 양상으로 전개되면서 과학기술도 본격적인 성장의 발판을 마련하게 되었다.

앞 장에서 논의한 대로 첫 정부출연연구소인 KIST의 등장은 과학기술처의 창설을 비롯한 현대적인 과학기술체제의 형성으로 이어졌으며, 곧이어 새로운 연구소들이 인접한 지역에 모여 시너지 효과를 노리는 연구단지 건설로 이어졌다. 처음부터 의도하지는 않았지만 KIST 옆에 연구소들이 들어서면서 자연스럽게 형성된 서울연구개발단지에 이어 장기간에 막대한 예산으로 기획된 대덕연구단지의 건설과 함께 새로운 정부출연연구소가 연이어 설립되었다. 그 결과 1960년대 중반 KIST에서 시작된 정부출연연구소는 한국의 대표적인 연구체제로 자리 잡고 1970년대 과학기술 연구개발을 이끌게 되었다.

1970년대를 거치면서 중화학공업화의 추진으로 한국의 산업구조가 고도화되기 시작했다. 1970년대 초 3차 경제개발 5개년계획을 수립하던 정부는 애초에는 철강, 기계, 석유화학공업은 수입대체산업으로, 노동집약적인 전자, 조선공업은 수출산업으로 육성할 방침을 세웠으나 중화학공업에 대한 집중적 지원을 통해 중화학공업 전반을 수출집약화하는 쪽으로 방향을 조정했다. 이에 따라 1973년 연두기자회견에서 중화학공업화선언이 이루어졌고, 철강, 화학, 비철금속, 기계, 조선, 전자 등 6개 전략산업을 선정하여, 금융, 조세, 재정, 기술지원 등 다양한 정부 지원과 함께 막대한 자원을 집중 투입하게 되었다. 이러한 정책 추진의 배경에는 경공업 중심의 수출 전략이 한계에 달했으며, 선진국이 조립가공형, 공해유발형, 에너지 다소비형 중화학공업을 후진국으로 이전하던 당시 상황이 놓여있었다. 동시에 북한과의 체제경쟁 속에서 국력 증강과 자주국방에 대한 요구가 커져가자 정부가 필요시 군수산업으로 전환할 수 있는 중화학공업을 적극적으로 육성하게 된 것이다.[2]

중화학공업에서 가장 먼저 발전 기반을 갖추고 본격적 생산에 들어간 산업은 석유화학공업이었다. 1961년 충주비료공장의 준공은 화학공업 발전의 중요한 계기가 되었고, 1972년 울산석유화학단지 완공 이래 주요 중간원료의 해외 수입 의존도가 급격히 낮아졌다. 1970년대 중반 이후 내수와 수출의 급증에 따라 1979년 기초 유분(溜分)에서 유도제품(誘導製品)에 이르기까지 일관(一貫)생산체제를 갖춘 여천석유화학단지가 구축되었다. 전자산업의 경우 1962년 라디오의 미국 수출로 전자제품의 첫 수출이 이루어졌으며, 점차 해외 기업의 한국 진출로 전자공업이 질적인 성장을 거듭하게 되었다. 1970년대를 거치면 국내 업체 간의 경쟁 속에서 컬러TV를 비롯해 전자제품의 생산과 수출이 해마다 늘어나면서 당시 수출의 근간을 이루는 산업이 되었다. 철강산업은 제조업 중심 경제개발계획 추진으로 인해 철강 수요가 증가하는 속에서 첫 번째 일관제철소인 포항제철소가 완공되면서 생산능력이 크게 확대되어 산업 전반의 발전을 뒷받침했다. 또한 조선, 자동차 등 수송기계를 중심으로 기계산업 발전이 본격화되었으며, 1979년 창원에 대규모 기계공업단지가 조성되었다.[3]

1970년대 한국 경제는 연평균 20.9%의 성장률을 기록했으며, 중화학공업화의 결과 1979년 전체 산업에서 중화학공업의 비중은 51.2%에 달했다. 수출상품에서 중화학공업제품이 차지하는 비중도 10여 년 사이에 12.8%에서 1980년 41.5%로 늘어나면서 산업 및 수출구조가 선진국형으로 전환되었다. 그러나 1970년대 중화학공업화는 막대한 해외자본에 의존해 대규모 장치나 시설을 도입하여 최종 생산품을 수출하는 방식으로, 기본적으로 경공업의 수출산업화와 유사한 특징을 지니고 있었다. 또한 두 차례의 석유파동과 국제시장의 원자재 가격 상승과 선진국 경제 침체는 1970년대 후반 한국 경제에 큰 주름을 만들었으며, 중화학공업화의 견인차였던 박정희 대통령도 1979년 중화학공업 투자 조정 및 합리화정책을 받아들여야 하는 상황이 되었다. 박정희 사후 중화학공업화는 과잉중복투자라는 비판 속에서 본격적인 구조조정으로 들어서게 되었고, 성장 중심의 경제정책은 안정화정책으로 전환되었다.[4]

이 장에서는 1970년대 연구단지 건설과 정부출연연구소의 확대재생산 과정에서 드러난 특성과 이후의 영향을 다루고자 한다. 이러한 과정은 중화학공업화라는 경제정책과의 관련 속에서 진행되었으며, 기업이 기술개발의 필요성을 크게 인식하기 이전에 먼저 연구소를 설립하여 기술개발의 수요를 만들어내려는 의도 아래 추진되었다. 이 시기에 형성된 연구단지와 정부출연연구소는 현재에 이르기까지 한국 과학기술발전과 과학기술정책에서 핵심 주체이자 대상으로 기능하고 있다. 1절에서는 서울연구단지의 형성에 대해 다루며, 2절에서는 "한국과학의 메카"로 평가받는 대덕연구단지의 구상에서 건설까지 전체 조성 과정을 설명할 것이다. 3절에서는 대덕연구단지 건설과 함께 본격화된 전문 분야별 정부출연연구소의 설립에 대해 기술하고 4절에서는 정부출연연구소의 확산을 중심으로 압축적 과학기술 성장의 특징에 대해 논하고자 한다.

서울연구개발단지의 형성

1. 연구단지의 꿈

"단군 이래 처음으로 과학기술계가 각광을 받은 해"[5] 이는 KIST라는 새로운 연구소가 설립된 1966년 과학기술계의 변화를 지칭하는 표현이었다. 이처럼 큰 기대를 안고 출발한 KIST가 과연 기대에 부응할 수 있을지에 대해서 회의적인 시각이 적지 않았지만 KIST는 해외인력 유치를 무난히 진행했고, 대통령과 정부의 적극적인 지원에 힘입어 초기 운영을 성공적으로 이끌어냈다. KIST가 보여준 안정적 첫걸음은 이후 새로운 연구소에 대한 기대로 이어졌고, 이는 처음부터 연구단지를 목표로 하지는 않았지만 결과적으로 서울연구단지라는 한국의 첫 번째 연구단지의 탄생으로 이어졌다.

연구소나 대학을 특정한 곳에 집합시켜 연구시설과 자료를 공동으로 활용하고 인력과 정보의 활발한 교류를 통해 연구활동의 효율을 높이는 한편 여러 분야가 관련된 주제에 대해 종합적 연구를 수행하기 위하여 연구단지를 건설한다는 아이디어는 1965년부터 제기되었다. 한미공동회담에서 제기된 연구소 설립의 가능성을 타진하기 위해 방한한 미국 대통령 과학고문 호닉에게 한국 정부가 제시한 과학기술개발계획에는 당시 서울대 공대와 원자력연구소가 자리 잡고 있던 서울 공릉동 인근에 새로운 연구소를 설립하여 '사이언스 타운'을 조성하려는 방안이 포함되어 있었다.[6] 그러나 KIST의 위치가 홍릉으로 최종 결정되면서 이 같은 계획은 실현되지 못했다.

1968년 초 경제·과학심의회의가 정부에 대한 종합경제시책 건의에서 한강 이남에 연구교육기관단지를 만들고 국공립연구소를 이전시킬 것을 주문하면서 연구단지 문제가 다시 제기되었다.[7] 사실 이 구상은 1967년 8월부터 시작된 '과학기술개발장기종합계획'의 수립 과정에서 먼저 논의되었고, 이를 경제·과학심의회의가 반영한 결과였다. 이 계획에 따르면, 연구학원단지는 전산센터, 분석센터 등 대규모 연구보조시설을 공동으로 활용할 수 있고 대학의 교육과 연구를 병행하여 추진케 함으로써 인재 양성 면에서도 효과가 클 것으로 기대를 모았다.

〈연구학원단지 조성〉 연구기관이나 대학을 분산하지 않고 일정한 장소에 집합시켜 연구학원단지를 조성할 때 연구시설의 공동활용 연구자료의 공동이용 다수분야에 관련된 종합적 연구의 추진 등 연구능률을 최대화할 수 있는 것이다. 특히 계산센타 분석센터 보조센타 등 대규모 연구보조시설을 공동활용할 수 있고 대학의 교육과 연구를 병행 추진케 함으로써 인재양성면에서도 그 효과가 큰 것이다.
현재 대부분의 국공립연구기관은 도시중심지에 산재되어 있으며 시설은 노후화하여 시설의 개체(改替)·이전의 필요성이 높아가고 있다. 따라서 정부연구기관, 대학, 기타 과학기술연구단체 등의 개별적인 신축·이전·개체를 지양하고 장기적 관점에서 1980년대를 향한 과학한국의 구상으로서 종합적인 연구검토위에 연구학원단지조성을 추진할 것을 연구검토한다. 이를 위하여 먼저 국공립연구기관 또는 대학의 시설보유현황, 신축·증축 및 이전계획을 사전에 면밀히 검토하고 단지조성 타당성의 종합적 검토 위에 5년 내지 10년의 장기계획으로 추진되어야 할 것이다. 이와 아울러 각 연구기관은 산만적인 시설확충을 지양하기 위하여 종합적 관점에서의 조정기능의 강화가 요청된다.[8]

이러한 계획이 현실화되기 위해서는 국공립연구소가 소속되어 있는 각 정부 부처와 대학을 관장하는 문교부 등 범정부부처 간의 종합적인 의사결정과 집행이 이루어져야 했으나 신설 부처인 과학기술처가 그 같은 역할을 수행하는 것은 무리였다. 실제로 과학기술처의 계획이 발표된 이후 상공부의 광업연구소, 건설부의 건설연구소, 농림부의 농자재연구소 등이 독자적으로 이전을 추진했으나 과학기술처로서는 이를 통제할 별다른 정책수단을 갖고 있지 못했다.

연구단지가 구상되고 있는 동안 KIST 근처에 새로운 기관이 들어서게 되었다. 두 번째 정부출연연구소가 된 기관은 재단법인체로 새롭게 출발한 한국과학기술정보센터(KORSTIC)였다.[9] 1962년 1월 유네스코 원조와 한국 정부 지원금으로 유네스코 한국위원회의 한 부서인 과학문헌센터가 문을 열어 과학기술 정기간행물 조사, 해외특허 조사 등을 비롯하여 연구자들로부터 요청받은 과학기술 문헌을 번역하거나 복사·가공해서 제공하는 것을 기본 임무로 삼았다. 1964년 2월 문교부 산하의 사단법인 한국과학기술정보센터로 독립했지만 재원 부족 등으로 어려움을 겪어야 했다. 이 듬해 서울 와룡동 국립과학관 부지 안에 어렵게 일부 공간을 구해 청사를 신축했지만 예산 부족으로 2층까지만 공사가 마무리되고 3층은 골조만 시공한 채 중단되어 3층은 임시로 판자와 블록으로 칸막이를 설치해 사용해야 했다. 과학기술정보센터의 출범은 과학기술 진흥에 대한 정부의 관심이 높아졌음을 보여주었지만 시작한 건물 공사도 마무리 짓지 못하는 상황은 과학계에 기대와 실망을 한꺼번에 안겨주었다.

하지만 1967년 과학기술처 출범으로 한국과학기술정보센터는 과학기술처 산하로 이관되어 재단법인체로 전환을 추진하면서 새로운 계기를 마련했다. 이러한 전환은 직전에 설립된 KIST를 모델로 한 것이었다. 1968년 8월 대통령 비서실장이자 당시 정권의 실세였던 이후락이 한국과학기술정보센터의 이사장이 되었고, 청와대 경제 제2수석비서관 신동식과 과학기술처 차관 이재철, 현대건설 사장 정주영 등이 새로 이사로 참여하게 되면서 정부 지원이 강화되었다. 이는 대통령 박정희가 과학기술발전을 위해 한국과학기술정보센터 역시 KIST처럼 청와대에서 맡아서 집중적인 후원을 해야 한다 하면서 이후락에게 특별히 신경 쓸 것을 지시한 결과였다.[10] 이후락의 이사장 취임으로 과학기술정보센터는 홍릉의 KIST 옆에 새로운 청사 부지를 확보하고 공사를 추진했으며, '한국과학기술정보센터육성법'을 제정하여 정부출연금 제공을 비롯해 센터에 대한 정부 지원을 제도화했다. 그 결과 한국과학기술정보센터는 규모와 역할이 확대되면서 국가의 과학기술정보의 중추기관으로서 위상을 다져나가기 시작했다.

한국과학기술정보센터는 재단법인과 육성법이라는, KIST 설립에 적용된 방식을 따르면서 새로운 전환을 꾀했다. 과학기술정보센터는 연구가 주된 기능은 아니었으나 이처럼 운영방식이나 법적 지위가 KIST와 유사하여 두 번째 정부출연연구소가 되었다. 그리고 KIST 준공일과 같은 날에 과학기술정보센터도 함께 준공식을 갖고 본격적인 활동을 나란히 시작함으로써 과학기술계의 기대를 모았다.[11] 비록 두 기관뿐이었지만 연구소에 인접한 정보센터가 있다는 조건은 연구단지의 출발점이 될 수 있었다.

2. '두뇌단지'와 정부출연연구소 체제의 정착

KIST와 한국과학기술정보센터의 뒤를 이어 홍릉에 새로운 정부출연연구소가 등장하면서 홍릉은 과학기술처가 기대했던 것과 동일하지는 않았지만 첫 번째 연구단지로 떠올랐다. 즉, 장기적인 관점의 연구학원단지 건설이 구체화되기 이전에 도시 중심지에서 멀지 않은 홍릉의 KIST 주변에 새로운 연구소들이 자리 잡으면서 '서울연구개발단지(Seoul Research & Development Park)'가 만들어진 것이다. 농촌진흥청 산하 연구소와 서울대 농대가 위치하고 있던 경기도 수원을 첫 연구교육단지로 꼽는 경우도 있지만 일반적으로 서울 홍릉의 연구단지는 '제1연구단지'로 불리며 한국의 첫 번째 연구단지로 인정받았다.[12] 하지만 서울연구단지는 처음부터 연구단지를 목표로 한 것은 아니었다. KIST 설립 이후 한국과학기술정보센터가 들어선 데 이어 1970년 국방과학연구소, 1971년 한국과학원과 한국개발연구원이 KIST 옆에 세워지면서 자연스럽게 연구단지로 조성되었던 것이다. 서울연구개발단지에 자리 잡은 기관들은 조금씩 다른 기능을 부여받았지만 설립이나 운영 과정에서 상당한 유사점을 지니고 있었다. 무엇보다 정부의 재정으로 설립되었지만 모두 재단법인이나 특수법인이라는 법적 지위를 갖고 있었고, 이는 KIST에서 시작된 정부출연연구소 모델이 확산된 결과였다.

KIST 옆에 새로 자리 잡은 연구소는 방위산업에 대한 연구를 담당하는 국방과학연구소(ADD)였다. 국방정책 및 군과의 긴밀한 관련으로 연구내용의 철저한 보안이 필수적이며, 연구결과가 주로 군에서 사용되는 등 국방연구가 지니는 특수성에도 불구하고 정부출연연구소라는 새로운 제도가 국방연구 분야까지 도입되어 법인 형태의 연구소가 만들어진 것이다. 국방과학연구소의 설립은 1·21사태, 푸에블로호 나포 사건, '닉슨 독트린'의 발표와 그에 따른 주한미군의 감축 문제 등 1968년부터 발생한 일련의 안보 문제가 직접적 계기가 되었다. 정부는 1970년 특수법인체로의 전환을 전제로 하여 국방부 산하에 국방과학연구소를 설립했고, 초대 소장은 예비역 중장이자 국방 차관을 거쳐 KIST의 행정부소장으로 재직 중이던 신응균이 임명되었다. 국립 국방과학연구소는 1970년 12월 국방과학연구소법의 통과에 따라 이듬해 1월 특수법인 국방과학연구소로 전환되었다. 처음 국방과학연구소의 영문 명칭은 Research Agency for Defense Science(RADS)였으나 미국 측이 Defense Science가 너무 광범위해 오해를 불러일으킬 수 있기 때문에 연구보다는 개발이 주 임무임을 명확히 하기 위해 Agency for Defense Development로 고칠 것을 제안해서 1971년 중반 ADD라는 명칭으로 수정했다. 국방과학연구소가 법인이기 때문에 연구원들은 민간인 신분이 되어 KIST 연구원들처럼 충분한 처우를 받을 수 있게 되었지만, 한편으로 국방연구의 특수성 때문에 상당수 연구원들은 현역 군인 신분으로 연구소에 파견되어 근무했다. 특수법인 국방과학연구소의 이사장은 국방부 장관이 맡았고, 합참의장, 각 군 총장, 경제기획원·상공부·과학기술처 차관, 국방과학연구소 소장이 당연직 이사로 참여했다. 국방과학연구소 연구원의 상당수는 사관학교 출신이었다. 국방부는 사관학교의 교수요원을 확보하기 위해 사관학교 출신자 중 성적우수자를 해외유학을 보냈는데, 1969년 즈음부터 그들이 귀국하기 시작했고, 상당수가 국방과학연구소에 차출되어 연구원으로 활동했다.[13]

국방과학연구소는 KIST 바로 옆에 자리를 잡았으며, 1971년 4월 기공식을 가졌다. 그해 11월 '번개사업'으로 불린 대통령의 긴급병기 개발지시에 따라 기본 병기 개발을 시작했으며, 이후 2차 번개사업에서 율곡사업으로 명명된 군장비의 보강 및 현대화사업에 이르기까지 방위산업 연구의 총본산으로 기능했다.[14] 비록 미국의 기술자료와 기술도입에 의존한 모방개발이 중심을 이루었지만, 연구개발의 경험이 거의 전무한 상태에서 시작해서 기본병기의 국산화에 성공했다는 점에서 상당한 의미를 갖는다. 또한 방위산업을 통해 확보된 국방기술은 중화학공업 분야에 이전되어 민수산업발전에 큰 기여를 했으며, 1970년대 기계공업 분야를 중심으로 한국 제조기술의 전반적인 수준 향상에 상당한 힘이 되었다. 특히 방위산업의 기술 특성인 신뢰성, 정밀성 및 내구성을 민수산업에 이전함으로써 민수산업의 생산관리체계를 현대화했으며, 체계결합, 정밀가공, 정밀주조, 품질관리 및 과학적인 시험평가기법을 활용하여 생산제품의 품질 향상에 큰 역할을 했다고 평가받는다.[15]

설립 이후 국방과학연구소는 정부의 방위산업 육성정책에 힘입어 빠르게 규모를 늘려갔다. 당시 169명으로 출발한 국방과학연구소는 이듬해 11월 1차 기구개편 시 181명, 1972년 4월 2차 기구개편 시 194명으로 조금씩 인원이 증가했으나, 본격적인 방위산업 육성사업인 율곡사업이 추진되면서 기구 확대 역시 가속화되었다. 1974년 2월의 3차 조직개편에는 항공사업부를 신설하여 국내외에서 연구자를 초빙하여 643명으로 급성장했으며, 1979년 4월에는 사업 확장에 따른 기구 확대로 시험평가단과 품질보증단이 신설되면서 운영인력이 2,593명에 달할 뿐 아니라 부설로 국방관리연구소(현 한국국방연구원)까지 거느린 거대 조직이 되었다.[16] 이처럼 국방과학연구소는 1970년대 중반을 거치면서 국내외에서 고급 과학 두뇌들을 대거 불러들여 "70년대 젊은 해외 우수 과학두뇌들의 집합소"였다는 평가를 받았다.[17]

1970년대 국방과학연구소의 고급 두뇌 대거 유치는 무기 관련 대형개발사업의 추진과 관련이 있는데, 특히 국방과학연구소의 대표적 연구성과로 꼽히는 유도탄 개발사업은 핵무기 개발과 연결되는 것으로 보인다. 사업의 성격상 관련된 한국 측 사료가 충분히 공개되지 않았지만 1971년 말부터 1972년 초 사이에 핵무기 개발이 결정되었고, 핵무기 운반수단이 될 수 있는 유도탄 개발과 핵탄두의 설계는 국방과학연구소에서, 핵물질 확보를 위한 재처리시설 확보 등의 연구는 원자력연구소에서 추진된 것으로 알려져 있다. 미국 CIA가 1978년 작성하고 2005년에 공개된 "South Korea: Nuclear Developments and Strategic Decisionmaking"에 의하면, 박정희 대통령이 1974년 12월 암호명 '890계획'인 핵무기개발계획을 승인했으며, 국방과학연구소 부소장의 책임 아래 미사일팀, 핵탄두팀 및 화학탄두팀의 3개 팀을 구성하여 개발을 추진했다. 하지만 미국의 압력에 의해 1976년 12월 핵개발을 포기했으며, 핵개발 포기와는 별개로 유도탄 개발은 계속 추진되어 1978년 9월을 '백곰'이라는 이름을 붙인 유도탄 시험발사에 성공했다.[18] 백곰은 미국의 나이키 허큘리스 지대공 미사일을 지대지 미사일로 개량한 것으로, 유도조정장치, 추진체 등 중요 부품을 국산화한 성과였다.[19]

정부 재원으로 과학기술 분야 비영리법인을 세우고 그 기관의 지원을 명시한 육성법을 제정하는 방식은 과학기술 분야를 넘어 인문사회 분야의 연구소에도 적용되었다. 한국의 지속적인 경제발전을 위해 경제 관련 문제를 포괄적으로 연구 분석하는 것을 목적으로 내세워 1971년 문을 연 한국개발연구원(KDI: Korea Development Institute)은 인문사회계 첫 번째 정부출연연구소였다. 1970년 말 정기국회에서 '한국개발연구원법'이 통과되면서 KDI 설립이 본격화되었으며, 역시 홍릉에 자리를 잡았다. 박정희는 KIST에서 해외 과학두뇌를 데려온 것처럼, KDI를 설립하여 시장경제에 밝은 해외의 한국인 경제학자를 데려와 경제정책을 개발하고 정책 실행을 자문하도록 하자는 뜻을 밝혔고, 이를 위해 KIST의 경우처럼 출연금 백만 원을 납부하고 KDI의 설립자가 되었다.[20]

정부가 KDI를 설립한 것은 해외의 우리 두뇌를 불러들여 경제개발계획에 활용하기 위해서였다. 1, 2차 5개년계획 수립에 미국의 자문단을 참여시키면서 우리 손에 의한 계획 수립의 필요성을 깨달은 정부는 미국 AID의 귀국비용보조(1인당 1만 달러)를 받아 12명의 재미 경제학자를 유치하여, 특별법에 의한 재단법인 형태의 연구소를 발족했다.[21] KDI는 이후 경제 분야에서 한국 최고의 싱크탱크로 성장했다. KDI는 미국 펜실베이니아대 '싱크탱크와 시민사회 프로그램(TTCSP)'이 전 세계 6,826개 연구소를 대상으로 조사한 '2013년 글로벌 싱크탱크 경쟁력 순위'에서 아시아 싱크탱크 경쟁력 평가 1위를 차지하기도 했다.[22]

KDI 이후 1972년 설립된 한국교육개발원, 1975년 발족한 중동문제연구소나 이를 개편해 홍릉에 세운 국제경제연구원, 1978년 국립 농업경제연구소를 개편하여 역시 홍릉에 합류한 한국농촌경제연구원 등의 인문사회계 연구소들도 재단법인 형태로 설립되고 육성법의 뒷받침을 받았다. 다만 이 기관들 중 중동문제연구소 육성법은 제정되지 않았는데, 이는 다른 기관과 달리 '관민합동'의 중동센터라는 목적에 따라 민간의 참여 비중이 다른 기관보다 컸기 때문으로 보인다.[23] 이에 따라 대통령을 설립자로 한 재단법인으로 설립하고 육성법을 통해 정부의 지원 근거를 명시한 정부출연연구소라는 독특한 연구소 제도는 과학기술 분야를 넘어 한국을 대표하는 연구소체제로 입지를 굳혀나갔다.

홍릉에 합류한 또 하나의 기관은 고급 과학기술인력을 양성하기 위한 특수 이공계 대학원 한국과학원(KAIS: Korea Advanced Institute of Science)으로, 교육기관이지만 역시 앞의 정부출연연구소 설립 과정에 따라 세워졌다. 당시 국내 이공계 대학원 교육이 제대로 이루어지지 못하고 있는 상황에서 KIST에서 국방과학연구소, KDI에 이르기까지 이들 기관들은 핵심 연구인력을 해외유학자들로 충원했다. 하지만 해외에서 공부한 연구자들은 한국 사회가 필요로 하는 분야보다 유학 국가에서 유행하던 분야에 포진한 경우가 많아 국내에서 요구되는 전공자를 찾기가 어려웠다. 예를 들어, KIST의 인력 유치 과정에서 국내 산업계가 요구하는 응용연구를 할 수 있는 과학자 유치에 어려움을 겪어 기초 분야 전공자를 뽑아 응용연구에 대한 연수를 보내기도 했다.[24] KIST는 이런 배경에서 1968년 2월부터 인력 양성을 위한 대학원 설립 필요성을 주장했으며, 1969년 말 "KIST 부설 이공계 대학원 설립안"을 작성하여 대학원 설립 문제를 공식 제기했으나 문교부와 기존 대학의 강력한 반대에 부딪혀 계획을 접어야 했다.

하지만 1969년 미국 AID 신임처장에 임명된 존 해너(John A. Hannah)와 브루클린공대 교수였던 정근모와의 인연으로 대학원 설립이 힘을 얻게 되었다. 대학원 시절 총장이었던 은사 해너에게 인사차 방문한 정근모는 AID가 한국에 대학원 설립을 지원해줄 것을 제안했고, 이후 이를 구체화한 과학기술특수대학원 설립안을 작성했다. 정근모의 제안을 접수한 AID는 한국 정부의 의사를 타진했고, 1970년 4월 월례경제동향보고회의에서 정식 안건으로 논의되었다. 이 안건에 대해 문교부가 강력한 반대 의사를 밝히자 대통령은 과학기술처가 대학원 설립을 추진토록 했다. 곧이어 '한국과학원법'이 신속하게 마련되어 1970년 8월 공포되었는데, 과학기술특수대학원임에도 불구하고 문교부의 반대로 '대학원' 용어를 사용하지 못하고 한국과학원으로 결정되었다.[25] KIST 설립과 연구원의 높은 처우에 대해 당시 일부 대학 연구자들이 문제를 제기한 바 있었는데, 한국과학원의 설립에 대해서도 기존 대학들은 강한 불만을 표시했고, 이는 대학의 과학기술계 교수들에 대한 박정희의 인식을 부정적인 것으로 만들었다.

1971년 2월 설립등기를 완료한 한국과학원은 원자력청장이었던 이상수를 초대 원장으로 하고, 한국과학원 탄생에 핵심적 역할을 담당한 정근모를 학사담당 부원장에 임명하여 교수진을 확보해나갔다. 홍릉의 KIST 옆에 자리를 잡고 1973년부터 학생을 모집한 한국과학원은 노벨상이 아닌 한국의 산업발전에 이바지할 고급 인력을 양성한다는 방침을 세웠다.[26] 한국과학원은 우수한 교수요원을 확보하고 최신 실험·실습장비를 갖추었으며, 재학생들에게 충분한 장학금과 연구비 지원, 기숙사 제공, 그리고 당시까지 유례가 없었던 병역특례조치 등 여러 가지 혜택을 제공했다. 이 덕분에 국내 대학들로부터 우수한 인재를 확보할 수 있으며, 학생들에게 연구와 결합된 강도 높은 교육을 실시했다. 특히 병역을 마치지 않은 학생들에게 10주 이내(실제로는 약 3주)의 군사교육을 받고 졸업 후 관련 산업계나 교육·연구기관에서 3년간 근무함으로써 병역의무를 면제해준다는 것은 남북의 대치가 첨예했던 당시로서는 이례적인 일이었으며, 우수한 학생들을 유치하는 데 상당한 효과를 발휘했다. 그리고 한국과학원은 문교부가 아닌 과학기술처가 관장함에 따라 기존 대학 및 대학원에 주어진 각종 제약이나 통제에서 벗어나 여러 가지 특혜를 받으며 자율적인 운영을 추진할 수 있게 되었다. 한국과학원은 첫 졸업생이 나온 1975년부터 1980년까지 1,070명의 석·박사 졸업생을 배출했는데, 이는 같은 기간에 전국 모든 대학에서 양성되었던 이공계 석·박사 졸업생의 30%를 웃도는 수치였다.[27] 이에 따라 한국과학원의 성공은 기존 대학들에 큰 자극이 되었고, 결과적으로 국내 이공계 대학원의 교육 개혁 및 연구 활성화에 중요한 계기로 작용했다.

이처럼 KIST 설립 이후 그 주변에 정부출연연구소들이 자리 잡게 되면서 홍릉은 처음부터 의도한 것은 아니었지만 자연스럽게 우리나라 최초의 연구단지가 되었다. 1971년 4월 국방과학연구소, 한국과학원, 한국개발연구원이 합동 기공식을 가졌으며, 이에 따라 연구단지라는 개념이 본격화되었다. 1972년 3월 과학기술처의 제안에 의해 기존 KIST와 한국과학기술정보센터, 신설 3개 기관, 그리고 단지 바깥의 연구소인 원자력연구소의 기관장이 모여 '서울연구개발단지 기관장협의회'를 발족시켜 매월 1회씩 회의를 열고 관련기관 상호 간의 업무 협의를 진행했다.[28] 처음에는 통일된 단지 명칭도 없이 홍릉연구단지나 서울연구개발단지가 함께 사용되었다. 1970년대 초 정부 일각에서 홍릉 임업시험장 일대를 '브레인 파크', '두뇌공원', '싱크탱크 파크' 또는 '연구공원' 등으로 명명하여 한국의 미래를 창조하는 공원으로 정식 지정하려 했으나 결실을 맺지는 못했고 편의상 홍릉연구단지라 부르게 되었다.[29] 비록 소수의 기관이 지리적으로 인접해있다는 조건 이상의 활발한 상호작용을 보이지는 못했지만 홍릉의 연구소들은 과학기술, 경제, 국방에서 최고의 두뇌들이 모여 정부를 위한 싱크탱크 역할을 담당한 한국 최초의 두뇌단지라는 상징적 의미를 지니고 있었다.

홍릉의 기관들은 연구소에서 연구지원센터, 교육기관 등 조금씩 다른 성격을 지니고 있었지만 기본적으로 KIST에서 시작된 정부출연연구소 체제를 따르고 있었다. 공릉동에 위치했지만 홍릉연구단지의 일원으로 참여한 원자력연구소의 경우, 처음에는 국공립연구소였지만 1973년 '한국원자력연구소법'의 제정과 함께 역시 정부출연연구소로 개편되었다. 최형섭이 1971년 6월 과학기술처 2대 장관으로 임명된 뒤 두 달 만에 KIST에서 연구부장을 맡고 있던 윤용구가 원자력연구소 소장이 되었고, 그의 주도 아래 법인으로 개편되었던 것이다. 이처럼 KIST 설립 과정에서 한국과 미국 측의 이해가 맞아떨어지면서 형성된 정부출연연구소라는 제도는, 이후 과학기술은 물론 인문사회 분야의 연구소에도 적용되면서 예외적인 한 연구소만의 경험이 아니라 한국의 대표적 연구소 모델로 정착되었다. 이러한 결과는 KIST의 초기 '성공'에 힘입은 바 컸지만, KIST 시스템의 공과에 대한 심층적인 평가가 이루어지기 이전에 빠르게 확산되었다. 과학기술자들의 오랜 기대 속에 탄생된 연구소가 우수한 인력을 확보하고 무난하게 출발을 했다는 사실 자체만으로 정부와 과학계는 정부출연연구소 체제에 믿음을 갖게 되었다.

"한국 과학의 메카", 대덕연구단지

1. 제2연구단지 구상

서울연구개발단지는 처음부터 연구단지를 목표로 한 것은 아니었기 때문에 상당한 제약을 안고 있어서 과학기술처는 서울연구개발단지가 기공식을 갖기도 전인 1970년 1월 인구의 수도권 집중을 방지하기 위해 지방에 새로운 연구학원단지를 세워 과학기술자의 지방 분산을 도모하고자 했다.[30] 이 구상은 1970년 10월부터 다음 해 8월까지 경제·과학심의회의 서기관 이덕선을 연구책임자로 한 10명의 연구팀에 의한 조사연구로 이어졌다. 새로운 연구교육단지 건설을 모색한 연구팀은 이듬해 보고서를 통해 경기도 용인군 포곡면 일대에 10년 건설계획기간에 인구 10만 명, 계획면적 210만 평 규모의 연구학원도시 건설계획을 제시했다. 이는 기존 국공립연구소 22개, 기술행정기관 4개, 2개의 대학을 이전하고 새롭게 국공립연구소 및 대학원을 설립하며 입주를 희망하는 민간연구소도 수용하는 계획이었다. 제안된 연구교육단지는 이공계 연구단지, 생물계 연구단지, 문교계 연구단지의 3개 연구기관 단지가 Y형을 이루고, 중심부에 공동이용시설이 들어서는 구조로 구상되었다. 또한 연구팀은 국공립연구소 19개, 대학과 비영리기관 6개, 기업체 등 29개 기관을 대상으로 연구소 이전의 필요성을 조사하여 20개 기관이 이전 필요성을 인정했고 9개 기관이 이전에 반대했다는 결과까지 덧붙였다.[31]

1971년 6월 최형섭이 과학기술처 2대 장관으로 임명된 직후 연구단지 건설에 대한 최종보고서가 제출되었고, 그는 연구단지 건설 문제를 본격적으로 추진하게 되었다.[32] 최형섭은 7년 6개월 동안 장관직을 수행하면서 과학기술정책을 체계화하고 연구개발체계를 구축해나갔는데, 연구학원도시 건설은 그가 가장 역점을 두고 추진했던 정책의 하나였다. 그는 장관에 임명된 뒤 몇 달간 과학기술처의 업무를 파악한 다음 과학기술처의 3대 정책목표를 설정했다. 과학기술기반의 조성 및 강화, 산업기술의 전략적 개발, 과학기술의 풍토 조성이 바로 그것이었으며, 그의 재임기간 내내 일관되게 강조되었다.[33] 새롭게 건설될 연구학원도시에는 각 산업기술 분야별로 연구소들이 새롭게 들어설 예정이었기 때문에 연구학원도시 건설은 과학기술기반의 조성이자 산업기술의 전략적 개발을 위한 핵심 방안이었다.

최형섭은 연구학원도시 건설 조사연구의 책임자였던 이덕선을 과학기술처 연구조정실 연구조정관으로 옮겨 '두뇌도시' 계획의 조정 업무를 맡겼다. 준비 기간을 거쳐 1973년 1월 대통령의 과학기술처 연두순시 때 최형섭은 '제2연구단지' 건설의 필요성에 대해 보고했다. 그는 민간기업의 기술개발력이 빈약한 개발도상국의 과학기술개발 전략으로 기술개발 매개체가 필요하다고 강조했으며, 기술개발 매개체의 핵심이 되는 선박, 기계, 석유화학, 전자 등 전략산업 기술연구소의 단계적 설립과 서울에 산재되어 있는 국공립시험연구소들의 이전의 긴급성을 강조했다. 특히 이들 기관들을 분산시키지 않고 함께 모아놓음으로써 연구기능과 역할을 극대화할수 있다는 점에서 서울연구개발단지에 이은 제2연구단지 건설이 필요함을역설했다. 이 제안은 앞에 설명한 '연구교육단지 건설을 위한 마스터플랜'보고서의 내용에 기초를 두고 있었다. 이에 대해 대통령은 관심을 보이며빠른 시일 내에 구체적인 계획을 수립·보고하라고 지시했다. 이에 따라 새로운 연구단지 계획이 구체화되기 시작했다.[34]

과학기술처는 '연구학원도시 건설계획(안)' 수립을 위해 관련 전문가로특별작업팀을 구성했으며, 그들은 예비후보지 5개 지역을 수차에 걸쳐 답사하여 조사한 자료를 비교하여 최적 후보지 3개 지역을 선정했다. 1973년 5월 대통령에게 제2연구단지 건설계획(안)이 보고되었고, 대통령은 연구학원도시 건설을 국가계획사업으로 추진하기로 결정했다. 대통령의 재가 내용은 연구단지 건설에 관한 관계부처 간의 업무 조정은 국무총리실에서 담당하며, 연구단지의 입지는 국토의 중심지인 충청남도 대덕군(유성면, 탄동면, 구즉면 일원)으로 확정하고, 연구단지의 계획 수립과 건설은 내무부 및 건설부와 협조하여 과학기술처가 주관 추진한다는 것이었다. 대덕은 서울 남쪽으로 169km 떨어진 국토의 중심지로서 모든 교통망이 전국토에 고루 연결되어 있었고 지형이 대체로 평평하여 토지 조성에 용이했다. 또한 대청댐과 금강이 인접해 풍부한 용수 확보가 가능하며 아름다운 주변의 자연경관에도 불구하고 땅값도 비교적 저렴해 새로운 연구단지조정에 적격이라는 평가를 받았다.[35]

이때 보고된 대덕연구학원도시 건설계획안에 따르면, 전략산업기술연구소 5개를 신설하고 12개의 국립연구소를 이전하며, 신설 또는 이전하는이공계 대학 1개, 공공 공동시설 그리고 산업계 연구소 등이 들어서며, 5만 명의 인구가 생활할 수 있는 자족적인 도시 기능을 갖춘다는 구상이었다. 이 계획은 부제가 "제2연구단지"였으며, 설명에도 "제1연구단지의 운영

경험을 확대"하고 "제1연구단지의 확대발전"이라고 명시했다. 신설 계획에 포함된 5개 연구소는 선박설계 및 제작기술을 담당할 선박연구소, 금형설계 및 가공기술을 담당할 종합금형센터, 주물기술을 담당할 주물기술센터, 정밀기계설계 및 가공기술을 담당할 정밀기계설계 및 가공센터, 해양개발기술을 담당할 해양개발연구소의 5개로 모두 KIST 내의 연구실과 관련을 맺고 있었다.[36] 즉, KIST의 조선연구실을 선박연구소로, 주물연구실은 주물기술센터로, 기계연구실을 정밀기계기술 및 가공센터로, 기계공작실은 종합금형센터로, 해양연구실은 해양개발연구소로 확대 개편시킨다는 계획이었다. 그러나 1973년 말 확정된 대덕연구학원도시 기본계획에 의하면 5개 신설 연구소 중 선박연구소와 해양개발연구소는 변함이 없었으나 나머지 3개의 연구소는 종합기계기술연구소와 전자통신연구소, 석유화학연구소로 수정되었다.[37] 중화학공업화선언에서 제기된 6대 전략업종인 기계, 전자, 화학을 지원한다는 목적 아래 3개 연구소를 세우기로 결정한 것으로, 처음 계획보다 연구소의 범위가 더욱 확대된 셈이었다.[38] 그에 따라 일반적으로 대덕연구단지, 그리고 그곳에 자리 잡은 각 전문 분야별 정부출연연구소들은 정부의 중화학공업화선언을 뒷받침하기 위해 건설되었다고 얘기된다.[39]

하지만 중화학공업화선언이 제기될 때부터 연구개발이나 연구소 설립이 고려되었던 것은 아니었다. 1973년 연두기자회견에서 발표된 대통령의 선언이나 곧이어 이를 뒷받침하기 위해 청와대 제2경제수석비서관의 주도로 작성된 '중화학 공업화 정책선언에 따른 공업구조 개편론'에도 연구소 설립 문제는 들어 있지 않았다. 이 보고서에는 각 분야별 공장 설립계획과 함께 중화학공업화의 추진을 위해 대학과 초중등교육의 변화 문제까지 언급되어 있으나 연구소 설립의 필요성이나 연구단지 건설에 대해서는 아무런 논의가 없었다.[40] 사실 중화학공업화선언 이전인 1960년대 후반부터 각 산업 분야별 육성법이 존재했으나 여기에도 연구소 설립에 대한 언급은 들어 있지 않았다. 이는 연구소 설립이 기술개발의 수요자인 산업계나 정부 내에서 공업 분야를 관장하는 부처가 아닌, 과학기술처나 관련 연구자의 주도로 진행되었음을 말해준다. 실제로 대덕연구단지 건설이 추진될 때 상공부 등 관련부처에서 KIST에 대한 연구 수요도 충분하지 않은 상태에서 새로운 연구소를 세우는 것에 대해 부정적인 의견이 적지 않았다.[41] 즉 정부의 중화학공업화 추진과 별개로 대덕연구단지 건설이 구상되었고, 1973년 초 본격 제기된 두 사업이 그 해 중반을 지나면서 서로 연결되면서 대덕연구단지의 정부출연연구소들이 확대되었던 것이다. 선박연구소 등 일부 분야에서는 대덕연구단지나 중화학공업화선언과 별개로 KIST의 관련 연구자들을 중심으로 독립적인 연구소 설립 요구가 제기되고 있었지만, 연구단지 건설을 통해 연구개발의 기반을 구축한다는 정책이 위로부터 결정된 다음 전문 분야별 연구소 설립이 더욱 탄력을 받아 대거 새로운 연구소가 등장하게 되었다.

1973년 12월 확정된 "대덕연구학원도시 건설 기본계획"에 의하면 5개 전문연구소와 1개 공동이용시설(전자계산실, 공작실 외 5개 분야) 등 총 6개 기관이 신설되고, 12개 국공립연구소가 이전할 예정이었다.[42] 이에 따라 대덕연구학원도시의 연구소들은 신설보다는 기존 기관의 이전에 무게중심이 더 쏠려 있었다. 하지만 12곳의 국공립연구소 중 계획대로 대덕으로 이전한 곳은 국립지질광물연구소가 정부출연연구소로 개편되어 새롭게 출발한 한국자원개발연구소와 고려인삼연구소와 한국연초연구소로 분리되어 옮겨 온 중앙전매기술소 두 곳이 전부였다. 두 곳도 단순한 이전이 아니라 정부출연연구소로 새롭게 개편된 다음에 이전되었다. 이 같은 사실은 대덕연구단지의 핵심인 연구소들의 입주가 이전이 아닌 신설 중심으로 진행되었음을 뜻하며, 실제로 이후 대덕에 자리 잡은 정부출연연구소 대부분은 새로 설립된 기관들이었다. 이처럼 이전이 아닌 신설 중심의 전개는 한국의 연구체제 성장이 새로운 기관 설립을 통해 양적인 확대를 통해 이루어졌음을 보여준다. 특히 그 같은 확대는 정부출연연구소라는 새로운 형식의 연구체제가 널리 재생산되는 방식으로 이루어졌다.[43] 연구소의 숫자가 많아지면 개별 법률을 제정하는 것이 번거로울 것이라는 판단 아래 정부는 1973년 말 KIST육성법에 규정된 내용을 중심으로 '특정연구기관육성법'을 제정했으며, 연구소 신설이 결정될 때마다 시행령에 해당 연구소를 추가하는 방식으로 정부 지원의 근거를 마련했다.

과학기술처는 대통령의 재가 후 과학기술처 장관에 대한 자문기구 형태로 '대덕연구학원도시 건설추진위원회'를 설치하여 전반적인 계획을 검토하는 한편 '연구학원도시 건설 타당성 용역'을 위탁해 그 결과를 바탕으로 12월 '대덕연구학원도시 건설 기본계획'을 확정했다. 연구학원도시 건설 기본계획에 따르면, 기본 개념은 '두뇌도시이며 과학공원도시로서 연구와 학문을 생활화하는 도시'로 규정되었다. 이를 위해 연구소를 핵으로 하는 도시체계를 형성하며 대전과 상호 보완적인 도시개발체계를 갖추며, 농지와 기타 생산녹지를 최대로 확보하여 자연환경을 보존하고 현주민을 보호하고 기존 취락을 개량하는 것을 기본 방향으로 설정했다. 건설기간은 1974~81년의 8년간이며, 면적은 26.8km², 인구는 5만 명으로 계획되었다.[44]

대덕연구학원도시는 이름 그대로 연구소와 대학이 중심이 되어 연구와 교육을 수행하는 도시로 기획되었고, 생산기반은 고려되지 않았다. 이는 대덕연구학원도시가 모델로 삼았던 일본의 쓰쿠바연구학원도시에서 영향 받은 바가 컸으며, 연구학원도시라는 명칭도 쓰쿠바와 동일했다. 도쿄 동북방 60km 지역에 위치한 쓰쿠바연구학원도시는 일본의 기초과학연구의 중심지 역할을 하고 있는, 일본의 대표적인 연구도시이다. 1961년 일본 정부는 도쿄의 인구집중을 완화하기 위해 위성도시를 세워 일부 정부 부처를 도쿄 밖으로 재배치하기로 결정했다. 뒤이어 과학기술청이 장기적 관점에서 과학연구역량의 강화가 필요하며, 도쿄에 집중된 과학기술기관의 이전이 필요함을 주장하면서 새로운 행정도시계획은 과학도시계획으로 개편되었다. 1963년 쓰쿠바가 연구학원도시의 입지로 결정되었고, 조성될 과학도시는 생산과 상업시설을 배제하고 연구·교육 중심지를 지향했다. 1967년부터 건설이 시작된 쓰쿠바는 1980년까지 대부분의 국립연구소와 대학이 입주했으며, 1985년 국제 엑스포 개최지로 선정되면서 대규모 도시기반시설 구축이 크게 늘어났다. 당초 쓰쿠바는 기초연구를 위한 연구소와 대학 중심으로 구상되었고, 입주한 국공립연구소나 민간연구소들이 폐쇄적이고 산업계와의 교류도 미약해 '고립된 섬'이란 비판을 받았다. 1980년대 중반을 지나면서 산업적 연구와 하이테크 중소기업에게도 문호를 열기 시작했으며, 엑스포를 통해 기업들의 관심이 높아지면서 이후 입주 기업의 수가 크게 증가해 쓰쿠바는 응용연구가 강조되는 테크노폴리스로 진화하는 중이다.[45] 쓰쿠바의 국립연구소들이 지니는 문제를 해결하기 위해 일본 정부는 2001년 독립행정법인이라는 제도를 도입하여 여러 개의 국립연구소를 몇 개로 통합하는 구조조정을 단행했고, 연구주체들 간의 협력을 촉진하기 위한 여러 정책들을 실시하고 있다.[46]

쓰쿠바는 조성 당시 응용보다 순수연구에 치중한 연구학원도시를 목표로 했기 때문에 생산시설을 배제했지만 대덕연구학원도시의 경우 기초연구가 아닌 산업기술을 연구하는 연구소들이 자리 잡게 될 예정이었음에도 생산시설을 고려하지 않았다. 이러한 구상은 연구에서 생산까지 일방향적인 선형적 개발모델에 기반을 두었으며, 과학기술 연구개발이 기타 사회와 어느 정도 격리되어 진행되어야 한다는 인식의 결과물이었다. 이러한 믿음은 쓰쿠바가 대덕연구학원도시의 모델로 적합했는지에 대한 의문을 불러온다. 뒤에 살펴보겠지만 대덕연구단지도 '고립된 섬'이라는 비판을 받다가 1990년대에 접어들면서 연구원들의 창업과 함께 생산시설 입주가 본격화됨으로써 처음의 기획에서 상당히 달라졌다. 당시까지 한국 과학기술정책의 입안에는 일본의 경험이 크게 영향을 주었고, 많은 경우 직접적인 모델로 활용되었는데, 대덕연구단지 역시 그 같은 경우였다.

2. 20년의 대역사: 대덕연구단지 조성

대덕연구학원도시 건설 기본계획이 확정되고, 이듬해인 1974년부터 연구학원도시 건설사업이 시작되었다. 하지만 1차 오일쇼크의 여파로 경제불황이 닥쳐오면서 연구학원도시 건설에 계획된 투자를 하는 것이 어려워졌다. 결국 1976년 4월 '대덕연구학원도시 건설계획'이 '대덕전문연구단지 건설계획'으로 변경되면서 건설계획이 전반적으로 수정되었다. 도심지 건설계획이 보류되어 당초의 '연구학원도시'가 '연구단지'로 축소되었고, 연구소 설립도 단계별로 예산범위 내에서 추진하기로 해 몇몇 연구소 설립계획이 조정되었다.[47] 이에 따라 단지 내 종합공대도 설립을 보류하고 충남대 공대의 이전을 추진하기로 했다. 이즈음에 최형섭은 한독기술협정에 의해 한국과 서독 양국 정부가 공동으로 투자·운영·관리하는 대학을 세우고 역시 신설될 기계기술연구소의 실장들을 대학의 교직원으로 충원할 계획이었지만, 대덕 건설계획의 축소에 따라 포기해야 했다.[48] 또한 연구단지 건설에 대한 업무가 과학기술처 산하의 대덕연구학원도시 건설추진위원회에서 청와대 산하의 중화학공업추진위원회로 이관되었다. 중화학공업추진위원회는 '대덕연구단지 건설 실무위원회'를 구성하여 연구단지 건설계획을 조정·추진했다. 그 결과 과학기술처는 종합기획만 하고 업무 소관에 따라 각 부처가 예산 획득 등 소관 업무를 처리하게 되었다.

1976년 초의 대덕연구단지 건설 조정안은 한 달여 정도의 단기간에 작성되었고, 그 과정에서 내부 구성원들의 의사는 거의 반영되지 못했다. 이에 따라 조정안 역시 구체적인 실행 과정에서 적지 않은 변화를 겪게 되었다.[49] 처음 조정안에 의하면 화학연구소는 민간으로 넘기기로 했으나 정부출연연구소로 설립되었으며, 통신 분야는 연구소를 신설하지 않고 체신부 산하의 전기통신연구소를 활용하기로 했으나 그해 말 KIST 부설로 통신연구소가 설립되는 등 계속적으로 수정이 이루어졌다. 또한 1976년 11월 KIST 부설 선박해양연구소는 상공부를 주무부처로 하는 재단법인 한국선박해양연구소로 독립했으나, 1978년 4월 해양 관련 분야는 다시 분리되어 KIST 부설 해양개발연구소로 재발족하게 되었다. 5년도 채 안 되는 기간 동안 독자 설립, 통합, 재분리의 과정을 겪은 선박연구소와 해양연구소는 대덕연구단지의 건설과 그에 따른 연구소의 설립이 잘 짜인 계획하에 안정적으로 추진되지 못했음을 보여준다.

연구단지 건설은 막대한 예산이 소요되는 사업이다 보니 정치·경제 환경의 변화에 의해 상당한 영향을 받을 수밖에 없었고, 그 결과 단지건설계획도 수정이 불가피했다. 중화학공업추진위원회는 대덕전문연구단지에 대한 계획을 재검토했으며, 대덕연구단지를 산업기지 개발구역으로 지정하기로 했다. 이는 기존의 안을 가능한 한 살리되 공업단지계획과 같은 개념하에서 조성함으로써 좀 더 효율적이고 경제적으로 사업을 추진하겠다는 취지였다. 아울러 특정연구기관육성법을 개정하여 대덕단지 이외의 산업단지에도 정부출연연구소가 설립될 수 있도록 했다. 1973년 12월 제정된 특정연구기관육성법은 "대통령령이 정하는 연구학원도시 안에 있는 연구기관"을 대상으로 했지만 1976년 11월 개정으로 "대통령령이 정하는 지역 안에 있는 재단법인인 연구기관"으로 변경되었는데, 이는 연구소와 관련 산업과의 유기적인 협조를 증진하기 위해서라고 설명되었다.[50] 이에 따라 창원과 구미 등 대덕단지 이외의 산업단지에도 정부출연연구소의 설립이 가능하게 되었고, 실제 이후 각 부처가 경쟁적으로 연구소를 설립하게 되면서 정부출연연구소는 더욱 늘어났다. 1976년 한 해에만 대덕에 4개 연구소가 설립되었고, 창원공업단지에 2곳, 마산전자산업단지에 1곳, KIST 부설로 1곳이 등장했다. 그에 따라 홍릉에 처음으로 뿌리를 내린 정부출연연구소는 대덕에서 큰 몸통을 형성했으며, 창원과 구미에도 가지를 뻗침으로써 국가 전역으로 확산되었다.

대덕연구단지의 건설은 1974년부터 시작되었으나 기본계획의 수정과 건설 지연으로 인해 연구소의 실제적인 입주는 1978년에야 시작될 수 있었다. 1978년 한국표준연구소를 시작으로, 한국선박연구소, 한국화학연구소, 한국핵연료개발공단이 입주했으며, 이듬해 한국열관리시험연구소가 합류했다. 그리고 1980년대에 들어와 한국전기통신연구소, 한국과학재단, 한국인삼연초연구소 등 정부출연연구소들이 대덕연구단지의 일원이 되면서 정부출연연구소들의 입주는 대체로 1990년에 마무리되었다. 기업부설연구소의 경우 쌍용종합연구소가 1979년 처음으로 입주했으며, 이후 럭키중앙연구소, 한국화약중앙연구소 대덕분소 등이 자리 잡았으나 전체적으로 기업연구소의 입주는 그리 활발하지 못했다. 기업연구소는 대덕연구단지 조성사업이 완료되어가는 1990년부터 1996년 사이에 주로 입주했다. 고등교육기관의 경우 1978년 충남대학교가 먼저 터를 잡았으며, 1984년 한국과학기술대학(KIT: Korea Institute of Technology)이 설립되었다. KIT는 1990년 서울에서 옮겨 온 한국과학기술원(KAIST)과 통합이 되어 KAIST의 학부과정이 되었다. 그리고 2년제 충남전산전문대학(현 대덕대학)이 1982년 설립되었다.[51]

대덕연구단지 입주 기관이 증가함에 따라 과학기술처는 1979년 대덕단지관리사무소를 설치했으며, 곧이어 그동안 연구단지 건설을 관장했던 중화학공업추진위원회가 폐지됨에 따라 관리사무소가 제반 사항을 주도하게 되었다. 1981년 대덕산업기지개발 기본계획이 수립되었는데, 이는 1977년 지정되었던 산업기지의 개념에 따라 토지용도를 구체적으로 제시하였고 개발기간을 1981~90년으로 조정했다. 이러한 수정으로 대덕연구단지는 자족적 연구도시라는 당초의 계획과 달리 대전시의 부도심생활권으로 전환되었으며, 1983년 종래의 대덕군에서 대전시로 편입되었다.[52]

1984년에 들어와 건설 속도를 빠르게 하기 위해 부지 조성방식을 그동안의 자체개발방식에서 공영개발방식으로 변경하기로 하고 사업 주체를 산업기지개발공사에서 토지개발공사로 변경했다. 이전에는 해당 기관이 자체적으로 부지를 조성하여 입주하고 산업기지개발공사는 중부거주지를 개발하는 방식이었지만, 이후에는 한국토지개발공사가 토지를 우선 매입하여 개발한 후 이를 분양하는 방식으로 변경되어 연구단지 건설을 조기에 완료하겠다는 것이었다. 이에 따라 한국토지개발공사가 단지 조성사업에 본격적으로 참여했으며, 과학기술처는 대덕연구단지를 쾌적한 환경의 과학기술문화도시로 조성한다는 목표하에 이전의 계획을 부분적으로 수정했다. 사실 당시까지 대덕연구단지의 조성 작업 및 연구단지 내의 도시 편의시설 건설은 여전히 미흡한 상황이었기 때문에 과학기술처는 당면 대책으로는 연구개발환경을 조성하여 입주자의 생활 불편을 해소하는 것에 신경을 썼다.[53]

이 시기에 들어 대덕연구단지와 생산시설과의 연계 필요성이 제기되기 시작한 것은 주목할 만한 변화였다. 1984년 대덕연구단지의 활성화 계획에 대한 보고서에서 대덕연구단지 주변에 첨단기술에 바탕을 둔 소규모 신기업의 단지를 조성하여 연구개발의 성과를 현지에서 기업화하는 기술

창업인을 육성·지원함으로써 학계 또는 연구소의 연구활동에 활력을 유지해나가는 동시에 산업구조의 고도화에 기여토록 하자는 방안이 제시되었다.[54] 이는 생산시설을 배제한 처음 기획에서 연구단지의 성격이 달라져야 함을 의미했으며, 1984년 과학기술처가 펴낸 『과학기술연감』에도 처음으로 대덕연구단지를 첨단기술산업과 연계할 필요성이 있음이 명시되었다.

1980년대를 거치면서 연구 및 교육시설을 늘리기 위해 연구단지 건설계획은 계속해서 부분적으로 수정되었는데, 특히 1989년 대덕연구단지 일대가 1993년 엑스포 개최지로 선정되면서 단지의 수용능력을 더욱 강화하여 개발하는 방안이 모색되었다. 그 결과 대덕연구단지의 입주 기관을 50개에서 60개로, 인구를 5만 명에서 7만 명으로 확대하고 개발기간을 1981~90년에서 1993년까지 3년 연장하기로 했다. 이듬해 과학기술진흥회의에서 대통령 노태우가 대덕연구단지 조성사업을 3년 내로 마무리하겠다는 의지를 표명하면서 연구단지 조성사업은 더욱 가속화되었다. 그 일환으로 '대덕연구단지 조기조성위원회'가 출범하였고, 이 위원회를 중심으로 대덕연구단지 건설과 관련된 국가적 차원의 지원이 강화되면서 1단계 사업은 1991년 3월에, 2단계 사업은 1992년 11월에 완료되었다. 이에 따라 1992년 11월 27일 대덕연구단지 준공식이 거행됨으로써 1974년 첫 삽을 뜨기 시작한 이래로 긴 여정이 마무리되었다. 당시까지 대덕연구단지에는 정부기관 3개, 정부출연연구소 15개, 정부투자기관 4개, 민간연구소 8개, 고등교육기관 3개 등 33개 기관이 입주 혹은 이전을 완료한 상태였다.[55]

준공 당시 입주 기관의 현황은 신설된 정부출연연구소가 대덕연구단지의 중심임을 잘 보여주고 있다. 하지만 처음 대덕연구단지가 계획될 때는 5곳의 정부출연연구소를 신설하고, 12곳의 기존 국공립연구소를 이전하는 것으로 기획되었다. 물론 신설 연구소의 수가 늘어날 수 있음을 밝혔지만 당초 기존 연구소의 이전이 중심이었던 연구단지 건설이 신설 중심으로 변화한 것이다. 그러한 변화를 가져온 이유는 무엇이었을까? 실제 대덕연구단지의 중핵기간으로 가장 먼저 자리 잡은 정부출연연구소가 연이어 설립되는 과정은 그 같은 질문에 대한 단서를 제공할 것이다.

정부출연연구소의 시대

1970년대 정부출연연구소의 신설은 크게 세 가지 방식으로 진행되었다. 원자력연구소처럼 기존 국립연구소를 법인으로 확대·개편하여 새롭게 발족시키는 방법이 있었고, 선박연구소처럼 KIST 부설연구소로 설립한 뒤 독립시키거나 전자기술연구소처럼 KIST 조직과 인력을 분리시켜 별도의 연구소를 세우기도 했으며, KIST와 직접 관계를 맺지 않고 새로운 연구소를 설립하기도 했다. 물론 마지막의 경우에도 KIST와 유사한 운영원리를 도입했기 때문에 이후 KIST 출신 연구자들이 운영진에 합류해서 KIST에서의 경험을 전하기도 했다. 이러한 과정을 통해 정부출연연구소 모델은 빠르게 확산되어 한국을 대표하는 연구체제가 되었다. 이는 하나의 모델을 단시간에 재생산해서 양적으로 확대시키는 한국적인 과학기술 성장전략의 전형이었다.

1. 국립연구소의 전환

국립연구소 등 기존 연구소를 정부출연연구소로 전환한 경우는 원자력연구소와 자원개발연구소, 고려인삼연구소, 한국연초연구소, 한국표준연구소 등을 들 수 있다. 이들 기관들은 국공립기관이 지닌 한계를 극복하고 새로운 출범을 계기로 예산 및 인력 증가를 꾀하고자 했다.

고려인삼연구소와 한국연초연구소는 전매청 중앙전매기술연구소의 인삼 연구와 연초 연구 분야를 각각 분리·확대하여 정부출연연구소로 신설한 것이었다. 이에 따라 이전까지 공무원 신분이었던 연구원들이 정부출연연구소가 됨에 따라 민간인으로 신분상 변화를 겪게 되어 논란이 있었지만, 기관의 규모는 전체적으로 확대되고 연구원들에 대한 처우도 나아질 것으로 기대를 받았다.[56] 중앙전매기술연구소는 1961년 각지에 산재된 시험소 및 연구소를 전면적으로 정비하여 체제를 일원화하기 위한 목적으로 설립되었다. 1974년 당시 위생연구실, 인삼연구실, 경작연구실, 제조연구실, 화학연구실 등 5개 연구실과 연구결과를 시험하는 3개의 연초시험장과 인삼시험장을 두고 있었다.[57] 1973년 대덕연구단지 건설계획이 수립되면서 중앙전매기술연구소도 이전될 국립연구소의 하나로 제시되었는데, 정부출연연구소로 형태를 바꾸고 1978년 고려인삼연구소와 한국연초연구소로 각각 분리되어 새롭게 출발했다.[58] 두 연구소는 전매청이 100% 출자하여 설립되었으며, 1980년 정부출연연구소 통폐합 정책에 의해 한국인삼연초연구원으로 다시 통합되었다. 1984년 대덕연구단지에 입주한 이 연구소는 1989년 전매청이 한국담배인삼공사로 개편됨에 따라 현재는 KT&G중앙연구원으로 운영되고 있다. 단일 연구소가 두 연구소로 분리되었다 다시 통합되고, 국공립연구소가 정부출연연구소로 개편되었다가 다시 민간연구소로 전환되었던 역사는 1970년대 분리 및 정부출연연구소화가 필수적인 선택은 아니었음을 보여준다.

1976년 5월 발족한 한국자원개발연구소는 국립지질광물연구소를 개편한 것이었다. 국립지질광물연구소는 일제강점기인 1918년과 1922년 각각 설립된 조선총독부 지질조사소와 연료선광연구소에 기원을 두고 있었다. 해방 이후 미군정이 두 기관을 통합해 중앙지질광산연구소를 출범시켰고, 1961년 국립지질조사소로 개편되었다. 과학기술처 설립 이후 상공부에서 과학기술처로 이관되었는데, 이때 광산 개발과 관련된 부서는 상공부가 새로 설립한 국립광업연구소로 옮기게 되어 국립지질조사소는 지질 관련 연구를 전담하게 되었다. 1972년 정부는 각종 시험연구기관 정비시책의 일환으로 국립지질조사소를 상공부 산하의 국립광업연구소와 통합해 새로 발족하는 공업진흥청의 지질연구부로 축소 개편하고자 했으나 관련 학계가 강하게 반발하자 1973년 국립지질광물연구소로 개편하여 기관을 유지했으며, 3년 뒤 정부출연연구소인 한국자원개발연구소로 다시 한 번 개편했다. 자원개발연구소는 전신인 국립지질광물연구소의 업무를 그대로 인계받아 지질조사, 광물자원조사 및 탐사, 응용지질조사 등을 주요 기능으로 삼았다. 1978년 동력자원부의 발족에 따라 소관 기관이 동력자원부로 변경되었으며, 정부출연연구소 통폐합에 따라 1981년 한국종합에너지연구소와 통합되어 한국동력자원연구소가 되었다. 하지만 10년 만에 에너지와 지질자원이 분리되어 1991년 한국자원연구소로 돌아왔으며, 2001년 현재의 한국지질자원연구원으로 개칭했다. 1918년 조선총독부 지질조사소부터 따질 경우 이 연구소는 정부출연연구소 중 가장 오랜 역사를 갖고 있으며, 이에 따라 한국지질자원연구원의 기관사는 연구소의 기원을 1918년과 1976년의 두 가지로 표기한다.[59]

한국표준연구소는 1975년 특정연구기관으로 지정 공포되었고, 12월 상공부 장관으로부터 재단법인 인가를 받아 설립되었다. 연구소의 설립 목적으로 우리나라의 중추적인 표준기관으로서 국가계량표준에 관한 시험, 연구 및 조사를 종합적으로 수행하고 그 성과를 보급하여 경제발전과 문화의 향상에 기여함을 내세웠다. 1966년 미국 존슨 대통령이 방한했을 때 한미 과학기술협력 상징으로 미터법 표준원기(질량, 부피, 길이) 한 벌을 기증했고, 이후 공업화의 진전과 함께 국가표준체계 확립에 대한 요구가 높아졌다. 1972년 공업진흥청 설립과 미국 표준국(NBS: National Bureau of Standards) 조사단 방한을 계기로 국가표준기관의 설립이 본격적으로 논의되기 시작했다. 이듬해 공업진흥청 산하에 공업표준화와 근대적 품질관리를 수행할 기관으로 국립공업표준시험소가 설치되었고, '계량표준제도 확립을 위한 실태조사'를 실시했다. 1976년 국립공업표준시험소는 정부출연연구소로 개편·확대되어 대덕연구단지에 연구소 건물을 짓기 시작했고, 1978년 3월 대덕연구단지에 첫 번째 정부출연연구소로 입주했다. 1980년 5월 제5공화국 「헌법」 제127조 제2항에 "국가는 국가표준제도를 확립한다"는 조항이 포함됨으로써 국가표준기관으로서 연구소의 위상이 굳건해졌다. 1991년 천문우주과학연구소와 기초과학연구지원센터를 흡수·통합하여 현재의 명칭인 한국표준과학연구원으로 개칭했다. 이후 천문우주와 기초과학지원센터 모두 독립기관으로 분리되었지만 한국표준과학연구원은 국가측정표준체계의 정점 기관이자 측정과학기술연구소의 역할을 담당하고 있다.[60]

이처럼 국립시험연구소가 정부출연연구소로 전환하면서 연구소의 성격이 강화되었고, 동시에 인원·예산에서 기존의 규정을 넘어서 기관의 양적 확대가 가능했기 때문에 해당 부처나 연구원들 모두 기존 기관의 단순 이전보다 정부출연연구소로의 개편을 선호했다. 1960년대 초 국립공업연구소를 특수법인으로 개편하려 했을 때 연구소 구성원들이 강력히 반대했던 것과는 달리 1970년대 중반의 정부출연연구소로의 개편은 다소의 논란은 있었지만 대부분 우호적인 분위기 속에서 진행되었다. 이렇게 정부출연연구소로 개편된 기관들은 대체로 공업 관련 연구소들이었으며, 농업·기초·보건의료 등은 여전히 국공립연구소 체제를 유지했다. 이는 정부출연연구소가 국공립연구소의 한계를 극복하거나 공공연구체제의 강화를 위한 일반적인 해법으로 등장했다기보다 대덕연구단지 건설의 흐름을 타고 산업정책이나 경제성장을 뒷받침하기 위해 이루어진 것임을 보여준다.

2. KIST 조직의 독립

KIST 부설연구소로 출발해 독립시키거나 KIST 조직을 분리해 새로운 정부출연연구소를 세우는 방식은 1970년대에 시작하여 이후에도 많이 사용되었다. 가장 먼저 등장한 KIST 부설 선박연구소와 해양개발연구소는 1973년 대덕연구학원도시 건설이 추진되기 이전부터 설립 필요성이 제기되어왔다. 선박연구소의 경우 1969년부터 KIST 조선해양기술연구실에서 지속적으로 독립연구소 설립을 주장하여 '조선해양기술 연구센터 설립안'을 시작으로 매년 부분적으로 수정한 선박연구소 설립계획서를 펴냈다.[61] 조선공업이 수출 전략산업으로 부각되면서 정부도 선박연구소 설립에 관심을 보이기 시작하여, 1972년 조선공업육성방안을 마련하는 한편 국제연합개발계획(UNDP: United Nations Development Programme)의 지원을 받아 선박연구소를 설립하기로 했다. 초기에는 KIST 부설로 설립되지만 장차 독립법인으로 분리하기로 한 선박연구소는 내륙의 중앙인 대덕연구단지가 적절한 위치인가를 두고 논란이 벌어졌지만 유능한 과학기술자 유치에 유리하다는 판단에서 대덕으로 결정되었다.[62] 1973년 10월 KIST 부설로 선박연구소가 설립되었고, 초대 소장은 미국에서 유치된 윤정흡이 임명되었다.

해양 분야의 연구소에 대한 기대는 KIST 설립의 타당성을 검토하기 위해 호닉이 한국을 방문했을 때 한국 정부가 마련한 연구소 설립 방안에 중요 분야의 하나로 들어 있었다. 이후 1969년 과학기술처가 발표한 『해양조사연구 장기종합계획』 조사연구보고서에서도 해양개발을 전담할 종합해양연구소를 설립하는 문제가 포함되었다.[63] 1972년 과학기술처 장관 최형섭이 유럽 방문 중에 프랑스 정부와 협의를 통해 해양 분야 중앙연구소의 설립 추진에 따른 기술 협력을 약속받아 연구소 설립이 본격화되었다.[64] 이에 따라 1973년 10월 정부 투자와 UNDP 및 한불해양개발협력에 의한 원조를 바탕으로 KIST 부설 해양개발연구소가 설립되었다. 초대 소장으로 부산수산대학교 교수 이병돈이 임명되었고, 대덕연구학원도시에 연구소를 건설하기로 했다. 해양연구의 특성상 연구소를 내륙지역에 설립되는 것이 무리라는 견해도 제기되었으나 각종 공동시설의 활용과 관련정보 교류 등의 장점 때문에 대덕에 건립하는 것으로 결정되었고, 대신 1976년 이후 재단법인으로 독립한 후 동서남 연안에 임해시험소를 건립하여 운영하기로 했다.[65]

KIST 부설연구소로 설립 이후 연구원을 선발하고 건물 건설을 추진하며 KIST로부터 독립을 준비하던 선박연구소와 해양개발연구소는 1976년 5월 정부의 지시에 의해 KIST 부설 선박해양연구소로 통합되었다. 이러한 통합은 1976년 초 대통령의 대덕 시찰 후 예산 절감과 업무 중복을 피하고 연구 능률을 향상시킨다는 이유로 대덕연구학원도시 건설계획을 재조정한 결과였다.[66] KIST 부설 선박해양연구소는 1976년 11월 상공부 산하의 재단법인 한국선박해양연구소로 독립했으나, 1978년 해양 분야는 다시 분리되어 KIST 부설 해양개발연구소로 재발족했다. 5년도 채 안 되는 기간 동안 독자 설립, 통합, 재분리의 과정을 겪은 선박연구소와 해양연구소의 사례는 새로운 정부출연연구소의 설립과 대덕연구단지 건설계획이 지녔던 불안정함을 보여준다.

KIST에서 분리된 또 다른 연구소로 한국전자기술연구소를 들 수 있다. 정부는 1974년 6월 특정연구기관육성법 시행령을 제정하고, 아직 연구소 설립이 구체화되기도 전에 한국전자기술연구소를 특정연구기관으로 지정해 전자공업 진흥 의지를 보였다. 1977년부터 시작되는 제4차 경제개발5개년계획에서 전자공업은 중점 육성 분야로 부각되었으며, 반도체 및 컴퓨터 관련제품을 비롯하여 57개가 전략품목으로 선정되어 집중적인 지원을 받게 되었고, 연구개발과 기술도입·보급을 담당할 전문연구소로 전자기술연구소의 설립이 제기되었다. 이에 따라 내자 51억 원과 국제부흥개발은행(IBRD: International Bank for Reconstruction and Development) 차관 2900만 달러를 투자해 전문연구소를 설립한다는 계획이 수립되었고, 연구소의 위치는 전자공업단지가 들어선 구미로 결정되었다. 1976년 12월 한국전자기술연구소가 설립되었고, KIST의 반도체기술개발센터와 전산기국산화연구실의 연구진이 중심 인력이 되었다. 1977년 2월 전자기술연구소의 초대 소장으로 성균관대학교 교수 오현위가 임명되었다. 전자기술연구소는 전자공업과 관련하여 전자부품 및 전자기기에 대한 연구개발 및 조사·시험을 종합적으로 수행하며, 시험생산을 통해 양산화 및 기술 보급에 기여함을 주된 목적으로 내세웠다. 이를 위해 연구소는 국내 최초로 초고밀도 집적회로(VLSI: Very-large-scale integration) 생산시설을 갖추게 되었는데, 이는 정부출연연구소가 시장출하용 시제품을 생산하는 일괄공정시설을 갖추고 반도체 개발을 본격 시작한 것으로, 다른 연구소에서 보기 힘든 현상이었다.[67]

대덕에 신설될 5개 전략연구기관 중 하나로 전자통신연구소가 결정된 다음 KIST 전자통신 분야 연구팀은 전자통신연구소 설립계획을 수립했다.[68] 그러나 전자통신연구소 설립은 그로부터 3년이 지날 때까지 구체적인 진전을 보지 못했고, 오히려 1976년 대덕연구학원도시 건설에 대한 재검토 작업에 의해 통신 분야는 별도의 연구소를 세우지 않고 체신부 소속의 전기통신연구소가 관련 연구업무를 맡기로 했다.[69] 이런 상황에서 전자교환기 도입을 둘러싼 논란이 벌어졌고, 경제기획원은 1976년 3월 KIST에 전자교환방식 채택의 타당성 검토를 의뢰했다. KIST의 타당성 검토에 의해 9월 체신부 차관을 위원장으로 하는 전자통신개발추진위원회가 구성되었고, 이 위원회에서 기술도입을 통해 공영기업에서 전자교환기를 생산한다는 것과 기술도입 전담기구로 전문연구소를 설립하자는 원칙이 제시되었다. 결국 12월 경제장관간담회에서 전자교환기기 기술의 도입과 개발을 위한 전담기구를 KIST 부설로 발족시키고 장차 이를 체신부 산하의 연구소로 독립시키기로 결정되었다.[70] 이에 따라 1976년 12월 31일 KIST 부설 전자통신연구소가 정식 발족되었고, KIST 부소장 정만영이 소장으로 임명되었다. 전자통신연구소는 1977년 3월 특정연구기관육성법 시행령 개정에 의해 특정연구기관으로 지정되었고, 대덕연구단지로 연구소 입지를 결정했다. 1977년 11월 한국통신기술연구소로 명칭을 변경하여 재단법인으로 독립했다. 한국통신기술연구소의 소장과 3명의 부소장은 모두 KIST의 책임연구원이었으며, KIST에서 이적한 30명이 설립 초기 핵심 연구인력을 구성했다.[71]

KIST 부설연구소의 설립이나 KIST 조직의 분리는 내부의 역량이나 인력의 확대에 따른 자연스러운 선택이기보다 정부의 정책적 판단에 의한 경우가 많았다. 위에 언급된 연구소 외에 1970년대 후반 태양에너지연구소나 지역개발연구소가 부설연구소로 설립되었다. 사실 역사가 채 10년도 되지 않은 연구소의 조직이나 인력을 떼어서 새로운 기관을 만들거나 부설기관을 만들어 독립시키는 방식은 KIST 자체의 위상이나 역량의 강화에 긍정적인 방향은 아니었다. 오히려 연구능력의 분산이나 조직의 불안정을 높이는 요인이 될 수 있었다. 이 때문에 KIST 이사회 내에서도 아직 본 궤도에 올랐다고 보기 힘든 KIST가 그 같은 새로운 기관을 만들어내는 것은 무리가 아니냐는 우려들이 제기되었다. 하지만 부설연구소의 설치는 내부의 요구가 아닌 외부, 즉 정부로부터 내려온 지침이기 때문에 추진이 불가피했고, 결과적으로 KIST는 '연구소 인큐베이터'라는 새로운 기능을 부여받아 '모(母)'연구소 역할을 담당했다.[72] 국가 전체적으로 볼 때 전문 분야별로 연구소를 독립법인으로 연이어 세운 것은 단기간에 연구개발인력의 전체 볼륨을 키우고 연구인프라 구축에 효과적이었다. 하지만 부설연구소의 설치나 이후 독립연구소로의 분리 모두 충분히 여건이 갖추어졌다기보다 정부의 정책적 판단에 따라 빠르게 이루어짐에 따라 KIST 자체에도 적지 않은 부담이 되었고, 분리된 연구소들과 KIST가 직접적 관계를 갖지 못하게 되면서 전체적인 종합 조정이라는 측면에서도 약점을 안게 되었다.

3. 새로운 연구소의 설립

KIST와 직접 관련을 맺지 않고 새롭게 설립된 정부출연연구소에는 한국핵연료개발공단, 한국화학연구소, 한국기계금속시험연구소, 한국전기기기시험연구소, 한국열관리시험연구소 등이 포함된다. 1973년 정부출연연구소로 전환한 한국원자력연구소는 이듬해 소장 산하기구로 대덕공학센터를 설치했고, 이 센터는 1976년 12월 한국핵연료개발공단으로 새롭게 출발했다. 원자력연구소는 원자로 발전계통 기술개발사업을 맡고, 핵연료개발공단은 핵연료주기기술 개발사업을 중점 수행하기로 했다. 당초 핵연료개발공단을 독립 기관으로 세운 배경에는 원자탄 개발이라는 목적도 깔려 있었다. 하지만 1974년 인도의 핵실험 이후 미국의 간섭과 우려가 매우 커져 한국이 계획했던 재처리 연구를 비롯한 핵프로그램은 예상대로 진척을 보지 못하고 보류되었다. 이후 재처리 사업은 우라늄정련변환시설, 조사후시험시설, 방사성폐기물 처리시설 등으로 대체 추진되었고, 핵연료개발공단의 핵심 연구 방향은 핵연료주기기술로 조정했지만 정부의 지원이 미약해 매우 어려운 상황이었다.[73] 결국 박정희 사후 핵연료개발공단은 원자력연구소와 통합되었다.

한국화학연구소는 1976년 화학공업기술 분야 전문연구소로 설립되었는데, 이미 1973년 말 대덕연구학원도시 계획안의 산업기술별 전문연구소 5개 중 하나로 석유화학기술연구소가 포함되었다. 1976년 4월 한국종합화학주식회사 내에 연구소 설립추진위원회가 설치되어 산업계, 학계 전문가, 정부 측 화학공업 관련부서 책임자들이 모여 연구소 설립을 준비했으며, 136개 화학공업체가 출연자협의회를 구성했다. 당시 설립되었거나 설립이 추진 중이었던 대부분의 정부출연연구소가 정부출연금을 기반으로 설립된 것에 비해 화학연구소는 처음부터 산업계의 출연금이 투입되어 17개 대표업체가 설립자로 선출되었다. 1970년대 설립된 정부출연연구소들은 모두 박정희를 설립자로 등재했고, 이를 통해 박정희는 과학기술발전에 남다른 관심과 의지를 지닌 지도자의 이미지를 구축했다. 한국화학연구소의 경우 산업계가 상당 부분 출연금을 제공했기 때문에, 처음에는 출연업체의 대표자를 설립자로 선정했지만 얼마 가지 않아 박정희로 변경하는 우여곡절을 겪었다.[74] 설립 초기부터 기업들과 긴밀하게 연계되었던 화학연구소의 모델은 다른 정부출연연구소들과는 구별되는 모습이었는데,

1980년대 이후 기업들의 자체적인 연구개발능력이 강화되면서 기업과의 관계가 점차 약화되었다.

1976년 공업진흥청은 창원공업단지에 각종 재료나 소재의 시험과 검사, 품질인증 업무, 기계류의 시험과 검사, 플랜트 건설 안전성 검사 등을 수행하는 한국기계금속시험연구소를 설립하기로 결정했다. 한편 공업진흥청과 별개로 상공부는 창원공단에 입주한 기업체들이 요구하는 신기술 개발과 공단 내 업체들에 대한 기술 지도를 실시하기 위해 한국기계연구소를 설립하고자 했다. 하지만 추진 과정에서 두 기관의 기능이 중복된다는 의견이 힘을 얻으면서 두 기관의 설립안이 하나로 통합되어 상공부를 주무기관으로 한 한국기계금속시험연구소가 설립되었다. 1976년 12월 설립된 연구소의 초대 소장은 국방부과학연구소를 이끌었고 건설부 장관을 역임한 인하대 교수 정낙은이 임명되었다. 기계금속시험연구소는 시험, 검사, 인증 등의 성격상 기업과의 관계가 긴밀했고, 산업계 출연자들을 조직한 출연자협의회가 이사회 산하에 편제되어 있었다.[75]

1976년 12월 전기 분야 연구개발과 중전기기(重電機器) 시험검사를 목적으로 한국전기기기시험연구소가 창원공업단지 내에 설립되었다. 이 연구소는 설립 이후 한국전력(주) 산하의 한전기술연구소에서 맡고 있던 중전기기의 시험검사 업무와 관련된 자산 일체를 인수하고 시험 업무를 시작했다. 기관의 명칭처럼 시험평가 기능이 컸으며, 한국전기통신연구소와 통합과 재분리를 거쳐 한국전기연구원으로 운영되고 있는 현재도 연구 부문과 시험평가 부문을 양대 축으로 삼고 있다. 연구소는 설립 이후 15년간 주로 정부가 아닌 한국전력의 위탁 연구를 수행해야 했다. 연구개발예산이 충분하지 못한 상황에서 전기 분야는 한국전력이 지원하라는 묵시적 정책의 결과였는데, 한국전력은 자체 연구부서(한전전력연구원)를 가지고 있어 전기기기시험연구소에 대한 위탁이 제한적이어서 연구소는 어려움을 겪어야 했다.[76] 이러한 사실은 전기기기시험연구소의 설립이 충분한 연구개발 수요에 근거해 추진되었다기보다 다분히 부처 간의 경쟁적 설립의 영향을 크게 받았음을 보여준다.

오일쇼크에 의한 에너지 문제가 중요하게 부각되자 정부는 1977년 3월 한국열관리시험연구소를 세워 에너지 사용의 효율을 높이는 한편 태양열주택 연구를 비롯한 대체에너지원 개발연구를 추진했다.[77] 그런데 태양열 이용에 대한 연구는 1978년 5월 KIST 부설로 설립된 태양에너지연구소의 중심 연구과제이기도 했다. 공공적 성격이 큰 대체에너지 연구를 별개의 기관이 중복해서 수행한다는 것은 당시 연구소의 잇단 설립 이전에 연구활동에 대한 종합적인 조정이 거의 이루어지지 않았음을 시사한다. 결국 1980년 2월 경제장관회의에서 동력자원부 산하 한국열관리시험연구소를 한국종합에너지연구소로 확대 개편하면서 KIST 부설 태양에너지연구소를 한국종합에너지연구소 부설기관으로 흡수하기로 결정하여 모든 기능, 업무, 인원, 예산 등이 한국종합에너지연구소로 이관되었다.

이처럼 대덕연구단지 건설과 함께 크게 늘어난 정부출연연구소의 설립은 정부가 1970년대 과학기술정책에서 가장 역점을 두고 추진한 사업이었으며, 그로 인해 과학기술계에서 정부출연연구소는 압도적인 영향력을 갖게 되었다. 단기간에 연이어 설립된 정부출연연구소는 연구개발을 위한 기반 구축이라는 의미를 지니고 있었고, 연구개발을 위한 인력풀을 형성했다는 점에서도 큰 가치가 있었다. 하지만 단기간의 압축적 성장에 따르는 문제점 역시 안고 있었다.

정부출연연구소 확산의 의의와 문제점

KIST 설립으로 촉발된 현대적 과학기술체제의 형성은 한국의 첫 연구단
지 형성으로 이어졌고, 1970년대 들어 제2연구단지인 대덕연구단지 건설
을 통해 정부출연연구소는 이례적인 사례가 아닌 한국을 대표하는 연구
소 형태로 자리 잡았다. 일반적으로 후발산업국가의 과학기술발전 과정에
서는 정부의 역할이 크지만, 한국의 경우 그 양상이 철저하게 정부 주도
로 산업기술을 연구하는 다수의 비영리법인 연구소를 세워 민간의 연구개
발을 견인한다는 방식으로 나타났다. 실제로 이 시기 한국 과학기술정책
에서 정부출연연구소 설립은 최우선적 과제였으며, 1970년대 과학기술정
책의 역사는 "기관 설립의 역사"라고 해도 지나치지 않다.[78]

1970년대에 연이어 설립된 과학기술 분야 정부출연연구소는 1980년 하
반기 당시 1개 부설기관을 포함하여 총 19개 기관에 달했다. 소관 주무부
처별로 보면 과학기술처 7개(KIST, KIST 부설 해양개발연구소, 한국과학원, 한
국과학기술정보센터, 한국과학재단, 한국원자력연구소, 한국핵연료개발공단), 상
공부 4개(한국기계금속시험연구소, 한국선박연구소, 한국전자기술연구소, 한국화

학연구소), 동력자원부 3개(한국종합에너지연구소, 자원개발연구소, 한국전기기기시험연구소), 전매청 2개(고려인삼연구소, 한국연초연구소), 국방부(국방과학연구소), 체신부(한국통신기술연구소), 공업진흥청(한국표준연구소)이 각각 1개 기관이었다.

산업계나 대학의 연구개발 의지와 능력이 높지 않았던 당시 상황에서 정부출연연구소는 국가연구개발의 중추로서 정부의 기대를 한 몸에 받았다. KIST 설립 10년째인 1976년 10월 3일 개천절에 박정희는 '科學立國 技術自立'이라는 휘호를 써서 과학기술처에 보냈고, 이는 지금 KIST 문서고에 보관되어 있다. 분명 당시 상황에서 정부출연연구소는 정치·경제적 측면에서 적지 않은 존재 가치를 지니고 있었다. 분야별로 설립된 정부출연연구소는 한국의 두뇌유출 문제를 해결하고, 기업이나 대학 등 다른 연구개발주체의 과학기술연구에 대한 관심과 능력이 약한 당시 한국의 연구개발을 주도했다. 정부출연연구소가 확보한 고급 인력풀은 한국 과학기술인력의 수원지라는 의미를 지니고 있으며, 이들 인력은 기업이나 대학으로 확산되어가면서 연구자 허브로서의 기능도 수행했다.

〈표 3〉에서 나타나듯이 1970년대 중반을 지나면서 정부출연연구소의 잇단 설립에 힘입어 국공립연구소를 제치고 정부출연연구소가 가장 많은 연구개발비를 사용하는 주체로 떠올랐다. 정부출연연구소는 국공립연구소나 대학보다 기관의 수는 훨씬 적었지만 1976년부터 정부 및 민간으로부터 확보한 연구개발비 총액이 이들 기관을 넘어서게 되었다. 연구개발비에 비해 연구원 수의 상대적 비중은 낮았지만 이는 역으로 정부출연연구소가 연구개발비에서 정부의 집중적인 지원을 받았음을 보여준다. 이러한 집중 투자는 과학기술계 힘의 중심이 정부출연연구소로 이동했음을 뜻한다. KIST와 과학기술처가 설립되기 전가지 정부 정책이나 사회 인식에서 과학기술에 그다지 힘이 실리지 않았다는 사실을 감안하면, 정부출연연

구소가 과학기술계에서 처음으로 영향력 있는 주체로 부상했다고 볼 수 있을 것이다.

구분	1970		1973		1976		1979	
	연구비	연구원	연구비	연구원	연구비	연구원	연구비	연구원
합계	10,547	5,628	15,208	6,065	60,900	11,661	174,039	15,711
공공연구기관	8,851	2,458	11,673	2,949	43,780	3,529	98,208	4,256
−국공립	6,171	1,962	6,426	2,296	20,457	2,491	47,552	1,847
−비영리	2,680	496	5,247	653	23,323	1,101	50,655	2,409
대학	371	2,011	366	1,711	1,979	4,811	16,536	7,050
기업체	1,325	1,159	3,169	1,405	15,141	3,258	59,295	4,405
국공립:비영리:대학:기업	59:25:4:13	35:9:36:21	42:35:2:21	38:11:28:23	34:38:3:25	21:9:41:28	27:29:10:34	12:15:45:28

〈표 3〉 1970년대 연구개발 통계(단위: 백만 원, 명). (출처: 각 연도 『과학기술연감』)

비록 신설 기관들이 당장 화려한 연구성과를 내기는 어려웠지만 1970년대 정부출연연구소의 연구활동을 통해 연구개발 자체에 대한 사회의 인식이나 평가가 점차 달라졌다는 것은 의미 있는 변화였다. KIST의 경우 설립 초기에는 산업계로부터 연구위탁을 받기가 매우 어려웠기 때문에 산업계를 대상으로 연구개발의 가치와 자신들의 연구능력을 지속적으로 설득해나가야 했다. 다행히 해외기술 도입이나 원자재 확보에서 문제가 생겼거나 도입 기자재의 고장 등으로 어려움에 빠진 기업들이 연구개발 결과를 활용하여 다시 일어서는 몇몇의 성공 사례가 생기면서, 기업들은 점차 연구개발의 필요성에 대한 인식을 높여갔고, 이는 KIST가 산업계와 맺는 연구계약고의 지속적인 증가로 이어졌다. 또한 정부출연연구소의 연구결과를 기업이 상업화하는 경험이 쌓이면서 국내개발기술을 몇 년간 보호하는 정책이 처음으로 수립되기도 했다. KIST가 개발한 폴리에스터 필름 제조기술의 보호를 둘러싼 논쟁을 계기로 기술개발촉진법이 개정되어 국내

개발기술의 보호가 제도화된 것이다. 이 사례에 대한 최근의 한 연구는 성공적인 기술에 맞는 보호라기보다 보호가 기술을 성공적으로 만들었다고 주장했다.[79] 그럼에도 불구하고 결과적으로 정부출연연구소를 통해 연구개발에 대한 정부 관련 부처나 산업계의 관심과 이해가 커졌으며, 연구소들이 연구개발에 대한 수요를 이끌어낸 셈이 되었다. 연구개발이 주된 이슈가 되지 못한 상황에서 연구소 설립이 먼저 제기되었지만, 그 덕분에 연구개발에 대한 사회적 인식을 제고시킬 수 있었던 것이다.

제대로 된 연구소를 하나라도 세워달라던 과학자들의 바람은 그런 연구소가 집적된 연구단지 건설로 이어졌다. 연구소 집적을 통해 효율을 높이고 성과를 이끌어낸다는 구상은, 연구소를 총괄하여 종합관리함으로써 국가적인 필요에 맞는 과학기술활동을 추진할 수 있다는, 해방 직후 과학기술자들의 구상과도 연결된다. 과학기술자들은 자율적, 창의적 연구활동보다 잘 짜여진, 체계적 기획에 따른 연구를 요구한 셈이다. 그런 관점에서 연구소를 한곳에 집적시킴으로써 효과적인 운영이 가능하다는 믿음이 나왔다고 볼 수 있다. 이처럼 대덕연구단지 건설과 연구소의 설립은 과학기술개발을 위한 기반을 구축한다는 의미와 함께 해외의 한국인 과학두뇌들을 조국으로 되돌아오게 하는 '근대화된 조국'을 상징하는 정치적 가치를 동시에 지니고 있었다.

그렇지만 1976년을 전후로 연구소가 한꺼번에 설립되는 상황은 크고 작은 문제를 야기했다. 무엇보다도 단기간에 연구소의 설립이 이어지다 보니 연구소 운영에 필요한 재원 확보가 어려웠다. 정부는 연구소 건설에만 해도 막대한 자금을 쏟아부어야 했기 때문에 충분한 연구비까지 감당하기에는 무리가 있었다. 대부분 연구소가 정부의 출연금과 차관 등에 의존해서 설립되었고, 화학연구소 등 연구소 네 곳의 설립에는 관련 산업계의 출연금이 투여되었지만 산업계의 출연이 예상보다 부진해서 어려움을 겪었다. 아울러 1978년 말부터 시작된 제2차 오일쇼크와 뒤이은 경기침체로 인해 연구개발에 대해 관심을 보였던 기업들도 그에 대한 투자를 꺼렸고, 이는 신설 연구소뿐만 아니라 KIST와 같은 기존 연구소들에게도 상당한 재정적 어려움을 안겨주었다.

그리고 연이어 설립된 정부출연연구소는 대부분 산업기술개발에 편중되었다는 문제를 지니고 있었다. 물론 연구개발활동을 통해 기술 자립과 경제성장에 기여하고자 하는 목적을 지닌 것이 정부출연연구소였기 때문에 산업기술 분야에 집중된 것은 당연했으며, 당시의 경제 상황에서 기초과학까지 포괄하여 균형 잡힌 과학기술정책을 펼치는 것은 무리였다는 점을 감안해야 할 것이다. 그럼에도 박정희 시대에 가장 역점을 둔 과학기술정책이 산업기술을 지향하는 정부출연연구소 설립으로 구현됨으로써 기초과학에 대한 상대적 경시는 피할 수 없는 상황이 되었고, 이는 이후에도 정부의 과학기술정책에 지속적인 영향을 끼쳤다. 특히 대학의 연구자들은 이런 상황 때문에 '과학기술처에는 과학정책 대신 기술정책만 있다'고 불만을 터뜨리곤 했다. 1973년부터 전개된 정부 주도의 과학기술문화운동인 '전국민의 과학화 운동'이 전 국민을 조국 근대화의 산업전사(産業戰士)로 만들기 위한 필요성에서 제기되었다고 정부가 당당히 밝히고 있는 것처럼, 이 시기에는 기술담론이 과학기술계를 덮고 있었다.[80] 한국 과학문화의 중요한 특성의 하나로 경제성장을 뒷받침하는 과학기술이라는 도구적이고 실용적인 과학관이 제시되곤 하는데,[81] 그 배경에는 정부출연연구소설립 정책이 자리하고 있었던 것이다.

단기간에 각 부처들이 경쟁적으로 연구소 설립을 서두르다 보니 연구소를 관장하는 주무부처가 분산되어 연구소 설립이나 이후의 운영에서 전체적인 종합조정이 충분하지 못했다는, 보다 근본적이고 포괄적인 문제도 있었다. 이 때문에 연구소 사이에 분명한 역할 정립이 이루어지지 못해 설립 초기부터 기능의 중복 논란이 일어나 연구소 건설이 끝나기도 전에 통합 문제가 제기되기도 했다. 사실 정부가 연구단지를 건설하게 된 중요한 배경이 연구소를 한곳에 모아 시너지 효과를 얻겠다는 것이었는데, 연구소 사이의 협력을 위한 종합·조정이라는 시스템을 구축하지 않고 대덕이라는 같은 공간에 자리 잡은 '지리적 연합체'만을 추진한 셈이었다. 정부부처 간에도 종합조정이 제대로 이루어지지 못한 형편이었으니, 대학이나 산업계 등 다른 연구개발주체들과의 협력과 조화는 더욱 요원한 상황이었다.

또한 연구소마다 연구인력 확보를 위한 경쟁이 심화되었으며, 충분한 주거환경 등의 여건이 갖추어지지 않은 지방의 연구 및 산업단지에 연구소가 세워짐에 따라 해외에서 경험 있는 과학기술자들을 유치하는 데 큰 어려움을 겪어야 했다. 그럼에도 신설 연구소마다 몇 명씩의 소장단을 보유했고 이들은 대체로 연구소 관리업무에 치중하게 되어, 고급 연구개발인력이 충분하지 못한 당시의 한국 상황에서 어렵게 유치한 연구자들의 연구역량을 사장시키는 결과를 빚었으며, 연구자들 사이에 위화감을 불러일으키기도 했다.

사실 대덕연구단지의 건설과 그에 따른 연구소의 설립은 정부 차원의 장기적이고 포괄적인 계획 아래 추진되지 못했다. 정부출연연구소는 전체적인 설계도와 종합적인 정책조정 시스템 없이 단기간에 확대됨으로써 연구소 설립, 연구단지 건설이라는 화려한 외양과 양적 성장 이면에 크고 작은 문제를 안고 있었다. 충분한 논의와 준비 없이 짧은 시간에 연구소 설립을 추진하다 보니 이후의 운영에 대한 고려가 부족했고, 연구소의 연구분야나 과제에 적합한 운영방식을 찾기보다 KIST의 운영방식을 그대로 받아들였다. 이러한 문제의 상당 부분은 첫 번째 정부출연연구소 KIST의 '성공'에 지나치게 고무된 정부가 KIST가 설립 당시 어떠한 배경에서 그러한 제도를 도입했는가에 대한 충분한 이해와 검토 없이 KIST의 제도를 그대로 확산시켰기 때문이었다.

신설 연구소들이 KIST를 모델로 삼기 이전에 KIST의 공과에 대한 심층적인 분석과 평가가 이루어져야 했다. KIST가 순조롭게 운영될 수 있었던 배경에는 연구소의 정치적 가치를 인식한 박정희와 정부의 집중적인 지원과 공동 파트너로서 미국의 역할 등 수많은 요인들이 작용했으나, 다수의 신설 연구소들이 KIST가 누렸던 우호적 조건과 동일한 상황을 누릴 수는 없었다. 하지만 KIST는 이미 정치적 상징으로서 대통령과 과학기술처 장관의 정치력을 등에 업고 있었기 때문에 KIST에 대한 엄밀한 성찰은 쉽지 않았고, KIST 초대 소장 출신인 과학기술처 장관의 주도 아래 KIST 모델은 여러 분야로 빠르게 증식해나간 것이다. 이미 KIST는 과학기술을 연구하는 단순한 연구소가 아니라 '대통령의 과학기술에 대한 높은 관심'과 '변화된 조국'을 대변하는 상징으로서 막강한 정치력을 업고 있었기 때문이다.

또한 박정희의 후원을 등에 업은 최형섭의 구상과 역할이 크게 작용해 정부출연연구소가 확장되는 과정에서 KIST 출신 연구자들이 신설 연구소의 최고관리직으로 대거 옮겨가게 되었다. 이들 'KIST 인맥'은 최형섭의 영향력을 바탕으로 과학기술계의 '파워엘리트' 역할을 담당하게 되었다. 1960년대 '파이클럽'을 이끌며 한국의 과학기술계에 새로운 흐름을 불어넣고자 했던 최형섭은 KIST를 거쳐 과학기술처 장관에 오르면서 파이클럽 대신 '최형섭 사단'을 형성하여 그러한 구상을 구체화시켰던 것이다. 그러나 '최형섭 사단'은 과학기술계 일각으로부터 곱지 않은 시선을 받아야 했으며, 최형섭은 "MOST(과학기술처) 장관이 아니라 KIST 장관"이라는 언론의 핀잔을 받기도 했다. 이러한 KIST의 독주는 KIST나 정부출연구소에 대한 외부의 부정적 인식을 가져오는 원인의 하나가 되었다.[82]

연구개발을 위한 인프라, 특히 연구소가 확보한 연구자 풀은 연구의 탄생, 즉 연구개발을 수행하기 위한 환경이자 기본 조건이다. 따라서 대덕연구단지의 건설과 분야별 정부출연연구소의 설립으로 연구를 위한 기본 조건이 구비되기 시작하면서, 연구개발 자체를 위한 정책이 중요한 목표가 되는 시대로 나아갈 수 있게 되었다. 즉, 과학기술정책의 핵심이 기술인력 양성이나 연구기반 구축에서 연구개발 자체로 변화하는 단계로 진입한 것이다.

제5장

민간주도 연구체제의 형성

1980년은 정치 불안정과 함께 사상 최대의 무역적자와 외채 증가, 고물가의 삼중고 속에서 1960년대 이후 처음으로 마이너스 경제성장을 기록했다. 이에 따라 새롭게 등장한 신군부는 강력한 경제 안정화 시책을 추진했다. 특히 물가안정에 힘을 쏟아 1982년부터 연간 5% 내외로 물가 수준이 안정을 찾게 되었고, 이와 함께 소위 '3저'로 불렸던 국제 경제 환경도 호전되어갔다. 달러화의 평가 절하, 수입 원유가 하락, 국제금융시장 금리 하락 등의 3저 현상은 한국 경제 회복에 큰 효과를 발하여 1986년부터 1988년까지 연평균 12%의 경제성장이 이루어졌고, 만성 적자를 보였던 무역수지도 흑자를 기록하게 되었다. 이러한 경제성장은 주력 업종의 변화를 가져와 전자산업은 1986년에 섬유산업을 제치고 수출 1위를 차지했으며, 자동차, 세탁기 등과 같은 내구재에 대한 국내 소비도 크게 증가하였다. 아울러 1986년에 공업발전법이 제정되는 것을 전후하여 기존의 산업별 육성정책은 기능별 지원정책으로 전환되었다.[1]

1980년대를 통해 한국 경제는 기존 산업의 기술집약화를 촉진하는 것과 함께 새로운 첨단산업에 도전하는 모습을 보였다. 1970년대에 유행했던 '수출입국'이나 '수출드라이브정책'을 대신하여 1980년대에는 '기술입국' 혹은 '기술드라이브정책'이 강조되었다. 신군부는 박정희 시대의 유산을 접수하고 변용시켜 새로운 아젠다를 만들어냈다. 박정희 시대 과학기술의 가장 큰 유산인 정부출연연구소에 통폐합이라는 칼을 댄 새 정부는 국가연구개발사업을 발족시켜 1970년대 구축된 연구개발인프라를 통해 구체적인 연구활동을 이끌어내고자 했다. 1981년 확정된 5차 경제사회발전5개년계획(1982~86) 과학기술 부문에는 국가가 주도해야 할 핵심 전략기술로 반도체 및 컴퓨터기술, 정밀화학공업기술, 기계공업고도화기술, 그리고 생물공업기술 등이 포함된 기타 공업기술이 제시되었다. 이를 위한 실천 계획으로 과학기술개발에 5조4464억 원을 투입하여 1986년까지 고밀도집적회로(LSI), 마이크로컴퓨터, 광섬유통신, 천연색 필름 등 첨단기술을 국산화하고, 반도체, 항공기 등 12개 핵심 산업기술을 토착화한다는 목표를 내세웠다. 이를 위해 대통령이 주재하는 기술진흥확대회의를 설치·운영하며, 연구개발의 국제화, 신기술투자의 해외 진출, 고급 인력의 대단위 양성, 기업연구소 육성 및 활용 등의 정책을 추진키로 했다. 특히 핵심기술의 토착화를 위해 '국책연구개발사업'을 조직적으로 펼치기로 했는데, 1982년부터 과학기술처가 추진한 특정연구개발사업은 그 출발점이자 이후 다른 부처들이 기획한 국가연구개발사업의 초석이 되었다. 또한 정부는 조세 및 금융 부문의 기술개발지원제도를 강화하고 병역특례제도를 비롯하여 기업의 연구인력을 확보하기 위한 제도를 마련하여 민간의 기술개발 투자의 증가를 유도했다.[2]

1980년대 국제 사회는 첨단기술 개발 경쟁이 치열해지고, 선진국의 기술보호주의가 강화되었다. 지적재산권 보호에 대한 압력이 강화되는 속에서 한국은 1987년부터 물질특허제도를 도입해야 했으며, 수입 자유화도 지속적으로 확대되어 새로운 기술개발은 관련 산업계의 사활이 걸린 문제가 되었다. 주요 선진국들은 반도체, 컴퓨터를 포함한 정보통신, 생명공학, 신소재 분야 등 첨단기술의 개발에 집중적인 투자를 통해 기술 수준과 산업

경쟁력을 높여갔다. 특히 일본에 산업경쟁력의 우위를 위협받게 된 미국은 정부 차원에서 첨단기술 개발에 대한 지원을 확대해나갔으며, 일본 역시 VLSI 공동개발사업 등 첨단기술력 확보를 위한 정부 차원의 적극적인 노력을 전개했다. 유럽 국가들도 EU 회원국들 간 공동연구사업 등을 통해 첨단기술개발에 나섰다.[3]

이 같은 과학기술을 둘러싼 국제환경 변화에 대응하기 위해 정부는 1985년 "2000년대를 향한 과학기술발전 장기계획(1987~2001)"을 수립하여 모방형 연구개발에서 창조형 연구개발로 나아가기 위한 방안을 마련했다. 정보산업, 재료, 산업요소, 에너지·자원, 공공복지 기술 등 5개 계열을 중점 추진 분야로 선정하고 각 기술 분야별로 세부 개발목표와 추진전략을 세웠으며, 과학기술인력 정책의 중심을 기능공과 기술자 중심에서 고급 과학기술인력의 양성으로 전환하는 한편, 총 연구개발비의 20%를 기초연구 분야에 투입하여 창조적 연구개발로의 전환을 뒷받침하기로 했다.[4] 이러한 정책으로 연구개발역량이 상승하면서 기술 선진국과의 과학기술협력 협정체결도 활발해졌다.

5장에서는 1980년대와 1990년대 초반에 이르기까지 한국의 연구체제에 대해 다룬다. 이 시기에는 기업부설연구소의 본격적인 설립이 이어지고 민간의 연구개발투자가 정부의 연구개발투자를 넘어서는 역전현상이 일어나면서 민간이 주도하는 연구체제로의 이행이 시작되었다. 이러한 과정은 정부의 적극적 지원 정책과 국가연구개발사업의 추진에 힘입어 가속화되었으며, 이전 시기까지 정부 과학기술정책의 중심에 놓였던 정부출연연구소는 부상하는 기업연구소와 어떠한 관계를 맺을 것인가를 중요한 과제로 안게 되었다. 1절에서는 핵심적 연구개발주체로 떠오른 기업연구소의 역사에 대해 정리할 것이며, 2절에서는 1980년대 과학기술정책의 시작을 열었던 정부출연연구소 통폐합 정책과 이후의 영향에 대해 다룬다. 3절에서는 특정연구개발사업을 중심으로 새롭게 시작된 국가연구개발사업에 대해 논의하며, 4절에서는 정치적 권위주의 시대에서 사회 전반의 민주화가 진행되는 변화와 함께 민간연구소가 급격히 팽창한 새로운 연구개발 환경 속에서 적응을 위한 압력을 받았던 정부출연연구소가 처했던 상황과 대응에 대해 살펴보고자 한다.

기업연구소의 시대

1. 기업연구소의 등장

한국에서 민간기업이 기업 활동에 필요한 연구소를 세운 것은 비록 소수였지만 상당히 오랜 역사를 지니고 있다. 일제강점기부터 몇몇 제약 관련 회사들이 규모는 작을지라도 연구소를 세웠으며, 일부 업체들은 회사 상호 자체를 연구소로 짓기도 했다. 대표적인 사례가 계농생약연구소로서, 일제강점기 한국인이 세운 약(藥)업체였던 천일약방이 1930년대 설립한 연구소였다. 천일약방은 조선 말기에 유명했던 조고약을 판매용 약으로 제조하기 위하여 한의사 조근창이 세운 업체로, 계농(桂農)은 조근창의 호이다. 조근창의 뒤를 이은 조인섭 대에 와서 사세가 더욱 크게 확장되어 한약재의 무역과 매약의 제조와 건재약방을 겸하여 대표적인 약업체로 성장했다. 서울과 지방 주요 도시, 일본 오사카, 중국의 톈진·상하이·홍콩·대만 등지에 지점을 두고 약재무역을 추진했다.[5] 계농생약연구소는 공장 옆에 실험연구실을 만들고 경성약전 교수인 식물학자 도봉섭을 비롯해 여러 생약학자를 불러 연구를 의뢰했으며, 전국의 생약산지 분포를 조사하고 성분을 규명하는 등 조사연구에 나섰으나 본격적인 성과를 거두지는 못했다. 도봉섭은 1933년부터 소장을 겸임했으며, 정태현, 이덕봉, 이휘재, 윤병섭 등 박물교원들과 함께 계농생약연구소에 모여 3년간 식물향명을 검토하여 1937년 『조선식물향명집』을 내기도 했다.[6] 해방 이후에도 계농생약연구소는 도봉섭을 매개로 하여 생물학자들의 중요 회합장소가 되었다.[7] 임업시험장에 보관되어 있던 식물표본들이 한국전쟁 중에 소실되었지만 계농생약연구소에 보관되어 있던 2천여 점의 초본 표본이 남아 있어, 정태현은 이를 바탕으로 『한국식물도감』을 펴낼 수 있었다.[8]

또한 일제강점기 끝자락인 1942년 약관의 청년이 세운 '종합과학연구소'도 흥미롭다. 이는 1960년대 국내 첫 정유공장을 세운 전민제가 세운 연구소로, 태평양전쟁이 본격화되면서 일본에 남아 있던 이공계 유학생들이 여러 명 귀국하여 합류함으로써 상당한 인력을 갖추게 되었다. 전민제는 서울 뚝섬에 자리 잡은 이 연구소에서 독학으로 습득한 화공학 지식을 바탕으로 작은 화학공장 설계 등을 추진했으며, 빙초산 공장이나 알코올 공장을 성공적으로 설계해내어 그 실력을 인정받았다. 사실 연구소라는 이름을 달았지만 일종의 엔지니어링회사인 셈이었다. 전민제는 해방 이후 연구소의 이름을 '종합과학주식회사'로 바꾸고 카바이드를 원료로 아세틸렌을 만들고, 아세틸렌으로 빙초산을 생산하는 공장을 세우기도 했다. 비록 이 공장은 성공을 거두지 못했지만, 전민제는 이후 카바이드를 만드는 국영기업체인 북삼화학의 이사를 거쳐 정유산업에 투신하게 되었다.[9]

해방 이후에는 서울약품연구소, 신광약품연구소 등 여러 제약 관련 업체들이 회사 이름 자체를 연구소로 사용했으며, 1950년대에도 합성화학연구소, 수세약화학연구소, 대성약품연구소, 서울백십자약품연구소, 동광약품연구소 등 많은 제약업체들이 연구소를 이름으로 내세웠다. 이들 기업들에서 연구소라는 이름에 걸맞은 연구개발이 이루어졌는지 확인하기는 쉽지 않다. 제약업체 외에도 일부 기업들이 연구소라는 이름을 내걸고 있었으나 당시의 전반적인 상황으로 볼 때 적절한 인력과 시설을 갖추고 본격적인 연구를 진행하는 경우는 드물었을 것이다. 1959년 한국산업은행 기술부가 발간한 『한국과학기술요람』에는 민간연구소에 대한 서술이 극히 제한적인데, 이는 어느 정도 규모를 갖추고 연구개발을 추진하고 있는 기업연구소가 거의 없었던 시대상을 반영한 결과였다. 여기에는 일곱 곳의 사립연구소가 들어 있는데, 대체로 개인 발명가들이 운영하는 소규모 연구소였다. 전자산업 관련 기업가들이 조직하여 상공부 공업국 산하단체로 발족한 전자공업연구소 정도가 일정 규모를 갖추었지만, 이 기관도 연구소라기보다 100여 명 회원의 연합회 같은 성격을 지니고 있었다.[10]

일반적으로 일정 규모의 조직을 갖춘 한국의 민간연구소는 1961년 7월 설립된 한국전력 전기시험소(현 KEPCO 전력연구원)가 처음이라고 얘기된다.[11] 조선전업, 경성전기, 남선전기 등 3사가 통합되어 한국전력주식회사가 발족하면서 시험연구를 전담하는 조직을 설치한 것이었다. 전기시험소는 1972년 기술개발연구소로 개편되었으며, 1993년 대덕연구단지로 이전한 다음 1995년 전력연구원으로 개편되어 현재에 이르고 있다. 한국전력 전기시험소는 한국전력이 민영화되기 이전까지 정부투자기관의 연구소로 공공기관 성격을 지니고 있었다. 이에 따라 『과학기술연감』에서도 민간기업이 아닌 국공립연구소 및 정부투자기관의 연구활동으로 분류되어 있었다.

한국전력 전기시험소가 설립되고 몇 달 뒤인 1962년 1월 대한중석, 대한석탄공사, 대한철광, 한국제련공사 등의 공동출연으로 금속연료종합연구소가 발족했다. 금속연료종합연구소는 출연한 공기업들이 연구소의 필요성을 느껴서 세웠다기보다 기업 운영에 자문을 준 최형섭의 개인적 요구가 크게 작용해서 설립된 것이었으며, 최형섭을 비롯한 상당수 연구원들이 다른 기관에 소속된 상태로 연구에 참여했다. 최형섭은 30대 중반의 젊은 연구자를 소장으로 내세웠고, 이는 연구소의 독특한 전통이 되었다. 독립적인 재단법인 형태를 갖추었던 금속연료종합연구소는 민간연구소였지만 연구원의 구성이나 연구활동에서 다른 국공립연구소보다 더 나은 모습을 보여주었다.[12] 금속연료종합연구소는 KIST 발족 이후 KIST에 통합되어 운영 경험과 연구자들이 KIST로 계승되었다. 사실 금속연료종합연구소는 KIST 설립 이후에도 민간연구소로서 KIST의 경쟁자 역할을 담당하고자 했으나 과학기술처 발족 이후 운영재원 마련이 곤란해지면서 문을 닫아야 했다. 과학기술처는 금속연료종합연구소가 행정적으로 상공부 산하 국영기업체인 대한중석의 연구소이기 때문에 상공부가 지원을 해야 한다고 보았으나, 상공부는 과학기술 진흥의 본산인 과학기술처가 지원을 해야 한다고 맞섰다. 결국 대한중석이 연구소에 대한 연구비 지원에 난색을 표하면서 금속연료종합연구소는 KIST로 통합되고 말았다.[13]

한국전력 전기시험소나 금속연료종합연구소 모두 공기업과 관련된 연구소였고, 1962년 설립된 대한석탄공사의 열관리연구소도 마찬가지였다. 이 연구소는 탄광작업장의 기술적 문제점을 해결하기 위한 연구에 중점을 두었으며, 1970년대 기술연구소로 독립했다. 또한 한국의 첫 번째 대규모 화학장치공장이었던 충주비료도 1962년부터 연구소 설치를 추진하여 이듬해 연구원을 확보하고 기초 조사연구를 시작했으며, 1964년 독립적인 연구동을 완공하여 정식으로 기술연구소를 발족하고 본격적인 연구를 추진했다.[14] 이처럼 1960년대 설립된 기업연구소들은 대부분 국영기업체 산하 기술연구소들로서 국공립연구소와 유사한 연구 여건을 갖고 있었다. 따라서 대부분 국공립연구소들이 그랬던 것처럼 연구진에 대한 처우 등에 제약이 있어서 우수 연구진의 확보 등에 어려움을 겪고 있었다.[15]

1960년대까지 순수 민간기업의 연구소는 드물었는데, 그 경우의 하나로 광일생산기술연구소를 들 수 있다. 1965년 한 잡지에 소개된 당시 현황에 따르면, 동창실업, 광성광업, 봉명광산, 범식품화학, 동창연료 등이 연합해 세운 것이며, 원료분석실, 무기실, 탄소연구실 등의 조직을 갖추고 한국 특산의 각종 광산물을 주 연구대상으로 삼아 이의 화학 및 물리적인 연구와 함께 제품 및 수출품의 품질관리, 기타 신규공업개발 등을 위한 기술 검토를 수행했다.[16] 특히 광성광업의 지원으로 수행된 '혼합 브리켓(briquet)'에 의한 선철법 연구는 1톤 규모의 파일럿 플랜트까지 건설해 상당한 성과를 거둔 것으로 보도되었다. 이는 우리나라에서 생산되지 않는 코크스 대신에 국산 무연탄과 흑연을 제철용 연료 및 환원제로 사용하는 것이었다. 이러한 성과를 바탕으로 광성광업은 서독의 차관을 들여와 제철공장을 세우려 시도했으나 결실을 맺지는 못한 것으로 보인다.[17]

광일생산기술연구소처럼 별도의 연구소를 조직하지 않더라도 1960년대 여러 기업들이 연구실이라는 이름으로 연구조직을 갖추고 있었다. 예를 들어 동양맥주는 1953년 양조과 실험실 형태로 연구조직을 출범시켰고, 양조연구소를 거쳐 1974년 6월 동양맥주주식회사연구소라는 독립 기관을 신설했다.[18] 이 연구소는 1981년 조직과 기능이 확대·개편되어 두산그룹 차원의 종합연구소인 두산연구소가 되었으며, 1991년 두산종합기술원을 세워 계열사별로 흩어져 있는 연구소들을 통합했다.[19] 또한 농기계 생산으로 이름이 있던 대동공업도 1960년 연구개발부를 갖추고 연구를 시작했다.[20] 대체로 당시 기업 내의 개발실, 시험실 등 각종 기술개발 관련 조직은 도입기술의 소화 개량을 주로 담당했다.

1960년대 기업연구소와 관련해서 흥미로운 사례는 소아과병원을 개원 중이던 정재원이 1963년 설립한 정식품연구소이다. 이 연구소는 우유를 대체할 수 있는 식품 개발을 추진했고 1966년 대두를 이용한 두유 개발에 성공하여 특허를 취득하고 제1회 대한발명특허품전시회에서 최고상을 수상하기도 했다. 정재원은 1968년부터 소아과병원에서 가내수공업으로 두유를 소규모 생산하다가 1973년 주식회사 정식품을 설립하고 대규모 공장을 세워 본격적으로 생산을 시작했다.[21] 소규모 연구소에서 시작한 연구개발이 기업 설립으로 이어진 것이며, 정식품은 기업 설립 10여 년 뒤인 1984년 중앙연구소를 세웠다.

기업부설연구소가 본격적으로 설립되기 시작한 것은 1970년대 들어와서였다. 1971년 1월 동양나이론은 기술연구소를 세워 공장의 기술 부문과 긴밀하게 연계시켜 제품의 품질 향상과 공정 개선을 꾀했다. 당시 국내 화학섬유업계에는 많은 공장이 있었으나 규모와 품질 면에서 아직 범용사(汎用絲) 생산 수준에 머물러 있는 상태였다. 이에 동양나이론은 본사 직속으로 기술연구소를 세워 울산 및 안양공장에 배속돼 있던 기술계 사원 15명을 연구원으로 배치했다. 설립 초기에는 주로 나일론사를 중심으로 생산공정을 개선하는 일에 주력했고, 차차 연구 범위를 넓혀 품질 고급화를 추진했다. 연구소는 1992년에 이르러 박사 8명을 포함한 100여 명의 연구전담요원과 80여 명의 보조요원으로 구성된 중앙연구소로 성장했다.[22] 동양나이론에 이어 한국나일론도 기술개발을 전담할 생산기술사업본부를 설치하고 연구개발을 본격화했다.[23]

이 시기에 식품업계도 기업부설연구소를 설치하기 시작했다. 1971년 1월 삼양식품은 신제품 개발 및 기존 제품의 품질개선, 식품분석 및 품질관리, 식품에 관한 연구조사를 목표로 삼양식품연구소를 출범시켰다.[24] 이 연구소는 1973년 서울대 교수로 재직 중이던 성낙응을 소장으로 영입했으며, 1976년 해외 박사학위자를 비롯해 33명 규모의 연구진을 구축하여 현장기술자 중심의 연구원으로 구성된 다른 기업들과는 구별되는 면모를 갖추었다. 또한 제약회사 종근당은 1972년 중앙연구소를 설립했고,[25]

진로는 1973년 주류업계 최초로 주류연구소를 설립했다.[26] 이처럼 1970년 대 초반 여러 경공업 분야 기업들이 기술개발에 대한 관심과 투자를 늘리면서 도입기술의 소화 개량을 맡던 연구실, 시험실 등을 기술연구소로 확대해나갔다.

경공업 분야를 중심으로 일어난 기업연구소 설치 움직임은 1972년말 제정된 기술개발촉진법에 의해 '기술개발준비금'이라는 이름으로 연구준비금 적립제도를 인정해 기업의 연구개발활동을 촉진하려는 정책적 흐름과 함께했다. 기술개발준비금이란 기업에서 기술개발을 위해 장차 발생할 필요비용을 소득금액 계산상에서 미리 손금(損金)으로 인정하여 기업이 안정적으로 자체 기술개발자금을 확보할 수 있게 하는 제도였다. 역행 엔지니어링(reverse engineering)을 통한 모방제품 생산에 치중하던 기업들은 후발 개도국 기업들이 성장하면서 국제시장의 경쟁이 치열해지자 기술개발의 필요성을 느끼게 되었다. 그리고 탁상용 전자계산기나 접히는 빨대, 또는 전량 수입에 의존하던 의약품의 새로운 공정 개발 등 KIST의 연구 결과물로 상당한 수출 실적을 기록하거나 경영 위기를 벗어나는 기업들의 사례를 통해 연구개발의 필요성과 가치를 확인하게 되었다.[27]

기업부설연구소 설치 움직임은 1973년 중화학공업화선언 이후 전자, 제철, 화학, 기계, 자동차 등 여러 대기업들로 확산되어갔다. 1976년 금성사는 전기·전자업계에서 처음으로 부설 중앙연구소를 설립했는데, 그룹 차원의 중앙연구소는 기술개발 및 제품 고급화와 특허 관리 등을 종합적으로 관리·연구하기 위한 목적을 지녔다.[28] 중앙연구소 설립에 따라 부산공장 생산기술연구실이 중앙연구소로 이관되어 생산현장과의 협조 아래 신제품 개발연구를 추진하게 되었다. 전자공학자 최순달을 책임자로 하여 한국과학원 출신 6명과 본사 및 공장 개발부의 프로젝트 담당 요원 등 10명을 연구인력으로 시작했다.[29] 이즈음에 여러 대기업들이 시험실이나 각

파트별로 유지하던 연구실을 강화하여 연구소를 설치해나갔다. 특히 이들 기관들은 석박사학위자 및 전문엔지니어를 채용하여 연구진을 구성하고 자 했는데, 경공업 연구소들이 현장기술자를 중심으로 연구소를 꾸리는 것에 비해 연구자의 학력 수준이 높아지는 모습을 보였다. 당시 최대 종합 기계 메이커인 한국기계공업은 1975년 2월 연구소를 신설하여 각 기술 파 트에서 분산적으로 진행되던 연구개발 업무를 종합연구실로 옮겨 체계적 으로 추진해나갔다.[30] 포항종합제철은 기존 연구실 기능을 강화하여 1977 년 기술연구소를 설치했으며, 삼성전자는 1978년 종합연구소 설립에 착수 하여 이듬해 말 연구소 건물을 준공하고 각 사업부별로 분리되어 진행되 던 연구개발 업무를 통합하여 추진하게 되었다. 대부분 기업들은 아직 해 외의 고급 인력을 직접 채용하는 노하우가 축적되지 않았기 때문에 KIST 를 비롯하여 정부출연연구소의 연구자들을 스카우트하는 방식을 많이 이 용했다. 이는 정부출연연구소에는 일종의 두뇌유출이 되었으나 인력의 이 동에 따라 기술과 연구개발 노하우가 산업계로 확산되는 긍정적인 효과가 있었다.[31]

정부는 기업들이 연구소 설치에 관심을 보이자 이들 연구소를 대덕연구 단지에 유치하여 기술개발 효율성을 높이고 연구 풍토 조성을 촉진하기 위한 방안을 모색했다.[32] 1977년 말 개정된 기술개발촉진법은 산업기술연 구조합 설립을 명시하여 동종 기업들이 연합하여 연구개발 등을 목적으 로 산업기술연구조합을 설립할 수 있도록 했다. 또한 국내개발기술의 보 호 조항을 포함하고, 기술개발 자체뿐 아니라 도입기술 소화 개량, 기술정 보, 기술훈련, 연구시설, 중소기업 기술지도, 정부출연연구소에 대한 출연 등 조세 감면을 받는 기술개발준비금 사용 범위를 확대하여 연구개발활 동을 촉진시키고자 했다. 이에 1979년 쌍용중앙연구소는 기업부설연구소 로는 처음으로 대덕연구단지에 입주했다. 이 연구소는 단일 규모로는 세계 최대인 시멘트공장을 갖고 있는 쌍용양회공업을 모기업으로 하고 있어 설립 초기에는 시멘트 관련 도입기술과 설비에 대한 소화·개량·토착화에 주력했으며, 점차 파인세라믹 등의 종합 무기소재(無機素材)로 연구 범위를 확대해나갔다.[33] 같은 해에 한양화학중앙연구소와 럭키중앙연구소도 대덕연구단지에 자리를 잡아 정부출연연구소 일색이던 대덕연구단지의 색깔이 조금씩 다양해지기 시작했다.

2. 기업연구소의 부상

1980년대 들어 기업연구소의 설립이 급물살을 타게 되었는데, 이 같은 흐름에는 기술개발의 필요성을 확인하게 된 기업의 자체적 판단과 함께 정부가 나서 기업부설연구소를 인정해주고 연구활동을 지원하는 정책을 펼친 것이 주효했다. 1978년 7월 전국경제인연합회는 "기업내 기술연구소 운영개선에 관한 의견"을 발표하여 경제의 질적 전환을 위해 기업내 기술연구소 설립 및 운영지원 필요성을 강조했다. 두 달 뒤 정부는 기업연구소 설립 흐름을 촉진하기 위해 매출액이 300억 원을 넘는 제조업체를 우선 선정하여 연구소를 설립하고 자체 연구개발을 강화하도록 촉구했는데, 사실상 정부가 연구소 설립을 강제한 셈이었다. 이 정책을 뒷받침하기 위해 그해 말 공업진흥청 고시로 "연구기관의 시험·연구용 재료의 수입추천요령 공고"가 시행되었고, 이 공고의 3조에서 민간연구소는 "시험연구용 시설 및 재료수입추천 운영위원회의 심의를 거쳐 공업진흥청에 등록된 연구소"로 규정되었다. 이 공고에 의한 민간연구소 등록을 위해 이듬해 1월 20일까지 연구사업계획서를 작성해 공업진흥청에 제출토록 했다. 이는 세제 혜택 등을 주어 연구소 설립을 간접적으로 촉진시키는 방식에서 더 나아가 정부가 직접적으로 기업연구소를 관리하겠다는 구상이었다. 1979년 민간연구소설립추진협의회가 창립되었고, 이듬해 민간기술연구소협회로 명칭을 변경했으며, 1982년 한국산업기술진흥협회로 확대 개편되어 현재에 이르고 있다.[34] 비록 1979년 매출액 대비 연구개발비 비율이 제조업의 경우 미국 3.1%, 서독 3.2%에 비해 한국은 0.33%에 불과했으며 기술 수준도 낮았지만 기업들의 연구소 설립 움직임은 연구개발에 대한 본격적인 투자의 전조였다.

정부는 1981년 기술개발촉진법을 개정하여 기업연구소나 산업기술연구조합에 정부가 출연금을 지급할 수 있으며, 특정연구개발사업의 참여 기관에 기업연구소도 포함시켜 정부의 연구개발자금의 직접적 혜택이 기업연구소에도 돌아갈 수 있도록 했다. 또한 기술개발촉진법시행규칙에 기업부설연구소의 신고사항을 명시하여 정부가 기업연구소를 관리하겠다는 의지를 분명히 했다. 기업연구소의 연구개발 성격을 강조하기 위해 민간연구소에 대한 시설·재료 수입추천기능을 공업진흥청에서 과학기술처로 이관했으며, 새 기준에 따라 1981년 10월 과학기술처가 최초로 46개 연구소를 인정했고, 이들 연구소에서 근무하는 연구원은 1,917명으로 집계되었다. 그리고 기업연구소의 연구인력 확보를 지원하기 위해 자연계 연구요원 병역특례제도가 도입되었는데, 그 대상은 학사학위 이상 연구전담요원 30인 이상, 이 중 석사 이상 연구요원 5인(중소기업 3인) 이상 상시 확보하고 있는 기업연구소로 규정되었다. 처음 인정받은 연구소는 모두 대기업 부설연구소였는데, 1982년 5월 기술개발촉진법 시행령이 개정되어 기업부설연구소는 "자연계 분야의 학사 이상의 학위를 가진 연구전담요원 10인 이상을 상시 확보하고 독립된 연구시설을 갖춘 기업부설연구기관"으로 규정되어 기업연구소의 기준이 완화되었다. 이후에도 중소기업 연구소 인정 요건이 자연계 학사 10인 이상에서 5인 이상으로 축소되고, 병역특례제도 혜택 기준도 전담요원 10인 이하로 변경되는 등 그 기준이 지속적으로 완화되었는데, 이는 중소기업의 연구소 설치를 촉진하기 위한 조치였다.

기업부설연구소의 기준 완화와 함께 연구소에 대한 지원책도 다양하게 마련되었다. 기업연구소 연구요원에 대한 병역특례 혜택 외에도 특정연구개발사업 등 국가연구개발사업을 통한 기술개발자금 지원, 조세감면규제법 규정에 의한 기술개발준비금과 기술·인력개발비 세액공제, 연구시험용 시설투자 세액공제, 특별소비세 면제, 관세법 규정에 의한 연구개발용품에 대한 관세 감면, 지방세법 규정에 의한 기업부설연구소용 부동산에 대한 지방세 면제 등 여러 지원 방안이 단계적으로 제도화되었다.[35] 이처럼 정부 차원에서 기업연구소를 인증하고 여러 지원제도를 마련한 것은 매우 독특한 방식이었으며,[36] 이를 통해 기업부설연구소는 매년 기록적인 성장세를 기록하게 되었다.

정부의 기업연구소 설립 촉진 및 지원책에 힘입어 1983년 7월 기업연구소는 100개를 돌파했고, 1988월 4월에는 500개, 1991년 4월에는 1000개를 돌파할 정도로 빠르게 증가했다. 기업연구소의 기준 완화로 중소기업 연구소의 숫자가 급증했으며, 한편으로 기업내 복수 연구소를 인정함에 따라 대기업들이 분소를 세우거나 기능이나 제품별로 별도의 연구소를 세우기도 했다. 특히 대기업의 사업 규모가 확대되고 생산품목이 다양해짐에 따라 각 제품에 적합하고 신속한 연구개발전략을 추진하기 위해 사업부와 밀접한 관련이 있는 생산 관련 연구소가 다수 세워졌다. 기업부설연구소의 업종별 현황은 1985년 말 당시 화학공업 24%, 전기·전자공업 22.4%, 기계공업 16.4%로 나타났는데, 연구소의 증가가 전기·전자 분야를 비롯해 기술혁신 속도가 빠른 분야에 집중되는 경향을 보였다.[37] 특히 1980년대 후반부터 현장과 밀접한 관련이 있는 컴퓨터를 이용한 설계 및 제작

(CAD·CAM)연구소 등 생산기술연구소 설립 붐과 중소기업연구소 급증이 큰 몫을 담당했다. 이에 따라 1993년 9월 기준으로 전기·전자 분야의 연구소가 전체의 39.7%를 차지했으며, 기계·금속 분야가 23.1%, 화학공업이 22.7%를 차지하여, 3개 분야가 전체의 85% 이상을 점하게 되었다.[38] 또한 1981년부터 1991년 말까지 기업의 연구원 학위별 증가율을 보면, 학사급 인력은 18.6% 증가하여 평균 증가율 20.2%를 밑돌았지만, 석·박사급은 35%의 증가율을 기록하여 고급 인력 중심의 증가세가 두드러졌다. 하지만 1991년 3월 기준으로 986개의 연구소 중 30명 미만의 연구원을 갖고 있는 연구소가 전체의 82.7%에 달하고, 독립연구소는 175개에 불과했다. 또한 전체 연구소의 55%에 이르는 중소기업연구소의 연구개발비가 전체의 10% 정도인 2천억 원 정도에 머물렀으며, 10억 원 미만을 투자하는 연구소가 70% 이상인 영세성을 보였다.[39] 결과적으로 이 시기 기업연구소의 빠른 성장은 대기업을 중심으로 이루어졌으며, 중소기업은 규모나 성과 면에서 아직 많이 뒤처진 상태였다.

기업연구소로 대표되는 민간연구개발조직은 몇 가지 유형으로 구분된다. 기술개발촉진법에 규정되어 있는 기업부설연구소가 압도적인 비중을 차지하고 있지만, 법인격이 없는 연구조직으로 연구개발 전담부서를 두고 있는 경우도 있다. 또한 법인격이 있는 연구소로 영리연구법인, 비영리연구법인과 같은 단독연구기관과 산업기술연구조합, 민간생산기술연구소(현 전문생산기술연구소) 등의 공동연구기관으로 구분할 수 있다. 영리연구법인은 연구개발을 주업으로 하면서 자신들이 수행한 연구성과를 스스로 사업화하지 않는다는 점에서 벤처기업과 구분된다. 1996년 기준으로 연구개발업을 전문으로 수행하는 회사는 생명과학, 정보통신 등의 분야에서 50여 개사에 달하는 것으로 추산되었지만 영리연구법인으로 등록된 경우는 없었다. 영리연구법인으로 등록해도 별다른 이점이 없기에 대부분 기업부설연

구소로 인가를 받고 운영했기 때문이었다.[40]

산업기술연구조합은 관련 기업들이 상호 협력하여 공통적인 과제를 해결하기 위해 설립한 조직으로, 1977년 기술개발촉진법 개정으로 설립 근거가 마련되었다. 특정연구개발사업에 연구조합의 참여가 가능하게 되면서 설립이 본격화되었고, 1986년 산업기술연구조합육성법이 제정되어 제도적인 뒷받침이 더욱 분명해졌다. 1982년 한국필름콘덴서연구조합을 효시로 하여 1982년 중에 11개 조합이 결정되었는데, 특정연구개발사업 선정에서 개별 기업보다 연구조합의 이름으로 신청한 기업들에 대하여 연구과제를 우선 지원하여 연구조합 설립이 붐을 이루었다. 예를 들어, 1982년 3월 국내 16개 기업(제일제당, 럭키, 태평양화학, 동아제약, 녹십자, 대한중외제약, 동양맥주, 미원, 샘표식품, 유한양행, 조선맥주, 종근당, 진로, 한국야쿠르트유업, 한국화장품, 현대건설)을 중심으로 결성된 한국유전공학연구조합은 학계와 공동으로 특정연구개발사업 계획서를 작성하고 매칭펀드를 조성하여 특정연구개발사업의 연구비를 지원받았다. 연구조합 자체가 전문인력을 보유하지 못했기 때문에 학계와의 협력을 해야 했고, 과학기술처는 이같은 산학연계를 통해 유전공학의 산업화가 촉진될 것으로 기대했다.[41] 공동기술개발사업은 한국유전공학연구조합이 내세웠던 주된 목적이었지만 사실상 공동연구는 거의 이루어지지 않았다. 연구조합이 자체적인 연구인력이나 시설을 갖추지 못했고, 회원사 사이에서 경쟁의식이 강해서 기술교류나 정보 교환이 쉽지 않았기 때문이다. 따라서 연구조합은 특정연구개발사업을 수탁 받는 창구 역할을 담당했고, 실제 연구는 각 기업별로 수행하는 방식을 따랐다. 결과적으로 유전공학연구조합은 각 회원사가 연구를 진행할 수 있도록 지원하는 코디네이터 역할을 담당했다.[42]

사실 유전공학연구조합뿐 아니라 대부분의 산업기술연구조합은 공동연구의 기능은 매우 약하고, 회원기업들이 정부의 연구개발사업 참여를 신청할 때 이를 대행해주는 대리계약기관의 역할에 머물렀으며, 기업부설연구소 설립 증가로 산업기술연구조합의 입지는 더욱 약해졌다. 이러한 양상은 독일이나 일본 등 해외의 연구조합과는 상당한 차이가 났다. 1990년대 중반 독일은 107개의 연구조합 중 37개 조합이 57개의 자체 연구소를 보유하고 있었으며, 일본은 통산성의 국가연구개발사업의 100%가 연구조합에 배정되었다.[43] 이러한 차이는 한국의 산업기술연구조합이 기업들이 연구개발 자체의 필요성을 크게 느껴 조직했다기보다는 정부의 정책적 지원에 크게 힘입어 등장했기 때문에 생겨났다.

민간생산기술연구소는 1989년 제정된 '중소기업의 경영안정 및 구조조정촉진에 관한 특별조치법'의 규정에 의해 처음 등장한 연구소로, 중소기업자 및 대통령령이 정하는 중소기업자 외의 사람이 공동으로 상공부 장관의 허가를 받아 업종별 또는 기능별로 설립되어 공동으로 생산기술 분야에 대한 연구개발을 추진하는 기관이었다. 정부는 이 연구소가 자립 기반을 갖출 때까지 한시적인 지원을 할 수 있으며, 자금 지원 및 조세 감면과 함께 생산기술연구원과 상호간 필요한 인력·정보 및 시설 등의 지원이 가능하다고 규정되었다. 연구소의 주된 사업은 생산기술 수요의 조사, 업종별, 품목별 생산기술개발의 타당성 및 실용성 조사, 국제간 생산기술의 협력 사업, 제품의 규격, 성능시험 및 품질평가 등으로 규정되었다.[44]

사실 민간생산기술연구소는 연구조합과 유사한 목적과 기능을 지니고 있는데, 민간기술연구소의 등장에는 과학기술처와 상공부의 힘겨루기가 자리 잡고 있었다. 연구조합은 과학기술처의 인가를 받아 설립되었는데, 상공부는 연구조합의 설립 과정, 운영 등 모든 면을 상공부가 주관하나 인가 절차만을 과학기술처가 맡고 있어 행정절차상 문제가 있다며 연구조합의 상공부 이관을 주장했으나 관철되지 않자 민간생산기술연구소를 도입했다.[45] 이에 따라 1990년 2월 한국신발연구소, 섬유기술진흥원, 한국견

직연구원, 한국섬유기술연구소가 첫 설립 허가를 받았으며, 이후 한국자동차부품종합기술연구소, 전자부품연구원 등이 설립되어 상공부의 인가를 받았다. 민간생산기술연구소는 1999년 산업기술기반조성에 관한 법률에 근거해 전문생산기술연구소로 변경되었다. 현재 전문생산기술연구소는 정부출연연구소와 기업의 중간 단계의 기능을 맡아 중소기업을 밀착 지원하는 것을 주된 역할로 내세우고 있으며, 전자부품연구원, 자동차부품연구원 등 14개 연구소가 운영되고 있다.[46] 처음 설립 당시에는 필요성을 확인한 기업들의 출연과 정부의 지원으로 설립되었으나, 설립 이후 관리·감독 부처나 지방자치단체 출신의 고위관리나 정치인 등이 원장을 맡는 등 순수한 민간연구소로 보기는 어렵다는 평가를 받고 있다.[47]

1980년대 중반을 거치면서 기업연구소는 단순히 연구소 수만 증가한 것이 아니라 기능에 따른 분화, 다양한 성격의 연구소 등장 등 여러 가지 특징적 현상들이 나타났다. 우선 대기업들이 그룹 차원의 연구단지를 건설하여 관련 계열사의 상호 공동연구개발을 촉진하고 조직적인 연구관리를 꾀하는 현상을 들 수 있다. 기술혁신이 빨라지고, 복합화, 시스템화됨에 따라 연구개발활동의 수직적, 수평적 연계를 강화할 필요성이 커졌다. 아울러 그룹 내에서 중복 연구를 피하고, 단계별 기술개발의 종합화, 기초연구의 활성화를 위해 그룹 차원의 중앙연구소나 비영리법인 연구소를 설립하는 경우가 늘어났다. 1984년 럭키금성그룹은 안양에 대규모 연구단지 건설을 시작하여 이듬해 국내 기업 최초로 대규모 민간종합연구단지를 준공했다. 여기에는 럭키금성 기초연구센터와 전국에 산재해 있던 전자·전기·통신 분야의 금성반도체, 금성전선 등 7개 계열사의 기술연구소가 입주했다.[48] 삼성그룹도 1986년 기흥에 전자종합연구단지 건설을 시작했다. 이곳에는 삼성전자, 삼성반도체통신 등 전자 관련 5개사의 연구소가 자리를 잡고 반도체, 컴퓨터, 통신기기, 시스템산업, 전자부품, 전자신소재 등의 연구를 상호 연계시켜 조직화해나갔다.[49] 럭키금성은 안양의 연구단지 건설에 이어 대덕에 에너지, 자원소재 분야를 중심으로 하는 제2연구단지 건설을 추진했으며, 삼성, 한국화약, 선경, 코오롱, 한일합섬 등 여러 대기업들이 대덕에 연구소를 세우게 되었다.[50] 이처럼 1980년대 중반부터 대기업그룹을 중심으로 많은 종합연구소들이 용인, 이천, 화성 등 경기 남부지역과 대덕단지에 설립되면서 민간의 연구개발체제 기반이 구축되어갔다.

대기업들이 여러 계열사를 포괄하여 세운 종합연구소는 연구 조정과 함께 장기적 전망의 연구를 시작했다. 삼성은 1986년 그룹 차원의 삼성종합기술원을 세워 개별 기업연구소와 연계하여 미래 유망 첨단제품 개발과 선행기술 개발을 추진했다. 삼성전자의 경우 1980년 설립된 종합연구소를 지속적으로 확장하는 한편 1987년 미국 산타클라라와 일본 도쿄에 각각 미국연구분소와 일본연구분소를 세워 연구개발체제를 광역화시켜나갔다.[51] 또한 1987년 서울 우면동 연구단지에 세워진 금성중앙연구소는 기초연구소, 가전연구소, OA(office automation)연구소, 반도체연구소 등 4개 연구조직으로 구성되었으며, 금성그룹 내 전기·전자 부문 계열기업에 속한 20여 개 연구소에 대한 조정 역할을 담당했다. 중앙연구소는 가전 부문과 산전 부문에서 생기기 쉬운 상품의 중첩 개발이나 중복 기술투자를 막기 위한 조기경보를 내리고 기술 조정을 하는 역할을 맡았다. 그 산하의 기초연구소는 그룹 내 다른 연구소에서 할 수 없는 장기연구과제를 담당하고 공통기술을 개발하여 다른 연구소에 제공하는 기능을 부여받았다. 금성은 중앙연구소를 정점으로 안양연구단지 내의 10개 연구소와 평택, 구미, 창원의 3개 지역연구소, 미국과 일본의 2개 해외법인을 구축해 기능별, 지역별로 특화된 종합적 연구체제를 구축하게 되었다.[52]

한편으로 1980년대 중반부터 민간기업들이 해외에 연구분소나 독립법인연구소를 세워 연구의 국제화를 추구하게 되었다. 정부출연연구소들이 해외 분소를 설치하여 연구정보 확보와 연구자 교류 등에 활용하자 민간 기업들도 이 흐름에 동참한 것이다. 금성반도체, 유공, 동양나이론 등이 미국에 해외 사무소 형태의 연구분소를 설치했으며, 삼성전자는 1983년 미국 산호세에 반도체연구소 설립을 시작으로 미국, 일본, 유럽에 10여 개의 해외 분소를 설치했다. 또 금성사, 럭키, 대우전자, 제일제당, 현대전자, 삼보컴퓨터, 맥슨전자 등이 미국을 중심으로 현지법인 형태의 연구소를 세워 운영했다.[53] 해외 연구조직은 초기에는 현지의 선진 기술개발 동향, 현지 소비자들의 요구에 등에 관한 정보수집 업무에 치중했지만 점차 우수한 과학기술인력을 고용해서 현지에서 직접 개발한 기술을 상품화하는 추세를 보였다.[54] 당시 정부출연연구소로는 KIST가 설립 초기부터 일본에 현지 분소를 설치해서 운영 중이었으며, 화학연구소, 기계연구소, 전자통신연구소, 동력자원연구소 등도 미국, 유럽, 일본에 분소를 세우고 현지 연구소와 협력활동을 전개하고 있었다.

"80년대 우리나라 산업기술의 핵심적 기술은 기업부설연구소에서 수행되었다고 보는 것이 일반적인 평가이다."[55] 과학기술처가 펴낸 1989년도 『과학기술연감』의 지적처럼 이미 1980년대를 거치면서 뚜렷한 목표하에 연구를 추진하는 기업연구소의 규모나 연구개발능력이 정부출연연구소의 그것을 넘어서는 경우가 드물지 않게 되었다. 민간의 연구개발비 부담은 1980년 48.4%를 기록하고 1983년을 기점으로 정부의 연구개발비를 추월하여 1989년 82.9%로 증가했다. 이는 기업연구소가 1981년 53개에서 1989년 824개로 크게 증가했고, 국가연구개발사업에 참여하면서 기업의 연구개발비 부담도 함께 늘어나 연평균 48.2%의 증가율을 기록한 결과였다. 기업의 매출액 대비 연구개발비도 1980년 0.5%에서 1989년 1.7%로 증가했다. 물론 1.7%라는 수치는 당시 선진국 기업들의 연구개발비가 2.5%를 넘어가는 것에 비하면 상대적·절대적 투자규모 모두 낮은 편이었다. 그에 반해 1988년 기준으로 기업연구소의 인력은 21,560명으로, 박사는 2.8%인 534명에 불과해 다른 연구주체에 비해 그 상대적 비중이 작은 편이었다. 대기업 연구소들은 고급 연구인력을 꾸준히 증가시켜나갔지만, 대부분의 기업연구소가 필요한 우수인력을 확보하는 데 어려움을 겪고 있었다.[56] 그러나 1990년이 되면 주요 재벌그룹들은 적게는 4~5개, 많은 경우 20여 개씩의 전문 기술연구소를 두게 되었다. 가장 많은 26개의 연구소를 두고 있던 삼성그룹은 박사 240명, 석사 1,660명 등 12,000명의 전문연구인력을 보유하고, 그해 7700억 원의 연구개발비를 투자했다. 이 규모는 같은 시기 정부출연연구소 전체의 인력이나 연구비 규모를 훨씬 넘는 수준이었다. 7700억 원의 연구비 중 삼성전자 반도체연구소에만 2400억 원이 투자되었고, 그룹의 기술개발을 총괄하는 삼성종합기술원에는 1000억 원이 투입되었다. 삼성전자 한 곳의 연구인력이 전체 정부출연연구소 연구원의 절반 정도에 이르게 되었다는 보도는 기업연구소의 부상을 단적으로 보여준다.[57]

1980년대 기업연구소의 부상은 연구소 설립을 유도하고 지원한 정부 정책과 연구개발에 대한 관심과 필요성을 확인한 기업들의 의지가 결합된 결과였다. 기업들은 국제시장의 경쟁 속에서 연구개발이 선택이 아닌 필수가 되고 있음을 확인했고, 1970년 국내 연구개발활동을 주도한 정부출연연구소를 통해 연구개발활동의 가치를 인식하게 되었다. 이에 따라 처음 연구소를 세울 때 정부출연연구소의 인력을 스카우트했던 기업들은 1980년대 들어 독자적으로 우수 인력 유치에 나서게 되었으며, 대기업들의 막대한 투자에 힘입어 기업연구소는 단숨에 정부출연연구소나 대학을 제치고 가장 높은 비중을 차지하는 연구주체로 자리매김했다.

3. 기업연구소 생태계

한국의 기업연구소 체제는 천 명이 훨씬 넘는 연구인력을 갖춘 대기업의 연구소에서 최소 2명의 연구원으로 구성된 벤처기업 연구소, 그리고 기업들이 연합해서 세운 연구조합이나 전문생산기술연구소까지 다양한 규모와 종류의 연구조직으로 구성되어 있다. 대기업의 연구개발활동은 그룹 내에서도 생산현장의 기술을 다루는 생산연구소에서 장기적 전망 아래 원천기술을 연구하는 그룹 중앙연구소 등이 역할을 분담하는 시스템을 이루고 있다. 이 절에서는 대기업과 중소기업 연구소 사례를 통해 다른 연구주체와 구별되는 기업연구소의 특성에 대해 살펴보고자 한다.

우선 대기업 연구소의 사례로 삼성종합기술원을 살펴보겠다. 삼성종합기술원은 독자적인 기술과 특허 확보, 국제기술표준화를 목적으로 1986년 설립된 삼성그룹 산하 기업연구소로, 당장 활용되는 기술보다 10년 이후의 미래를 지향하는 원천기술 연구를 표방하고 있다. 삼성그룹 전체로 볼 때 기업연구소는 1978년 제일제당 부설 식품연구소가 처음이었고, 뒤이어 전자, 전기 분야의 연구소가 설립되었다.[58] 주로 1980년대 초에 설립된 삼성그룹의 기업연구소들은 1980년대 중반에 각 계열사별로 연구소를 갖추었고 해외에도 연구소를 설치하기에 이르렀다. 하지만 대체로 기존 기술의 모방과 개량 등 단기과제 개발에 치중하고 있었기에 그룹 차원의 연구소를 세워 신기술개발을 추진하여 개별 계열사가 그에 따른 위험부담을 지지 않도록 할 필요가 있다는 의견이 제시되었다. 이에 1986년 초 그룹종합연구소 추진팀이 구성되었고, 일본의 종합연구소를 방문하여 정보를 모았다. 이를 바탕으로 6월부터 경기도 용인군 기흥읍에서 공사가 시작되어 이듬해 10월 삼성종합기술원 개원식이 열렸다.[59]

삼성종합기술원은 그룹 차원의 연구개발 수행, 기술인력 양성, 그룹 기술정보센터 기능 등을 주요 과제로 내세웠으며, 그룹 차원에서 개발해야할 미래의 유망 첨단제품 개발을 최우선 과제 선정 기준으로 삼았다. 그즈음 삼성그룹의 핵심을 이루는 삼성전자의 연구소체제는 1988년 11월 삼성반도체통신 합병을 통해 크게 가전종합연구소(수원), 생산기술연구소(수원), 반도체 부문의 반도체연구소(기흥, 부천, 미국 현지법인 SSI), 정보통신 및 컴퓨터 부문의 종합연구소(기흥) 등 4개로 재편성되었다. 이들 연구소는 각 사업 부문의 중단기 경영목표에 부합하는 신제품과 회사 전체의 공통 핵심기술을 개발하고, 단기 위주의 신제품 상품화나 기존 제품의 모델 다양화, 성능 향상 및 원가 절감에 관한 업무는 연구소의 지원을 받아 제조 사업부의 개발팀과 설계실에서 담당하는 체제였다.[60] 이에 비해 삼성종합기술원에서는 중장기 관점의 신제품이나 그룹 차원의 핵심기술과 애로기술, 신소재 및 부품을 개발하면서 그룹 관계사의 연구개발력을 지원하기로 했다. 하지만 설립 초기 삼성종합기술원이 개발한 과제는 단기적인 상품화 과제가 70% 정도를 차지하여 당초의 목표에 정확히 부응하지 않았다. 1993년 그룹의 자체 감사를 계기로, 단기 업적 중시에서 연구소 본연의 임무라 할 수 있는 미래 핵심기술개발로 운영 방향이 변하면서 1994년부터 상품화 과제는 중단되었다. 연구소의 자체적인 평가에 의하면, 10년간 개발기술 수준은 국내 최초 수준 80%, 세계 수준 11%, 세계 최초 수준 5% 정도였다.[61]

삼성종합기술원은 순수 원천기술 연구를 진행하고 실제 상용화되는 기술은 삼성전자 각 사업 부문에서 직접 담당한다. 삼성전자는 1~2년 내에 시장에 선보일 상품화 기술을 개발하는 각 부문의 산하 사업부 개발팀, 3~5년 후의 미래 유망 중장기 기술을 개발하는 각 부문연구소, 그리고 미래 성장엔진에 필요한 핵심요소기술을 선행 개발하는 종합기술원 등으로 연구개발과제를 체계화해 운영했으며, 미국, 영국, 러시아, 이스라엘, 인도,

중국 등 해외에도 연구개발조직을 설치했다.[62] 원천기술이 단기간에 성과로 이어지기가 쉽지 않기 때문에 삼성전자 내에서 1990년대 말 종합기술원에 대한 무용론이 제기되기도 했다. 하지만 그룹 경영진의 후원 속에 연구소는 각 계열사와의 연계를 강화하면서 융합기술 연구의 비중을 높이기 시작했으며, 2001년 종합기술원을 중심으로 한 '삼성기술전'과 '미래기술연구회'는 그 같은 움직임의 발판이 되었다. 삼성기술전은 종합기술원이 연구하는 기술과 비전들을 각 계열사와 공유해 시너지 효과를 본격화하고 미래기술연구회는 각 기술의 연결고리를 찾아 융복합화를 추진하고 있다.[63]

하지만 삼성종합기술원도 기본적으로 기업의 연구소로서 그룹 수뇌부의 판단에 따라 조직의 구조나 역할이 빠르게 변할 수밖에 없었다. 2008년 종합기술원의 연구개발이 너무 기초 분야와 이론에만 치우치고 있다는 그룹 내부의 지적에 따라 연구소는 삼성그룹 소속에서 삼성전자 산하로 변경되어 수익성과 실용성을 강조하는 방향으로 연구 성격을 전환하면서 그룹 내의 기술혁신 컨트롤 타워의 역할이 약화되었다. 2009년에는 삼성전자 연구개발조직의 대대적인 개편에 따라 여러 개로 나뉘어 있던 연구소들이 통합되었으며, 2010년에는 각 사업 부문별 연구개발을 위해 각 부문별 전문연구소가 강화되었고, 삼성종합기술원과 함께 부품을 맡는 생산기술연구소와 완제품을 맡는 제조기술센터가 중장기 연구개발을 추진하는 체제를 갖추었다.[64] 2012년 말 기준으로 1,200명의 연구인력이 근무하고 있는 삼성종합기술원은 석·박사 연구원이 90%에 달하는 삼성의 핵심 두뇌조직으로 불린다. 삼성종합기술원은 계열사 주요 연구소들과 함께 향후 10년 앞을 내다보는 로드맵을 만들고, 삼성의 연구개발체제의 중심으로 5~7년 이후를 대비한 기초연구와 미래 신사업의 종자기술을 개발하는 데 초점을 맞추고 있다.[65]

2014년 삼성은 각 사업 부문별 연구소들의 역량과 연구과제가 확대되어 그룹 차원의 연구소 역할이 줄어들었다는 판단 아래 삼성종합기술원, 생산기술연구소, 제조기술센터 등 중장기 연구과제를 수행하던 연구원들을 현장으로 자리를 옮기게 했다. 또한 국내 학계의 연구개발역량이 크게 높아졌기 때문에 기초과학의 경우 삼성미래기술육성재단을 통해 학계에 투자하고, 상업화 가능한 응용기술은 미래기술육성센터를 설립하겠다는 계획을 발표했다. 이러한 흐름은 삼성에만 국한되지 않고 LG, SK 등 국내 대기업 등에 공통적으로 나타나는 현상이다.[66]

하지만 치열해지는 경영 환경 속에서 기업들이 기초연구를 축소함에 따라 장기적으로 새로운 성장 기반을 찾지 못해 경쟁력이 약화될 수 있다는 우려가 제기되었다. 특히 기업이 하지 못하는 기초연구를 정부출연연구소나 대학이 충분히 담당하고 있지 못하는 상황에서 차세대 주력 사업을 찾으려는 노력이 약화되는 것은 문제라는 지적을 받고 있다.[67] 하지만 영리를 기본 목적으로 하는 기업연구소의 연구 성격이나 방향성에는 분명히 일정한 제약이 있을 수밖에 없기 때문에 이러한 상황은 정부출연연구소나 대학 등 다른 연구개발주체의 역량 강화와 각 주체 간의 협력 필요성을 더욱 높여 풀어나가야 할 것으로 보인다.

한국 기업연구소 숫자의 94% 이상이 중소기업·벤처기업 연구소이다. 그중 한 사례로 전기밥솥 전문업체인 쿠쿠의 연구소에 대해 살펴보고자 한다. 1980년대까지 일본을 여행한 한국인 관광객들이 앞다투어 사 왔던 일본의 가전제품은 '코끼리밥통'으로 불린 일본 조지루시사(象印マホ—ビン株式会社)의 전기밥솥이었다. 하지만 2000년대에 이르러 일본의 전기밥솥은 더 이상 한국인들의 주목을 끌지 못하게 되었고, 한국산 전기밥솥이 일본에 수출되고 일본에서 진행된 전기밥솥 테스트에서 1위를 차지하기도 했다. 이처럼 일본의 코끼리밥통을 한국 시장에서 밀어내는 데 일등 공신 역할을 한 기업은 대기업이 아닌 중소기업이었으며, 특히 2002년 쿠쿠

전자로 이름을 바꾼 성광전자의 전기밥솥은 국내시장에서 압도적인 시장 점유율을 기록했을 뿐 아니라 업계 최초로 전기밥솥 원조인 일본에 처음으로 수출을 시작한 주역이었다.[68]

국내에서 전기밥통이 처음 생산된 것은 1967년부터였으며, 1970년대에 들어와 밥솥 기능이 추가되었다. 전기밥솥은 당시 금성, 삼성, 대한전선 등 3대 대기업과 20여 개 군소업체가 생산하고 있었다. 1978년 설립된 성광전자는 1980년 금성사로부터 전기보온밥솥 생산 제안을 받고 기술까지 이전받아 전기밥솥을 생산하게 되었다. 성광전자는 전기밥통 내벽에 밥알이 눌어붙는 것을 막는 불소수지코팅 기술의 국산화를 시도했으나 성공하지 못했다. 이후 한국기계연구소와 공동으로 불소수지코팅 기술 개발 프로젝트를 추진했으며, 연구소가 보유한 관련기술의 이론적 토대에 성광전자가 그간 습득한 노하우가 결합되어 1983년 8월 기술개발에 성공을 거두었다. 이후 성광화학을 설립하고 일본의 특허기술에 저촉되지 않는 방식으로 불소수지코팅 알루미늄 판재를 생산하게 되었다.[69]

연구개발의 가치를 확인하게 된 성광전자는 1987년의 전체 매출액의 7%를 연구개발에 투자했으며, 1989년 기업부설연구소를 세우고 과학기술처로부터 인정을 받았다. 비록 인원 5명에 불과한 소규모였지만 대기업 주문자상표부착생산(OEM: Original Equipment Manufacturing) 납품을 주로 하는 중소기업이 자체 연구소를 운영하여 본격적인 연구개발을 추진한 것이다. 기술연구소는 1991년부터 전기압력밥솥 개발에 착수했다. 전국 각지에서 밥을 수거하여 조사한 결과 밥의 찰진 맛을 위해 수분과 아밀로스 함량이 17~20% 정도로 낮게 유지되어야 가장 맛있는 밥이 된다는 조건을 확인했다. 이후 적절한 압력을 찾는 테스트를 통해 0.9kg이 가장 적절함을 찾고 몇 년간의 노력으로 제품 개발에 성공했다. 제품 출시 직전에 경쟁사가 일본 회사와 기술제휴로 전기압력밥솥을 먼저 출시했다. 하지만 성광전자 연구팀은 연구 중에 폭발사고를 겪으면서 압력밥솥의 안전을 더욱 강화하여 특허 2개, 실용신안 8개를 얻고 9중의 안전장치 시스템을 구축한 제품을 내놓아 시장의 호평을 받았다. '쿠쿠'라는 새 브랜드로 출시한 전기압력밥솥은 1999년 국내시장 점유율 1위를 기록했으며, 같은 해 전기밥솥이 수입선 다변화 품목에서 해제됨에 따라 일본 제품의 시장 잠식이 우려되었지만 굳건히 시장을 지킬 수 있었다. 이후에도 전자유도가열 압력밥솥 등 지속적인 제품 개발을 추진했으며, 2002년 회사 이름을 쿠쿠전자로 변경했다. 2005년 국내시장 점유율 72%를 기록한 업계의 선두주자가 된 쿠쿠전자는 2016년까지 한국능률협회컨설팅의 '한국산업 고객만족도(KCSI: Korean Customer Satisfaction Index)' 전기밥솥 부문에서 16년 연속으로 1위를 기록할 정도로 전기밥솥 분야의 강자로 자리매김하고 있다.[70]

쿠쿠전자는 대기업 OEM 납품을 통해 제품 개발 및 품질 관리에 대한 기본 능력을 획득했으며, 부족한 역량을 기술제휴나 외부 연구소와의 계약연구를 통해 충족시켰다. 그리고 도약을 위해 기술연구소를 세웠는데, 대부분의 중소기업 연구소가 그러하듯이 인력 확보에 큰 어려움을 겪었으나 업계의 다른 기업보다 높은 비율의 연구개발비 투입을 통해 그 기업에 특화된 제품 개발에 매진하여 시장의 강자로 부상할 수 있었다. 이러한 쿠쿠전자의 경험은 기술력을 바탕으로 한 중소기업 성장의 대표적인 사례이자, 기술연구소의 중요성을 보여주는 의미 있는 성공담이라 할 수 있다.

기술 분야 벤처기업들은 대부분 매출액 대비 연구개발비의 비중이 높은 편이었다. 예를 들어 KAIST 전기공학과 1호 박사인 이병천이 1981년 창업한 컴퓨터업체 큐닉스컴퓨터는 연구개발의 비중이 큰 산업의 특성상 기업부설연구소가 기업을 이끄는 브레인 역할을 담당했다. 1983년 큐닉스 시스템응용연구소를 설립하여 매출액의 12~15% 정도를 연구비로 사용했는데, 당시 대기업 부설연구소는 매출액 대비 3~5%를 연구비로 사용하고 있었다. 창업 1년 만에 흑자를 기록한 큐닉스는 1989년 당시 58명의 연구 인력 중 1/3이 KAIST 출신이었는데, 이는 이병천을 비롯한 4명의 창업 멤버가 KAIST 출신이고, 1986년부터 과학기술처로부터 병역특례연구기관으로 인가를 받았기 때문이다.[71] 이처럼 많은 벤처기업은 신기술을 바탕으로 하기 때문에 작은 기업 규모에도 연구조직을 갖추고 연구개발에 대한 투자 비율이 높은 편이다.

대부분의 기업연구소는 부설연구소의 형태를 띠고 있지만 일부는 독립적인 법인 형태를 갖추고 있다. 예를 들어 기업부설연구소로 시작해 비영리법인 연구소로 단계적으로 확대된 포항산업과학연구원(RIST: Research Institute of Industrial Science & Technology)이 그 같은 경우이다. 1976년 기술연구소를 설치한 포항종합제철은 1984년 포항공대 설립계획을 수립하면서 부설연구소를 확대 발전시켜 독립법인을 세우기로 했고, 1987년 산업과학기술연구소가 자율적 운영체제를 갖춘 재단법인연구소로 설립되면서 결실을 맺었다. 연구소는 포항공대 교수를 겸직연구원으로 활용하고 연구원 일부를 포항공대 겸직교수로 위촉하는 한편, 포항공대 대학원생을 연구과제 수행에 참여시키고 졸업생을 연구원으로 채용하면서 산학연 협력체제를 구축해나갔다.[72] 1990년대 들어 포스코의 경영다각화 시도에 발맞추어 연구소도 비철강 분야의 연구 비중을 늘려갔다. 하지만 곧이어 두 차례의 구조조정을 겪게 되었고, 1996년 재단법인 포항산업과학연구원으로 명칭을 변경했다. 설립 초기부터 실용화 전문연구기관이라는 모토를 내걸었던 연구소는 이에 맞게 90%가 넘는 개발기술이 생산현장에서 활용되고 있음을 중요 성과로 내세우고 있으며, 현재 포스코의 신성장 부문 연구를 중요하게 추진하고 있다.[73]

비영리법인 연구소는 기업이 설립했지만 공익법인 설립·운영에 관한 법률에 의해 운영되는 연구소로 국내에서는 1985년 첫 번째 연구재단법인으로 승인받은 목암생명공학연구소가 처음이었다. 이 연구소는 1984년 녹십자연구소라는 기업부설연구소로 설립되었으나 이듬해 재단법인 목암생명공학연구소로 개칭했으며, 과학기술처에서 비영리연구재단법인 1호로 승인받았다.[74] 포항산업과학연구원이나 목암생명공학연구소 모두 기업의 출연금을 받아 설립된 비영리법인인데, 순수 민간출연으로 설립된 비영리연구소로는 한국계면공학연구소가 있다. 이 연구소는 4명의 독지가로부터 6억 원을 출연받아 1991년 12월에 설립인가를 받았다. 폐기물정제, 석탄의 원천탈황, 지하철송배전 부식방지 등 현실 수요가 큰 계면공학 응용기술 개발에 착수했다. 초기에 추가재원 조성이 되지 않아 기초자본금을 모두 잠식하게 될 위기에 처하기도 했으나 현재까지 순수 민간출연 비영리연구소의 유일한 사례로 활동하고 있다.[75] 첫 번째 정부출연연구소인 KIST의 모델이 된 기관이 미국의 바텔기념연구소인데, 이 연구소는 기업인인 고든 바텔(Gordon Battelle)이 남긴 재산을 기금으로 설립된 순수 민간출연의 연구소였다. 한국계면공학연구소가 그 같은 성격을 지니고 있다고 볼 수 있다.

지금까지 사례로 든 연구소들은 개별 기업이나 그룹 차원에서 설치된 단독연구소이며, 여러 기업들이 공동으로 설치한 연구소로는 산업기술연구조합이나 민간생산기술연구소 등이 있다. 특히 1980년대 설립 붐을 맞았던 연구조합은 1990년대 중반 이후 국가연구개발사업에서 연구조합을 우대하던 정책이 폐지되면서 부실 연구조합이 늘어났지만 한편으로 일부 연구조합은 이전보다 더 많은 연구비 투입과 프로젝트 참여 등 연구조합의 양극화가 진행되었다. 연구조합은 시기에 따라 대체적인 성격이 변해왔는데, 초창기인 1980년대는 대부분 기술개발과 관련한 정보의 수집·보급·교류나 공동연구과제의 발굴 및 추진 등을 중심으로 하는 교류중심형 연구조합이 주류를 형성하였다. 1990년대는 연구개발과제의 복합화·시스템화·거대화·장기화로 인해 자체적인 연구시설을 보유하고 연구개발을 추진하는 연구중심형 연구조합과 특정지역을 중심으로 형성되는 지역중심형 연구조합 등이 등장했다. 2000년대에 이르러서는 산·학·연·관의 네트워크 역할을 통해 관련 산업의 혁신성을 높이기 위해 전문적인 기획과 컨설팅을 수행하는 지식전문형 연구조합 등 다양한 성격의 연구조합이 활동하고 있다.[76]

이처럼 한국의 기업연구소는 일부가 오랜 역사를 지니고 있지만 대체로 1980년대부터 본격 등장했으며, 정부 정책에 따라 대기업 연구소가 중심이 되었다. 이후 기업연구소 기준 완화 등으로 점차 중소기업 연구소도 늘어났으며, 1990년대 중반 이후 벤처 붐을 타고 소규모 연구소가 대거 설립되었다. 대기업 집단의 연구소는 그룹 전체 연구개발의 중심축 역할을 하는 중앙연구소에서부터 각 부문별로 구체적인 생산기술을 담당하는 연구소, 해외의 연구조직 등 다양한 성격의 연구소들을 갖추고 있다. 이에 비해 중소기업들은 특화된 규모의 자체 연구소를 운영하고 있으며, 기업들이 연계한 연구조직이나 생산기술전문연구소 등도 기업연구소의 역할을 담당하고 있다. 외형상 한국 기업의 연구체제는 매우 다양한 형태를 갖추고, 상이한 기능들을 담당하고 있다. 하지만 기업 연구조직의 전체적 구성으로 볼 때 여전히 대기업이 압도적인 비중을 차지하고 있으며, 기업 내에서 완전히 독립적인 지위를 갖고 있는 독립법인 형태의 연구소는 드문 편이다. 따라서 기업 내의 경영전략에 따라서 조직 전체가 상당히 흔들리는 경우가 드물지 않다. 한국의 전체 연구체제에서 기업은 양적으로 중심적 위치를 차지하고 있는데, 기본적으로 영리를 목적으로 하는 기업의 특성상 개발연구의 비중이 높은 활동을 보이고 있다. 이는 국가연구개발체제의 전체적인 균형이라는 측면에서 볼 때 다른 연구체제의 역할이 더욱 강화될 필요가 있음을 의미한다.

1980년 정부출연연구소 통폐합

1970년대 연이어 설립되었던 정부출연연구소는 설립자로 이름을 올린 박정희가 사라지고 새로운 정부가 들어서면서 낯선 도전에 직면했다. 과학기술과 관련된 핵심인물이 교체되었을 뿐 아니라 1970년대 후반의 경제위기로 인해 새 정부는 경제정책의 기조를 안정 위주로 전환했으며, 이는 단기간에 확장된 정부출연연구소에도 직접적인 영향을 주었다. 정부는 정부출연연구소가 지나치게 자율에 맡겨왔기 때문에 성과가 미흡했다며 적극적으로 관여할 것임을 밝혔다.[77]

정부출연연구소에 대한 비판적인 의견들이 나오기 시작하자 '원조' 격인 KIST는 그에 대한 대책 마련 차원에서 1980년 8월 "출연연구기관의 운영효율화를 위한 체제의 발전적 정비"를 내놓았다. 이 문서는 당시 한국 상황에서 민간의 투자능력이 부족하기 때문에 정부출연연구소의 확충이 불가피하며, 운영상 문제점을 해결하기 위해 '종합적인 의사결정체 정립', '유사기능별 연구소군 연방화' 등의 개선책이 필요함을 주장했다.[78] 특히 유사성을 가진 연구소 그룹끼리 연합하여 계열별로 긴밀한 연결체제를 구축하고 효율적 관리방식을 강구하자는 연구기관 연방화 방안은 독일의 프라운호퍼연구회를 모델로 한 것으로, 1970년대 경쟁적으로 설립되어 양적으로는 늘어났지만 각각의 운영을 종합·조정할 수 있는 체제가 갖추어지지 못한 문제점을 인식하고 이를 조정해보려는 의지가 담겨 있는 구상이었다. 하지만 KIST의 연구기관 연방화 방안은 철저히 KIST를 위주로 한 연구기관 개편 방안으로, 대부분 독립적인 법인으로 설립되어 운영 중인 다른 연구소들이 KIST 연방으로의 통합을 쉽게 받아들일 리 없었다. 사실 1977년 과학기술처는 정부출연연구소의 역할 중복 논란이 일어나자 "각종 연구기관을 KIST를 중심으로 계열화"하겠다는 구상을 밝힌 바 있다.[79] 과학기술처 장관 최형섭은 네덜란드의 응용과학연구소(TNO: Netherlands Organisation for Applied Scientific Research) 등을 모델로 하여 KIST와 10개 전문연구소를 기능별 연구 분야별로 계열화하여 일사불란한 협동연구 체제를 확립하겠다고 보고하는 등 몇 차례 연구소 계열화를 구상했지만 연구소의 이해관계가 엇갈려 실현되지는 못했다.[80]

KIST가 내부적으로 연방화 방안을 구상하고 있는 동안 소위 신군부의 국가보위비상대책위원회(이하 국보위)에서는 정부출연연구소 통합 작업을 추진하고 있었다. 이들의 문제의식은 1980년 10월 국보위의 지시로 과학기술처가 작성한 "연구개발체제 정비와 운영개선 방안"에 잘 나타나 있다. 적정 규모에 미치지 못하는 연구소들이 너무 많아 중복 연구와 지나친 경쟁을 가져와 운영 능률이 떨어지며, 주무부처가 분산되어 종합적인 관리가 되지 못한다는 것이었다. 이에 따라 모든 이공계 정부출연연구소는 과학기술처가 관장하며, 단위연구소는 효율적인 관리운영이 가능한 적정 규모로 만들기 위해 유사한 분야를 통합하겠다는 것이 국보위의 생각이었다.[81]

국보위의 연구소 통폐합안은 1980년 10월 확정되었고, 과학기술처는 "연구개발체제 정비와 운영개선 방안"이라는 보고서를 통해 〈표 4〉에 제시된 것처럼 기존 16개 연구소를 다음 해 초까지 9개 기관으로 통합하겠다는 계획을 발표했다. 이 계획에 의해 연구소인 KIST와 교육기관인 한국과학원은 한국과학기술원(KAIST: Korea Advanced Institute of Science and Technology)으로 통합되었다. 결국 1970년대 KIST의 성공 신화가 정부출연연구소를 대거 확대시켰고, 이는 다시 통합이라는 부메랑이 되어 KIST에 돌아왔다. 연구소의 관료적 비효율을 피하고 자율적 운영을 보장하기 위해 정부출연연구소라는 제도를 만들었지만, 이 시기 연구소의 자율성은 정부의 집중적인 지원과 정치력에 크게 의존하고 있었기 때문에 정치 환경의 변화에 막대한 영향을 받을 수밖에 없다는 한계를 지니고 있었다. 정부출연연구소의 원조이자 모델이 되었던 KIST가 원치 않은 통합으로 연

통폐합 이전		통폐합 이후		
정부출연연구소	주무부처	정부출연연구소	기능	주무부처
KIST	과학기술처	한국과학기술원 부설 해양연구소	종합연구	과학기술처
KIST 부설 해양개발연구소				
한국과학원				
한국원자력연구소	과학기술처	한국에너지연구소	국책연구	
한국핵연료개발공단				
자원개발연구소	동력자원부	한국동력자원연구소		
한국종합에너지연구소				
한국표준연구소	공업진흥청	한국표준연구소		
한국기계금속시험연구소	상공부	한국기계연구소 부설 공업기술지원센터	산업기술연구	
한국선박연구소	상공부			
한국전자기술연구소	상공부	한국전자기술연구소		
한국전기기기시험연구소	동력자원부	한국전기통신연구소		
한국통신기술연구소	체신부			
한국화학연구소	상공부	한국화학연구소		
고려인삼연구소	전매청	한국인삼연초연구소		
한국연초연구소				

〈표 4〉 1980년 정부출연연구소 통폐합. (출처: 하민철·김영대, "공공연구기관 거버넌스 구조의 제도적 변화: 과학기술분야 정부출연연구기관을 중심으로", 『정부학연구』 15-2, 2009, 32쪽)

구소의 이름과 그 위상을 잃게 된 상황은 그 같은 '자율성의 비자율적 기초'를 잘 보여주었다.

국보위의 처음 계획은 8개 기관으로 통합하는 것이었으나, 한국전자통신연구소로 통합시키기로 한 한국전자기술연구소에 차관을 제공한 국제부흥개발은행(IBRD)이 연구소 통합에 반대하여 한국통신기술연구소와 한국전기기기시험연구소만 통합하여 한국전기통신연구소가 되면서 9개 기관으로 변경되었다. 또한 처음 계획은 한국원자력연구소와 한국핵연료개발공단을 통합하여 한국원자력연구소라는 이름을 사용하기로 했으나 조금 뒤 '원자력'이라는 명칭이 빠지고 한국에너지연구소라는 새 이름을 갖게 되었다. 두 기관의 통합 과정은 한국핵연료공단이 해산되면서 한국원자력연구소에 흡수 통합되는 방식이었기 때문에 당연히 통합연구소는 한국원자력연구소가 되어야 했으나 '원자력' 대신 갑자기 '에너지'라는 간판을 달게 된 것이다.[82] 이는 정권을 잡은 신군부가 미국으로부터 전두환의 방미 및 정권의 인정을 얻어내기 위해 핵 포기를 공개적으로 확인시키려는 의도로 추진한 정책이었다. 핵연료개발공단을 통폐합하고 연구소의 명칭에서 '원자력'을 삭제함으로써 형식상 한국원자력연구소가 폐쇄된 것처럼 보이게 하려는 것이었다.[83] 뒤이어 미사일 개발과 생화학무기 개발 등을 주도하던 국방과학연구소의 핵심 연구팀이 해체되고, 전체 인력의 1/3이 넘는 인력이 연구소를 떠나야 했던 것도 같은 맥락으로 여겨진다. 일부에서는 1970년대 군 지휘계통을 거치지 않고 직접 대통령에게 보고했던 국방과학연구소에 대해 신군부가 부정적인 인식을 지녔으며, 핵개발을 우려한 미국이 연구팀의 해체를 사주했다고 믿고 있다.[84] 한편 한국원자력연구소가 한국에너지연구소라는 이름을 갖게 되면서 처음 계획에서 한국종합에너지연구소와 자원개발연구소가 통합되어 한국자원·에너지연구소로 했으나 이 연구소의 이름은 한국동력자원연구소로 변화되면서 에너지를 빼야만 했다. 이러한 과정은 연구소의 통폐합 정책이 충분한 검토와 준비를 거치지 못했고, 그 과정에 국내정치와 외교문제가 영향을 미쳤음을 보여준다.[85]

정부가 정부출연연구소 통폐합을 추진한 것은 일차적으로 대부분의 연구소들이 운영난에 시달리고 있었기 때문이다. 정부의 지원 부족과 경기 불황으로 많은 연구소들이 재정난을 겪고 있었기에 구조조정을 통해 연구소의 운영 효율을 높이겠다는 것이었다. 일부에서는 연구소 통폐합의 근본 요인은 연구소 운영효율성 증대가 아니라 연구소들을 장기 국책연구 과제 중심의 연구조직으로 바꾸고자 했던 인식이었다고 분석했다.[86] 하지만 1980년 당시 연구소 재편성과 관련된 정부 자료에서는 그 같은 인식을 직접 보여주는 자료를 찾기는 쉽지 않다. 통폐합을 주도했던 국보위의 『국보위 백서』도 한정된 투자 재원으로 연구 효율을 극대화할 수 있도록 이공계 정부출연연구소를 통폐합하고 주무부처를 일원화했다고만 밝히고 있다.[87]

사실 1980년의 구조조정 작업이 나름의 명분과 필요성이 있었음에도 불구하고 긍정적인 평가를 받지 못했고, 1980년대를 지나면서 상당 부분이 원래대로 되돌아온 것은 개편 작업이 정부출연연구소의 임무와 역할을 변화된 환경에 맞게 새롭게 규정하려는 노력 대신 연구소의 운영상 문제점을 줄이는 데만 치중했기 때문이다.[88] 장기적인 관점에서 연구소 내부와 과학기술계 전체의 의견을 수렴해서 정부출연연구소의 위상과 기능을 새로 정립하고 그에 따른 운영 및 관리방식까지 포괄적으로 풀어나가는 대신 정부가 단기간에 결정한 정책에 의해 별도의 법적 근거를 지니고 있던 기관들을 인위적으로 통폐합하는 데 주력했던 것이다. 국보위라는 초헌법적 기구가 추진한 일방적 통폐합 정책은 정부출연연구소와 정부와의 관계설정에서 부정적인 선례가 되었으며, 새로운 역할 정립을 하지 못한 정부출연연구소는 이후 새로운 정부가 들어설 때마다 재평가 및 기능 재정립, 통폐합 등의 몸살을 앓아야 했다.

1980년 연구소 구조조정 과정에서 정부는 연구소들의 운영효율을 높이기 위해 정부출연연구소에 대한 관리를 강화한다는 방침을 세웠다. 이를 위해 이공계 연구소는 과학기술처가, 경제 분야 연구소는 경제기획원이, 그리고 교육과 관련한 연구소는 문교부로 일원화하여 관리하기로 했다. 또한 연구소에 제공하는 출연금은 일괄지급 방식이 아닌 인건비를 포함한 기본운영비를 연구원당 경비 기준으로 산출하여 지급하고 연구비 및 시설 관련 비용은 사업별로 심의 조정하는 형식으로 바뀌었다. 과학기술처는 이러한 조처가 정부출연연구비라는 이름으로 운영비를 전액 지급할 때 생길 수 있는 연구소의 무사안일과 소극적 운영 분위기를 타파하고 출연금 지급의 합리성과 효율성을 높이기 위한 것이며, 간접비를 낮춰 연구계약자에게 부당하게 높은 비용을 청구하는 문제점을 막을 수 있다고 밝혔다.[89] 이 같은 출연금 지급방식의 변화는 자율적 연구소 운영이라는 정부출연연구소 설립 취지와 달리 정부가 직접적인 관리를 강화하여 연구소의 효율을 높이겠다는 새 정부의 정책 변화의 산물이었던 것이다.[90]

그러나 연구비 형태로 지원받던 출연금이 운영비로 전환됨에 따라 연구소가 이를 운영하는 데 적지 않은 제약이 따르게 되었다. 같은 정부 지원이라 하더라도 운영비로 받게 되면 인원과 사업에 대해 정부 통제가 가해지면서 이사회의 기능을 비롯해 연구소 운영의 자율성이 구조적으로 축소될 수밖에 없었다. 실제로 10여 년 뒤 대부분의 정부출연연구소에서 정원 외로 받아들인 소위 '가(假) T.O.(위촉연구원)'가 큰 문제로 부각되었고,[91] 이는 현재의 비정규직 연구원 문제로 이어졌다. 과학기술처도 통합 이후 1980년대의 정부출연연구소가 이사회 기능의 축소, 연구관리·인사·급여·회계·예산 분야 등에서 각종 규정·준칙·지침의 일률적인 적용으로 연구소 운영의 자율성이 이전에 비해 크게 축소되었다고 평가했다.[92] 사실 정부출연연구소의 '출연(出捐)'이라는 표현은 정부보조라고 지칭했을 때 따르는 정부의 통제와 간섭을 피하고 자율적으로 운영하기 위해 의도적으로 선택된 용어였다. 그러나 1980년의 통폐합이후 그 같은 철학은 효율적 운영을 위한 정부의 강화된 관리방침에 자리를 내주고 말았으며, 이는 재정 안정과 운영 자율성을 맞바꾼 셈이 되었다. 결국 정부출연연구소라는 새로운 실험은 1970년대 분야별 연구소의 설립으로 한국 공공연구체제의 핵심을 형성하는 결실을 맺었지만 그것의 형식 너머의 운영이나 철학에서는 처음의 취지가 약화되어 제한적인 성공에 머물렀다.

국가연구개발사업의 등장

1982년부터 시작된 특정연구개발사업은 최초의 국가주도 연구개발사업으로 '기술드라이브 시대'를 뒷받침하는 대표 정책이었다. 1970년대 개별 연구소를 설립·육성하던 방식에서 국가가 직접 대규모 연구비를 특정 과제에 지원하는 사업으로 전환한 것이었다. 즉, 이전까지 특정연구기관육성법에 근거하여 정부출연연구소를 대상으로 정부가 연구소별로 출연금을 지원하고 연구소가 개별적으로 기획해서 연구비를 사용하던 방식을 확대해서 산업계, 학계까지 연구비를 지원하여 핵심산업기술을 개발하겠다는 의도였다. 이러한 정책은 정부출연연구소를 넘어 연구체제의 전반적인 확대성장을 가져온 계기가 되었다. 비록 처음 투자 계획에는 크게 미치지 못했지만 통상 10% 이내에서 증액되는 부처의 예산 배정 관행을 넘어 과학기술처는 대규모의 연구개발 재원을 조성할 수 있었고, 기술드라이브 정책을 뒷받침했던 대표 사업이 된 특정연구개발사업을 통해 기업들은 연구활동을 활성화시키는 종잣돈을 확보하여 기업 연구체제를 확대시킬 수 있는 발판을 마련하게 되었다.

특정연구개발사업 기획과 초기 시행에 관여한 담당자들의 회고에 의하면, 국보위의 논의 과정에서 정부출연연구소가 부족한 연구기획 및 평가 능력으로 인해 연구성과가 기대에 미치지 못한다는 평가를 받고 이 문제를 극복하기 위해 제기된 것이었다 한다. 이를 위해 국방과학연구소를 벤치마킹하여 체계적인 연구관리 시스템을 구축하고자 했던 시도가 특정연구개발사업 발족의 동기가 되었다는 것이다.[93] 이에 따라 1980년대 정부출연연구소의 소장단으로 국방과학연구소 출신들이 대거 옮겨 가게 되었다는 설명도 덧붙였다. 국방 관련 과제는 수요자가 분명하고 요구되는 기준을 충족하느냐에 따라 연구개발의 성패가 분명하다는 특징이 있었기에, 이러한 연구과제 관리방식을 다른 연구소에도 확산시키겠다는 의도였다. 비록 1980년 정부출연연구소 개편 과정에서는 국가연구개발사업에 대한 직접적인 구상이 드러나지 않았고, 국방과학연구소 출신들의 진출은 새 정부 중심인물들과의 인맥에 힘입은 결과라고 설명되고 있지만,[94] 당시 정부출연연구소 운영 상황에 대한 비판적 인식이 출발점이 되었을 가능성이 충분하다. 1970년대 후반이 이르러 국방과학연구소는 KIST를 제치고 최대 규모의 연구소가 되었으며, 병기 개발이라는 명확한 목표 아래 지속적으로 성과를 내놓고 있었다.

결과적으로 정부출연연구소 통폐합 이후 연구와 투자효율 향상을 위한 과학기술처의 방안 모색이 본격화되면서 중장기 연구개발계획의 수립, 연구과제 중심의 신축성 있는 조직 운영 등 시책이 시행되었고, 이를 위한 핵심 방안의 하나로 특정연구개발사업이 기획되었다고 볼 수 있다. 물론 국가연구개발사업이라는 대형 사업을 통해 과학기술처의 예산을 확대하고 부처의 위상을 강화하기 위한 의도도 담겨 있었다. 시행 첫해인 1982년 133억 원의 연구개발비를 시작으로 제5차 경제계획이 종료된 1986년에는 사업비의 규모가 517억 원으로 증가했고, 1989년에는 882억 원으로 증액

되더니 1990년에는 1천억 원이 넘었다.[95] 정부부처 중에서 영향력이 그리 크지 않았던 과학기술처는 특정연구개발사업 예산 확보를 최우선 순위로 추진하여 당시로서는 유례없는 막대한 자금을 투입하는 대규모 장기사업을 이끌어냄으로써 부처의 위상을 끌어올릴 수 있었다.[96]

사실 특정연구개발사업과 같은 국가 지원 연구개발사업의 아이디어는 1970년대 후반 KIST에서 시작되었다고 볼 수 있다. KIST는 1978년부터 기존 계약연구체제에서 장기대형국책과제 중심으로 연구소의 연구 방향을 전환했다. 이는 분야별 전문출연연구소가 설립되는 상황에서 KIST가 전문연구소와 구별되는 역할을 정립하기 위한 시도이자 계약연구체제가 지녔던 부담에서 벗어나고자 채택했던 전략이었다. 당시 KIST는 '국책적 과제(national project)'라는 표현을 사용했는데,[97] 특정연구개발사업과 같은 국가연구개발사업은 영어로 'national R&D project'로 표현되었다. 1979년부터 과학기술처는 KIST뿐 아니라 정부출연연구소와 국공립연구소 전체를 대상으로 한 국가연구사업을 구상했으며, 이듬해 주요 국가연구개발사업을 프로젝트화하여 추진함과 동시에 민간연구소 설립 지원 등 민간의 산업기술개발 지원을 더욱 강화하기로 계획을 세웠다.[98] 실제로 1981년 특정연구개발사업 구상이 구체화될 때 일부 언론은 특정연구개발사업 같은 국책연구의 뼈대는 KIST가 추진했던 대형 과제에 있기 때문에 이미 상당 부분 준비가 된 상태라고 보도한 바 있다.[99] KIST의 장기대형국책과제는 KIST 연구진이 연구주제를 정해 예산을 받는 방식이었으며, 특정연구개발사업도 처음에는 연구자가 주제를 제안하는 상향식 방식(bottom-up)으로 추진되었다.[100] 이러한 사실은 특정연구개발사업이 기본적으로 KIST의 장기대형국책과제와 맥이 닿는 사업이었음을 보여준다. 물론 KIST의 구상은 KIST만을 대상으로 한 것이었지만 특정연구개발사업은 모든 정부출연연구소와 기업까지를 지원 대상으로 했다는 점에서 큰 차이가 있다.

특정연구개발사업의 중심 대상은 정부출연연구소였지만 기업도 중요한 수혜자가 되었으며, 이는 특정연구개발사업 구상 배경의 하나가 기업의 기술개발에 대한 관심을 높이는 것이었음을 말해준다. 당시 한국 기업들은 연구개발활동에 대한 고려가 충분하지 못했고, 기업의 매출액 대비 연구개발비 비율이 제조업의 경우 미국 3.1%에 비해 한국은 0.33%에 불과했다. 이에 비해 일본은 1970년대 말 고집적반도체 개발을 위한 VLSI 연구조합을 결정하고 통상산업성의 지원에 힘입어 메모리반도체 분야에서 선두에 나설 수 있었다. 이러한 사례를 모델로 하여 정부출연연구소와 연계하여 기업의 연구개발활동을 촉진하고자 하는 취지가 특정연구개발사업의 기본 구상에 포함된 것이다.

특정연구개발사업을 추진하기 위해 1981년 12월 개정된 기술개발촉진법 8조 3항에는 이 사업을 수행하는 기관으로 정부출연연구소, 기업부설연구소, 산업기술연구조합, 대학 및 전문대학, 국공립연구소 등을 명시해서 민간에게도 정부 연구개발비를 지원할 수 있는 근거를 마련했다. 특정연구개발사업 출범 초기에는 산업구조 고도화를 통한 생산성 향상과 수출 성장의 한계 극복을 목표로 하여, 전액 정부출연금으로 지원되는 국가주도 연구개발사업과 정부와 기업이 자금을 공동 부담하는 사업으로 나누어 추진했다. 국가주도 사업은 정부출연연구소들이 주로 수행했으며, 공공복지기술과 미래첨단기술 등 공익성이 크고 민간이 맡기 어려운 중장기 대형 과제를 위해 정부가 연구비를 전액 부담하는 사업이었다. 반면 기업이 중요한 참여자인 공동연구사업은 민간에만 맡기기에는 적절하지 않은 산업핵심기술을 개발하기 위해 정부·민간이 공동으로 연구비를 부담하는 것으로 산업현장에서 제기되는 제품의 품질과 생산성 향상, 신제품 개발에 중점을 두었다. 1983년에는 대학의 연구잠재력을 활용하기 위해 전체 예산의 10% 규모의 목적기초연구사업을 신설했으며, 이듬해는 연구개발성과의 기업화를 목적으로 하는 신기술기업화 연구개발사업을 추가했다. 1985년에는 유망중소기업 기술지원사업, 국제공동연구사업, 연구개발평가사업이 신설되었고, 국책 및 기업기술개발지원사업이 산업 및 공공기술개발사업으로 통합되는 등 계속해서 변화가 이루어졌지만 대체로 국가 주도 연구개발사업과 정부·민간공동 연구개발사업을 큰 축으로 추진되었다.[101] 특정연구개발사업 시작 5년간 대표적인 연구개발 성공사례로, 아라미드 펄프 개발(KAIST-코오롱), 반도체 리드프레임용 소재 개발(KAIST-풍산금속), 교육용 컴퓨터 개발 보급(한국전자통신연구소-5개 기업체), VTR 헤드드럼 국산화(한국기계연구소-삼성), 원자력발전소용 핵연료 국산화(당시 한국에너지연구소, 현 한국원자력연구원) 등이 꼽혔다.[102]

특정연구개발사업을 통해 국가가 주도하는 연구개발사업의 가치를 확인한 상공부도 대규모 기술개발사업을 추진하게 되었다. 상공부가 1987년 공업기반기술개발사업을 시작함에 따라 국가연구개발사업은 과학기술처의 영역을 벗어나 다원화가 시작되었다. 공업기반기술개발사업은 특정연구개발사업의 정부·민간 공동연구를 흡수하여 산업계가 시급히 개발해야 할 필요가 있는 기술과제를 지원하여 기술자립도를 제고한다는 목표 아래 추진되었다. 상공부를 뒤이어 동력자원부가 대체에너지기술개발사업, 체신부가 정보통신국책연구개발사업을 출범시킨 것을 비롯하여 환경, 보건, 농림, 건설, 수산 등 각 부문마다 독립적인 연구개발사업을 추진하게 되면서 국가연구개발사업이 다원화되었다. 이는 1970년대 여러 부처가 분야별로 경쟁적으로 정부출연연구소를 설립하던 양상이 10여 년 뒤에 부처들이 경쟁적으로 국가연구개발사업을 추진하는 모습으로 재현된 셈이었다.[103] 1970년대 연구를 위한 인프라가 빠르게 구축되었고, 1980년대 들어와 그 인프라를 통해 경쟁적으로 국가연구개발과제가 수행되면서 연구의 결실을 맺는 수순이었다. 이러한 국가연구개발사업의 확대는 한국 과학기술의 압축적 발전 과정에서 나타나는 전형적 양상이라 할 수 있다. 하나의 모델이 집중적인 지원을 받아 성공적인 모습을 보이면 유사한 기관이나 제도들이 빠르게 재생산되는 방식으로, 단기간에 양적인 측면에서 압축적 성장을 거둘 수 있게 하는 비결이 되었다.[104]

국가연구개발사업의 다원화에 따라 과학기술처의 특정연구개발사업도 성격 전환을 꾀해 국가연구자원이 총동원되는 대형협동연구사업 중심으로 전환했으며, 기초과학연구사업은 특정연구개발연구사업에서 분리하여 독립적으로 추진하기로 했다. 이에 따라 과학기술처는 원천·핵심첨단기술, 복합기술, 국제공동연구, 기초연구 등 국가 기술개발의 큰 줄기를 담당하는 방향으로 가닥을 잡았고, 산업 관련 부처는 산업구조 조정 및 대외 경쟁력 향상을 위한 첨단산업기술개발, 중소기업 현장애로기술 및 품질향상 관련 기술 등을 주 대상으로 삼았다. 이러한 사업방식 전환으로 1990년대 초에는 국책연구개발사업, 첨단요소기술개발사업, 중간핵심기술개발사업, 선도기술개발사업 및 출연연구기관연구개발사업이 시작되는 등 국가연구개발사업의 세부 구성이 다양해졌다.[105]

특정연구개발사업은 일차적으로 정부의 연구개발에 대한 투자와 관심을 끌어올리는 계기가 되었다. 과학기술처가 이 사업을 시작할 때까지 다른 부처들은 연구개발에 대한 정책적 관심이 그리 높지 않았는데, 이후 여러 부처들이 경쟁적으로 국가연구개발사업을 추진하면서 국가연구개발 예산이 늘어나고 관련 정책이 다양해졌다. 또한 특정연구개발사업에서 얻어진 결과의 기업화, 특허출원 및 등록, 학술논문 등에서 상당한 성과를 거두었으며, 특히 기계류, 부품, 소재 등에서 해외 기술에 대한 의존도를 줄이게 되었다. 그리고 한국 연구체제의 선진화에도 크게 기여했다고 평가받는다. 1985년 특정연구개발사업비 규모가 커짐에 따라 효율적 관리를 위해 연구개발평가사업이 시작되었고, 1990년에 연구기획평가사업으로 개칭되며 기획활동이 강화되었다. 또한 연구개발 재원의 효율적 활용과 연구개발체제의 생산성을 높이기 위해 사전조사, 연구기획, 과제 선정 및 평가, 사후관리, 특정연구개발사업의 추진체계나 방법, 관련 제도 및 정책에 관한 연구도 추진되면서 국가연구개발사업을 둘러싼 제도 자체도 체계화되었다.[106]

국가연구개발사업은 민간기업의 이해관계가 얽혀 있기 때문에 정부출연연구소가 책임기관 역할을 맡는 것이 자연스러웠으며, 1980년 통폐합을 통해 불안정한 상황에 놓였던 정부출연연구소는 특정연구개발사업을 통해 자신의 역할을 새롭게 조정할 수 있었다. 또한 이 사업은 기업과 대학의 연구잠재력을 성장시키는 데 기여했으며, 특히 산업기술연구조합, 대학의 연구소, 민간연구소 설립을 촉진시키는 직접적 역할을 담당했다. 국가연구개발사업에 참여한 기업들은 초기에 핵심기술은 정부출연연구소 등 주관기관에 의지하고 주변 기술에 대한 연구를 수행하는 경우가 많았지만 점차 기술력을 확보해나가면서 독자적인 연구개발 비중을 높여갔다. 예를 들어 전자교환기 연구에 참여한 한국통신(KT)연구소는 AXE-10 중용량 시외교환기의 도입·훈련까지는 한국전자통신연구소(ETRI)와 함께했지만 이후 단계의 전자교환기 신기술 도입과 운용은 독자적으로 진행하게 되었다.[107] 국가연구개발사업이 전략기술 개발을 목적으로 추진됨에 따라 대학의 참여는 다른 주체에 비해 낮은 편이었지만 대형연구개발사업에 본격적으로 함께하게 되면서 연구개발의 한 축을 담당하는 주체로 성장할 수 있는 기초가 마련되었다. 특정연구개발사업에는 주관연구기관이 위탁연구비를 지출하여 대학, 정부출연연구소, 기업 등에 연구의 일부분을 의뢰하는 위탁연구방식이 존재했는데, 1989년까지 진행된 국가주도 사업의 약 30%, 기타 사업의 10~15%가 위탁연구였다. 위탁연구의 약 75%가 대학에 의뢰한 것으로, 특정연구개발사업에 대한 대학의 참여도는 표면적으로 드러난

것 이상이었다.[108]

특정연구개발사업의 가장 큰 수혜자는 주체별로 볼 때 정부출연연구소로, 2001년까지 전체 연구개발비의 58%를 사용했으며, 다음으로 기업·연구조합이 29.6%, 대학이 11.7%의 비중을 보였다. 정부출연금만으로 보면 64.8%가 정부출연연구소의 몫이었고, 기업·연구조합이 20.6%, 대학이 13.7%를 기록했다. 특히 1992년부터 산학연 협동연구 사업을 중심으로 하는 선도기술개발사업이 추진되면서 기업·연구조합과 대학에 대한 연구비 지원 규모가 크게 증가했다.[109] 개별 기관으로 볼 때 1997년까지의 집계 결과 ETRI는 1985년부터 집계된 수치만으로도 정부출연금 601억 원과 민간부담금 2585억 원, 총 3186억 원을 받아 가장 많은 연구비를 받았다. 이는 한국형 전전자교환기 TDX(Time Division Exchange)에서 디램 메모리반도체 공동개발, 코드분할 다원접속방식의 이동통신기술 CDMA(code division multiple access) 상용화에 이르기까지 초대형 과제를 연이어 수행한 결과였다. 민간부담금을 제외한 정부재원만을 고려할 경우에는 KIST가 가장 큰 수혜자였다. 1988년까지 KAIST의 일부였기 때문에 1989년부터 별도로 집계되었지만, 1997년까지 집계 결과만으로도 KIST는 정부출연금 1467억 원을 포함해 총 1804억 원을 받았다.[110] 비록 특정연구개발사업비 수혜의 절대규모로 볼 때 정부출연연구소가 가장 큰 혜택을 받았지만 기본적으로 정부가 이전에 제공하던 출연금의 상당 부분이 특정연구개발비로 지급된 것이었고, 반면에 기업에게는 새로운 자금 지원이 시작된 것이기 때문에 기업은 분명 특정연구개발사업의 중요 수혜자였다.

특정연구개발사업에서 비롯된 국가연구개발사업을 통해 1970년대부터 조성되었던 연구개발을 위한 인프라는 본격적인 연구개발을 추진하는 단계로 접어들게 되었다. 국가가 나서서 공공연구체제를 구축하고 민간에게도 연구소 설립을 장려하는 한편 막대한 규모의 연구개발비를 투입하여 특정한 목적의 핵심기술 개발을 산·학·연이 함께 추진하도록 하는 방식은 국가주도의 한국 과학기술 연구개발의 독특한 양상으로 자리 잡았다. 이러한 대규모 국가연구개발사업을 통해 대기업을 중심으로 한 기업연구소는 국가적인 기술개발 노력에서 핵심적 주체로 등장하게 되었다. 이러한 양상은 한국과 비슷한 시기에 과학기술발전을 본격화한 대만이 중소기업 중심의 산업 및 과학기술정책을 펼친 것과 상당한 대비가 된다. 두 나라 모두 정부가 주도적으로 나서 과학기술발전을 위한 노력을 전개했지만, 한국은 분야별로 정부출연연구소를 설립하고 대기업 연구조직을 지원하는 방식을 택했고, 대만은 연구결과를 바탕으로 직접 생산을 담당하는 중소기업을 대거 설립하는 정책을 추진했다.[111] 이러한 차이는 양국의 정치·사회·문화적 차이가 복합적으로 작용한 결과로, 이후 흥미로운 분석이 가능할 것으로 생각한다.

4절

전환기의 정부출연연구소

1. 1980년대 정부출연연구소의 다양화

1980년 정부출연연구소 통폐합은 과다한 연구소 숫자의 축소를 통한 운영효율화라는 가치를 내세워 추진되었지만 1980년대를 지나면서 몇몇 부처가 새로운 연구소를 세웠고, 통합되었던 일부 연구소가 다시 분리되면서 그 가치가 시들해졌다. 출연금 지급방식의 변화로 중장기적 기초·응용연구의 수행이 가능하게 되었으며, 계약연구체제에서는 우선순위가 밀리기 쉬운 공공복지 관련 기술에 대한 연구도 추진 가능성이 커졌다. 통합으로 인해 규모를 키우고 분명한 과제를 설정한 기관들은 정부의 지원 확대를 바탕으로 연구능력을 끌어올리면서 통합을 도약의 발판으로 삼았다. 한편으로 원하지 않는 통합을 겪은 몇몇 기관들은 통합 직후 언론에 의해 "긴 침묵"이나 "깊은 잠"으로 표현된 연구활동의 침체를 겪었으며, 물리적 통합을 화학적 통합으로 이끌어내기 위해 노력했지만 그 과정은 쉽지 않았다.

1985년 3월 뒤늦게 전기통신연구소와 전자기술연구소가 통합되어 한국전자통신연구소(ETRI)가 탄생했고,[112] ETRI는 1980년대 가장 왕성한 연구활동을 벌인 정부출연연구소가 되었다.[113] 무엇보다 1980년대 가장 성공적인 연구개발성과로 꼽히는 전전자교환기 TDX 개발은 ETRI의 대표작이었다. 사상 최대 규모였던 240억 원이 투입될 초대형 프로젝트에 대한 반대가 심하자 연구진들은 "TDX 개발에 실패할 경우 어떤 처벌이라도 달게 받을 것을 서약한다"는 소위 "TDX 혈서"로 불리는 각서를 써서 설득에 나섰다.[114] 결국 ETRI의 TDX-1의 개발 성공으로 한국은 세계에서 10번째로 전전자교환기술 보유국이 되었다. 1986년 TDX 개발과 보급이 시작되면서 전화 적체율은 10%대로 낮아졌고, 1987년 10월 전화가입수는 1000만을 돌파하며 1가구 1전화 시대를 열었다. 이후 TDX 개발사업은 ATM 교환기, CDMA 이동통신시스템의 상용화로 이어져 한국 정보통신 분야의 대표 성과가 되었다. 결과적으로 후속 사업까지 포함해서 TDX 개발에는 총 1076억 원의 연구개발비가 투입되었으며, 그에 의한 매출은 6조 9000억 원에 달했다. 또한 한국의 대표 수출품목으로 떠오른 반도체산업의 발판이 된 4M, 16M DRAM 공동개발도 ETRI가 주가 되어 이끌어낸 대표적 연구개발 성과였다.[115] 국산 컴퓨터 시대를 연 교육용 컴퓨터 개발 사업이나 1989년부터 시작된 디지털 이동통신 시스템 개발 사업 등 ETRI는 이 시기에 새로운 대표 산업으로 떠오른 전자·정보통신산업 분야의 핵심 연구소로 큰 몫을 담당했으며, ETRI 연구원들은 당시 여러 대학에 새로 설치되는 정보통신 관련 학과의 교수진으로 대거 진출했다.[116] 이러한 결과는 국가적 당면 과제를 풀기 위한 대형 과제가 제안되고, 이를 뒷받침할 수 있는 막대한 투자와 연구원들의 노력이 결합된 것으로, 새로운 첨단기술인 정보통신에 집중적 지원을 쏟아부은 정부와 함께 KT와 같은 강력한 스폰서이자 수요자가 존재했기 때문에 가능했다.

ETRI가 연구소 통폐합을 통해 1980년대를 대표하는 정부출연연구소로 부각했다면, KIST는 한국과학원과 통합되어 KAIST로 개편됨으로써 KIST라는 원래의 이름과 위상을 잃게 되면서 "시련의 시기"를 지내야 했다. 연구와 교육을 연계시켜 운영효율을 높이겠다는 좋은 명분에도 불구하고, 두 기관의 통합에 대한 양 기관의 인식은 현저하게 달랐다. KIST 출신 인사들은 정치적 의도에 의한 "KIST 죽이기"였다고 보는 반면에 한국과학원 출신 인사들은 정부 요구로 "부실한 KIST를 떠맡았다"고 기억한다.[117] 두 기관의 통합에는 공식적인 명분 외에 여러 정치적 배경이 작용했으며, 그에 따른 부자연스러운 통합은 내부 구성원의 논의 없이 결정되었고, 두 조직의 성격과 역사를 무시한 결정이었다. 통합 이후 학부제, 매트릭스 시스템, 겸직·겸무제도 등 여러 제도를 도입하여 두 기관의 화학적 통합을 이루려 했던 KAIST의 시도는 진전을 보지 못했고, 1989년 KIST가 KAIST에서 분리되어 서울에 남고, 새로 설립된 과학기술대학과 KAIST가 통합되어 대덕으로 이전함으로써 연구소와 교육기관의 어색한 동거는 9년 만에 끝이 났다. 새로 출범한 KIST 정관은 "국가미래과학기술을 선도하는 창조적 원천기술의 연구개발과 국가과학기술 저력배양을 위한 기초응용과학의 연구"를 추진한다고 밝혀 1966년 설립 당시에 비해 창조적 원천기술이나 기초응용과학 연구를 새롭게 강조했다.[118]

KIST 기관사는 1980년대를 원하지 않은 통폐합에 의해 어려움을 겪은 "과도기"로 묘사했지만,[119] 2013년에 발표된 KIST의 경제사회적 파급효과를 분석한 결과에 의하면 1980년대가 가장 큰 실적을 거둔 것으로 나타났다. 지식스톡 파급효과, 사업화 R&D 파급효과, 정책적 파급효과로 구분해 추산한 결과에 의하면 '국가 R&D 선도기'로 구분된 1981~89년은 '국가 싱크탱크 태동기(1966~70)', '산업화기술개발 주도기(1971~80)', '첨단기술개발 추진기(1990~2005)', '미래국가연구 지향기(2006~12)' 등의 시기에 비해 세 가지 파급효과 모두 가장 높은 가치를 기록했다.[120] 이 같은 결과는 일차적으로 파급효과를 계산할 때 이용한 각 시기별 총요소생산성의 R&D 기여율이 이 시기가 높게 책정된 결과이지만, 동시에 1970년대 후반부터 국책적 과제를 추진한 KIST가 국가연구개발사업이 본격화되면서 비중 있는 역할을 담당했음을 보여준다.

1980년의 연구소 통폐합 정책은 그 중심이었던 KIST와 한국과학원의 통합이 KIST의 독립으로 원상 복구되자 상당 부분 퇴색되었다. 또한 한국전기통신연구소로 통합된 구 한국전기기기시험연구소가 1985년 6월 한국전기연구소로 독립했고, 1989년 한국원자력연구소는 원래의 이름을 되찾게 되었으며, 1991년에는 한국동력자원연구소가 한국에너지기술연구소와 한국자원연구소로 다시 분립되어 통합 이전의 상태로 돌아갔다. 이러한 통합과 재분리는 독립적 기관으로 성장한 두 기관의 통합이 실질적으로 하나의 조직으로 재편성되어 통합 정책이 의도한 성과를 거두기가 쉽지 않았음을 말해준다.

한편으로 1980년대를 거치면서 새로운 분야의 정부출연연구소 설립이 이어졌다. 과학기술처는 유전공학이나 항공우주 같은 새로운 분야를 육성하기 위해서 기존 정부출연연구소의 부설연구소 형태로 새 연구소를 세웠다. 산업기술 관련 부처들은 1987년 농수산부 소관의 한국식품개발연구원이나[121] 1988년에는 건설부 산하 정부출연연구소로 새롭게 개편된 한국건설기술연구원처럼 독립 연구소를 설립했다.[122] 이에 따라 과학기술처로 일원화되었던 정부출연연구소의 주무부처가 다시 다원화되었고, 기술개발을 둘러싼 과학기술처와 산업기술 부처와의 갈등이 표면화되었다.[123] 특히 1989년 상공부가 이론 위주인 기존 정부출연연구소에서 다루기 힘든 현장 위주의 생산기술개발과 산업의 국제경쟁력 강화를 위한다는 목적으로 신설한 한국생산기술연구소는 당초 대학원 과정까지 독자적으로 개설할 계획이었으나 문교부의 반대로 공동 학위과정 설치로 변경되었다. 생산기술연구소는 설립 직후 『생산기술 어떻게 할 것인가』라는 보고서를 통해 과학기술처의 연구개발 및 과학기술정책 전반에 대한 신랄한 비판을 제기해 큰 논란이 되었다.[124] 이러한 논란은 과학기술처와 상공부의 연구개발 기획과 관리를 둘러싼 영역 다툼의 결과인 셈이었다.[125]

이 시기 새로 등장한 정부출연연구소들은 여전히 산업기술개발을 중요 기능으로 삼고 있었는데, 1980년대 중반을 지나면서 기초과학과 관련된 분야의 연구소 설립이 추진되었다. 과학기술처는 1987년 수학, 물리, 화학, 생물, 가속기과학, 기초공학 등 6개 연구센터로 구성된 기초과학연구소 설립계획안을 확정했는데, 대학 연구자들의 반발에 부딪혀 이듬해 대학의 기초과학연구를 지원하는 기관인 기초과학연구지원센터를 과학재단 부설로 세웠다. 대덕연구단지에 본소를 두고 국가 대형연구시설을 설치·운영하면서, 부산(부산대), 대구(경북대), 광주(전남대) 등 지역 분소에는 지역 공통장비를 두어 전국적인 연구지원망을 갖춰나가기 시작한 기초과학연구지원센터는 실험물리학 분야 등 대학의 기초과학 분야의 논문 실적이 제고되는 데 상당한 기여를 했다.[126] 한편으로 천문학 분야에서도 천문연구소가 정부출연연구소로 등장했다. 낮은 처우로 연구원의 이직이 잦았던 국립천문대는 1986년 한국전자통신연구소 부설 천문우주과학연구소가 되면서 정부출연연구소로 개편되었고, 1989년 한국기계연구원 부설 항공우주연구소가 설립되고 우주공학 분야가 이곳으로 이관되면서 천문학만을 위한 연구소로 재정립되었다. 비록 1991년 한국표준과학연구원의 직속기관으로 격하되었지만 1999년 독립법인 한국천문연구원으로 새롭게 발족했다.[127]

1980년대 정부출연연구소와 관련해 특징적 현상으로 기획, 관리, 평가 기능이 강화되면서 이를 관장하는 정책 연구소를 각 부처들이 세우는 모습을 들 수 있다. 경제기획원이 KDI를 두고 있는 것처럼, 과학기술 및 산업 관련 부처들이 정책연구소를 세우고자 했다. 상공부는 국제경제연구원과 한국과학기술정보센터에 뿌리를 두고 있는 산업연구원을 발족해 그 같은 기능을 기대했다.[128] 또한 체신부는 1985년 2월 민간연구소인 한국전기통신산업연구소를 개편해 통신 분야 정책을 연구하는 싱크탱크로 통신정책연구소를 발족시켰다. 과학기술계 출연연구소와 달리 이런 정책연구소들은 주된 임무가 소관 부처의 정책개발 지원 임무이기에 연구소를 관장하는 기관의 변화 없이 안정적으로 유지되었다. 과학기술처는 1984년 KAIST 내에 기술발전평가센터를 설립했고, 1987년 KAIST 과학기술정책연구·평가센터로 확장시켰다.[129] 이 센터는 정책연구와 주요 기술 분야별 연구기획 및 평가를 담당했으며, 1993년 KIST 부설 과학기술정책관리연구소(STEPI: Science and Technology Policy Institute)로 개편되었다.

결과적으로 1980년 통폐합을 통해 과학기술처가 총괄하는 정부출연연구소 관리시스템이 구축되었지만 1980년대를 거치며 산업기술 관련 부처들이 자체적인 연구소를 확보하게 됨에 따라 과학기술 행정과 연구개발도 과학기술처를 중심으로 한 집중형에서 점차 상공부, 체신부 등 관련 부처들이 참여를 넓혀가는 확산형으로 변화해갔다. 그에 따라 통폐합으로 연구소를 과학기술처에 내줘야 했던 여러 부처들이 관련 연구소의 이관을 요구하고 나섰다. 한편으로 기초 과학 분야와 과학기술 및 산업정책을 담당하는 연구소들도 설립되어 산업기술 개발을 통한 경제발전을 목적으로 내세웠던 정부출연연구소의 목적이나 기능의 외연이 점차 확산되는 모습을 보였다.

2. 민주화 시대의 정부출연연구소

1980년 통폐합 이후 정부출연금의 안정적 지원은 원칙적으로 연구소의 안정적 운영을 가능하게 했지만 정부의 관리가 강화되면서 정부출연연구소의 자율성은 약화될 수밖에 없었다. 정부출연연구소가 택했던 재단법인이라는 제도는 근거하고 있는 민법의 법률 해석에 따르면 설립자의 의사에 의해 타율적으로 구속될 수 있기 때문에 대통령이 개인 자격으로 설립자로 이름을 올렸던 정부출연연구소는 사실상 정부기관으로서, 정부의 개입이 이례적이거나 비정상적인 상황은 아니었다. 그럼에도 불구하고 1970년대까지 정부출연연구소는 대통령의 후원과 과학기술처 장관 최형섭의 "연구자 중심의 과학기술 행정"에 힙입어 상당한 정도로 자율적 운영을 추구할 수 있었다.[130] 하지만 1980년 정부출연연구소 재편성 이후 연구소는 정부와의 관계에서 크게 위축되었고, 과학기술처는 연구소 운영에 대해 각종 준칙을 통해 관리 수위를 높여나갔다. 여기에 5공화국의 억압적인 정치 제체 아래서 연구소의 발언력은 매우 제한적이 되었다. 국정감사에서 주로 인문사회 분야 정부출연연구소에 대해 정부 뜻에 맞게 보고서가 수정된다면서 "출연연이 모든 것을 정부의 통제를 받게 되었고, 이사회는 있으나마나 한 기관으로 변화했다"는 비판이 제기되었는데, 과학기술 분야 정부출연구소도 크게 다르지 않았다.[131]

정부의 강한 통제와 관리 아래 놓인 과학기술 분야 정부출연연구소의 사정은 북한의 금강산댐에 대한 시스템공학연구소의 연구보고서 사례를 통해 확인할 수 있다. 보고서는 정부의 발표와 달리 금강산댐이 착공되지도 않았으며, 2백억 톤이 담수되려면 14년 이상이 소요되며, 지형상 160억 톤이 넘어가면 북한 쪽으로 역류된다는 결론을 담았다. 연구팀은 이 같은 연구결과를 과학기술처에 보고하면서 좀 더 구체적인 조사를 위해 연구비

보조를 요청했지만 받아들여지지 않았고, 해당 연구결과도 외부에 공개되지 않았다.[132] 연구소로서는 객관적인 데이터에 근거한 연구활동이었지만 정부의 입장을 거스르면서까지 목소리를 낼 수 있는 상황은 아니었던 것이다. 또한 1989년 국정감사에서 국가안전기획부의 요구로 한국전자통신연구소가 전화도청장치를 개발했다는 지적이 나오면서 발생한 논란이나[133] 일부 연구소가 여당의 대통령 선거공약 개발에 동원되어 정부출연연구소의 정치적 중립성마저 훼손되었다는 비판을 받게 된 상황은[134] 독립성과 자율성이 현저히 약화된 정부출연연구소의 실상을 반영했다.

한편으로 상공부를 비롯한 산업기술 부처들이 연구소에 관심을 갖게 되면서 정부출연연구소에 대한 과학기술처의 단일한 관리에 균열이 생기기 시작했다. 1989년 행정개혁위원회가 내놓은 보고서는 과학기술 관련 기능 배분이 불합리하다고 결론짓고, 과학기술처는 과학기술발전의 근간이 되는 기초과학 진흥 및 첨단과학기술 진흥 부문에 대한 정책 및 연구개발 지원기능에 중점을 두고, 상공부, 체신부, 동력자원부 등은 산업기술 분야에 대한 정책 및 연구개발 지원 기능을 수행하며, 대형화되어가는 과학기술이나 첨단기술 분야에 대한 정책 기능은 관련 부처 간 유기적 협조 하에 과학기술처에서 추진토록 건의했다.[135] 이러한 방안에 대해 과학기술계는 반대성명을 발표하면서 정부의 과학기술정책 기조가 제조업의 성장을 뒷받침하는 상품화기술 우선 개발전략으로 치우치는 것이 아니냐는 우려를 표시했다. 논란을 거쳐 과학기술처는 중장기적 대형연구개발사업과 핵심첨단기술 및 분야별 복합기술의 개발을 담당하고, 산업 관련 부처는 현장애로기술, 산업구조조정기술, 업계공통필요기술 등을 담당하는 방향으로 조정되었다. 그럼에도 불구하고 부처 간에 연구개발사업을 둘러싼 오랜 이견은 쉽게 조정되지 못했다.[136] 이러한 논란의 핵심은 연구소 운영에 대한 자율성이나 연구소의 임무가 아닌 소관 부처나 지배구조 문제였기 때문에 정부출연연구소의 위상 정립 혹은 새로운 역할 정립은 여전히 숙제로 남았고, 부처 간의 힘겨루기 사이에 끼어 있는 연구소들은 자율성 하락을 우려했다.

1987년의 민주화운동이라는 한국 사회의 거센 흐름 속에서 정부출연연구소에도 노동조합이 설립됨으로써 권위주의 체제 아래서 목소리를 낼 기회를 얻지 못했던 정부출연연구소 연구자들이 정부의 정책 입안과 집행 과정에 새로운 변수로 등장했다. 1987년 12월 한국전자통신연구소에서 가장 먼저 노동조합이 결성되었으며, 곧이어 KAIST, 한국화학연구소 등 대부분 연구소에서 잇따라 노동조합이 설립되었고, 1988년 7월 대전 지역에 주로 위치한 과학기술노동조합이 중심이 된 '연구전문직 노동조합협의회'(이하 연전노협)가 결성되었다.[137]

정부출연연구소 노동조합은 과학기술 연구개발을 통해 국가 발전과 과학기술입국에 기여하는 지식인으로서의 과학기술자라는 전통적 상에 노동자로서의 과학기술자라는 새로운 시각을 제공했다.[138] 초기 과학기술노동조합 설립 주체들은 당시 민주화운동 속에서 민주적 의식을 갖게 된 청년 과학기술자들이었으며, 노동조합 설립은 대학에서 학생운동을 접한 청년 과학자들이 직장에서 민주화운동을 이어가는 현상이었다.[139] 노동조합은 정부출연연구소 내의 문제점과 함께 연구소의 위상 정립이나 과학기술 정책에 대한 문제도 제기했다. 정부는 이에 대해 노동조합이 설립 목적을 넘어 부당한 요구를 하고 있다면서 정부출연연구소의 기능을 축소하거나 존폐까지 고려하겠다는 엄포를 놓았다.[140]

연전노협은 1988년 12월 '연구의 자율성 확보', '연구소의 민주적 운영', '연구원들의 처우개선' 등의 공동 요구조건을 내걸고 파업에 들어갔는데, 이는 한국 최초의 업종별 연대투쟁이었다.[141] 결국 과학기술처 장관이 직접 대덕에 내려와 각 연구소 노동조합 대표들과의 면담을 통해 책임을 갖고 문제해결을 위해 노력하겠다고 약속한 후 연구소와 노동조합의 협상을 거쳐 시급한 문제를 타결하고 파업이 종료되었다.

이처럼 연구소 노동조합의 부상은 한편으로 연구소 내부에서도 논란을 불러왔다. KIST의 경우 선임연구원급 이상 2백여 명이 연구발전협의회를 발족해 노동조합을 견제하기도 했다. 연구발전협의회는 연구 활성화, 자율적 연구 분위기 조성을 주된 목적으로 내세웠는데, 사실상 연구소 경영진이 노사협의 과정에서 노동조합에 굴복해서 합의한 사항들이 기관 운영에 타격을 주어 연구활동을 위축시킬지 모른다는 우려에서 발족되었다.[142] 처음 노동조합이 등장했을 때는 박사급 연구원들 상당수가 노동조합에 가입했지만, 노동조합의 영향력이 커지고 그에 대한 정부의 대응도 강화되면서 상당수 박사급 연구자들은 노동조합을 탈퇴하게 되었다.[143] 그 결과 노동조합은 연구직보다 비연구직의 비중이 높아지게 되었으며, 여러 정부출연연구소에서 박사급 연구원들이 자신의 목소리를 내기 위한 기구로 연구발전협의회를 조직했다.

이에 따라 정부출연연구소 구성원의 목소리는 과학기술노동조합과 연구발전협의회의 이중 구조를 지니게 되었다. 또한 연구소별 노동조합의 기능에 한계를 느낀 연구소 노동조합은 1994년 과학기술노동조합이라는 첫 산업별 노동조합을 결성했다. 과학기술노동조합의 출범에 따라 단위노동조합이 갖고 있던 단체교섭권 및 단체행동권이 과학기술노동조합으로 이관되어 직접 정부와 교섭을 하게 되었다. 한편으로 연구소별 연구발전협의회도 1999년 KIST를 비롯한 7개 연구소의 연구발전협의회가 모여 협의회를 구성함에 따라 전체를 포괄하는 조직을 갖추게 되었다.[144] 이처럼 노동조합과 연구발전협의회는 연구소 구성원을 대표하는 대의기구로 기능했으며, 특히 단체행동권을 지닌 노동조합은 정부와의 관계에서 상당한 힘을 갖게 되었다.

이러한 상황은 연구소에 대한 정부의 정책 입안과 집행에 새로운 변수가 되었다. 예를 들어 정부의 일방적 구조조정은 이들 단체의 존재로 인해더 이상 쉽게 추진할 수 없게 된 것이다. 결국 정부가 조직개편 등의 강력한 구조조정 정책을 펼치기 위해서는 노동조합이라는 산을 반드시 넘어야 했으며, 이는 민주화 시대의 정부출연연구소에 대한 정부의 관리나 정책 집행방식이 달라져야 함을 의미했다.

3. 정부출연연구소 합동평가와 기능재정립

기업연구소의 부상과 정부출연연구소 노동조합의 등장 등 연구소 안팎의 새로운 변화는 정부출연연구소의 위상과 역할에 대한 논란으로 이어졌다. 1988년 경제기획원은 네 차례에 걸쳐 '정부출연연구기관의 기능재정립 방향'을 발표했는데, 여기에는 정부출연연구소 역할 재정립과 더 나아가 민간 매각이나 정부투자기관에의 이관 등의 민영화 필요성도 담겨 있었다. 이러한 구상의 배경에는 막 결성되기 시작하던 연구소 노동조합을 탄압하기 위한 목적과 함께 선거공약사업 때문에 예산 배정에서 하위로 밀린 과학기술 부문 예산 축소를 감추기 위한 방안이라는 과학기술계의 시선도 있었다.[145] 어떠한 배경에서든지 변화된 환경 속에서 정부출연연구소의 역할에 대한 고민은 본격화될 수밖에 없었고, 연구소들은 자체적으로 새로운 역할을 모색해나갔다. 17개 정부출연연구소는 공동으로 정부출연연구소의 앞으로의 역할에 대한 조사를 추진했으며, 1991년 3월 특정연구개발사업 보고서의 일환으로 조사 결과를 발표했다. 이에 따르면, 정부출연연구소는 국가연구개발사업의 간사 격 기관으로서 국가기술개발력 결집의 구심체 역할을 하여 국가 차원의 중점 기술개발 분야를 발굴하고, 대학, 민간연구소 등의 연구개발력을 결집시킬 수 있는 촉매 작용을 해야 한다고 보았다. 이를 위해 국내 산학연 각 연구주체가 보유하고 있는 연구자원을 하나의 풀로 만들어 국가 차원에서 공동으로 활용하는 '국민연구공동체'를 구축하자고 제안했지만 실제 정책으로 이어지지는 못했다.[146]

1988년부터 시작된 정부출연연구소를 둘러싼 논란은 뾰족한 해결책을 만들어내지 못하고 계속되었다. 1991년 3월 청와대에서 열린 회의의 '제조업 경쟁력 강화대책 보고' 과정에서 노태우 대통령이 정부출연연구소 전체를 정밀하게 진단하고 평가할 것을 지시하여 총리실이 서정욱 과학기술처 차관을 단장으로 한 평가단을 발족해 정부출연연구소에 대해 전반적 평가 작업을 시작했다.[147] 평가를 지시한 회의가 '제조업 경쟁력 강화'를 위한 대책회의였다는 점은 정부출연연구소의 연구활동이나 과학기술처의 과학기술정책이 기초과학과 산업기술의 균형 발전보다 산업기술 중심으로 추진되어야 함을 시사했으며, 이는 경제수석을 비롯한 경제정책 참모진의 시각이 반영된 것이었다.[148]

과학기술계의 우려 속에서 합동평가단이 도출한 방안의 핵심은 크게 3가지로 정리된다. 첫째 민간과 중복되는 과제는 민간으로 이양하고 정부출연연구소 사이의 중복 유사 기능을 조정하고, 둘째 연구 수요자와 연구수행 주체를 직접 연계시켜 연구생산성을 제고하기 위해 한국전자통신연구소와 한국인삼연초연구소는 체신부와 재무부에 이관하며, 셋째 책임경영의지를 확립하고 기관 운영의 자율성을 최대한 확충하되 결과에 대해 엄격한 책임을 묻는 제도를 도입하여 기관 운영을 효율화한다는 것이다.[149] 이에 따라 일부 연구소의 기능이 민간에 이관되고, 기초과학연구지원센터와 천문우주과학연구소가 표준연구소에 흡수되는 등의 구조조정이 추진되었다. 하지만 결과적으로 이에 대한 평가는 그리 긍정적이지 못했다. 1991년 12월 평가 작업 보고회에서 이 평가를 지시했던 노태우 대통령은 "당초 연구기관의 평가를 해보라고 한 것은 그동안 투입된 재원으로 어느 정도의 성과를 거두었느냐를 객관적으로 평가해보라는 것인데, 그 평가 결과는 방향이 좀 어긋났다. 말하자면 조직 개편에 치우친 느낌이 든다"며 부정적인 반응을 보였다.[150] 연구소가 담당하고 있는 기능이나 비전에 대한 평가보다 운영 효율을 높이기 위한 구조조정이 중심이 되었다는 것이다. 또한 자율과 책임경영을 위해 연구소 운영을 통제하는 각종 준칙을 폐지하기로 했지만 경제기획원이 예산권을, 과학기술처가 행정지도 및 인사권을 갖고 있는 한 여전히 연구소에 대한 통제와 관리는 유효한 상황이었다.

정부출연연구소에 대한 두 번째 구조조정에도 불구하고 연구소를 보는 과학기술계 밖의 시선도 여전히 회의적이었다. 1992년 대통령 자문 21세기위원회 정책토론회에서 교육과 연구가 병진될 수 있는 풍토 조성을 위해 정부출연연구소와 대학을 접목시키는 작업을 추진해야 한다는 의견이 제시되었다. 정부가 직접 운영하는 산하 연구소는 소수 정예화하고 꼭 필요한 분야만을 남기고 그 밖에 연구인력과 시설 등은 대폭 대학으로 이전해야 한다는 것이다.[151] 이처럼 1987년부터 시작된 정부출연연구소 역할 재정립과 구조조정 논란은 1992년까지 계속되면서 연구소들은 여진 속에서 흔들리고 있었다. 국책연구소로서 어떤 연구를 어떻게 해야 하는가에 대한 논의는 미흡한 상태에서 조직 개편 중심의 구조조정이 진행되면서 정부출연연구소는 TDX 개발이나 핵연료 국산화와 같은 당시의 성과에도 불구하고 과학입국의 주역이라는 위상과 명예를 유지하지 못하고 말았다. 결국 변화된 시대 환경에 맞게 정부출연연구소의 기능을 새롭게 규정하기 위한 정책보다는, 이전부터 계속해왔던 경제적 번역을 여전히 중시하고, 조직 개편 중심의 구조조정을 통해 정부출연연구소의 문제를 해결하려는 정부의 노력은 기대한 성과를 거두지 못했다.

5절

기술드라이브 시대의 연구체제

제5공화국 정부는 박정희 시대의 수출드라이브를 대신해 기술드라이브를 중요 기치로 내세웠고, 이를 위해 국가연구개발사업을 시작했다. 이는 한국의 연구체제 전반에도 영향을 주어 1970년대 연이은 설립으로 양적으로 크게 늘어난 정부출연연구소에게 새로운 임무를 부여함과 동시에 민간의 연구개발활동도 뒷받침하는 효과를 가져왔다. 1970년대 연구소 설립이

	1980	1983	1985	1988	1990	1992
공공연구기관	104473 (50%)	621749 (29%)	1155156 (25%)	2347415 (20%)	731040 (22%)	1060356 (21%)
−국공립	47654 (23%)	50554 (8%)	48845 (4%)	90586 (4%)	117040 (4%)	158359 (3%)
−비영리	56819 (27%)	130002 (21%)	231401 (20%)	390738 (17%)	613764 (18%)	901997 (18%)
대학	25902 (12%)	64251 (10%)	118802 (10%)	232827 (10%)	244322 (7%)	302875 (6%)
기업체	81352 (38%)	375810 (61%)	751025 (65%)	1633264 (70%)	2374502 (71%)	3625801 (73%)
합계	211727 (100%)	621749 (100%)	1155156 (100%)	2347415 (100%)	3349864 (100%)	4989031 (100%)

〈표 5〉 주체별 연구개발비(1980~1992) (단위 백만 원[경상가격]).
(출처: 각 연도별 『과학기술연감』, 『연구개발활동조사』)

인프라 구축을 위한 노력이었다면 그 연구소에서 연구성과가 나올 수 있도록 국가적 차원의 연구개발사업이 추진되었고, 구체적인 목적을 지닌 연구활동이 진행되면서 그에 맞는 성과도 나오기 시작했다.

1980년대 한국 연구체제에 대한 정책은 정부출연연구소에 대한 통폐합에서부터 시작했으며, 산업계의 연구개발활동을 촉진하기 위한 정부의 정책적 노력은 기업부설연구소의 확대로 이어졌다. 이에 따라 민간의 연구개발투자와 연구개발인력 규모가 정부의 연구개발비나 국공립 및 정부출연연구소의 연구원 수를 넘어서는 상황이 되었다. 국공립연구소의 1980년 연구개발비 규모는 47.6억 원에서 1992년 158억 원으로 3.3배 늘어났고, 같은 기간 대학의 연구비 규모는 259억 원에서 11.7배 늘어난 3029억 원이 되었다. 이에 비해 정부출연연구소가 80% 이상을 차지하는 비영리법인의 1980년 연구비 규모는 568억 원에서 1992년 9020억 원으로 15.9배 증가했고, 같은 기간 민간기업의 연구비는 813.5억 원에서 3조6258억 원이 되어 무려 44.6배 급증했다. 이에 따라 1980년 기업의 연구비는 국가 전체 연구개발비의 38%에 불과했지만 1992년에는 73%라는 압도적인 비중을 차지하게 되었다. 이 같은 수치 변화는 연구개발의 중심이 빠르게 민간기업으로 이동했음을 보여주었다. 연구인력에서도 동일한 변화가 나타났다. 1980년 기업의 연구개발인력은 5,141명이었는데, 1992년 51,074명에 달해 거의 10배가 증가했다. 하지만 국공립연구소의 인력 증가는 같은 기간에 2배에 미치지 못했고, 대학의 인력 증가도 3배가 되지 못했다. 그에 따라 연구인력의 상대적 비중의 경우 기업은 27.9%에서 57.5%로 급증했으나 국공립연구소는 11.9%에서 4.3%로 급감했으며, 대학도 47.2%에서 26.2%로 떨어졌다. 정부출연연구소가 포함된 비영리기관의 상대적 비중은 큰 차이를 보이지 않았다. 결과적으로 기업의 폭발적 성장이 이 시기 연구체제의 양적 지표가 보여준 가장 큰 변화상이었으며, 완만한 성장세를 기록한 국공립연구소 및 대학은 상대적 비중이 줄어드는 모습을 보였다.

	1980	1983	1985	1988	1990	1992
공공연구기관	4598 (25%)	6308 (20%)	7154 (18%)	9581 (17%)	10434 (15%)	14434 (16%)
−국공립	2190 (12%)	2673 (8%)	2447 (6%)	2856 (5%)	2960 (4%)	3791 (4%)
−비영리	2408 (13%)	3635 (12%)	4707 (12%)	6725 (12%)	7474 (11%)	10643 (12%)
대학	8695 (47%)	13137 (41%)	14935 (36%)	18665 (33%)	21332 (30%)	23256 (26%)
기업체	5141 (28%)	12586 (39%)	18996 (46%)	28299 (50%)	38737 (55%)	51074 (58%)
합계	18434 (100%)	32117 (100%)	41085 (100%)	56545 (100%)	70503 (100%)	88764 (100%)

〈표 6〉 주체별 연구개발인력(1980~1992). (출처: 각 연도별 『과학기술연감』, 『연구개발활동조사』)

1980년대는 총 연구개발투자가 연간 30% 안팎의 증가율을 기록하여 1980년 0.56%에 불과했던 GNP 대비 연구개발투자 비중이 1989년 1.75%로 증가했다. 이러한 성장에는 과학기술처의 특정연구개발사업과 상공부의 공업기반기술개발사업 등 정부연구개발사업에 의한 투자가 큰 몫을 차지했다. 또한 기업의 연구개발비 급증은 정부의 지원책과 함께 기업이 경영환경의 변화에 따라 연구개발의 필요성을 인식하게 된 결과였다. 1980년대 전반기에 기술개발비 세액 공제, 기술개발자금 지원 등 정부의 지원 확대, 외국인 투자와 기술라이센싱에 대한 규제가 완화되어 기술도입이 증가했고, 1980년대 중반 이후 임금 상승으로 노동집약적 산업의 한계가 드러나면서 독자적인 기술개발 노력이 커졌다. 산업구조 고도화로 국내 산업계에서 필요로 하는 기술이 고급 기술 중심으로 변화해 기술도입이 어려워짐에 따라 기술개발의 필요성이 가중되었다. 이에 따라 연구개발투자는 1980년대 지속적으로 증가했으며, 특히 기업의 연구개발비 부담이 상대적으로 급증한 것이다.

기업이 주도하는 연구체제로의 전환은 1980년대 초부터 시작하여 1980년대 중반에 이미 가시적인 변화를 보여주었다. 1986년 새해의 과학기술을 전망하는 한 칼럼은, 비록 고급 연구인력난을 겪고 있지만 기업만이 비교적 뚜렷한 목표 아래 활발한 연구활동을 벌이고 있고 나머지 연구소들은 여러 문제로 원활한 활동을 하지 못하고 있다고 진단했다. 우선 국공립 시험연구소는 시험검사를 주로 수행할 뿐 연구개발을 거의 하지 못하고 있었다. 대학은 지나친 강의 부담, 연구비나 시설 등 미흡한 연구환경과 연구를 촉진하고 성과를 평가할 수 있는 제도의 부재로 연구에 전념할 수 있는 분위기가 조성되지 못했다. 정부출연연구소는 상대적으로 최소 수준 이상의 연구비 지원 및 수준급의 연구시설로 비교적 활발한 연구활동 속에서 업적을 내고 있지만, 1980년 전후 통폐합조치 이후 연구개발 목표의 모호성과 빈번한 변경, 연구개발체제의 불안정, 정책당국과의 심한 이견 등으로 적지 않은 표류가 계속되고 있다는 설명이었다.[152] 이는 이미 1980년대 중반부터 민간기업 연구체제의 비중과 영향력이 커지고 있음을 보여주었다.

1980년대 일부 정부출연연구소가 대형연구개발사업에서 우수한 성과를 냈지만 정부출연연구소 전체적으로는 외부 환경 변화에 부응하는 새로운 임무를 정립하지 못했다. 과학기술처는 유전공학이나 항공우주 같은 새로운 분야를 육성하기 위해서 새로운 정부출연연구소를 세웠고, 산업기술 관련 부처들이 각각의 연구소를 세움에 따라 과학기술처로 일원화되었던 정부출연연구소의 주무부처가 다시 다원화되어 기술개발을 둘러싼 과학기술처와 상공부 등 산업기술과 관련된 부처와의 갈등이 표면화되었다. 한편으로 기업 연구체제의 급성장 속에서 1970년대 연구개발을 주도했던 정부출연연구소는 국가 전체적인 연구개발활동에서 상대적 비중의 감소가 불가피했고, 이는 국가 전체적인 연구체제의 성장이라는 측면에서 볼 때 특이한 현상은 아니었다. 다만 그 과정에서 정부출연연구소의 역할이나 임무를 새롭게 정립하려는 충분한 노력이 뒤따르지 못했고, 정부가 일방적으로 주도한 통폐합을 통해 연구소의 자율성이 크게 약화되는 상황이 되었다. 기업 연구체제의 부상 속에서도 정부는 정부출연연구소에 대해 기초과학과 산업기술의 균형 발전보다 여전히 과학기술 연구를 통한 경제적 기여를 강조했으며, 1991년 추진된 정부출연연구소에 대한 합동평가와 2번째 구조조정도 그 같은 배경에서 제기되었다. 결과적으로 합동평가와 조직 개편은 의도한 효과를 거두지 못했다. 특히 권위주의정치 시대가 마감되면서 정부출연연구소마다 등장한 노동조합은 조직 개편 중심의 정부출연연구소 구조조정을 더욱 어렵게 만들었으나 정부의 접근법은 그리 달라지지 않았다.

1980년대 기업연구소의 약진은 연구소 설립을 유도하고 지원한 정부 정책과 연구개발에 대한 관심과 필요성을 확인한 기업들의 의지가 결합된 결과였다. 1970년대 정부출연연구소를 통해 연구개발활동의 가치를 인식하게 된 기업들은 세계시장의 경쟁 속에서 연구개발이 선택이 아닌 필수가 되고 있음을 확인했고, 정부의 직간접 지원에 힘입어 본격적인 연구개발이 시작된 것이다. 특히 1970년대 중화학공업화 등 대기업 중심으로 경제를 이끌어오던 정책이 1980년대 과학기술정책에도 투사되어 연구개발에 대한 지원도 대기업이 우선적 대상이 되면서 대기업 중심의 민간주도 연구체제가 만들어졌으며, 이는 현재까지 유지되고 있는 한국 연구체제의 대표적 특징이 되었다. 정부는 기업에 대해 연구개발비를 비롯해 각종 지원책을 제공함으로써 기업연구소의 팽창을 이끌었고, 분명한 목표 아래 독자적 역량을 갖추게 된 기업연구소들이 연구개발을 통해 산업발전을 이끌어낸다는 과학기술의 경제적 번역이라는 가치를 본격적으로 실천에 옮기게 되면서 연구개발 성과를 생산해내는 시대로 접어든 것이다. 이에 따라 '자본의 논리'가 더욱 분명하게 과학기술연구체제를 이끌어나가는 주요 변수이자 동인이 되었다.

제6장

한국
연구체제의
재정립

1990년대는 오랫동안 지속된 양극체제와 냉전구도가 종식되면서 이념이나 정치보다는 경제와 기술이 중시되는 방향으로 세계질서가 개편되어갔다. 우루과이라운드 협상의 타결로 세계무역기구(WTO: World Trade Orga-nization)체제가 출범하면서 기술, 특허 등 지적소유권과 관련된 국제적 규범 확립이 중요 이슈로 부각되었다. 이러한 기술라운드 속에서 민간에 대한 정부보조금 규제, 선진국이 이미 확보한 기술에 개발도상국의 무임승차를 막기 위한 지적재산권 보호문제 등이 핵심 쟁점이 되어 국제적인 기술경쟁이 더욱 가속화되었고, 상대적으로 원천기술의 개발 수준이 낮은 한국에게는 위기가 되었다. 또한 전 세계가 지식, 기술, 정보가 혼합된 정보화사회로 빠르게 진전되면서 컴퓨터를 비롯한 정보기기의 급속한 보급 속에서 기술혁신의 속도도 매우 빨라졌으며, 기술의 융합화, 거대화, 시스템화가 새로운 트렌드로 자리 잡았다.[1]

한국은 1980년대 국가연구개발사업과 기업들의 공격적 투자에 의한 기술개발로 반도체, 철강, 조선, 자동차 등에서 상당한 수준의 국제경쟁력을 확보했다. 그러나 선진 외국기업들은 한국의 주요 품목에 대하여 특허 공세를 강화했으며, 중국을 비롯한 후발국들은 값싼 노동력을 바탕으로 우리의 생산기술을 급속히 추격해왔다. 이러한 상황은 세계시장을 선점할 수 있는 세계 일류의 과학기술을 창출하거나 신기술을 활용하여 기존 산업의 부가가치를 획기적으로 높이지 않으면 안 되도록 만들었다. 추격형 기술혁신전략을 넘어 창의적 인력의 양성과 활용, 원천기술의 개발과 확보, 신기술을 활용한 산업의 고부가가치화 등과 같은 선도형 기술혁신전략으로 궤도를 수정해야 한다는 인식이 커져갔다.

김영삼 정부는 집권하자마자 노태우 정부가 수립한 7차 경제사회발전5개년계획(1993~96)을 대체한 신경제5개년계획을 수립하였다. 김영삼 정부는 자원이 별로 없고 수출에 의존하는 한국 경제가 새롭게 대두된 무한경쟁의 우루과이라운드와 세계무역기구체제에서 살아남을 수 있는 길은 개방을 통한 국제경쟁력 확보와 세계화 전략이라고 여겼다. 이러한 시각에서 1996년 12월 선진국들의 모임인 경제협력개발기구(OECD: Organization for Economic Cooperation and Development)에 29번째로 가입하고 금융시장을 대폭 개방했다. 하지만 국내 경제의 바탕이 튼튼하지 못한 상황에서의 개방은 악영향을 끼쳐 외채총액이 3년 동안 3배 반이나 증가했고, 결국 한국은 국제통화기금(IMF: International Monetary Fund)의 구제금융을 받아야 하는 처지가 되었다.

외환위기를 맞은 한국 사회는 대대적인 구조조정을 추진했고, 과학기술정책에서도 새로운 전환이 모색되어 지식기반경제의 정착을 통한 국가혁신체제 선진화라는 새로운 지향이 등장했다.[2] 이에 따라 1967년 제정된 과학기술진흥법을 대체하는 '과학기술혁신을 위한 특별법'이 1997년 제정되었고, 1999년의 개정, 그리고 2000년 과학기술기본법이 제정되었다. 이는 국가 과학기술정책에 관한 최상위의 규범으로 그간 다양한 방식으로 추진되어온 과학기술정책을 총괄하는 기본 이념과 원칙을 제시했다는 의미를 지니고 있었다.[3] 국가연구개발사업의 투자 규모는 지속적으로 증가했으며, 확대된 연구개발투자의 효율성과 연구생산성 제고가 중요한 과제로 제기되었다. 이에 국가연구개발투자의 조사·분석·평가와 사전조정 활동이 시작되어 효율적인 연구개발투자와 종합조정 및 평가를 꾀하게 되었고, 점차 국가연구개발정책 전반에 대한 종합적 시야를 갖추어나갔다. 국가연구개발 추진체계도 사업 초기 정부출연연구소 중심에서 점차 산업계 및 학계와의 협동연구체제가 강화되는 모습을 보였으며, 1994년부터 연구성과확산사업 등으로 실질적인 산학연 협동연구 촉진과 연구개발성과 확산에 중점을 두었다. 국가연구개발사업의 내용도 주로 실용화 이전 단계에 있는 첨단기술을 선별적으로 모방·개발하는 방식에서 1990년대 중반 중간진입전략이 강조되었고, 1997년에는 고유의 기초원천기술을 확보하기 위한 창의적 연구진흥사업이 시작되어 창조적 전략이 부각되었다. 2000년대 들어와 국가지정연구실사업, 21세기 프론티어연구개발사업 등 창조적·독창적 기술혁신으로 핵심원천기반기술을 획득하여 경쟁력을 강화하기 위한 연구개발이 추진되었다. 또한 과학기술이 국가 경제발전 외에도 국민 삶의 질 향상에 핵심적인 요소로 부각되면서 과학기술의 역할 및 필요성이 더 커지고 풍부해졌다.[4]

6장에서는 문민정부에서 국민의 정부에 이르기까지 한국 연구체제의 재정립에 대해 주로 다루며, 2000년대를 거쳐 2010년까지 연구체제의 현재 모습에 대해서도 간략히 설명할 것이다. 한국의 연구체제는 1990년대 형성된 구조가 현재까지 근본적인 변화 없이 유지되고 있다고 볼 수 있으며, 이들 사이에 관계를 어떻게 새롭게 정립할 것인가가 숙제로 남아 있다. 이 시기는 기업연구소가 국가 전체의 연구개발에서 압도적인 비중을 차지하는 민간주도 연구개발체제가 강화되었지만, 대학이 새로운 주체로 부상하는 모습을 보였다. 비록 절대적인 규모는 기업이나 정부출연연구소에 미치지 못하지만 이 기간 동안 대학의 연구개발비는 다른 주체에 비해 상대적으로 가장 높은 증가세를 기록했다. 국공립연구소도 책임운영기관이라는 새로운 제도를 도입했으며, 정부출연연구소도 지속적으로 새로운 역할 정립을 모색하고 있었다. 이처럼 연구주체가 각자의 길을 가면서 동시에 함께 협력할 수 있는 방안을 모색하면서 접점을 넓혀가는 시기이기도 했으며, 정부 정책도 주체 간의 협력을 높이는 방향으로 전개되었다.

1절에서는 뒤늦게 상대적 중요성이 부각된 대학연구소의 과거와 현재에 대해 논의한다. 2절에서는 국가 전체 연구개발비의 70% 이상을 차지하고 있는 기업연구소의 현재 상황에 대해서 다루며, 3절에서는 조용한 가운데 변화를 모색하면서 고유한 기능을 유지하고 있는 국공립연구소의 역사에 대해 정리할 것이다. 4절에서는 정부출연연구소의 새로운 역할 정립 노력에 대해 다루며, 특히 정부출연연구소가 담당해왔고 현재 수행하고 있는 역할들을 정리할 것이다. 이를 통해 현재 정부출연연구소에 대해 상이한 평가가 제기되고 있는 배경에 대해 살펴보고자 한다.

대학연구소의 뒤늦은 부상

1. 대학연구소의 등장

대학에서 교육기능이 학과 중심으로 이루어지는 반면 연구기능은 연구소를 중심으로 진행되는 경우가 많다. 물론 대부분의 대학교수들은 교육과 함께 연구를 핵심 역할로 삼고 있기 때문에 대학은 그 자체가 연구소라 할 수 있으며, 실제 공공연구체제에 대학 자체를 포함시켜 논의하기도 한다.[5] 하지만 대학의 연구소는 학과나 대학원과 구별되는 역할을 지니고 있으며, 대학의 연구력 강화를 위해서는 연구소의 육성이 중요한 과제가 된다. 특히 교수 개인이 수행하기 힘든 대형 연구나 학제간 연구의 경우 연구소를 통한 공동연구가 필수적이다.

한국의 대학은 1960년대 이후 양적 확대가 시작되었고, 1970년대부터 대학원 교육과 대학의 연구에 대한 관심이 커졌다. 1980년대를 거치면서 대학 연구활동이 강조되고 이를 뒷받침하는 제도들이 구축되었으며, 1990년대 이후 대학연구소가 양적으로 팽창하고 연구성과 역시 크게 늘어났다. 독일을 비롯한 서구에서 19세기 중후반 지식의 보존과 교육이라는 전통적인 기능에 연구가 새롭게 추가된 것이 제1차 대학혁명이고, 1980년대 이후 미국의 대학을 중심으로 대학의 연구와 교육 방향이 경제사회의 발전에 기여해야 함이 강조되는 현상을 제2차 대학혁명이라 부른다.[6] 한국의 경우 두 가지 대학혁명이 시차를 별로 두지 않고 거의 동시에 이루어지고 있는 '압축적 성장'을 보이고 있다고 평가받는다.[7]

대학부설연구소는 '대학에서 연구를 위해 만들어진, 학과와는 다른 별도의 조직'으로 정의할 수 있으며, 좀 더 구체적으로는 '학과와는 독립된 단위로서 일정 규모 이상의 구성원으로 구성된 조직으로 조직의 목표가 있고 목표 달성을 위한 연구비를 대학 내·외부로부터 일정 기간 확보하여 활동을 수행하는 조직'이라 설명된다.[8] 대학부설연구소는 특별한 설립 목적에 부응하는 연구를 추진하거나 학과나 대학원에서 하기 어려운 대형 및 학제간 연구과제를 수행한다. 물론 현재까지 대학은 여전히 학과와 대학원 중심으로 운영되고 있으며, 연구소의 역할과 기능에 대한 이해와 관심이 그리 높지 않은 것이 사실이다. 대학부설연구소는 다양한 설립 배경을 지니고 있다. 정부가 정책적으로 설립을 권장해서 운영을 지원하는 경우도 있고, 각 대학이 위치한 지역의 경제·문화의 발전을 위한 목적으로 설립되기도 하며, 교수들의 학문적 연구를 위해 설립되기도 한다. 다양한 설립 배경만큼이나 규모나 재정 상태 역시 편차가 크다. 연구소는 학과나 대학원보다 설립과 운영의 자율성이 크기 때문에 연구인력의 유동성이 높고 외부와 다양한 관계를 맺을 수 있으며, 연구소의 연구활동이 활발해질수록 대학의 학문 발전과 대학 재정에도 긍정적인 기여를 할 수 있다. 이 절에서는 대학연구소의 역사를 추적하면서 한국 과학기술연구체제에서 대학이 차지하고 있는 역할과 그 특성에 대해 살펴보고자 한다.

1950년대 대학의 학술활동은 매우 제한적이었는데, 일부 대학에서 각

학과별로 연구회를 조직하여 독자적인 학술지를 발간하기도 했다. 서울대 물리학과의 『물리학연구』, 서울대 생물학과의 『생물학연구』, 서울대 수학과의 『지상수학담화회』, 고려대 생물학과의 『고려대학교 문리과대학 생물학교실 연구보고』, 부산대 생물학과의 『생물학회지』, 부산대 지리지질학과의 『지리·지질학보』, 경북대 수학과의 『경북수학지』, 성균관대 생물학과의 『성균생물』 등이 간행되어 과학 분야 학회들이 공식 학회지를 발간하기 이전에 학술지와 같은 기능을 했다.[9]

한국의 대학부설연구소는 1950년대까지 극히 소수였으며, 특히 과학기술 분야의 연구소는 1946년 8월 설립된 서울대 생약연구소 정도에 불과했다. 이 연구소는 1939년 설립된 경성제국대학부설 생약연구소에 기원을 두고 있었으며, 식물, 동물, 미생물에 함유되어 있거나 그로부터 산출되는 생리활성물질에 관한 이론과 그 이용에 대한 기초적 문제를 구명하여 의약품을 개발한다는 목적으로 설립되었다.[10] 이 연구소는 당초 의과대학 부설로 설립되었다가 서울대학교 직할 연구소로 승격되었으며, 1962년부터 『서울대학교 생약연구소 업적집』을 매년 발표할 정도로 연구활동도 나름 활발한 편이었다.

서울대의 공식 역사는 생약연구소 발족 이후 15년 동안 추가로 설립된 연구소는 전혀 없었다고 기록했지만,[11] 작은 규모로 설립된 이후 3년 만에 정부기구로 개편되었던 임목육종학연구소가 있었다. 이 연구소는 미국에서 임목육종학을 연구하고 귀국한 서울대 임학과 교수 현신규가 정부에 지원을 요청해서 1953년 설치된 것이다. 성공적인 삼림녹화를 위해서는 적절한 수종의 선택이 필수적이고, 이를 위해 임목육종 연구가 필요하다는 그의 주장을 정부가 수용한 결과였다. 이 연구소는 정부의 보조금을 받아 수원의 서울대 농과대학 내에 설치되었으며, 정식 명칭은 '중앙산림조합연합회 임목육종학연구소'였다. 이 연구소의 설립에 투입된 자금은 정부 예산에서 나온 보조금이었는데, 당시 보조금은 학교 등 국가기관에 지원할 수 없다는 규정이 있었다. 이에 중앙산림조합연합회에 보조금을 주고 연합회가 수원임학회라는 문서상의 조직을 통해 현신규에게 건네주는 방식을 택했다. 현신규는 4억 환의 보조금 중 2억 환으로 교배온실이 있는 실험실 건물을 지었고, 나머지 2억 환으로 각종 실험기구와 육종에 필요한 약품을 구입했다.[12]

현신규는 이 연구소에서 포플러와 리기테다 교잡육종 연구를 추진했는데, 연구가 진전되면서 종자를 받기 위한 채종원이나 조림시험을 위한 부지 등 상당한 규모의 공간이 필요하게 되었다. 결국 현신규는 대학 내의 작은 연구소가 아닌 정부 차원의 규모와 체계를 갖춘 연구소가 필요하다는 판단을 하고 정부에게 임목육종연구소를 정부기구로 확대 개편해달라고 요청했다. 이러한 요청이 받아들여져 1956년 ICA의 재정 지원을 받아 임업시험장 수원육종지장으로 개편되었으며, 1963년 임업시험장 임목육종연구소로 독립되었다. 이는 비록 작은 규모였지만 임목육종만을 목적으로 한 연구소로는 아시아에서 처음이었다. 육종지장이 설립되자 현신규는 대학 구내의 연구실에서는 일부 기초연구만을 담당하게 하고, 대부분의 중요한 임목육종 시험은 육종지장으로 이관했다. 그는 육종지장의 초빙연구원의 직함으로 연구 전반을 총괄하여 실질적인 책임자의 역할을 담당했다.

과학기술 분야의 대학부설연구소는 1960년대 들어 보건·의학 분야의 연구소와 공업 분야의 연구소가 등장하면서 사실상 시작되었다. 1962년 서울대 의대부설 결핵연구소, 이듬해 의대부설 암연구소와 풍토병연구소가 설립되었고, 1966년 서울대 부설 국민보건연구소, 이듬해 의대부설 국민체력과학연구소 등 보건·의료와 관련된 연구소가 연이어 세워졌다. 연세대의 경우에도 1968년 열대의학연구소, 이듬해 암연구소 등 1960년대 후반부터 의학 관련 연구소가 등장하기 시작했다. 한편으로 경제개발계획이 본격화되면서 정부가 국내 연구소에 기술용역 사업을 의뢰하기 시작하자 전국의 각 대학들이 산업기술, 응용과학, 생산기술을 내세운 연구소를 연이어 세웠다. 연세대 산업기술연구소(1963), 경북대 산업기술연구소(1964), 서울대 응용과학연구소(1965), 부산대 생산기술연구소(1965), 전남대 공업기술연구소(1965), 한양대 산업과학연구소(1966), 전북대 공업기술연구소(1967), 고려대 생산기술연구소(1967), 서강대 산업기술연구소(1967) 등 대학부설 공업 관련 연구소가 크게 늘어났다. 이들 연구소는 공학 및 생산기술의 이론과 응용에 관한 연구를 수행하는 것을 목적으로 삼았는데, 이처럼 산업기술이나 생산기술을 내건 대학연구소는 도쿄대를 비롯한 일본의 대학들이 생산기술연구소를 세워 산업계와의 유대를 강화하려 했던 노력에 영향을 받았다.[13] 또한 서울대 농대부설 농업과학연구소, 열대농업연구소가 1967년 설립되는 등 농학 분야의 대학부설연구소도 세워지기 시작했다. 하지만 많은 연구소가 빈약한 연구시설에 독자적인 연구진을 갖추지 못하고 교수들이 연구원으로 이름을 올린 명목상의 연구소인 경우가 많았다. 특히 작은 규모나마 공식적인 운영비 지원을 받는 법정연구소에 비해 비법정연구소들은 대부분 운영이 매우 어려웠다.

대학의 연구소는 법률에 근거해 설립되어 문교부의 승인을 받아 『교육법전』에 명시된 법정연구소와 대학 학칙에 근거해 설립된 비법정연구소로 구분된다. 서울대의 경우 1946년 마련된 '국립서울대학교설립에관한법령'에 근거하여 설립된 연구소가 법정연구소였으며, 법정연구소를 설치하거나 비법정연구소를 법정연구소로 전환하기 위해서는 설치령을 개정해야 했다. 법정연구소는 운영비의 일부를 국고나 대학의 기성회 예산에서 지원받을 수 있었지만 대학의 예산에는 운영비 외의 연구소 연구비가 거의 책정되지 않았기 때문에 외부에서 연구과제를 신청하거나 용역계약을 맺어 연구비를 확보해야 했다. 이에 비해 비법정연구소는 설치령에 관계없이 내부 규정에 따라 단과대학 부설로 설립할 수 있었지만 예산과 인력 지원이 없었기 때문에 운영에 상당한 곤란을 겪어야 했다.[14]

여러 대학들이 연구소를 세우기 시작했지만 대학의 연구활동에 대한 연구비 지원제도 자체가 미비한 상태에서 대학 내 연구소가 제대로 운영되기는 쉽지 않았다. 대학의 연구에 대한 최초의 정부 지원사업은 1953년부터 시작된 학술연구비 지원사업이었으나 지원 규모가 워낙 작아 연구비 역할을 하기 힘들었고, 1963년 문교부가 새롭게 시작한 학술연구조성비도 크게 다르지 않았다.[15] 학술연구조성비는 교수 개인과 집단연구 지원뿐 아니라 학회와 연구기관의 연구 활성화를 목표로 만들어진 제도였는데, 1964년에는 전년도의 1/3로 격감했고, 1965년에는 아예 지급되지 않는 등 안정적인 연구비 제공과는 거리가 멀었다. 사실 학술연구조성비로 지급되는 연구비는 당시 교수들의 낮은 처우를 감안할 때 연구비라기보다 생활보조비에 불과했다. 1967년 과학기술처 설립 이후 조사·연구개발 사업비가 지급되면서 조금 사정이 나아졌다.[16]

대학의 과학기술 분야 교육 및 연구환경은 1970년대에 들어와 대학원 교육에 대한 정책적 관심이 높아지면서 변화하기 시작했으며, 변화의 직접적 계기는 서울대종합화방안과 한국과학원의 설립이었다. 1968년 확정된 서울대종합화10개년계획은 분산되어 있던 각 기관을 3개의 캠퍼스로 통합하고, 메인 캠퍼스에는 의·약학계와 농업계를 제외한 모든 단과대를 이전하여 종합한다는 구상이었다. 이 계획의 첫 번째 주요 방침이 "대학교육을 강화함은 물론 대학원중심의 대학교로 발전시킨다"는 것이었다. 그러나 대학원 강화를 위한 특별한 대책이 마련되지 못한 상황에서, 1971년 이공계 특수대학원 설립 문제가 제기되자 문교부와 서울대는 기존 대학의 대학원 강화가 우선이라며 강한 반대 입장을 보였다. 결국 한국과학원은 과학기술처가 주관해서 설립되었고, 문교부는 한국과학원 설립이 결정된 직후인 1971년 11월부터 '대학원 개선방안연구'를 시작했다. 이 방안은 1975년 6월에야 발표되었고, 이후 각 대학의 의견을 수렴해 수정·보완한 다음 12월에 '대학원교육 개선방안'이 확정되었다. 이는 1976년 2월 교육법 시행령 등의 개정을 통해 법제화되고 각 대학에 통보되어 대학원 교육의 개선이 시작되었다.[17]

서울대의 대학원 교육 강화에는 한국과학원이라는 존재가 좋은 자극이 되었다. 1974년 서울대는 한국과학원의 교육에 지원되는 국고보조(실험재료비)에 비해 서울대 지원금이 현저히 적다며 서울대 대학원 교육에 대한 지원 증대를 요구하고 나섰다. 또한 1977년 '서울대학교 발전 10개년 계획의 이념과 목표'를 발표하고, 대학원중심대학으로의 발전목표를 제시했다. 이듬해 11월 '서울대학교 대학원중심대학 특성화계획'을 제출하고, 대학원중심대학으로 육성하여 교수 및 연구요원을 양성하겠다는 청사진을 발표했다. 이 방안에는 교수요원 장학생으로 선발된 자연·공학 계열 대학원생에게는 병역특례 혜택을 주는 방안도 포함되어 있었다. 이는 한국과학원이 먼저 도입한 제도로, "한국과학원의 학생과 교수의 태반을 배출시킨 서울대에는 병역특혜가 없다"는 명분이 받아들여진 것이었다.[18] 이처럼 서울대의 대학원 강화 추진은 우수한 학부 졸업생들이 한국과학원으로 몰리는 현상에서 나온 위기의식이 추동한 결과였다.

1975년 서울대가 관악캠퍼스로 이전한 다음 각 단과대학의 연구를 활성화하기 위해 단과대별로 부설연구소를 설립함에 따라 보건·공업·농업 이외 분야의 연구소가 세워졌으며, 여러 비법정연구소를 법정연구소로 전환하여 그 활동을 촉진시키고자 했다. 1975년 종합화 이전 서울대의 법정연구소는 8곳에 불과했지만 1975년부터 1987년까지 13년간 20곳의 연구소가 신설되고 법정연구소도 19곳으로 늘어났다. 하지만 연구소의 양적 팽창에 비해 적절한 지원이 뒤따르지 못해 많은 연구소들이 전임연구원이나 행정인력을 두지 못하고 명목만 유지하는 경우가 많았다.[19] 문교부는 정책과제연구비, 기초학문육성비 등 여러 명목의 연구비를 만들고, 1979년부터 대학원중점육성연구비를 지급하기 시작했지만 연구활동을 활성화시킬 수 있는 획기적인 증액에는 미치지 못했다.

1970년대 대학연구소의 확대를 가져온 또 다른 계기는 1974년부터 시작된 지방공과대학 특성화 사업이었다. 중화학공업화 정책과 함께 추진된 이 사업은 지방의 주요 공과대학을 지역 특성에 맞는 학과를 중심으로 특성화시키는 정책으로, 양적으로만 팽창해오던 고등교육을 국가경쟁력과 연계하여 산업인력을 양성한다는 목표 아래 공대 교육을 체계화하고자 한 시도였다. 이에 따라 부산대학교는 기계공학, 경북대학교는 전자공학, 충남대학교는 공업교육, 전남대학교는 화학공학 등이 특성화공과대학으로 선정되었고, 지정된 분야와 관련된 공업연구소들이 각 대학에 설립되었다.[20] 예를 들어 전남대학교의 경우 1977년 촉매연구소가 법정연구소로 설립되어, 촉매 및 흡착제의 제조 이용 방법의 연구를 추진했다. 또한 충남대학교는 1978년 공업교육연구소를 법정연구소로 세워 공업교육에 관한 제반 사항을 연구했다.[21]

대학 연구활동 제고와 관련된 또 하나의 중요한 계기는 대학의 연구활동 지원을 주된 기능으로 한 한국과학재단의 설립이었다. 한국과학재단은 대학의 기초연구를 중심으로 과학기술 연구능력 배양과 고급 과학기술인력 양성을 목적으로 1977년 설립되었고, 자체 기금과 세계은행 차관 자금으로 기금을 마련하여 주로 과학기술 분야에 연구비를 지원했다.[22] 한국 대학에서 이공계 분야의 연구활동은 1978년 한국과학재단의 일반연구사업이 시행되면서부터라고 할 수 있다. 1970년대 중반 이후 대학에 지원되는 연구비의 규모가 커졌으며, 과학기술처와 한국과학재단의 등장으로 문교부와 과학기술처의 이원적 대학연구지원체제가 성립되었다. 또한 과학기술 분야의 지원액이 크게 증가하면서 인문사회 분야와 격차가 벌어지기 시작했다.

1979년부터 문교부는 대학부설 기초과학연구소사업을 추진했다. 이는 서울대 자연과학대학에 투자된 500만 달러 상당의 AID 차관사업의 효과를 확대시키기 위한 구상으로, 9개 국립대학과 3개 사립대학의 기초과학연구소 운영을 지원하는 사업이었다.[23] 첫해에는 문교부의 40억 원의 학술연구조성비 중 이 사업에만 6억 원을 할당했다. 대학마다 특성화 분야를 지정하고 전국 대학교수들이 전공에 따라 집결하여 공동연구 풍토를 조성하겠다는 목적이었으며, 대학원생들이 연구에 참여할 수 있도록 매년 대학에 설립된 기초과학 특성화 분야 연구소에 연구비를 지급했다. 서울대 자연과학종합연구소에 3억9천만 원을 배정하고, 지방 국립대와 서울의 연세대, 고려대, 서강대 등 12개 기초과학연구소에도 지원금을 제공했다.[24] 연구비는 중앙관리를 하도록 했고, 연구결과는 반드시 저명 학술지에 발표토록 요구했다. 1980년 10월 서울대 자연과학종합연구소가 주최한 제1회 기초과학학술연구발표회에는 기초과학연구소사업의 지원을 받은 전국 14개 대학의 전문연구소가 참가했는데, 연구비를 받은 교수들이 연구를 하는 동안 평가교수단으로부터 연구중간점검을 받은 다음 연구자가 직접 연구결과를 발표하게 하여 세간의 주목을 받기도 했다.[25]

1970년대 대학부설연구소와 관련해 흥미로운 사실의 하나는 1974년 한국과학원 내에 설치된 이론물리화학센터이다. 이 센터는 동양고속 사장 이민하가 출연한 기금으로 발족했으며, 이태규를 소장으로 하여 국내외 30여 명의 학자가 참여하여 소립자물리학, 반응속도론 등의 연구결과를 정기적으로 발표하기로 했다.[26] 이민하는 KIST 초대 행정관리부장을 지낸 경력으로 과학기술계와 교류가 많았고, 1975년부터 KIST 이사를 지내기도 했다. 순수과학적 이론 연구를 목적으로 한 이 연구센터가 산업계에 필요한 고급 인력 양성이라는 목적을 분명히 했던 한국과학원에 설립된 것이나 기업의 자금 지원으로 대학 내에 연구소를 세우는 것도 당시로서는 이례적이었다. 이 센터는 이후 한국이론물리화학연구회로 이어졌으며, 산학협동재단, 한국과학재단, 연암재단 등의 지원을 받아 관련 분야 학자들에게 연구비를 지원하고, 연구논문집 발간, 국제 심포지엄 개최 등의 학술활동을 추진했다.[27]

2. 대학연구소의 확대

1977년 설립된 한국과학재단과 1981년 설립된 한국학술진흥재단이 대학을 비롯해 학술단체의 학술활동 지원을 본격화함에 따라 대학의 연구활동 기반이 마련되기 시작했다. 하지만 대학의 연구활동이 기초 분야 중심임을 감안할 때 당시까지 정부의 과학기술정책에서 기초과학에 대한 관심이 상대적으로 낮았던 상황에서 기초과학연구소 지원사업의 수혜를 받은 일부 연구소를 제외하고는 대학연구소의 운영이 획기적으로 활성화되기는 쉽지 않았다. 1980년대 중반까지 대학부설연구소는 제대로 된 정책적 관심을 받지 못했으며, 연구소들이 처한 현황에 대한 상세한 조사도 별로 이루어지지 못했다. 1970년대부터 연구소의 현황에 대한 몇 차례 조사가 진행되었지만, 제목 그대로 현황에 대한 조사에 지나지 않았고, 연구소가 처한 문제에 대한 심층적 분석에는 미치지 못했다. 1980년대 들어와 여러 연구자들이 대학부설연구소의 활성화에 대한 고민들을 발표하기 시작했다.[28] 그런 면에서 전남대의 부설연구소 사례를 조사해 발표한 자료는 당시의 대학부설연구소의 상황을 잘 보여준다. 지방 국립대는 수도권의 대형 대학과 지방의 작은 대학의 중간 정도에 위치한 상황이라고 볼 수 있을 것이다. 이 조사는 전남대 부설연구소에 대한 면접, 문헌 및 설문조사를 통해 활동 부진의 원인으로 재정적 궁핍, 인력 부족과 조직운용 소홀, 연구소에 대한 경시 풍조라는 세 가지 큰 요인을 제시했다. 이는 기본적으로 지원이 부족한 상황에서 연구소에 대한 관리 시스템이나 인력도 제대로 구축되지 않았음을 보여준다. 이를 극복하고 연구소를 활성화시키기 위해서 학교는 연구기능을 교수 사적 활동으로 인식하고 방치하지 말고 연구 활동을 전담해서 관장하는 기구를 설치할 것을 제안했다. 아울러 재정적 지원 확충, 전임연구요원 충원이 필요함을 주장했고, 연구소 자체도 자생력을 높이고 연구소 운영의 정상화와 학술교류 등 개방적 자세를 갖출 것을 요구했다.[29]

구분	연구소 수	전임연구원(겸임)	운영비(단위: 백만 원)
자연과학	89(9.3%)	10(2191)	296(3.9%)
공학	72(7.8%)	5(2404)	1450(19.1%)
의약학	56(6.1%)	3(1240)	1070(13.9%)
농수해양학	36(3.9%)	0(1100)	198(2.6%)
사회과학	356(38.6%)	12(4719)	2307(30.3%)
인문학	180(19.5%)	1(2866)	1756(23.1%)
예체능	39(4.2%)	0(467)	275(3.6%)
종합	97(10.6%)	4(2032)	268(3.5%)
계	922(100%)	35(17019)	7610(100%)

〈표 7〉 1985년 대학부설연구소 현황.
(출처: 홍승직, "대학부설연구소의 현황과 문제점", 『대학교육』, 24호, 1986, 10~11쪽)

1985년의 대학부설연구소 현황을 보면 연구소 수나 연구인력 면에서 사회과학 분야가 큰 규모를 보이지만 연구소당 연구원 수는 공학과 자연과학, 의학계가 인문·사회 분야에 비해 컸고, 연구소당 운영비 규모는 공학,

의약학, 인문, 사회, 그리고 자연과학의 순서를 보였다. 자연과학 분야 연구소에 대한 낮은 운영비는 당시 기초연구에 대한 정책적 지원이 충분하지 못했음을 보여준다. 또한 연구소 수에 비해 턱없이 적은 전임연구원 숫자는 대부분 연구소의 연구활동이 교육과 연구를 겸임하는 교수에 의해 이루어지고 있는 현실이 반영된 결과였다. 이는 사실상 대부분의 대학부설연구소가 독립적인 연구활동을 거의 수행하고 있지 못함을 의미했다. 따라서 대학부설연구소 통폐합이 시급하다거나 난립이 계속될 경우 아예 전부 폐지해서 새롭게 연구소를 꾸려야 한다는 제안까지 나왔다.[30]

대학연구소 활성화 논의 속에서 1980년대를 거치면서 대학부설연구소 숫자는 150% 이상 늘어나게 되는데, 이는 이 시기 기술드라이브 정책 속에서 첨단기술에 대한 관심이 높아진 것과 궤를 같이했다.[31] 우선 1982년부터 추진된 특정연구개발사업에 제한된 숫자이지만 대학 연구자들의 참여가 시작되었는데, 특히 1983년부터 신설된 목적기초연구사업은 대학을 대상으로 했다. 유전공학과 같이 새롭게 부각된 첨단기술 분야의 경우 인력이 충분하지 않았기 때문에 대학이 중요한 역할을 부여받았다. 예를 들어 강원대의 경우 1979년 설립한 생명과학연구소를 1981년 법정연구소인 유전공학연구소로 개편했으며, 1984년 서울대 유전공학연구소를 비롯해 1987년까지 15곳의 대학이 부설 유전공학 또는 생명공학연구소를 잇달아 설립했다.[32] 아직 유전공학을 연구하는 정부출연연구소가 등장하기 이전에 대학의 연구소가 인력 양성과 기초연구를 내세우면서 설립된 것이다.

이 시기 정부가 역점을 두고 육성한 첨단산업으로 전자·통신 분야가 대표적이며, 이 분야를 위한 대학부설연구소가 다양하게 세워졌다. 특히 정부나 산업계의 지원을 받아 설치한 다음 관련 기업이나 대학이 공동으로 연구시설을 이용하게 하는 공동연구소가 다수 설립되었다. 공동연구소는 국가적 필요에 따라 국가기관, 공익단체, 민간단체가 설립을 요청하고 지원을 보장할 때 설치할 수 있었고, 대학 내에 세워지지만 대학 예산에서 분리된 독립 예산 계정으로 운영하는 것을 원칙으로 했으며, 외곽 시설과 내부 설비의 확보 유지에 소요되는 제반 경비를 정부부처나 산업체 등 유관 기관의 보조금과 수탁연구비 등으로 충당하도록 했다.

서울대의 경우 1985년 설립되어 1988년부터 본격적인 활동을 시작한 반도체공동연구소가 첫 번째 공동연구소였다. 이 연구소는 당시 국내 유일의 대학 기반 반도체연구소였으며, 정부와 산업체의 지원을 받아 반도체 분야의 기술개발을 위한 핵심 기반기술을 연구하고 해당 분야의 고급 인력을 양성하여 배출하는 한편, 산업체 관계자들의 위탁교육과 공동연구를 추진했다. 대기업 반도체공장의 첨단장비에는 미치지 못하지만 최신 연구시설과 우수 인력을 갖추고 활발한 연구활동을 펼쳤으며, 기업에서 파견된 연구원들과 대학의 박사과정 연구원들이 공동연구를 추진하고 그 결과를 산업체가 활용하도록 했다.[33] 1988년 설립된 서울대 신소재공동연구소와 자동화시스템공동연구소, 이듬해 설립된 정밀기계설계공동연구소, 컴퓨터신기술공동연구소 등도 첨단기술 분야의 산학연 공동연구의 모범사례로 꼽히는 연구소들이었다.[34] 이처럼 정부의 관련 부서나 기업체에서 거액의 지원금을 받아 전용 연구동과 고가의 첨단 기자재를 갖추고 대학 간 공동연구나 산학협동연구를 하여 산·학·관·연 협력체제를 구축한 공학 분야의 공동연구소는 대체로 높은 용역연구비 수주 실적을 기록했으며, 이 같은 경향은 현재까지 지속되고 있다. 서울대의 경우 공학 분야 공동연구소 6곳의 연구비가 30곳이 넘는 전체 법정연구소 용역연구비의 절반가량을 차지했다.

이처럼 정부와 산업계의 첨단기술 육성 노력에 힘입어 1980년대 후반부터 관련 분야의 대학연구소도 크게 늘어났다. 서울대의 경우 1989년부터 1991년까지 26곳의 연구소가 집중적으로 신설되었고, 여기에는 서울대가

1980년대 후반부터 연구중심대학을 표방하면서 연구활동을 강화해간 배경도 작용했다. 이를 위해 서울대는 1987년 국내 대학 중 최초로 연구처를 만들어 연구 행정의 합리화와 효율화를 꾀했다. 이전까지는 연구비나 연구과제의 규모가 크지 않아 단과대나 연구소가 자체적으로 관리했지만 연구비 규모가 급증하고, 대형과제, 공동연구가 늘어나면서 연구 관련 행정업무가 복잡해져 이를 관리할 대학 자체의 전담기구가 필요하게 된 것이다.[35]

한편으로 1980년대 포항공과대학(POSTECH: Pohang University of Science and Technology), 한국과학기술대학(KIT: Korea Institute of Technology)의 설립은 대학에서 과학기술 분야 연구의 비중을 확대시키는 한 계기가 되었다. 이들 과학기술특화대학은 고급 과학기술인력 양성의 발판이자 동시에 연구중심대학을 지향함으로써 대학의 연구개발능력을 끌어올리는 역할을 담당했다. 1984년 설립되어 1986년부터 교육을 시작한 한국과학기술대학은 1989년 KAIST와 통합되어 KAIST 학부과정이 되었다. 또한 1986년 설립되어 이듬해부터 학생을 받기 시작한 포항공대는 처음부터 연구와 대학원 교육에 중점을 둔 과학기술특화대학을 표방하여 대학의 연구활동 강화에 한몫을 담당했다. 수도권이 아닌 지방에 자리 잡고 있는 사립대학으로, 이공계 중심의 작은 규모라는 어려운 조건 속에서도 포항제철이라는 든든한 기업의 재정적 뒷받침을 통해 단기간에 최상위 대학으로 자리매김했다. 포항공대는 포항제철, 포항산업과학원과의 긴밀한 협력 속에 국내에서는 처음으로 효과적인 산학연 삼각연구체제를 형성했다는 의미도 지니고 있다. 특히 1988년 4월 방사광가속기 건설추진본부를 발족시켜 국내 처음으로 가속기연구소 건설을 추진했으며, 포항가속기연구소를 시작으로 교육이 안정화되는 1990년부터 분야별로 연구소 설립이 이어져 연구중심대학의 위상을 더욱 분명하게 했다.[36]

1980년대 대학부설연구소의 양적 확대에도 불구하고 연구소의 연구활동은 일부 연구소를 제외하고는 그리 활발한 편이 아니었다. 기본적으로 상당수의 연구소가 연구 및 운영에 필요한 재원을 안정적으로 확보하지 못해 극히 일부를 제외하고는 대학연구소가 대학 연구활동 활성화에서 특별한 역할을 하지 못하는 상황이었다. 무엇보다도 앞의 〈표 7〉에서도 확인되듯이 연구소의 전임연구원이 극소수인 상황에서 대학연구소가 학과와는 구별되는 연구활동을 전개하는 것은 사실상 무리였다.

3. 우수연구센터와 대학연구능력 구축

1980년대 대학연구소의 양적 확대가 시작되었지만 대학이 사용하는 연구개발비는 1980년대 중반까지 절대 규모 자체가 작았으며, 대학연구비도 기초분야보다 첨단산업 육성을 치우쳐있었다. 1988년 SCI 논문 통계에서, 한국은 1,270건 발표로 세계 38위를 기록했고, 인구 만 명당 발표 수는 0.305로 60위를 기록해 논문 발표 지수는 사실상 후진국 수준을 보였다. 이는 SCI 논문을 장려하는 정책이 본격화되기 전이었고, 동시에 대학의 연구활동이 활성화되지 못한 상황과 밀접한 관계가 있었다. 1991년 서울대 자연대 교수와 과학기술처 관료 17명으로 구성된 대학합동평가단이 국내 대학의 연구환경실태를 조사한 결과 "국내 대학의 과학기술연구가 유명무실하다"고 평가를 내릴 정도로 대학의 전체적인 연구환경은 미흡했다.[37] 평가단이 4개월 동안 전국 30개 표본대학을 대상으로 실시한 조사 결과에 따르면, 1988년 기준으로 국내 연구인력의 79%가 있는 대학에 국가 전체 순수연구비의 6.8%만 지원되고 있었으며, 국제학술지에 게재된 논문도 대만의 71%에 불과했고, 대학의 부설연구소 중 연구계약고가 3억 원 이상 되는 연구소는 11.4%에 그쳤으며, 연구기자재보유율도 기준령의 17~56% 수준에 머물렀다.[38] 정부는 대학합동평가단의 평가결과에 따라 기존 기초연구사업을 재조정했으며, 대학들도 연구소 강화를 위한 대책을 마련했다.

1990년대 들어와 대학의 연구활동과 대학부설연구소가 양적·질적으로 크게 성장하면서 변화의 속도가 빨라졌다. 여기에는 우선 정부의 기초과학에 대한 정책적 관심이 높아진 것이 효과를 발휘했다. 1988년 한국과학재단 부설기관으로 설립된 한국기초과학연구지원센터는 당시 대학연구소가 제대로 갖추지 못한 대형 연구장비들을 구비하고 대학의 기초연구를 뒷받침해 그 활성화의 한 축을 담당했다. 교육실습장비가 아닌 연구장비에 대한 국가지원이 체계화된 것은 한국기초과학연구지원센터가 사실상 처음이었다. 특히 대형 연구장비가 필요한 실험물리학 분야에서 이 센터의 역할은 절대적이었으며, 이 분야의 SCI 발표논문 편수 순위 상승에 첫 번째 비결로 꼽혔다.[39] 아울러 1989년 12월에 통과된 기초과학연구진흥법은 기초과학 연구에 대한 정부 지원이 확대되는 중요한 계기가 되었고, 이는 대학 연구활동 활성화의 촉매로 작용했다. 정부가 포항공대가 건설한 가속기연구소에 건설비를 지원하게 된 것도 이 법에 근거했다. 동시에 정부의 산업기술지원책 강화와 기업 산업체 자금 지원에 힘입어 각 대학의 공대부설 연구소가 급증했다. 서울대, 연세대, 고려대 등 주요 대학들이 산학연구단지를 건설을 추진했으며, 기업이 대학에 연구소를 건립해 기증하는 사례도 늘어났다.[40] 정부는 기업이 대학에 출연해 만든 연구공간을 산학이 공동으로 사용할 경우 증여세 과세 대상에서 제외하여 기업의 출연을 간접적으로 지원했다.

이처럼 대학 연구조직 전반에 대한 관심이 높아지는 속에서 집중적인 지원을 통해 질적 성장을 노리는 대규모 연구지원사업인 한국과학재단의 우수연구센터(COE: Center of Excellence) 육성사업이 시작되었다. 이 사업은 연구단 체제를 공식적으로 처음 도입했으며, 이후 연구단 형태의 공동연구조직 방식이 넓게 확산되는 계기로 작용했다. 우수연구센터는 대학연구, 특히 기초과학 연구체제에 큰 변화를 가져와, 이전의 개인연구에서 조직연구로, 단기적 연구비 지원에서 장기적·안정적 연구비 지원으로, 지원 대상 선정을 보편성에서 탁월성 원칙으로 전환시킨 변곡점이 되었다.

1989년부터 시작된 우수연구센터 사업의 목적은 여러 대학에 분산되어 있는 연구인력을 특정 분야별로 조직화·체계화하여 자연과학 분야의 기초연구 발전과 대학연구 활성화를 위하여 선도적인 센터 역할을 할 수 있는 국제 수준의 연구집단을 육성하는 데 있었다. 우수연구센터 육성사업은 당시 한국과학재단 전체 R&D 예산의 절반이 넘는 규모였으며, 9년간 최대 10억 원이라는 파격적 규모의 지원으로 시작하였다. 우수연구센터는 5개 이상 대학, 교수 20명 이상의 연구집단을 기본으로 했으며, 총 6단계의 평가를 거쳐 선정되었다. 핵심적인 기초과학 분야의 새로운 이론정립 및 현상의 심층연구를 위한 과학연구센터(SRC: Science Research Center)와 산업발전과 연계하여 수요가 높은 분야의 기초기술연구를 위한 공학연구센터(ERC: Engineering Research Center)로 구분해서 선정했다. 사업 첫해인 1989년에는 144곳이 신청을 했으며 최종적으로 SRC 6곳과 ERC 7곳이 선정되었다. 서울대 이론물리연구센터, 서강대 유기반응연구센터, 경북대 위상수학 및 기하학연구센터, 서울대 분자미생물학연구센터, 전북대 반도체물성연구센터, 경상대 식물분자생물학 및 유전자조작연구센터 등이 SRC로 선정되었고, 포항공대 첨단유체공학연구센터, KAIST 인공지능연구센터, 경북대 센서공학연구센터, KAIST 인공위성연구센터, 서울대 신소재공동연구센터, KAIST 생물공정연구센터, 건국대 동물자연연구센터 등

7곳이 ERC가 되었다.[41] 한국과학재단은 각 센터마다 평균 4억 원을 지원했으며, ERC의 경우 기업에서 센터별로 5억 원씩 지원했다. 우수연구센터는 3년마다 평가를 받아 9년 동안 지원을 받을 수 있었으며, 20명 이상의 교수 및 100명 이상의 석·박사과정 학생이 참여하여 연구계열별로 전국을 하나의 연구원으로 하는 공동연구기구를 지향했다.[42] 연 5억 원에서 시작해 2, 3년 뒤에 10억 원으로 늘어나고, 3년마다 중간평가를 받아야 하지만 9년간 계속 연구비를 지원한다는 사업 규모는 당시로서는 이례적인 것이었기 때문에 대학 연구자들의 높은 관심을 끌었다.

우수연구센터 육성사업은 대학 내에서 여러 교수들의 참여를 통해 협동연구와 연구 네트워크 형성에 크게 기여하여 대학의 연구역량 성장에 중요한 바탕이 되었다. 기본적으로 대학 연구조직에 대한 지원이었지만 기업과의 연계를 강조했기 때문에 대학과 산업계의 협력을 촉발시키는 제도로서도 주목을 받았다.[43] 특히 우수연구센터 사업이 교수들에게 연구비를 지원하고 논문 등을 지표로 삼아 연구 실적을 평가하는 등 새로운 연구 풍토를 조성함으로써, 우리나라 대학에서 양질의 우수 논문이 급증하는 중요한 계기가 되었다. 1999년에 우수연구센터 참여 교수는 총 1,277명으로 전체 이공계 교수(약 30,000명)의 약 4% 정도였는데, 센터 참여 교수들이 SCI 저널에 발표한 논문은 2,138편으로 우리나라 전체 SCI 논문 발표 11,010편의 19.4%에 해당되었다.[44] 이는 한국이 높은 SCI 논문증가율을 기록하는 데 우수연구센터가 큰 역할을 했음을 의미했다.

구분	SRC	ERC
연구방향	새로운 이론 정립 및 현상의 심층 연구	산업발전에 연계된 기초기술연구
대상분야	핵심적인 기초과학 분야에 우선	산업수요도가 높은 첨단기술분야 우선
설치장소	대학구내	대학구내
기기장비, 시설	과학재단 지원. 부지 및 외곽시설은 소속 대학 부담	과학재단과 관련기업이 공동지원. 부지 및 외곽시설은 소속 대학에서 부담

연구비	과학재단 지원	과학재단과 참여기업이 공동지원
지원기간	총 9년을 원칙(3년 단위로 재평가)	총 9년을 원칙(3년 단위로 재평가)
주요업무	공동 및 단독연구 과학교육 및 학위지도 연구시설 및 장비 이용편의 제공 국제협력 Post-doc. 육성	다분야간 협동연구 엔지니어링 교육 및 학위지도 연구시설 및 장비 이용편의 제공 기업지도 부문 국제협력 기업지도 자문

〈표 8〉 과학연구센터(SRC)와 공학연구센터(ERC) 비교.(출처: 『과학기술연감 1990』, 227쪽)

우수연구센터는 가상의 조직이 아닌 대학에서 센터의 전용 연구공간을 지원받는 것을 전제로 선정되어 센터가 실질적인 연구의 구심적 역할을 담당할 수 있도록 했다. 일부 대학들은 센터가 대학 내에 자체 건물을 확보하여 안정적인 연구공간을 제공할 수 있게 되었다. 예를 들어 1990년에 설치된 경상대학교 식물분자생물학 및 유전자조작연구센터는 우수연구센터로 선정된 이후 센터 건물을 신축하여 자체 건물로 사용했으며, 우수연구센터 지원이 종료된 이후에도 이전과 동일하게 활발한 연구활동을 진행해나갈 수 있도록 했다. 국립대학교의 경우 우수연구센터는 교육부가 인정하는 법정연구소로 인정되도록 제도화했으며, 대학의 행정인력을 센터에 파견하여 센터의 업무를 지원하도록 했다. 또한 우수연구센터도 병역특례 대상기관으로 인정을 받아 우수연구센터에 근무하는 석·박사 연구인력 일부는 병역특례를 받게 되었다. 선정된 우수연구센터를 전체적으로 볼 때 기초의약학 분야가 가장 많았지만 각 센터당 지급된 평균 연구비는 분야마다 큰 차이가 없었다.[45]

하지만 우수연구센터는 9년간의 지원 기간이 끝난 이후의 연구활동이나 성과가 상당히 저조하다는 문제가 제기되었다. 2002년의 조사에 따르면 지원이 끝난 30개 센터 중 이전과 유사하게 활발히 활동하는 곳은 2곳에 불과했다. 이는 우수연구센터가 계속 유지되기 위한 자생력 확보가 쉽지 않았음을 의미하며, 특히 기업과의 연계가 어려운 과학연구센터의 경우 지원 이후 센터가 해체되기도 했다. 이러한 양상은 처음 우수연구센터사업이 시작되었을 때 강조되었던 산학연 연계가 실제 진행과정에서 그다지 효과적으로 이루어지 못했던 것과 무관하지 않았다.[46] 이에 따라 지속적인 성과를 얻기 위해서는 후속 사업의 필요성이 제기되었고, 2007년에 '우수연구센터사업 향후 추진방향 기획연구'에 따라 지원 체제가 변경되어 종료 후 우수한 센터(30% 이내)에 대해 3년간 추가 지원을 하기로 했다.

우수연구센터사업과 같은 연구집단중심 연구활동에 대한 지원 성공은 과학재단 내에서도 유사한 지원사업의 확대를 가져왔다. 1995년 신설되어 지방대학과 지역산업체 간의 산학연구를 목적으로 한 지역협력연구센터(RRC: Regional Research Center), 2002년 신설된 기초의과학연구센터(MRC: Medical Science and Engineering Research Center), 국가핵심연구센터(NCRC: National Core Research Center) 등 다른 연구센터 지원사업으로 이어졌고, 학술진흥재단의 중점연구소지원사업, 정보통신부의 정보통신우수연구센터, 국방부의 특화연구센터지원사업 등 타 부처의 유사한 제도의 탄생에도 직접적인 영향을 주었다. 또한 1990년부터 시작된 우수연구소지원사업이나 여기에서 분리된 중점연구소지원사업 등 대학의 우수연구소에 대한 지원사업이 활발해졌다. 특히 중점연구소지원사업은 대학연구소 연구인프라 지원을 통해 대학의 연구거점을 구축하고, 연구소 중심으로 젊은 연구자를 보유·활용하며 대학연구소의 특성화·전문화를 유도하여 연구소의 연구역량을 강화하는 것을 목적으로 하여 추진되었다.

2013년 미래창조과학부 연구개발사업 연구성과 분석에 의하면, 사업별 질적 수준을 고려한 연구비 1억 원당 논문 실적은, 논문 100편 이상 발표된 세부연구사업만을 기준으로 할 때 선도연구센터사업이 10.56건으로 가장 높은 것으로 나타났다.[47] 선도연구센터지원사업은 이공분야 기초연구사업으로 이공학분야(SRC/ERC), 기초의과학분야(MRC), 융합분야 등으로 나뉜다. 이러한 결과는 우수연구센터사업(SRC/ERC)과 이로부터 파생된 연구집단중심 지원사업이 논문으로 이어지는 연구활동 제고에 큰 몫을 담당하고 있음을 보여준다. 우수연구센터사업 등 대학의 연구활동을 촉진시키기 위한 제도가 구비되고 연구비 지원이 이전의 보편성, 평등성을 강조하는 방향에서 특성화, 탁월성 중심으로 변화하면서 대학에 대한 집중적인 지원이 이루어졌다. 이러한 정책 속에서 대학에서 새로운 연구주제에 대한 도전적인 연구활동이 추진되었으며,[48] 우수연구센터로 선정되고 국책연구사업으로도 지정된 KAIST 인공위성연구센터의 경우처럼 대학연구소의 연구활동이 대학의 자율적 연구와 정부주도 연구라는 이중적 성격을 지니게 되면서 연구 방향이 재조정되는 과정을 겪기도 했다.[49]

1996년 말 OECD 현지조사단이 한국 정부에 전달한 '한국 과학기술정책 평가보고서'에 의하면 "대학의 빈약한 연구능력이 한국의 선진국 진입을 가로막는 최대 걸림돌"이었다. 이공계 박사급 인력의 77.1%가 몰려 있으면서도 전체 연구개발비의 8.2%만 투자되고 있고, 전체 이공계 교수 중 9.5%만 연구비를 받는 이공계 대학 현실을 반영한 냉정한 평가였다. 이공계 교수 1인당 연평균 연구비는 정부출연연구소 연구원 1인당 연구비의 10%에 불과한 수준이었다. 이 보고서는 정부출연연구소를 통한 정부주도형 기술개발전략은 한계에 이르렀고, 이제는 대학의 빈약한 기초과학을 튼튼히 해 창의력을 키워야 한다고 주문했다.[50] 그렇지만 조사단은 우수연구센터 지원사업에 대해서는 대학 연구활성화에 크게 기여했으며, 대학의 연구환경을 크게 개선시키기 위해 앞으로도 확대·발전되어야 할 사업으로 긍정적으로 평가했다.[51] 이는 당시 대학연구소가 지닌 한계와 가능성을 동시에 보여주는 평가였다.

4. 대학연구소의 과제

한국의 대학은 높은 교육열 속에 등장하여 연구보다 교육을 중시했고, 그에 따라 대학의 부설연구소는 그다지 높은 관심을 받지 못했다. 그러나 대학부설연구소들은 1980년대 후반 이후 기술발전 및 산업경쟁력 제고를 위해 기초과학의 중요성이 부각되면서 대학의 연구기능 강화 필요성이 커지면서 양적으로 크게 늘어났으며, 특히 1980년 특허 및 상표에 관한 개정 법안, 보통 베이–돌 법(Bayh-Dole Act)으로 불리는 특허법 개정 이후 대학의 연구개발이 상업화와 연계되는 움직임이 한국에도 확산되면서 대학 연구활동이 활발해졌다.[52] 이에 1990년대 중후반부터 대학마다 부설연구소의 정상화를 위해 연구소 평가를 통해 통폐합을 비롯한 구조조정을 실시했다. 또한 1990년대 중반 이후 지방과학기술혁신이 강조되면서 대학과 대학부설연구소는 지역의 중소기업에 대한 기술개발의 지원 및 지역혁신거점으로서의 역할도 요구받고 있으며, 기술의 복잡화, 융합화, 고비용화에 따라 대학과 다른 연구개발주체와의 연구협력 필요성도 커졌다.

2000년대 이후에도 대학부설연구소의 숫자는 꾸준히 증가하여, 2008년 3,387개에서 2012년 4,206개로 늘어났다. 하지만 부설연구소의 전임연구원 수는 2008년 6,203명을 최고점으로 하여 2009년 1,952명으로 대폭 줄었다가 다시 조금씩 늘어나 2012년 2,612명을 기록했다. 이는 2009년부터 전임연구인력에 대한 조사방식을 변경하고 검증을 면밀히 했기 때문이다. 〈표 9〉에 나타나듯이, 2012년 기준으로 4,206개의 연구소 전임연구원이 2,612명으로 연구소당 1명도 되지 못하는 상황은 대학부설연구소의 특성을 잘 보여주는 수치이다. 물론 이는 다른 연구조직이 전일제 연구인력을 중심으로 구성되는 것에 비해 대학 내 연구조직은 대학교수, 석·박사과정 학생, 박사후과정생 등이 큰 비중을 차지할 수밖에 없다는 특징과 관련이 있다. 〈표 9〉를 〈표 7〉의 1985년 현황과 비교할 때 이공계, 특히 공학 분야의 비중이 현저하게 늘어났음을 확인할 수 있다.

구분	연구소 수	전임연구원	연구비 (단위: 십억)
자연과학	490(11.7%)	596	964(18.9%)
공학	1056(25.1%)	468	2304(45.3%)
의약학	454(10.8%)	332	932(18.3%)
농수해양학	145(3.4%)	100	264(5.2%)
사회과학	1076(25.6%)	433	337(6.6%)
인문학	575(13.7%)	451	177(3.5%)
예체능	272(6.5%)	62	74(1.5%)
복합학	138(3.3%)	170	39(0.8%)
계	4206(100%)	2612	5091(100%)

〈표 9〉 2012년 대학부설연구소 현황 및 4년제 대학 학문분야별 연구비.
(출처: 『2013년 대학연구활동 실태조사 분석보고서』, 53쪽. 이 표의 연구비는 대학연구소에만 주어진 연구비가 아니라 대학의 해당 분야 전체에 제공된 연구비이다.)

1990년대 중반 이후 대학의 연구개발비도 꾸준히 늘어 1990년대 초반 국가 전체 연구개발비의 6~7% 비중에서 2009년 11.1%까지 올라왔다. 이러한 증가세는 같은 기간 기업이나 정부출연연구소의 연구비 성장 추세보다 상대적으로 더 높은 편이며, 이는 대학이 연구개발의 중요 주체로서 뒤늦게 부상하고 있음을 말해준다. 물론 이러한 증가세에도 불구하고 한국 대학의 연구개발비 비중은 중국의 8.1%(2009) 정도를 제외하고는 주요 국가 중에서 매우 낮은 편이다. 2009년 기준으로 영국은 전체 연구개발비의 26.5%로 가장 높은 편이고, 프랑스(20.6%), 독일(17.6%), 일본(13.4%) 등 대부분 한국보다는 높은 수준이다. 이는 한국이 높은 교육열에 따라 고등교육이 양적으로 팽창했지만 대학의 기능에서 교육이 우선이었고, 연구에 대한 관심은 뒤늦게 시작되었기 때문이다. 때문에 대학부설연구소는 정부나 대학, 혹은 기업체에서 특정한 목적을 지니고 집중적 지원을 통해 설립 운영하는 일부 연구소를 제외하고는 연구활동에 전념할 전임연구인력의 확보가 부진하여 연구소의 연구 자체가 그리 부각되지 못하고 있다.

대학부설연구소를 포함해 대학에 투입된 연구개발비가 1990년대 크게 늘어나게 된 것은 대체로 산업계보다 정부의 연구개발비 증가가 주된 요인이 되었다. 1987년 대학의 총 연구개발비에서 정부 지원이 차지하는 비중은 8.8%였지만 이 수치는 꾸준히 증가하여 2012년 78.1%에 이르렀다. 흥미롭게도 이처럼 정부 지원이 늘어남과 함께 대학의 연구개발활동에서 응용연구와 개발연구가 늘어나는 모습을 보였다. 1998년부터 2006년까지 대학에서 개발연구의 비중은 26%에서 35%로 꾸준히 증가했으며, 1998년 대학의 기초연구는 40%에서 계속 감소하여 2004년 24%로 떨어졌다가 2006년 33%로 다시 높아졌다. 이러한 기초연구의 변동은 연구개발 단계를 임의로 구분하는 과정에서 빚어진 통계상의 착시일 가능성도 있지만, 기본적으로 대학 연구활동 활성화가 정부의 기초과학에 대한 지원 증가만으로 설명될 수 없음을 말해준다. 대학의 응용·개발연구 증가는 대학과 다른 연구주체와의 역할이 중복된다는 문제제기로 이어질 수밖에 없었고,[53] 과학기술연구의 경제적 측면을 강조하는 논리가 대학에도 본격적으로 유입되었음을 말해준다. 이는 한국의 기초연구는 대학이 중심적 역할을 할 것이라는 통념과 달리 기업이나 공공연구소의 역할이 크다는 최근의 연구와도 맥을 같이하고 있다. 이 연구는 대학의 기초연구 자체도 산업기술의 개발과 연관된 목적지향적 성격을 강하게 띠고 있음을 주장했다.[54]

2007년 이후 대학의 기초연구는 꾸준히 증가 양상을 보여 2012년 기준으로 기초연구 비중은 40.0%, 응용연구 비중은 29.3%, 개발연구 비중은 30.7%를 보였다.[55] 이후 기초연구는 다시 조금씩 줄어들어 2014년은 37.6%에 머무르고 있지만 대학 연구활동이 점차 본연의 목적이라 할 수 있는 기초연구 쪽으로 조정되고 있음을 알 수 있다. 이에 대해 과학계는 기초연구라 해도 공학과 의학의 비중이 크다고 주장한다. 이처럼 수치만으로 대학의 기초연구가 기업이나 정부출연연구소와 어떠한 차이를 지니고 있는지 분명하게 드러나지는 않지만, 다른 주체에 비해 대학의 기초연구 비중이 꾸준히 높은 수준을 유지하고 있다는 점은 대학 연구활동이 다른 연구체제와 구별되는 역할 정립이 진행되고 있다고 볼 수 있다. 사실 대학의 연구활동에 대해서는, 트리플 헬릭스 모델(triple-helix model)처럼 대학-산업-정부의 긴밀한 관계와 역동성을 강조하는 견해와 함께 신과학경제학(new economics of science)처럼 대학 본연의 기능으로 교육을 강조하면서 대학과 산업의 거리가 너무 가까워지는 것을 경계하는 상반된 입장이 존재한다.[56] 물론 두 가지 입장 모두 개발도상국의 현실을 충분히 반영하지 못하고 있다는 비판이 제기되었지만[57] 한국 대학에서 연구의 활성화는 개발·응용연구의 증가와 함께 이루어졌으며, 이는 1, 2차 대학혁명이 압축적으로 함께 진행되었다는 설명으로도 확인이 된다.[58]

2011년에 추진된 대학부설연구소 활성화를 위한 조사연구보고서에 의하면 연구소가 처한 가장 큰 어려움이 연구인력 부족으로 나타났고, 대학 재정지원 부족, 연구비 부족 등이 뒤를 이었다. 이는 낮은 전임연구인력 숫자와 직결되는 결과였다. 연구팀은 정부의 연구개발비 지원이 프로젝트 사업 위주로 발주되고 대학(연구자)은 연구과제의 수주를 통한 펀드의 유치를 목적으로 이에 맞춘 연구체제를 급조하거나 임시로 구축하고 있기 때문에 대학연구소가 자기 정체감을 갖고 지속성을 가진 조직이 아닌 일회성 연구의 종료와 함께 역할이 사라지는 경우가 대부분이라고 밝혔다. 따라서 대학의 연구소가 자신에 맞는 연구 분야를 지속적으로 추진하여 연구역량을 축적하기 위해서는 과제 중심이 아닌 연구 수행의 결과물을 중심으로 하는 새로운 지원방식이 도입되어야 한다고 주장했다.[59]

대학부설연구소는 연구조직의 목적이나 성격이 다양하며, 연구소마다 기능이나 역할, 질적 수준의 차이가 매우 편이다. 따라서 대학연구소를 연구조직의 특성에 따라 분류하고 그에 맞는 지원이 필요하다는 지적이 제기되고 있다.[60] 예를 들어, 고가의 대형 장비를 활용한 '장비중심형', 다양한 전문가를 결집하여 연구역량 강화를 목표로 한 '연구역량형', 기존 연구소 기능에 인력양성기능을 추가한 '인력양성형' 등으로 유형화해 그에 맞는 지원정책을 모색하는 것이다.[61] 동시에 대학특성화정책에서 중요하게 논의되고 있는 연구중심대학에서도 핵심적 요소인 연구역량을 강화하기 위해서는 '대학연구소 중심의 대학연구시스템'을 확립해야 된다는 필요성이 커지고 있다.

대학은 교수, 석·박사과정, 박사후과정, 전임연구원 등 다양한 인적 자원을 갖추고 있고, 다른 연구조직에 비해 고급 인력의 비중이 매우 높다. 2012년 기준으로 박사급 연구인력의 62.4%가 대학에 소속되어 있기 때문에 이러한 인력풀의 강점이 발휘될 수 있는 제도적 뒷받침이 요구된다. 대학이 뒤늦게 정책적 지원을 받아 빠르게 성장하면서 한국 연구체제는 보다 균형 잡힌 형태로 나아가고 있지만 아직은 대학이 충분한 역할을 하고 있지는 못하다. 대학이 상대적으로 늦게 부상하고 있기 때문에 대학에 대한 지원은 대학의 연구조직만을 위해 작동되는 것이 아니라 정부출연연구소 등 외부 연구조직과의 협력을 촉진하는 방향이 바람직할 것이다. 대학은 폭넓은 인력풀을 갖고 있기에 다른 주체와의 접점을 찾을 여지도 많다고 볼 수 있다. 대학과 정부출연연구소가 정부 연구개발비를 두고 경쟁을 하는 관계에 놓여 있어서 효과적인 협력에 장애가 있는 것이 현실이지만 정부출연연구소와 대학의 협력은 국가과학기술의 역량 강화와 연구개발의 효율성을 높이기 위해서는 필수적인 요소이다. 특히 그 같은 협력은 대학 내에서 연구를 전담하는 부설연구소의 활성화와 위상 강화를 통해 증진될 수 있을 것이다. 대학부설연구소는 학과나 대학원에 비해 제도적 유연성이 커서 대학 발전을 위해 전략적으로 활용할 여지가 많은 편이다. 선진국의 우수 연구대학에서 연구소가 차지하는 위상은 학과나 대학원 못지않으며, 대학부설연구소에서 출발한 연구소가 대학의 규모를 넘어 대형 연구소로 성장해서 대학 전체의 연구활동을 견인하는 사례도 존재한다. 이제는 한국도 대학부설연구소에 대한 효과적인 지원정책을 통해 대학의 연구개발 역량을 도약시켜야 되는 단계가 된 것이다. 정부출연연구소, 기업에 이어 뒤늦었지만 대학에 대한 정책적 지원을 통해 한국 연구체제가 균형을 잡아야 할 시기가 되었다.

기업연구소의 현황과 특성

1980년대부터 본격적으로 등장하기 시작한 기업부설연구소는 1990년대에도 꾸준히 늘어났다. 기업이 국가연구개발투자의 70% 이상을 담당하는 민간주도의 연구개발체제가 정착되어 가면서 정부의 역할도 새롭게 정립할 필요가 생겨났다. 1991년 한국산업기술진흥협회는 기업연구소 설립 효율성을 높이기 위해 기업연구소의 신고·관리업무를 과학기술처로부터 이관 받아 민간주도에 어울리는 체제를 갖추게 되었다.[62] 또한 1993년부터 시작된 신경제5개년계획 과학기술부문계획(1993~97)에서도 민간주도의 기술혁신체제를 정착시키고 정부의 역할을 재정립하는 것이 과학기술정책의 핵심 기조가 되었다. 1990년대 중반 벤처 붐으로 연구소 숫자가 급증했으며, IMF 위기를 맞아 잠시 증가세가 주춤했지만 곧 회복되었다. 2000년대를 거치면서 기업연구소는 지속적으로 증가하여 단순히 연구소의 숫자뿐 아니라 연구개발투자와 연구개발인력 모두 기업연구소가 압도적인 비중을 기록하면서 한국의 연구개발활동을 이끌고 있다.

대기업 부설연구소들은 1990년대 들어 실질적인 연구개발활동을 강화해나갔다. 1990년대 중반 이후 대기업 그룹에서 기술개발을 총괄하는 최고기술경영인(CTO: Chief Technology Officer)을 처음으로 임명했는데, 그들은 그룹의 중앙연구소 소장이나 본사 기술담당 총괄임원이었다. 삼성그룹은 이미 1988년 삼성전자와 삼성반도체통신을 합병하면서 1900여 명으로 늘어난 연구개발인력을 사장급의 책임자가 운영하도록 한 바 있다.[63]

1997년 기준으로 실제 연구활동을 수행하고 있는 기업부설연구소는 3,000개를 돌파했는데, 이러한 결과는 같은 해 제정된 '벤처기업육성에 관한 특별조치법'에 의해 벤처 붐이 일어난 데 크게 힘입었다. 이 법은 벤처기업의 자금 및 입지와 관련된 혜택을 부여해 원활한 사업 운영을 도모함과 동시에 벤처기업에 참여할 연구인력에 관한 규제를 완화하여 학계의 폭넓은 인재들을 유치하고자 했다. 이에 따라 인터넷, 무선통신, 반도체 부문의 급속한 발전에 따라 관련 분야의 벤처기업 창업과 중소기업 연구소 설립이 크게 늘어났다. 이러한 흐름에 맞추어 정부는 1998년 벤처기업의 경우 대표자도 연구전담요원에 편입 가능토록 하는 등 연구소 기준을 완화해 벤처기업의 연구개발을 촉진하고자 했다.

1997년의 외환위기는 기업연구소에도 상당한 타격을 주어 전체 기업연구소의 40%가 조직을 크게 축소했으며, 5,000여 명의 연구직 및 기술직이 연구소를 떠나야 했다. 다행히 기업연구소 규모는 다시 빠르게 회복되어, 2000년 2월 5,000개를 돌파하고, 2004년 10월 10,000개 시대를 열었다. 정부는 중소기업의 연구소 설립을 촉진하고자 2001년 창업 5년 미만 벤처기업의 경우 연구소의 기준을 2명 이상으로 완화하는 등 지속적으로 연구소 문턱을 낮췄다.[64] 이에 기업연구소는 연평균 12%대의 증가율을 보이며 2014년 32,167개로 증가했다. 이처럼 연구소 수가 급격하게 팽창하자 연구소 인증제도를 넘어 정부가 일정 규모 이상을 갖추고 안정적인 연구 실적을 쌓고 있는 우수연구소를 선정하여 인증해야 한다는 주장이 제기되었다.[65] 실제 산업자원부(현 산업통상자원부)는 2003년부터 유망 중소·중견기업 연구소 중 우수기술연구센터(ATC: Advanced Technology Center)를 지정하여 지원하는 사업을 시작했다. 이는 연구개발투자와 수출 비중이 높고 성장가능성이 큰 기업연구소를 선정해 최대 5년간 매년 5억 원 안팎의 예산을 지원하는 사업이다. 2003년 30개 연구소를 지원한 이래 2014년 48개까지 총 355개 연구소가 지원을 받았다.[66]

구분	1981	1990	1995	2000	2005	2010	2014
대기업	53 (100.0)	421 (43.6)	692 (30.5)	803 (11.3)	916 (7.8)	1126 (5.2)	1421 (4.4)
중소기업	0 (0.0)	545 (56.4)	1578 (69.5%)	6307 (88.7)	10894 (92.2)	20659 (94.8)	30746 (95.6)
전체	53	966	2270	7110	11810	21785	32167

〈표 10〉 기업연구소 수 변화(1981~2014) (단위: 개, %). (출처: 한국산업기술진흥협회, 『기업연구소 심층분석 역량 진단에 관한 연구』, 2010, 5쪽; 한국산업기술진흥협회, 『2011년도 기업연구소 현황분석』, 2012, 2쪽; 통계청 국가지표체계(http://www.index.go.kr/potal/main/PotalMain.do) "기업부설 연구소 수")

〈표 10〉에서 나타나듯이 처음 인증받은 기업부설연구소는 모두 대기업 산하의 연구소였지만 중소기업 연구소가 빠르게 증가하여 연구소 수로만 볼 때 중소기업이 압도적인 비중을 차지하고 있다. 하지만 2014년 통계로 볼 때 전체 기업연구소의 84.%가 연구원 10인 미만의 영세한 규모이다. 연구소의 증가를 배경으로 연구원의 숫자도 가파르게 늘었다. 2006년 17만 9,709명이던 기업연구소의 연구전담요원 수는 2014년 말 30만2,486명에 이르렀다. 이 중 대기업에 속한 인력은 13만122명이며, 중소기업은 대기업의 연구인력 증가세보다 더 높은 연평균 증가율을 기록하며 전체의 57%인 17만2,364명이 되었다. 1개 연구소당 평균 연구전담요원 수는 2006년 13.5명에서 매년 지속적으로 감소하여 2014년 9.4명까지 축소되었고, 대기업의 경우 2006년 85.4명에서 매년 등락을 거듭하다가 2011년에는 77.8명까지 큰 폭으로 축소되었다가 다시 늘어나 2014년은 91.6명을 기록했다.

이 같은 변동은 관계회사제도 시행 등으로 많은 중소기업이 대기업으로 전환되었기 때문이다.

2014년 기준 연구전담요원의 학위별 현황은 학사 58.0%(175,421명), 석사 26.0%(78,517명), 박사 5.6%(18,814명) 등이며, 박사의 68.9%(11,590명)가 대기업에 속한 반면, 학사의 58.7%(102,965명)가 중소기업 소속이다. 특히 매출액 상위 5개 기업이 전체 연구원의 18.4%, 박사급 연구원의 29.6%를 보유하고 있다. 사실 대기업 연구소보다 중소기업의 연구소가 연구인력 확보에 곤란을 겪고 있는데, 상당수 중소기업들은 대학과 정부출연연구소를 선호하는 박사급 인력보다 우수한 석사급 인력 충원을 우선적으로 고려하는 것으로 알려졌다. 2014년 기준으로 전체 기업연구소의 연구 분야를 살펴보면, 연구소 숫자로 볼 때 전기·전자 24.1%(7,765개), 기계 17.0%(5,475개), 소프트웨어개발·공급 14.1%(4,550개), 화학 7.2%(2,331개) 등의 순서를 보였다.[67] 이러한 수치를 1985년 말 연구 분야별 기업연구소 구성과 비교해 보면, 화학이 24%에서 크게 줄었으며, 전기·전자는 16.4%에서 늘었으며, 당시 별도로 구분도 안 되었던 소프트웨어 관련 기업이 급증했음을 알 수 있다.

구분	1981	1990	1995	2000	2005	2010	2014
R&D 투자	1206	22646	69030	102546	185642	328032	498544
연구원	7165	38737	59281	94,333	154306	226168	304808
매출액 대비 R&D 투자 비중	0.54	1.72	2.19	1.98	2.27	2.38	2.96

〈표 11〉 기업의 R&D 활동 지표(1981~2014) (단위: 억 원, 명, %). (출차: 『기업연구소 심층분석 역량진단에 관한 연구』 6쪽; 안영민, 윤형석, 「우리나라의 민간기업 연구개발활동 현황」, KISTEP, 2013, 2쪽; 미래창조과학부, 한국과학기술기획평가원, 『2014년도 연구개발활동조사보고서(통계표)』, 2015, 38쪽)

기업들의 연구개발투자의 경우 1997년 IMF 외환위기 이후 매출액 대비 연구개발투자 비중이 줄어들었으나 점차 회복되어 2007년 매출액 대비 연구개발 비중이 2.43%를 기록했다. 2008년 글로벌 경제위기로 인해 이 비율은 다시 축소되었지만 이후 경기 회복과 함께 연구개발투자가 다시 증가했다. 2010년 기업 전체의 연구개발투자는 32조8032억 원으로, 2005~2010년간 전체 연구개발투자에서 대기업이 차지하는 비중은 2005년 78.9%에서 2009년 70.9%까지 매년 감소하다가 2010년에는 73.8%로 반등했으며, 중소기업은 2005년 21.1%에서 2009년 29.1%로 지속적으로 증가하였으나 2010년에는 26.2%로 하락하는 모습을 보였다. 2014년 매출액 대비 연구개발투자는 2.96%로 역대 최고치를 기록했다. 기업 연구개발비 중 대기업의 연구개발비는 기업 전체의 77.5%인 38조6177억 원, 중소기업과 벤처기업의 연구개발비는 각각 5조9468억 원(11.9%), 5조2899억 원(10.6%)으로 나타나 전년 대비 대기업 연구개발비는 7.9% 증가했으며, 중소기업과 벤처기업 연구개발비는 각각 1.4%, 7.6% 증가했다. 이는 전년도에 비해 대기업은 증가하고, 중소기업은 하락한 결과이다. 대기업의 매출액 대비 연구개발비 비중은 2.87%이며, 중소기업은 2.48%, 벤처기업은 5.51%를 기록했다. 이는 전년도에 비해 대기업의 비중은 0.21% 증가했지만 중소기업과 벤처기업은 각각 0.22%, 0.37%가 하락한 수치다. 특히 매출액 상위 5대 기업이 전체 기업 연구개발비의 33.5%를 사용했으며, 매출액 상위 20대 기업이 기업 연구개발비의 51.6%를 차지하여 대기업들의 연구개발비 집중도가 증가하고 있는 추세를 보인다. 대기업은 중소기업에 비해 연구개발비의 집중도가 높으며, 박사급 연구원의 집중도도 높은 편이다. 2014년 매출액 상위 5대 기업의 매출액 대비 연구개발비 비중은 5.34%로 기업 전체 비중 2.96%보다 훨씬 높게 나타났으며, 전년 대비 0.43%가 증가했다. 실제 연구개발비 상위 기업의 집중도는 2011년 이후 꾸준히 상승하는 추세를 보여준다. 한편으로 대기업 연구원 집중도는 조금씩 낮아지고 있는 추세를 보이지만 박사급 연구원의 집중도는 높아지고 있는 양상을

보인다.[68]

결국 이러한 수치는 한국 기업의 연구개발활동이 연구개발비와 연구원 모두, 특히 연구개발비가 대기업에 집중되어 있음을 말해준다. 삼성전자의 경우 2002년 전세계 기업의 연구개발비 순위에서 50위권 밖이었지만 2012년 전체 2위에 올라 2016년까지 그 자리를 지키고 있다.[69] 이처럼 연구개발비와 연구인력 등 상위 기업에 집중된 연구개발활동은 기업 전체의 연구활동에 대한 착시를 불러올 수 있다. 즉 전체적으로 기업들이 한국의 연구개발활동을 이끌고 있는 주체로서 민간주도의 연구체제가 형성되었다고 평가되지만, 아직은 상위 대기업들이 실질적으로 주도하는 양상이며 많은 중소기업들은 여전히 충분한 역량을 갖추지 못하고 있는 것이다. 이는 1980년대 민간연구소 육성을 촉진하는 정부 정책이 대기업을 주 대상으로 했던 결과로서, 단기간에 양적 성장을 이끌어냈지만 불균형적 성장을 피하지는 못했다. 이러한 상황은 민간주도의 연구체제 속에서도 정부출연연구소, 대학 등 다른 연구개발주체들이 기업, 특히 중소기업과 다양한 협력의 여지가 있음을 말해준다. 실제 최근 국가연구개발사업의 기업에 대한 투자는 대기업보다 중소기업에 대한 비중이 점차 높아지고 있어서 그러한 불균형을 줄여나가려는 모습을 보이고 있다. 2011년부터 2015년까지 중소기업은 중소·벤처기업 육성정책 등에 따라 투자가 꾸준히 늘어나는 반면 대기업에 대한 투자비중은 감소하는 추세이다.[70]

기업연구소는 무엇보다 분명한 목적과 평가기준 아래 운영되고 있다. 기본적으로 영리를 목적으로 한 기업의 부설연구소이기 때문에 연구활동에 대한 평가기준도 명확하며, 그에 따른 조직의 유동성도 높은 편이다. 실제 대기업 연구소는 시장 상황에 따라 조직의 변화가 매우 활발한 편이다. 또한 연구개발계획을 수립할 때 시장성 및 수익성을 가장 중시하며,[71] 연구활동에 대한 평가기준도 고객만족도, 개발일정 준수 정도, 매출액 경상이

익률, 목표 성능 달성도, 특허, 논문, 표준화 등으로 명료하다. 기업의 연구개발관리는 대체로 4세대의 발전 과정을 보여왔다고 설명되는데, 제1세대는 과학기술자 주도의 초보적 관리만 이루어졌고, 2세대는 프로젝트 관리기법을 통해 개별 프로젝트를 효율화하려는 시도가 특징이다. 제3세대는 연구개발이 생산, 마케팅과 통합적으로 고려되는 기업 전체적 기술개발이 추진되는 단계이며, 제4세대는 기업 내부의 조직뿐 아니라 외부의 고객이 참여하는 기술개발이 추진되는 단계이다. 2006년 한국산업기술진흥협회의 조사는 국내 기업연구소의 연구개발관리가 평균 2.6세대이며, 연구개발투자 상위 20대 기업은 3.3세대에 해당한다고 분석한 바 있다.[72] 이는 역으로 상위 기업이 아닌 경우 아직도 연구개발관리가 충분히 체계적으로 이루어지지 못하고 있음을 보여준다.

기업연구소는 치열한 시장 경쟁 속에서 운영되며, 그만큼 연구원에 대한 압력이 큰 편이다. 컨설팅업체 아서 D. 리틀(ADL: Arthur D. Little)이 2010년 산업기술연구회의 의뢰를 받아 그 산하 정부출연연구소에 대해 수행한 조사연구에서도 "출연연이 기업에 비해 성과에 대한 압력이 훨씬 덜하기 때문에 최근 기업의 연구원이 출연연으로 이직한 것이고, 실제로 편하게 느끼고 있다"고 밝히고 있다.[73] 실제로 많은 정부출연연구소 연구자들도 기업연구소에 비해 정부출연연구소가 상대적으로 여유 있는 분위기 속에서 관리가 되고 있다고 인정한다.[74] 예를 들어 정부출연금에 의한 연구과제는 중간평가 탈락률이 거의 0%이지만, 민간기업의 경우 치열한 경쟁 속에서 적지 않은 과제가 중간 평가를 통해 탈락된다. ADL 보고서는 G사의 경우 30%가 탈락한다고 밝힌 바 있다.[75] 당연히 낮은 탈락률이 연구개발역량만의 문제는 아닐 것이다.

경영 측면에서 기업연구소는 책임자가 장기간 안정적으로 연구소를 끌고 갈 수 있다는 장점이 있다. 기업연구소 책임자 역시 기업의 인사이동에 의해 자리를 옮기게 되지만 일정한 임기가 정해져 있지 않기 때문에 장기간 연구소의 연구방향을 이끌 수 있다. 모든 민간연구소가 동일한 상황이라 할 수는 없지만 LG화학기술연구원의 경우 1979년 럭키중앙연구소로 설립된 이후 초대 최남석 원장이 14년간 이끌었으며, 2대 여종기 원장이 10년, 그리고 2016년 현재의 유진녕 원장이 2005년부터 기술연구원장을 맡고 있다.[76] 이러한 상황은 연임하는 기관장이 매우 드문 정부출연연구소와 분명하게 대비된다. 정부출연연구소의 기관장이 10년을 넘긴 경우는 1982년 1월부터 1993년 2월까지 한국화학연구소 소장을 역임한 채영복이 유일한 경우로 보인다.

기업연구소는 분명한 목적을 지니고 있기 때문에 수행하는 연구개발은 개발연구의 비중이 매우 높은 편이다. 1980년대 이후 기업 연구개발에서 개발연구가 차지하는 비율은 대체로 65~75% 정도를 차지했으며, 2010년대에는 69.5~69.9% 수치를 기록했다. 이해 비해 기초연구가 차지하는 비중은 1990년대까지 10% 이하였으며, 2000년대 들어 조금씩 늘어나기 시작해 2009년에는 13.9%로 가장 높은 비율을 보였다.[77] 비록 증가 추세를 보이고 있지만 기업연구소가 추진하는 기초연구의 비중이나 주제에는 한계가 있을 수밖에 없기 때문에 대학이나 정부출연연구소의 역할이 더욱 중요하게 간주되는 것이다.

공학한림원이 2010년 선정한 '대한민국 100대 기술'에 선정된 2000년대 이후 성과 35건 중 32건이 기업들의 실적이었다. 항공우주연구원이 개발한 다목적실용위성2호, 그리고 정부출연연구소와 기업이 공동으로 연구한 배전자동화 시스템, 와이브로 시스템 등 단 3건만이 정부출연구소가 관여했고, 나머지는 모두 기업들의 연구개발 성과였던 것이다.[78] 물론 이 발표가 과학기술 연구개발활동의 전모를 보여주고 있는 것은 아니지만 기업이 현재 한국의 기술개발을 주도하고 있는 상황임을 분명하게 보여준다.

대기업 중심의 기업 연구조직의 빠른 성장은 집중적인 연구개발투자에 힘입어 눈에 띄는 연구개발 성과도 만들어내고 있다. 이제는 대기업 중심의 기업연구소 구조가 지니는 불균형을 조정하기 위한 정책적 노력이 보다 강화되어야 될 것이다.

국공립연구소의 정중동

1. 국공립연구소의 공공연구

중앙공업연구소, 중앙원예기술원, 국방부과학연구소, 원자력연구소 등 2
장에서 살펴본 연구소들은 모두 국립연구소였다. 비록 연구활동은 제한
적이었지만 국공립연구소는 현재까지 그 명맥을 유지하고 있는 가장 오랜
역사를 지닌 연구조직이다. 일반적으로 국립연구소는 중앙정부부처 기구
의 일부로 법에 근거해 설립되며, 몇몇 기관들은 일제강점기에 조선총독
부 산하기관으로 설립되었다. 공립연구소는 지방자치단체가 조례 등의 제
도에 근거해 설립한 연구소인 경우가 많다. 1959년 나온 『한국과학기술요
람』의 과학기술연구소 정보는 대부분 국공립기관과 교육기관으로 채워져
있다. 당시 국공립연구소는 원자력원의 원자력연구소를 비롯해 내무부의
국립토목시험소, 국방부과학연구소, 재무부의 연초제조기술연구소, 문교
부의 국립중앙관상대, 농림부의 농사원, 상공부의 중앙공업연구소, 보건
사회부의 중앙화학연구소, 교통부의 교통기술연구소, 체신부의 중앙전기

시험소 등이 존재했다. 특히 1957년 "농사의 개량발전을 위하여 필요한 시험연구를 하여 농사 및 생활개선에 관한 지식과 기술을 농민에게 교도함으로써 농산물을 증산하고 그의 생활향상을 기함을 목적"으로 출범한 농사원은 각 지역의 농사원, 농업시험장, 원예시험장, 잠사시험장, 임업시험장, 축산시험장, 가축위생연구소 등 산하에 여러 분야와 지역의 시험연구소를 거느린 대형 조직이었다.[79]

그러나 국립연구소들이 인사, 회계에서 지닌 한계를 극복하고자 1966년 KIST를 필두로 정부출연연구소들이 설립되면서 국공립연구소의 위상과 연구원들에 대한 처우는 상대적으로 낮아졌다. 1972년 과총이 수행한 우리나라 연구기관의 연구능력에 대한 조사보고서는 과학기술처 산하의 원자력연구소 등 5곳, 농림부 산하의 산림청 임목육종연구소 등 19곳 등 모두 35곳의 국공립연구소 현황에 대한 조사결과를 수록했다. 이에 의하면, 농림부 산하 연구소들이 대체로 연구공간에서 규모가 컸고, 1인당 연구비는 기관에 따른 편차가 매우 컸는데, 중앙관상대와 원자력연구소만이 1천만 원을 넘는 상황이었다. 연구원의 연령대는 30세 전후가 가장 많은 정규 분포곡선을 보여 연구경력이 짧은 연구원이 상대적으로 많았으며, 박사학위자는 4%에 불과했고 학사학위자가 70%에 달했다. 같은 시기에 KIST가 중심을 이루는 비영리법인 연구소의 경우 박사학위자가 24.5%로 높은 편이었다. 국립연구소에 연구경력이 짧은 연구원이 많은 현상은 상대적으로 낮은 처우로 인해 이직이 잦았기 때문으로 설명되었다. 또한 국공립연구소의 연구직과 행정직, 기능직의 비율은 58:42로 나타났는데, 연구원을 지원하는 행정직이 과다하다는 평가를 받았다.[80]

국공립연구소 연구원들은 공무원으로 신분의 안정이라는 장점을 지녔지만 경력이나 역할에 비해 처우가 낮은 편이었고, 자신들이 거둔 성과에 대해 제대로 평가받기 어려운 상황이라는 불만을 지니고 있었다. 낮은 급여 수준에 승진 기회도 제한되어 있고, "공은 행정직이 차지하고 무거운 책임만 남는" 상황이어서 이직률이 높았다.[81] 1974년 한 해만 해도 박사연구관 64명 중 18%, 석사연구관 148명 중 28%가 직장을 떠났다. 국공립연구소의 낮은 처우와 공무원 조직의 분위기는 정부출연연구소가 받는 높은 처우와 자율성과 비교되어 상대적 박탈감을 키웠고, 이는 높은 이직을 불러왔다.

정부출연연구소의 등장으로 연구개발에 관심을 갖게 된 정부는 1972년 처음으로 국공립연구소 정비를 추진하기로 했다. 유사 기능의 연구소를 통폐합하고, 연구원들에 대한 처우도 개선하고 연구비 지급방식도 합리화하겠다는 계획이었다.[82] 이 계획의 일환으로 공업 분야 시험연구소는 1973년 새롭게 발족한 공업진흥청 산하로 조정되었다. 하지만 국립연구소의 정비 문제는 관련법 개정에서부터 정원 조정, 예산 증액, 그리고 해당 부처의 이해관계 조정까지 여러 문제가 연결되어 있기 때문에 1975년까지 계속 논의되었지만 처음 의도만큼 가시적 변화를 가져오지 못했다. 그 과정에서 일부 연구소는 정부출연연구소로 전환을 추진했으며, 대덕연구단지 건설이 시작되면서 대덕으로 이전을 결정했다.[83]

1970년대 중반 새로운 정부출연연구소가 설립되고 그에 대한 투자가 늘어나면서 국공립연구소와 정부출연연구소의 연구개발비 비중에도 변화가 생겼다. 1975년의 경우 국공립연구소와 비영리연구소(정부출연연구소 포함), 대학 그리고 기업의 연구개발비 상대적 비중은 39:27:5:29로, 연구개발 주체 중 국공립연구소가 가장 많은 연구비를 사용했다. 하지만 1976년은 그 비율이 34:38:3:25로 나타나 처음으로 비영리기관의 연구개발비가 국공립연구소를 넘어서게 되었고, 이후 그 격차는 점점 더 벌어졌다. 1982년에는 12:29:15:45가 되어 대학보다 그 비중이 작아져 처음으로 연구개발주체 중 가장 작은 규모가 국공립연구소의 몫이 되었으며, 연구개발비뿐 아니라 연구원 수도 가장 작은 규모가 되었다. 특히 기업의 연구개발활동이 본격화되면서 국공립기관의 상대적인 비율은 더욱 줄어들어 1987년의 경우 연구개발비의 상대적 비중은 4:21:11:65를 기록해 5% 이하가 되었다.[84]

"국공립 연구기관 '유명무실'". 1988년 국공립연구소의 실태를 조사한 『국공립연구기관의 연구활성화 방안연구』 내용을 소개한 한 신문 기사의 제목이다. '속빈 강정'이라는 부제 역시 국공립연구소에 대한 냉소적 평가를 보여준다.[85] 이 보고서는 농업기술연구소의 주관으로 국립보건원, 임업연구원, 국립수산진흥원, 국립공업시험원, 국립환경연구원 등 국공립연구소의 연구원들이 함께 참여하여 국공립기관의 문제점 파악과 개선방안을 마련하고자 한 시도였다. 이는 "국가과학기술정책으로부터 소외되고" 있는 국공립연구소의 활성화를 위해 실제 연구사업을 담당하고 있는 연구원의 입장에서 해결책을 모색하려는 노력이었다. 국공립연구소 활성화를 목적으로 한 조사연구를 시행한 것 자체가 드문 일이었으며, 특히 연구원들이 자신들의 경험과 입장을 토대로 실시한 조사는 처음이었다. 이 조사는 106개 국공립연구소를 대상으로 각 기관의 현황에 대한 파악과 연구직 공무원을 대상으로 설문조사를 실시한 자료를 바탕으로 조사연구 참여기관의 관계자들이 개선방안을 논의하는 방식으로 진행되었다.[86]

이 보고서에 따르면 1987년 10월 기준으로 2,309명의 연구직공무원이 있었고, 기관당 평균 연구원 수는 국립연구소가 80명, 공립연구소는 7명 정도였는데, 이는 같은 시기 정부출연연구소에 비해 현저히 작은 규모였다. 당시 국공립연구소는 농림수산 분야의 비중이 가장 컸다. 총 106곳의 연구소 중 79%인 82곳이 농림수산 분야였으며, 14%인 15곳이 보건환경 분야였다. 국공립연구소가 담당하는 업무는 연구, 시험, 검정, 우량종 생산 보급, 교육훈련 등 매우 다양한데, 크게 3가지로 나눌 수 있다. 첫째, 국가 경제사회발전 기반이 되는 기초조사로서 부존자원의 분포조사 및 특성

분류, 과학기술과 관련된 각종 현황 및 동태조사이며, 둘째 민간부문에서 담당하기 어려운 연구개발사업으로, 환경·보건 등 공공복지와 관련되는 분야, 농림수산과 같이 개발과 기술을 수용할 주체가 국민 대다수인 분야, 국민의 이익보호를 위해 제조부문의 규제나 통제와 관련되는 분야 등이 속한다. 셋째, 새로운 과학기술의 실제 활용을 촉진하기 위해 기술의 보급·지도·교육훈련 및 검사·검정업무를 임무로 하는 경우이다.[87] 기관의 성격에 따라 연구업무 위주의 기관, 연구와 기술업무 병행 기관, 기술업무 위주 기관 등으로 대별할 수 있지만 기본적으로 국가가 필요로 하는 기술을 연구개발한다는 공통점을 지닌다. 그러나 연구개발비 재원을 거의 중앙행정기관이나 지방자치단체 예산에 의존하고 있기 때문에 예산의 경직성이 크다는 한계도 안고 있다. 기관의 임무가 상당히 분명하게 정해져있기 때문에 조직중심의 연구개발활동이 이루어지고 있을 뿐 과제중심의 연구개발활동이 거의 이루어지지 않고 있으며, 외부 연구개발비 재원이 작고 다른 연구개발주체와의 연계성이 약한 폐쇄적인 연구개발비 흐름 구조를 지니고 있다. 국공립연구소는 예산에 의한 공공연구를 주로 수행하고, 간혹 수탁연구를 수행하더라도 예산회계법상 수입의 직접 사용이 금지되어 있기 때문에 연구비는 예산에 전적으로 의존할 수밖에 없는 실정이다.[88]

1988년의 조사보고서는 국공립연구소의 "지지부진한 연구"는 공무원 사회의 경직된 조직운영과 예산 부족 이외에도 본질적으로 과학기술개발에 대한 정부의 무관심이 가장 중요한 원인이라고 지적했는데, 이는 20여 년 전 정부출연연구소라는 새로운 제도가 정립되면서 제기되었던 배경과 다르지 않았다. 국공립연구소가 과제 수행에서 겪는 문제로 잡무 과다로 인한 시간 허비, 지시와 간섭이 심하고 숙련된 보조원을 활용하기 곤란하며, 과다한 기술지원사업 수행, 전공 분야에서 안정되게 근무할 수 없는 상황이 꼽혔다. 불충분한 연구비나 연구기자재의 문제보다 연구 수행상의 소프트웨어적인 문제가 더 심각하다는 지적이었다. 이러한 문제를 극복하기 위해 정부출연연구소로의 전환 가능성을 물었는데, 흥미롭게도 응답 연구원의 48%가 찬성했지만 22%는 반대 의사, 30%는 무응답을 보였다. 반대의 이유로 신분 보장이 안 되고 실적 위주로 기초분야 연구 소홀이나 국가사업과의 연계성 유지 곤란 등이 제시되었다. 따라서 연구팀은 국공립연구소의 임무·역할 및 사업의 특수성에 비추어 국공립연구소로 존속하면서 연구활성화 방안을 마련하여 발전시키는 것이 타당하다는 결론을 내렸다. 이를 위해 연구수행체제를 기존 조직중심에서 과제중심형으로 점차 개선해나가고, 연구직 공무원 인사제도 개선방법에서부터 연구기자재 운영관리를 포함한 연구투자 확대개선방안까지 여러 해결책을 제시했지만 구체적인 결실을 맺지는 못했다.

과학기술 연구개발과 관련된 정부의 정책적 노력이 1970년대를 거치면서 정부출연연구소에 집중되면서 국공립연구소는 해당 분야의 연구기능을 점차 관련된 정부출연연구소에 내주고 그 기능이 단순기술검사나 시험업무 등으로 제한된 것이 사실이었다. 원자력이나 천문학, 지질학처럼 일부 국립연구소들이 정부출연연구소로 전환되면서 그러한 경향은 강화되었다. 하지만 정부출연연구소가 공업 분야에 집중되면서 전통적인 농림수산업이나 보건, 환경, 기상 등 공공성이 강한 분야의 연구개발에서는 여전히 국공립연구소의 연구개발활동이 중요한 역할을 차지하고 있었으며, 국공립연구소는 신분 보장 등에서 분명한 장점이 있었기 때문에 정부출연연구소로의 전환을 원하는 의견이 대세는 아니었다. 비록 국공립연구소의 연구 분야나 성격에 맞는 충분한 연구비 지원이나 제도적 뒷받침이 따르지 못했지만 1980년대 정부출연연구소들이 겪는 어려움을 목격한 국공립연구소의 연구원들은 정부출연연구소로의 개편에 대해 조심스러울 수밖에 없었다.

2. 새로운 국공립연구소의 등장

1990년대에 들어와 정부출연연구소의 기능에 대한 재정립이 시도되고, 기초과학에 대한 정부의 지원이 높아지는 속에서 그동안 상대적으로 주목을 받지 못했던 국공립연구소에 대한 정책적 관심이 늘어나기 시작했다. 1991년 12월 정부는 국립보건원, 기상연구소 등 국공립연구소를 관련 기술 분야의 기술규격 및 기준 제정 등을 담당하는 핵심 연구개발주체로 육성하기로 결정했다. 당시 석박사급 연구인력이 1,200명에 달하지만 실제 업무는 본격적인 연구가 아닌 단순한 시험 업무에 그치는 경우가 많다는 문제를 개선하기 위해 운영체제와 연구환경을 정비하는 방안을 마련키로 한 것이었다. 이를 통해 정부출연연구소에 버금가는 연구 자율성과 인센티브를 보장한다는 방침을 세웠다.[89] 사실 이 같은 정책은 당시 정부출연연구소의 역할 재정립과 노동조합 활동을 둘러싼 논란이 계속되고 있던 상황에서 제안되었다. 흥미롭게도 이 시기에 일부 국립연구소가 정부출연연구소로 전환을 꾀했지만 실현되지 못했고, 이는 당시 논란을 불러일으켰던 출연연구소의 위상과 무관하지 않았다. 1990년 10월 기상대가 기상청으로 승격이 결정되면서 1978년 설립된 국립기상연구소를 정부가 출연하는 대기과학연구소로 개편하기로 했으나, 결국 국립연구소 체제를 유지하게 되었다.[90] 또한 1991년 낙동강 페놀오염사태를 계기로 환경처가 전문인력 양성을 위해 국립환경연구원을 정부출연연구소로 개편하고 훈련기관을 설립하겠다고 발표했으나 국립연구소 체제를 강화하는 방향으로 결론이 내려졌다.[91] 정부출연연구소의 기능을 두고 논란이 벌어지고 있는 상황에서 국립연구소 내부 구성원들은 정부출연기관으로의 전환에 선뜻 동의하지 못한 것이다.

당시 일부 정부출연연구소는 지속적인 구조조정의 압력 속에서 국립연구소 혹은 국가연구소로의 전환을 꾀하기도 했다. 1996년 첫 번째 정부출연연구소인 KIST는 설립 30년을 맞이하여 기초기술 위주로 연구 방향을 새롭게 세우면서 "21세기를 대비한 장기적이고 창의적인 연구 수행을 위해 현재의 정부출연연기관 형태에서 재정적인 안정성을 갖춘 국가연구기관으로 전환되어야 한다"고 주장하면서 '국가연구소(National Lab)'로의 기관 성격 전환을 꾀한 적이 있었다.[92] 물론 이러한 전환이 기존 국공립연구소로 돌아가겠다는 것은 아니었고, 국립기관처럼 안정적인 예산 지원을 확보할 수 있는 기관이 될 필요가 있다는 판단 아래 나온 구상이었다. 비록 이러한 시도는 현실화되지는 못했지만 이 같은 발상 자체가 정부출연연구소의 현저한 위상 변화를 보여준다. 또한 2012년 이명박 정부에서 정부출연연구소 통폐합을 비롯한 거버넌스에 대한 논란이 한창일 때 천문학계 일부에서 정부출연연구소인 한국천문연구원을 국립연구소로 전환해야 한다고 주장했는데,[93] 이는 30여 년 전 국립천문대가 정부출연연구소로 전환을 추진하던 논리와 매우 대조적이었다. 사실 2010년 4월 천문우주과학 진흥을 위한 법적 기반으로 천문법(법률 제10226호)이 제정되었지만 이 법에서 천문연구의 중심 기관이나 주된 육성 대상으로 한국천문연구원을 명시하고 있지는 않다. 국립천문대와 같은 국립기관이라면 중심 기관으로 부각되었겠지만 하나의 정부출연연구소의 위상만을 지닌 한국천문연구원이 그 같은 지위를 확보하지는 못했던 것이며, 이러한 이유에서 국립기관으로의 전환 필요성이 제기된 것이었다. 이러한 사례는 정부출연연구소가 지녔던 본래의 정체성을 살리지 못하고 있는 상황에서 국공립연구소의 상대적 장점이 새롭게 인식된 결과였다.

국공립연구소는 정부조직으로서 연구 분야나 성격 외에도 다른 연구조직과 구별되는 몇 가지 특성을 지니고 있다. 우선 기관장의 임기 편차가 큰 편이다. 정부출연연구소의 경우 통상 3년의 기관장 임기에 연임도 가능하지만 국공립연구소의 경우 공무원 조직이기 때문에 정해진 임기가 없고 인사발령에 따라 기관장이 교체되기 때문에 재임기간이 다양하지만 대체로 짧은 편이다. 1950년대 국립공업연구소 이채호 소장의 경우 10년 이상을 재임했으며, 중앙원예기술원의 우장춘도 원예시험장으로 개편된 이후까지 9년 5개월 동안 연구소를 이끌었지만 이후에는 그 같은 경우가 드물었다. 특히 1990년대 이후 여러 국립연구소의 기관장 임기가 짧아져 평균 2년에 미치지 못하는 모습을 보였으며, 1년을 못 채운 경우도 드물지 않았다. 또한 기관에 따라 연구직이 아닌 행정직 출신이 기관장이 되는 경우도 많았다. 연구 경험이 연구소장 업무에 필수 조건이라 하기는 어렵지만 전문적 지식이 충분하지 않은 일반직이 책임자가 될 경우 어려움이 적지 않았다.[94] 국공립연구소는 시험연구 예산이 충분하지 못하다는 문제와 함께 지정된 인력 규모로 인해 우수 인력의 확보가 어렵다는 점이 난점으로 지적된다.[95] 특별한 정책적 배려가 없는 한 기관마다 정해진 직급의 인원이라는 틀을 벗어나 우수 인력을 채용하는 것이 쉽지 않았다. 또한 직제에 연구 분야나 성격까지 명시되어 있어 연구 영역의 확대나 조정이 쉽지 않다는 구조적 문제도 있었다.[96]

이러한 상황을 개선하기 위한 노력의 하나로 2000년대에 들어와 책임운영기관이라는 새로운 제도가 도입되었다. 책임운영기관은 1980년대 중반 이후 신공공관리주의(new public management)의 영향 속에서 공공 부문의 비효율을 개혁하기 위해 채택된 제도의 하나이다. 신공공관리주의는 작은 정부와 큰 시장을 강조하는 시장주의와 효율성을 중시하는 신관리주의를 결합해 전통적 관료제의 한계를 극복하고 작은 정부를 구현하고자 한 이론이다. 책임운영기관은 '정부가 수행하는 사무 중 공공성을 유지하면서도 경쟁원리에 따라 운영하는 것이 바람직한 사무에 대해 기관의 장에게 행정 및 재정상의 자율성을 부여하고, 그 운영 성과에 대해 책임을 지도록 하는 행정기관'으로 정의된다.[97] 책임운영기관은 정부기관에서 독립하여 법인화된 형태로 운영되고 재정적 측면의 성과를 중시하는 공기업 등 정부투자기관과는 달리, 기본적으로 정부조직의 성격과 임무를 유지하면서 제도적 범위 내에서 자율성과 책임성이 보다 강화된 형태로 운영된다.

1999년 관련법이 제정되고 2000년부터 10개 기관을 시작으로 시범 운영이 시작된 한국의 책임운영기관은 조사 및 품질관리형, 연구형, 교육훈련형, 문화형, 의료형, 시설관리형으로 구분된다. 2014년 현재 연구형 기관은 국립과학수사연구원, 국립수산연구원, 국립생물자원관, 통계개발원, 국립문화재연구소, 국립원예특작과학원, 국립축산과학원, 국립산림과학원 등이며, 조사 및 품질관리형 기관에는 국립종자원, 국토지리정보원, 지방통계청 5곳, 항공기상청 등이 포함된다. 책임운영기관의 장은 공개모집 절차에 따라 계약직으로 채용되며, 기관장에게 조직·인사·재무 등 운영상 자율권을 부여하면서 기관 성과 평가에 기초하여 기관장에게 성과 연봉을 지급한다.

국공립연구소의 운영 효율을 높이는 문제는 한국만의 과제는 아니다. 일본의 경우도 상당 기간의 준비기간을 거쳐 한국과 거의 같은 시기에 독립행정법인이라는 명칭하에 우리의 정부출연연구소와 유사한 제도를 도입했다. 1999년 제정된 '독립행정법인통칙법'에 의해 2001년부터 국립시험연구소의 독립행정법인화가 추진되어 2001년 4월 당시 97개의 국립시험연구소 중 68개가 32개의 독립행정법인으로 새롭게 출범했다. 이 같은 전환의 이유는 국립연구소들이 지니고 있던 조직·인사·예산 등의 경직성으로 인한 비효율을 줄이고, 연구소와 지역과의 연계를 강화하고 실용성이 부족한 연구결과 문제를 해결하겠다는 것이었다. 이 조처에 따라 (구)통산성 공업기술원 산하의 15개 연구소 및 계량교습소가 통합되어 독립행정법인인 산업기술종합연구소(AIST: National Institute of Advanced Industrial

Science and Technology)가 세워졌다.[98] 산업기술종합연구소는 경제산업성 소관의 독립행정법인으로 생명과학, 정보통신, 나노, 환경, 계측, 지질 등을 연구 분야로 하는 일본 최대의 산업응용연구소이다. 연구부문(Research Institute), 연구센터(Research Center), 연구랩(Research Laboratory)이 연구를 수행하는 연구단위 조직으로, 연구부문과 연구센터는 여러 도시에 분산되어 운영되고 있고 연구랩은 매우 짧은 기간 동안 운영되는 소규모 조직이다.[99]

책임운영기관의 기본 취지는 관료제보다 유연하게 환경변화에 대응할 수 있도록 기관의 자율성을 부여하고 동시에 공공기관으로서의 책임성을 갖게 하자는 것이다. 조직 운영의 자율성이 제도적으로 보장되지 못하거나, 제도적으로 보장되었다 하더라도 실제 운영상 발휘되지 못할 경우 책임운영기관제도가 의도한 효과는 현실화되기 어렵다.[100] 책임운영기관이 출범한 이후 운영에 대한 분석에 의하면, 소속 공무원들에게는 부담을 가중시키고 있지만 기관의 성과 제고에 대해서는 상당한 실적 증가가 이루어졌다는 의견부터 기대에 미치지 못한다는 의견까지 다양한 평가가 존재한다.[101]

2008년 17대 대통령직인수위원회는 공공부문 선진화 방안으로 일부 정부 부속기관들에 대해 민영화나 정부출연연구소로 전환하는 법인화 방안을 발표했고, 여기에는 농촌진흥청 부속 연구소 8곳과 산림청 산하 국립산림과학원, 농림수산식품부 산하 국립수산과학원이 대상 기관으로 포함되었다. 책임운영기관으로 운영된 국공립연구소들의 기술개발 노력이 부족하고 학제간 통합연구가 취약하다는 등의 문제를 갖고 있기 때문에 정부출연연구소로 만들겠다는 것이었다. 이러한 구상은 국회에서 논의 후 유보되었지만 이후 위기의식을 느낀 국립산림과학원, 농촌진흥청, 국립수산과학원은 조직 운영의 효율화와 서비스 개선을 위한 많은 개혁 조치를 단행하였고, 이를 통해 국가연구소로서 안정적인 연구환경 조성과 더불어 경영효율화 역량을 갖추어나갔다. 그러한 노력의 결과 2010년 정부업무평가 결과 농촌진흥청은 39개 중앙행정기관 중 최우수기관으로 선정되었으며, 핵심운영기관 평가에서는 농촌진흥청 소속 국립축산과학원이 최우수기관으로, 국립원예특작과학원이 우수기관으로 선정되는 등 조직 및 기능 개편의 효과를 보고 있다고 평가받는다.[102]

흥미롭게도 국공립연구소의 법인화를 반대하는 논거로 정부출연연구소로 전환할 경우 연구원 이직이 매우 높아 우수 인력 유출로 전문성 약화가 우려되며, 동시에 법인화가 될 경우 단기성과 위주의 연구에 치중함으로써 농업인, 임업인, 어업인이나 소비자에게 피해가 갈 우려가 있다는 주장이 제기되었다. 즉, 일반적으로 정부출연연구소는 연구기간이 장기간 소요되는 국가기초기반 연구 혹은 국책연구 등을 회피하는 경향이 있기 때문에 적절하지 않다는 것이었다.[103] 정부출연연구소가 단기적 관점의 수익성 높은 과제에 치중하고 있다는 지적은 과학기술계 정부출연연구소의 현실에 대한 차가운 평가였다.

사실 1980년대까지 여러 국공립연구소들이 정부출연연구소로의 전환을 꾀했지만 1990년대 이후 그러한 움직임은 많이 약해졌다. 이는 1980년대 후반 이후 정부출연연구소가 지속적으로 역할 재정립이나 구조조정의 압력에 시달리고 있던 상황에 비해 국공립연구소는 안정적인 연구환경에 놓여 있었기 때문이다. 비록 국공립연구소가 국가 전체 연구개발비에서 차지하는 비중은 3% 이하 수준에 머물렀고, 2000년대 들어 1%대까지 떨어졌지만 상대적으로 명료한 기대역할 속에서 공공연구기관으로서 기능을 발휘하고 있었다. 획기적인 지원이나 발전이 이루어지지는 않았지만 국공립연구소 연구원들은 상대적으로 안정된 연구환경에서 분명한 임무를 부여받고 연구를 진행하고 있다.

	대기업	중소기업	국공립연	출연연	대학	기타
직장 만족도 비율	73.8	76.8	78.1	72.1	88.7	64.1
연구환경 만족도 비율	33.2	32.1	47.9	35.0	41.3	35.9
보상체계 만족도 비율	23.1	19.6	24.7	22.3	34.5	17.9

〈표 12〉 2008년 기준 현 직장에 대한 만족 정도(단위: %).
(출처: 민철구, "과학기술계 출연(연) 주요 정책이슈와 과제", 『STEPI Insight』 45호, 2010, 12쪽)

〈표 12〉는 2008년에 이루어진 연구원들에 대한 만족도 조사인데, 국공립연구소는 대학 다음으로 높은 수치를 보였다. 전통적으로 대학에 대한 선호도가 높은 상황은 새로운 일이 아니지만 국공립연구소 연구자들의 직장 만족도나 연구환경 만족도, 보상체계 만족도가 모두 정부출연연구소나 기업보다 높은 수치를 보였다는 사실은 상당히 흥미로운 결과라 할 수 있다.

물론 현재의 국공립연구소 체제가 공공연구기관으로서 지니고 있는 기능과 목적을 충분히 만족스럽게 수행하고 있다고 결론내리기는 쉽지 않다. 또한 책임운영기관으로의 전환이 국공립연구소의 개선을 위한 유용한 대안이 될지는 아직 미지수이다. 하지만 국공립연구소가 지닌 제약과 한계를 극복하기 위해 정부출연연구소로의 전환만을 꾀하던 시기와 달리 현재 국공립연구소는 분명한 역할을 갖고 국가연구개발체제에서 한몫을 담당하고 있다. 이는 법인화가 국공립연구소의 운영 효율 제고를 위한 최선이나 유일한 방안이 아닐 수 있음을 시사한다. 경쟁이나 시장원리에만 맡길 수 없는 공공성이 강한 분야를 책임지고 있는 국공립연구소에 대해 정부가 안정적 지원을 통해 육성해야 될 필요성은 자명하다. 또한 운영 효율을 높이기 위해 도입된 책임운영기관이 정부출연연구소와 기존 국공립연구소의 중간 지점에서 연구소에 맞는 창의성과 자율성을 보장하면서 새로운 모델로 자리 잡을 수 있는 가능성은 열려 있다. 이러한 가능성이 현실화되기 위해서는 이후 책임운영기관의 독립적 기능을 강화하는 한편 정부출연연구소를 비롯한 기존 연구체제의 장단점과 성과 및 한계에 대한 정확한 평가에 바탕해 국공립연구소에 맞는 제도가 마련되어야 한다. 물론 국공립연구소 또는 책임운영기관 역시 한국 연구체제를 이루는 중요 주체의 하나로서, 다른 연구조직들과 효과적인 종합조정과 협력관계의 구축을 염두에 두어야 할 것이다.

정부출연연구소의 새로운 길 찾기

1. 연장된 구조조정

과학연구에 대한 투자가 사회경제의 성장과 혁신으로 이어진다는 바네바 부시(Vannevar Bush)의 '끝없는 프론티어' 철학과 선형적 모델에 대한 믿음 이 약화되면서 서구에서 1970년대 이후 공공연구기관에 대한 정부 지출 이 감소되는 경향을 보였다. 1980년대 들어와 신자유주의의 대두 속에서 산업경쟁력과 같은 경제적 문제가 중요하게 대두되었고, 냉전이 끝나고 연 구개발 지출도 국방이나 기초과학연구보다 민간기술, 첨단기술개발 등으 로 전환되는 양상을 보였다.[104] 그리고 신공공관리주의 철학과 원리가 부 상하면서 1990년대 여러 나라에서 공공부문의 개혁이 추진되었다. 공공 연구기관의 연구활동에 대해서도 연구의 탁월성뿐 아니라 경제성장에 대 한 기여 등 사회적 효용성 역시 강조되었다.[105] 이러한 상황은 경제성장에 대한 기여를 주된 목적으로 내세워 산업기술 연구를 주로 수행해온 한국 의 정부출연연구소에 새로운 고민을 안겨주었다. 기업의 연구역량이 확대됨에 따라 정부출연연구소는 새로운 역할 정립의 필요성이 커졌지만, 대외환경이나 국제적인 공공연구기관의 변화 추세는 경제와의 직접 관련이 강조되는 방향으로 전개되면서 그 같은 전환을 더디게 했다.

1991년 합동평가에 의해 두 번째 구조조정을 겪은 정부출연연구소는 흔들린 연구 분위기를 추스르기도 전에 연이어 추가적 구조조정의 논란을 겪게 되었다. 새로운 정부가 들어설 때마다, 더 나아가 재임기간이 평균 1년이 채 되지 않은 새로운 과학기술처 장관이 임명될 때마다 정부출연연구소는 변화의 압력을 받았다. 그동안 양적 팽창 위주의 정책을 취해온 결과 정부출연연구소가 투자 규모에 걸맞은 연구생산성이 뒤따르지 못했다는 지적이었다. 실제로 1990년대 내내 정부출연연구소의 역할 재정립이나 통폐합, 운영 효율화 등의 논의가 제기되지 않은 해가 거의 없었다. 1990년대는 정부출연연구소의 '연장된 구조조정의 시기'라 할 수 있다. 이미 1980년대 후반부터 시작된 개혁 논의가 1991년의 합동평가와 그에 따른 부분적인 구조조정에도 일단락되지 않고 이후에도 계속해서 재편성의 필요성이 제기되었다. 하지만 그러한 논란이 실제적인 변화로 이어지지 못했고, 오히려 연구소에 대한 부정적 시각을 확산시켜 연구원들의 사기를 떨어뜨리는 결과를 가져왔다.

1993년 등장한 문민정부는 세계화를 중심 슬로건으로 내세웠고 과학기술계에도 세계화 담론이 스며들기 시작했다. 세계화의 파고 속에서 살아남으려면 치열한 경쟁을 뚫고 연구성과가 세계적인 수준을 보여야 한다는 것이었다. '경쟁'과 '세계적 수월성'이 이 시기 정부출연연구소에 가해진 핵심 기치인 셈이었다. 과학기술처는 국제화, 전문화, 일류화를 정부출연연구소의 목표로 내세우면서 '출연연 활성화 및 전문화 방안'을 마련해 연구소를 압박했고, 이에 대응해 출연연구소는 '기관 운영 혁신방안'을 추진해나갔다. 1994년 12월 정근모가 다시 과학기술처 장관에 오르면서 중간진입전략을 내세워 기술개발전략의 재조정에 나섬에 따라 정부출연연구소들은 민간과 적극적인 기술 경쟁에 나설 것을 요구받았고, 또 한 번 강도 높은 개혁에 내몰렸다.[106] 당시 경제 분야 정부출연연구소 통폐합 논의가 벌어지고 있었는데, 그 여파가 과학기술계 정부출연연구소에도 퍼지게된 것이다. 과학기술처 장관은 정부출연연구소를 대대적으로 통폐합하고민영화할 의도를 내비치면서 각 연구소가 스스로 개혁안을 마련하지 않으면 결국 외부로부터 개혁이라는 불행한 결과를 초래할 것이라고 경고했고, 이에 출연연구소들은 제3의 물리적 통폐합을 우려하게 되었다. 산업기술과 직결되는 기관들이 민영화 대상으로 알려지면서 해당 연구소들은 비상대책위원회를 조직하며 강력하게 저항했고, 대덕연구단지 건설 이후 최대인 1,500명의 연구자들이 모여 반대 집회를 열어 화제가 되기도 했다.[107]결국 재정경제원 장관이 통폐합 및 민영화 논의를 보류하겠다고 발표하기에 이르렀다. 하지만 이 같은 논란으로 인해 정부는 정책의 일관성이나 책임성에서 신뢰를 잃게 되었고, 정부출연연구소는 현실에 안주하고 개혁에소극적인 집단이라는 이미지를 갖게 되었다.[108]

전면적인 통폐합의 회오리는 잦아들었지만 정부출연연구소에 경쟁을강화하고 시장경쟁원리를 도입한다는 목소리는 더욱 커졌다. 특히 1994년부터 정부출연연구소에 대한 재정지원방식에 연구과제중심운영제도(PBS: project based system)라는 개념을 도입하여 연구사업비에 연구에 소요되는총비용을 반영하겠다는 계획이 발표되어 연구소에 큰 파장을 불러왔다.[109]PBS는 연구활동과 예산 흐름을 연계시켜 연구활동에 소요되는 인건비를포함한 직접비와 간접비를 합한 총원가 기준가격을 산정해 사업 단위로지원하는 예산 지원방식이다. 또한 연구책임자가 참여연구원의 편성권, 연구비 사용권, 연구 수행의 관리권, 인센티브 배분권 등 연구 수행에 대한일체의 권한을 가지며 그에 대한 책임도 지는 체제이다. 정부는 무한경쟁

시대, 세계화시대에 정부투자에 대한 효율성과 생산성 제고가 중요한 정책과제로 제기되었고, 정확한 원가 계산과 투입 인력의 실명화 없이는 정부 투자의 효율성과 생산성을 제대로 측정할 수 없기 때문에 그동안 육성 보호 일변도의 각종 지원제도 및 법령을 과감히 개혁하여 국가연구개발사업에서도 시장경제원리에 바탕을 둔 경쟁체제를 확립하겠다고 발표했다. 즉, WTO체제 아래서 연구개발비 사용의 투명성을 높이고 연구책임자의 자율성을 높이기 위한 목적이라는 주장이었다.[110] 하지만 이 구상에는 연구소의 생존을 시장경제원리에 맡겨 연구생산성이 떨어지고 정부나 민간으로부터 환영받지 못하는 기관은 결국 도태되도록 하겠다는 의도가 깔려 있었다. 즉, 하드웨어를 바꾸는 인위적인 구조조정이 쉽지 않은 상황에서 소프트웨어인 운영원리의 변화를 통해 구조조정의 효과를 내겠다는 것이었다. 오랫동안 과학기술의 경제적 번역이 정부출연연구소의 연구의 지향점으로 작동했는데, PBS로 인해 연구소 운영이 시장원리에 따르는 상황이 되었다.

PBS가 발표되자 과학기술노동조합은 실제 시행상의 문제점에 대한 보완책이 부재하고, 자율성의 보장보다 연구자의 책임만 무거워지며 권한은 변하는 것이 없다면서 전면적 유보를 주장했다. 하지만 과학기술처는 선도기술개발사업에 PBS를 시범 적용했으며, 관계 법령을 PBS에 맞게 개정하여 1996년 1월부터 전면 시행에 들어갔다. PBS 도입의 기본 목적은 '경쟁'을 통해 정부출연연구소의 효율과 경쟁력을 높이겠다는 것이었고, 정부는 도입 이후 정부출연연구소에 경쟁 분위기를 조성해서 연구실적 지표의 양적 상승을 가져왔다고 평가하지만 현장의 연구자들은 인건비 확보를 위한 과제 수주 경쟁이 연구의 완성도 제고에 부정적인 영향을 주었다고 주장한다.[111] 연구소에 따라 편차가 있지만 평균적으로 70% 정도를 과제 수주를 통해 확보하고 30%는 안정적 출연금으로 지급받게 되었다. 프로젝트 중심의 예산 편성 및 회계 관리를 통해 사업비 집행 관리의 투명성이 향상되었고, 연구소 경영·연구 관리 효율화, 역량 있는 과제 책임자의 책임성 권한 강화, 인건비 단가 현실화 및 연봉 상승 등의 긍정적 효과를 가져왔다고 평가받았다. 사실 해외 공공연구기관에서도 1990년대 이후 경쟁적 예산의 비중이 늘어나는 것이 일반적인 추세이다. 하지만 2008년을 기준으로 볼 때 한국의 연구과제 기반 예산의 비율은 OECD 국가들에서 최고 수준이었다.[112]

경쟁적인 과제 수주에 의한 양적 지표 상승의 이면에는 정부출연연구소의 고유 기능과 불일치하는 단기과제 중심의 연구 증가와 다수 과제를 수행하다 보니 연구역량 분산과 창조적인 성과 창출이 미흡하다는 부작용이 놓여 있었다. 정부출연연구소의 역할 정립에 대한 논란이 있는 상황에서도 기관의 생존에 필요한 예산을 확보하기 위해 연구활동 자체가 아닌, 과제 수주에 역량을 집중해야 하는 상황이 된 것이다. 이는 연구원의 신분 안정성과 안정적 연구 분위기를 저해하고, 융·복합 연구를 위한 산학연 연구가 부진하게 되는 부작용을 가져왔다. 인건비 확보를 위한 연구비 수주에 몰두하는 상황에서 창의적이고 특성화된 연구에 역량을 집중하거나 국가 연구개발의 중심축으로서 다른 연구개발주체와의 협력 속에서 고유한 임무를 수행할 수 있는 여지는 줄어들 수밖에 없었다. 대학이나 기업과 경쟁적으로 과제 수주를 해야 하는 현실은 정부출연연구소로서 대학이나 기업과는 구별되는 분명한 정체성을 확립하는 데 장애가 되었다. PBS와 KIST의 계약연구체제는 외형적인 유사성이 있었는데, KIST 출신 원로 연구자는 "당시에도 지금처럼 한 연구자가 여러 개의 과제를 진행하기는 했지만, 지금처럼 생계를 위해 연구과제를 따오고 보고서를 쓰는 것이 아니"었다고 회고했다.[113] 실제 KIST의 계약연구체제 아래서 연구과제를 많이 수탁한 연구실은 지속적으로 확대되지만 상대적으로 수탁이 어려운 분야라도 출연금을 지급받으면서 일정 기간 유지하도록 뒷받침되었다. 따라서 당시 KIST의 연구자들도 과제 수탁에 많은 스트레스를 받았지만 당장의 인건비를 고민하는 상황은 아니었다. 결과적으로 PBS는 연구활동의 양적 지표 상승에는 큰 효과를 냈지만, 경쟁 속에서 연구성과의 질적 가치를 높이는 데까지 이르지는 못한 셈이었다.

이러한 문제점이 제기되자 2003년 과학기술부는 'PBS 제도개선기획단'을 구성하여 PBS 운영방법 개선에 대한 방안을 마련해 정부출연연구소 기관장들과 협의를 거쳤다. 그 결과 폐지보다는 안정적 연구비의 확대를 통한 경쟁과 안정의 조화를 추진하는 것이 바람직하다는 결론을 내렸다. 이에 따라 정부출연연구소의 안정적 연구환경 구축을 위해 부처별 연구개발사업 이관 및 일반사업 전환 등을 통해 안정적 인건비 확보를 연차적으로 늘려 2011년 70%까지 올리기로 했다. 그러나 이 출연금 비중이 목표에 이르지 못하자 2011년 국가과학기술위원회는 "출연연 예산제도 개선(안)"을 통해 블록펀딩(block funding)을 점차 확대하여 2014년 이후 출연금의 비중을 70% 수준으로 확대하겠다고 발표했다. 블록펀딩은 "연구기관 고유 목적 및 우선순위에 부합하는 연구 촉진을 위해 정부가 연구 방향과 총액만을 결정하고 기관장에게 예산 집행 자율권을 부여하는 예산 지원"으로,[114] KIST가 설립 초기 도입했던 일괄계약연구와 유사한 특징을 지니고 있다. 결과적으로 정부의 출연금 지급정책은 세부적인 운용방식은 점점 세련되고 정교화되었지만, 그 기저의 철학은 계약연구에서 안정 지급의 양축을 진동하고 있는 셈이었다.

2. 연구회 체제의 도입

1997년 과학기술처는 처음으로 소관 정부출연연구소에 대한 백서를 발간했다. 이 백서의 발간 배경은 변화된 시대에 맞는 정부출연연구소의 새로운 임무 및 역할을 제시하고, 정부출연연구소를 둘러싸고 계속되는 논란을 가라앉히겠다는 것이었다. 이 백서는 정부출연연구소의 임무로 세 가지를 제시했다.

> 첫째, 출연연은 이제까지 경제발전을 주목적으로 한 산업기술지원에서 전환하여 공공부문의 연구활동을 획기적으로 강화하여야 한다. 즉 산업계의 연구역량 강화로 정부의 공공기술투자에 대한 여력이 생겼고 차츰 국민들의 복지와 삶의 질 향상에 대한 요구가 커짐에 따라 기술·사회적 파급효과가 큰 공유성 기술(generic technology)과 민간이 참여하지 않는 전용성 기술(proprietary technology)을 포함한 공공기술의 개발을 담당한다. 둘째, 출연연은 종전의 산업기술 전반에 대한 나열식 기술개발을 지양하고 기초·응용기술 개발에 주력해야 한다. 즉 향후 특정기술 산업화를 위해 필요한 원천적 기반기술과 제품·공정개발 이전의 경쟁전단계기술(precompetitive stage technology)을 담당해야 하나, 중소기업의 경우 자체 기술개발 능력이 매우 취약하므로 중소기업 관련 기술 분야는 앞으로 상당기간 제품의 개발·생산화 단계까지 종합 지원한다. 셋째, 앞으로 출연연의 중요한 역할로 기존의 기술지원, 규격·인증 등의 지원기능에 연구기획·관리, 기술예측 및 평가, 정책연구기능 등이 강화되어야 하며 연구원·창업기술인·정책담당자 등을 대상으로 한 기술관리교육기능도 강화되어야 한다.[115]

하지만 백서의 정책이 현장에서 구체화되기 이전에 외환위기가 발생했고, 뒤이어 등장한 국민의 정부가 경제위기 극복을 최우선 과제로 추진하면서 정부출연연구소도 강력한 개혁의 소용돌이에 휩싸이게 되었다. 정부는 '정부출연연구기관 경영혁신 추진지침'을 통해 연구소의 기구와 인력을 최소한으로 줄이는 한편 연구소의 개별이사회를 폐지하고 인문사회계에 2개, 과학기술계에 3개의 연합이사회를 설치하는 방안을 제시했다. 과학기술계의 반대 의사에도 불구하고 이 방안은 빠르게 추진되어, 정부출연연구소의 경상비 20%가 삭감되었다. 그리고 명예퇴직, 단순직의 아웃소싱에 이어 연구원들의 정년이 65세에서 62세로 낮추어지면서 정부출연연구소에서 2000여 명의 연구원과 기술직 직원들이 떠나야 했다. 국가 전체적인 위기 상황에서 정부출연연구소만 예외가 될 수 없었지만 이러한 조처는 연구소에 큰 타격이 되었고, 특히 정년 단축은 대학과 비교해서 출연연구소에 상대적 박탈감을 더욱 크게 안겨주었다.

1999년 1월 경영혁신의 일환으로 '정부출연연구기관 등의 설립 및 운영에 관한 법률'이 제정되고 개별 연구기관 설치 근거법이 폐지되면서 정부출연연구소의 관리·감독 기능을 국무총리실이 총괄하게 되었다. KAIST, 한국원자력연구소, 한국과학재단, 한국과학기술평가원 등 교육연구기관과 원자력 관련 기관, 사업관리 및 지원 기능을 지닌 8개 기관만 과학기술부가 관리하고 나머지 출연연구소는 기능에 따라 기초기술연구회, 공공기술연구회, 산업기술연구회로 소관 업무가 이관되었다. 이러한 변화는 소속 부처의 과도한 간섭을 지양하고 독립적 운영이 가능하도록 주무부처와의 관계를 합리적으로 재설정한다는 취지를 지녔다.[116] 사실 연합이사회와 같은 정부출연연구소를 통괄하는 기구에 대한 구상은 이전에도 몇 차례 제기된 바 있었다. 1970년대 후반 분야별 연구소의 잇단 설립으로 인해 전체적으로 총괄할 기구의 설립 필요성이 제기되었고, 앞에서 소개한 것처럼

1980년 출연연구소 통폐합이 추진될 당시 KIST에 의해 프라운호퍼연구회를 모델로 하여 연구소 연방제 방안이 제안된 바 있었다. 또한 1989년 당시 이상희 과학기술처 장관이 각 연구소의 이사회를 통합하여 공동이사회를 만들자고 제안하기도 했다.[117] 그 같은 제안이 10년이 지나 외환위기라는 특별한 상황 속에서 구체화된 셈이었다.

연구회의 이사회는 정부출연연구소 최고 의사결정기구이지만 주요 기능이 소관 연구소의 운영에 대한 행정적 인준 활동이 주를 이루고 독립적결정 기능은 약한 편이다. 이는 정부 측 당연직 이사의 수가 많아 이사회의 자율성과 독립성이 제한적이며, 연구회가 소관 연구소의 전략적 추진방향을 제시하고 주요 정책에 대해 의사결정을 할 수 있는 수단과 인력이충분하지 않기 때문이다. 연구회는 공공 부문의 구조조정이라는 단기적인 정부 차원의 목표에서는 성과를 거두었지만 장기적 측면에서 연구현장의 자율성을 이끌어내고 국가연구개발 공동자원의 활용 증대라는 목표에는 크게 미치지 못했다고 평가받고 있다.[118] 이러한 결과는 연구회 체제로의 개편이 연구소나 과학기술계 내의 공감대 속에서 과학기술 주무부처에의해 제안되고 추진된 것이 아니라 IMF 외환위기라는 특수한 사회경제적환경 속에서 예산관리부처의 주도하에 추진된 정책이라는 사실과 무관하지 않다. 더 거슬러 올라가면 정부와 연구소 사이에 형성되어 내려온 종속적인 관계가 그다지 변하지 않고 유지되었던 결과였다.[119]

2000년대 들어와서 정부출연연구소는 연구회가 통합되거나 소속 기관이 변경되는 등의 변화를 겪었지만 개별 연구소와 연구회의 관계를 비롯한 기본적 틀은 크게 달라지지 않으면서 외견상 안정된 모습을 보이고 있다. 하지만 그 같은 안정의 이면에는 정부출연연구소를 개혁하려는 여러번의 시도가 대부분 확실하게 끝맺음되지 못하면서 연구소들이 불안해하는 상태가 지속되고 있다. 2000년대 들어와 과학기술정책 관련 전문기관이나 전문가가 자체적으로 진행하거나 연구회나 정부부처의 의뢰를 받아 추진된 정부출연연구소 체제의 개혁·활성화·정상화를 위한 수많은 방안들이 제시되었지만 실질적인 집행으로 이어진 경우는 드물었다.

노무현 정부는 과학기술중심사회 구축, 제2의 과학기술입국, 동북아 R&D허브 구축 등을 핵심 국정과제로 제시했으며, 이를 위해 과학기술 행정체제를 개편하여 과학기술부총리제를 도입하고 과학기술부에 과학기술혁신본부를 설치했다. 2004년 9월 '과학기술 분야 정부출연(연) 등의 육성·지원법'이 제정되었고, 이 법에 따라 과학기술 분야 3개 연구회는 국무총리실 산하에서 과학기술혁신본부로 이관되었다.[120] 이러한 이관의 목적은 정부출연연구소와 정부 정책의 연계를 강화하기 위한 것으로 설명되었다. 정부는 정부출연연구소의 새로운 길을 모색하기 위해 대학, 민간연구소, 컨설팅사 등 관련 전문가들을 참여시켜 "국민소득 2만 달러 시대 대비 정부출연연구소의 전략적 발전 방안"을 만들었다. 연구팀은 기존 연구소틀을 허물고 60여 개의 강소형 연구조직으로 정부출연연구소를 개편하여 전문화·특성화를 강화한다는 '미래핵심연구소체제'를 가장 타당한 발전 방향으로 제시했다.[121] 이는 충분한 적응기를 두고 단계적으로 추진한다는 계획이었으나 무엇보다 수십 년간 이어져온 개별 연구소 체제를 무너뜨리는 방안이기 때문에 연구소 연구자들로부터 매우 부정적인 반응을 얻었고, 결과적으로 이 방안은 결실을 맺지 못했다.

이명박 정부 출범 후에는 과학기술혁신본부가 해체되고, 공공기술연구회가 폐지되면서 기초기술연구회는 교육과학기술부가, 산업기술연구회는 지식경제부가 관장하는 이원관리체제가 도입되었다. 이는 기초원천연구와 산업연구개발을 분리하여 전문적인 지원·육성을 위한 행정체계를 구축하기 위한 것으로 설명되었다.[122] 한편으로 정부는 일부 정부출연연구소의 민영화를 추진하면서 동시에 정부출연연구소와 대학과의 통합을 추진했으나 모두 뚜렷한 성과를 거두지 못했다. 이러한 상황에서 연구회는 소관 연구소의 발전방안을 다각도로 모색했으며,[123] 특히 '과학기술 출연(연) 발전 민간위원회'가 구성되어 제시한 발전방안은 많은 기대를 모았다. 이 위원회는 기획재정부, 교육과학기술부, 지식경제부 등 3개 부처 차관회의 결정에 따라 산업기술연구회 및 기초기술연구회의 공동자문기구로 2009년 11월 출범했다. 2010년 7월 제출된 보고서는 몇 개 정부출연연구소는 주무부처 산하로 보내고 나머지는 모두 통합하여 단일법인인 '국가연구개발원'으로 재구성할 것을 제안했다.[124] 하지만 이 방안도 개별 연구소 법인격이 사라지고 단일 기관으로 통합되는 것에 대한 현장의 우려와 정권 교체를 앞둔 정치권과 정부의 소극적 태도로 인해 묻히고 말았다.

박근혜 정부에서는 기초기술연구회와 산업기술연구회가 미래창조과학부 산하로 이관된 다음 2014년 6월 양 연구회가 통합되어 국가과학기술연구회가 발족했다. 이에 따라 현재 정부출연연구소 연구회 체제는 국무총리실 산하의 경제·인문사회연구회의 26개 연구소와 미래창조과학부 산하 국가과학기술위원회의 총 25개의 과학기술 분야 정부출연연구소로 재편되었다. 박근혜 정부에서도 '공공기관 정상화'를 둘러싼 논란 등 정부출연연구소 체제의 개혁을 위한 논의가 진행되었지만 특별한 정책 변화는 나타나지 않았다.

국가연구개발원 설립 등 일련의 정부출연연구소 개편안의 무산은 연구소의 구조조정, 통폐합과 같은 거버넌스 개선이 쉽지 않은 과제임을 보여준다. 권위주의 체제 아래서 정부주도의 일방적 정책 결정에 의한 정부출연연구소 통폐합과 같은 정책은 사회의 민주화 진전과 각 이해 당사자들의 다양한 목소리 속에서 합의를 끌어내고 안정적으로 추진하는 것이 매우 힘들게 되었다. 이처럼 정책 결정과 관련된 여러 조직의 이해관계가 걸린 '다조직 의사결정 방식'이 더욱 강해지는 현상은 민주화, 분권화되는 행정 발전의 추세를 반영하는 것이지만 동시에 정책이 표류하게 될 가능성이 커진다.[125] 예를 들어, 국가연구개발원 구상의 경우 민간전문가까지 폭넓게 포함시켜 개선안을 만들어내는 전향적 모습을 보였음에도 무산되었다. 이후에도 정부가 많은 부담을 감수하고 '강력한 개혁'을 추진하지 않는 이상 큰 틀의 구조조정은 쉽지 않을 것으로 보인다. 이는 그간의 정부출연연구소 정책이 단기간에 양적 성장 위주로 진행되면서 경쟁적 확산을 촉진하는 방향으로 전개되었고, 그 결과로 만들어진 개별 연구소들이 종합조정의 틀 밖에서 개별 법인으로 성장해왔기 때문에 그 궤적을 되돌리는 것은 상당한 난제가 될 수밖에 없음을 보여준다. 그렇다면 앞으로 정부출연연구소에 대해 적지 않은 부담이 따르는 강력한 변화를 추진할 것인지, 아니면 지금까지 걸어온 과정 속에서 기존 시스템이 갖는 장점을 살리고 문제점을 줄일 수 있는 방법을 찾을지 고민할 필요가 있다. 이를 위해 그동안 정부출연연구소를 둘러싼 환경의 변화, 연구소에 대한 정부 정책의 변화, 그리고 그 속에서 연구소가 담당했던 역할의 변화를 정리하면서 그 같은 문제에 대해 생각해보고자 한다.

3. 정부출연연구소의 다양한 역할

후발국가로서 정부주도의 산업 및 과학기술발전을 이끌었던 한국에서 정부의 재정 지원으로 설립·운영되어 경제발전에 필요한 산업기술을 연구했던 정부출연연구소는 한국의 독특한 제도였으며, 1966년 첫 번째 정부출연연구소인 KIST 등장 이후 주기적으로 큰 변화를 겪으면서 성장해왔다. 1970년대 연이은 설립에 이어 1980년의 통폐합과 정부출연금 지급방식 변경이 첫 번째 고개였으며, 10여 년 뒤인 1991년의 합동평가와 2차 구조조정이 두 번째 큰 변화였다. 1996년부터 시행된 PBS와 1998년 도입된 연구회 체제는 연장된 구조조정의 일부였으며, 2014년 과학기술 분야 연구회가 통합되어 하나가 되는 변화 역시 큰 변화였다.

1966년 첫 등장 이후 정부출연연구소는 한국의 과학기술발전과 산업발전에 다양한 기여를 했다. 단기간에 '연구자 풀'을 구성하고 기업과 대학의 연구개발에 대한 관심과 역량이 높지 않았을 때 연구개발을 주도하면서 연구활동의 필요성과 가치, 더 나아가 인력과 기술을 확산시켜나간 주체로 활약했다. 과학기술 분야에 대한 정부의 투자는 정부출연연구소의 설립·운영을 통해 본격화되었고, 국가연구개발사업도 정부출연연구소가 주된 행위자가 되어 추진되었다. 그러한 투자 속에서 연구개발투자, 연구개발인력, 그리고 연구개발과 관련된 각종 양적 지표는 꾸준히 상승했으며, 그동안 한국의 대표적 과학기술 연구개발 성공 사례로 꼽히는 성과들을 만들어냈다. 연구를 의뢰한 기업을 세계 제일의 비디오테이프 제조회사로 이끈 1970년대 폴리에스테르(PET: Polyethylene Terephthalate) 필름 개발, 전화 적체를 해소하고 한국을 세계 10번째 전전자교환기 생산국으로 만든 전전자교환기(TDX) 개발, 반도체 강국·이동통신 강국이라는 오늘날 한국의 위상을 세우는 데 기여한 초고집적 반도체 DRAM 개발이나 디지털 이동통신 시스템 CDMA 상용화 기술개발, 한국을 세계 4대 자국모델 경수로 보유국으로 올라서게 한 한국표준형 원전 개발 등 중요한 성과들이 정부출연연구소가 주도하여 거둔 성과였다.

최근 정부출연연구소가 거둔 경제사회적 파급효과를 분석한 보고서들은 연구소의 성과들을 화폐가치로 환산해서 보여준다. 2012년 과학기술정책연구원(STEPI)이 ETRI의 의뢰를 받아 수행한 35년간의 연구개발활동에 대한 경제적 파급효과 분석 결과에 의하면 2011년 가치기준으로 ETRI

는 총 169조8095억 원의 경제적 효과를 가져와 35년간 투입된 총 연구비 37조6955억 원(2011년 가치기준)의 4.5배의 효과를 얻었다. 직접효과는 8대 기술 70조2831억 원, 기타 기술 38조1651억 원, 계 108조4483억 원이었으며, 간접효과의 경우 8대 기술 39조6128억 원, 기타 기술 21조7485억 원, 계 61조3612억 원으로 발표되었다. 8대 기술은 TDX 기술개발, DRAM 개발, CDMA 시스템 개발, 지상파 DMB 기술개발, 초고속 휴대인터넷 시스템 WiBro 기술, 4세대 이동통신 LTE-Advanced 기술, 음성인식 자동통역 기술, 차세대 유기발광다이오드(OLED: organic light-emitting diode) 조명 및 디스플레이 기술 등으로 선정되었다.[126]

2013년에는 KIST의 의뢰로 기술경영경제학회와 (주)날리지웍스가 KIST의 경제사회적 파급효과를 분석한 바 있다. 이에 따르면, KIST는 1966년 설립 이후 2012년까지 11조2259억 원(2013년 가치기준)이 투입되어 총 594조8240억 원(2013년 가치기준)의 경제사회적 파급효과를 발생시켜 투입 대비 53.0배라는 믿기 어려운 효과를 가져왔다. 파급효과는 논문, 특허, 인력양성 성과에 대한 지식스톡 파급효과, 50대 대표 기술로 도출한 사업화 연구개발 파급효과, 정책적 파급효과로 구분하여 산출되었다. 정책적 파급효과는 기술경영경제학회 전문가들을 대상으로 델파이 조사를 실시하여 계산한 값으로, 과학기술체계 구축, 국내 최초 브레인 풀 형성 등 각 시기마다 대표적인 정책적 파급효과에서 KIST의 기여도를 뽑아낸 결과이다. 구체적으로 지식스톡 파급효과가 199.8조 원(33.5%), 사업화·연구개발 파급효과 181.1조 원(30.5%), 정책적 파급효과 213.9조 원(36.0%)으로 계산되었다.[127]

연구개발 성과를 화폐가치로 산출하는 연구는 방법론에 따라 적지 않은 차이를 나타낼 수밖에 없다. 그럼에도 불구하고 두 연구소의 위상과 실적을 생각할 때 위와 같은 결과는 주목할 만하다. KIST는 첫 번째 정부출연연구소이자 다른 정부출연연구소의 모델이 되었으며, 현재 베트남에 V-KIST 설립을 추진하고 있는 맏형 격의 연구소로 미래 원천기술을 위한 기초연구의 비중을 계속 늘려오면서 2015년 가장 많은 SCI 논문을 생산한 정부출연연구소이다.[128] ETRI는 2012년부터 2014년까지 3년 연속으로 미국특허 종합평가에서 전 세계 대학과 정부기관, 연구소 중 1위를 기록했으며,[129] 국가과학기술연구회 산하 연구소 중 인력 및 연구비에서 최대 규모이자 가장 많은 기술료를 벌어들이고 있는 연구소이다. KIST와 ETRI 외에 다른 연구소에 대해 그동안 수행된 유사한 조사연구들에서도 투입액을 월등히 넘어서는 성과를 거두었다고 발표되었다.[130]

그러나 최근 정부출연연구소에 대한 외부의 시선은 이 같은 긍정적 평가와는 거리가 멀다. 출연연구소 체제의 개혁방안을 모색하는 조사보고서는 공통적으로 정부출연연구소가 투입되는 연구개발투자에 비해 충분한 연구개발 성과를 만들어내지 못하고 있으며, 국가 연구개발체제에서 차지하는 비중이 점차 약해지고 있음을 지적하고 있다. 설립 초기 우수한 과학두뇌가 모여들던 상황과 달리 우수한 연구자는 기회만 되면 대학 등으로 이직을 꾀하고 있으며, 대학은 물론 기업이나 국공립연구소에 비해서도 연구자들의 만족도가 떨어지고 있다고 알려져 있다.[131] 많은 언론에서 정부출연연구소의 위상이 바닥에 떨어졌으며, 산업계에서도 정부출연연구소의 기술력이 그리 높지 않음을 지적하고 있다. 심지어 주무부처 장관이 정부출연연구소의 존재 가치가 없다는 극단적 평가를 제시하기도 했다.[132] 이런 배경에서 그동안 정부는 계속해서 개혁과 변화를 요구했던 것이다.

이 같은 상반된 평가는 왜 나타났을까? 정부출연연구소 내부나 연구소의 의뢰를 받은 경영 진단에서는 외부의 비판적 시각이 상당 부분 부당하거나 과장되었다고 보는 경우가 많다.[133] 정부출연연구소가 그동안 쌓은 성과가 결코 적지 않고 현재도 주어진 환경에서 부지런히 성과를 만들어내고 있다는 항변이다. 그러나 최근 정부출연연구소가 생산하는 논문이나 특허 등의 실적이 기대에 미치지 못하고 있으며, 이 때문에 정부출연연구소 자체적으로도 다양한 변화를 모색하고 있다. 물론 정부출연연구소의 성과를 논문이나 특허 혹은 기술료 수입 등으로 평가하는 것이 정당한가라는 의문을 제기할 수는 있다. 이는 정부출연연구소가 부여받은 임무 혹은 기대역할이 무엇인가라는 질문과 관련이 있다.

1960년대 처음 등장한 정부출연연구소는 1970년대 분야별 전문연구소의 설립으로 한국의 연구개발활동을 주도하게 되었다. 정부출연연구소는 국공립연구소와 함께 대표적인 공공연구기관이지만 당시 정부가 정부출연연구소에 부여한 임무는 산업기술개발을 통한 경제발전에의 기여였다. 따라서 정부출연연구소는 기술도입 지원이나 도입기술 개량 등 기업이 필요로 하는 활동을 수행했으며, 이는 이 시기 연구소의 공공성이 산업계를 뒷받침하는 역할에 있었음을 의미한다. 1980년대 통폐합을 겪은 연구소는 국가연구개발사업의 수행 주체로서 역할이 재조정되어 민간의 참여가 약한 산업기술개발이나 국가적 필요가 큰 연구개발사업을 산학연이 협력하여 추진할 때 그것의 구심체로서의 기능이 부각되었다. 하지만 1990년대 들어와 민간의 연구개발능력이 현저히 높아지면서 정부출연연구소의 새로운 위상과 역할 정립을 요구받았고, 이는 합동평가에 의한 2차 구조조정으로 이어졌다. 하지만 그 같은 구조조정이 일회성으로 그치지 않고 1990년대 내내 제기되면서 정부출연연구소는 매우 불안정한 상황에 놓이게 되었고, PBS의 도입으로 새로운 임무나 정체성 재정립 이전에 기관의 생존을 위해 과제 수주에 내몰리는 상황이 되었다. 1998년 연구회 체제가 도입되었지만 개별 연구소가 단일 법인을 유지하고 있는 상황에서 근본적인 변화로 이어지지 못했고, 여전히 정부출연연구소의 역할과 활성화를 둘러싸고 논란이 벌어지고 있는 상황이 현재까지 계속되고 있는 셈이다.

한국의 정부출연연구소뿐 아니라 추격기에 놓여 있는 국가들에서 공공연구소는 실용적인 연구개발활동을 통해 기술발전을 이끌어내는 중요한 요소로 기능했다.[134] 탈추격 기술혁신과 지식기반경제가 강조되는 상황에서 정부출연연구소는 미래를 대비하는 기초·기반기술 연구와 삶의 질과 관련된 국가사회적인 문제 해결이라는 과제를 요구받고 있지만 연구소의 운영과 이를 이끌어내는 정부 정책은 단기적인 성과가 나오는 사업이나 효율이 강조되고 있는 것이 사실이다. 이에 대해 정부출연연구소와 정부가

구분	1960~70년대	1980년대	1990년대	2000년대
R&D 전략	선진기술 도입·개량	선진국 추격형		창조형 전환 도모
R&D 성격	산업현장 애로기술 지원	수출주력산업 기술개발	첨단산업 기술개발	기초·원천 기술개발
중점 지원사업	석유, 화학, 가전, 철강	조선, 자동차, 철강, 반도체	반도체, 첨단가전, 휴대폰	이동통신, 바이오
국내여건	민간기업과 대학의 연구기반 취약	민간기업 연구능력의 점진적 신장		민간주도 연구체제 확립 및 대학의 연구역량 향상
R&D 주체	출연연 주도	출연연 주도, 기업	출연연, 기업, 대학	기업주도, 대학·출연연
출연연 체제	분야별 전문출연연 설립	출연연 통폐합	2차 구조조정 및 PBS 도입	연구회 체제 도입
임무 및 역할	— 정부 및 산업계의 기술 수요와 연계한 목표지향적 연구개발활동 수행 — 출연연이 국가적 차원에서 산업기술 연구개발 주도	— 국가연구개발사업의 대리 수행 주체로 역할 및 성격 조정 — 범국가적 추진이 요구되는 대형연구개발사업 추진 및 산학연 협동연구의 구심체로서의 역할	— 대형첨단기술개발 사업 주력 — 기업 및 대학연구능력의 획기적 제고에 따라 출연연 위상 재정립을 포함한 새로운 도약기반 마련	— 기초, 융복합, 대형기술개발 주체 — 국가 아젠다, 미래 신성장동력 선행연구 — 고급 인력 양성활용 — 국가사회적 문제해결

〈표 13〉 정부출연연구소 발전 과정에 따른 역할 변화.
(출처: 『과학기술처 출연연구기관 백서』, 과학기술처, 1997; 『출연(연)의 새로운 역할 및 위상 정립 방안 연구』, 2007; "ETRI Vision 2020", ETRI, 2008; 『정부출연연구기관 성과평가의 발전방안 및 성과제고를 위한 방안 도출』, 한국과학기술기획평가원, 2010; 『국가 R&D 감사백서』, 감사원, 2013 등을 참고하여 재구성)

과거의 성공에 매달려 변화된 상황에 맞는 역할을 하지 못하고 있기 때문에 정부출연연구소가 위기에 처했다는 지적을 받고 있다.[135] PBS가 양적인 실적을 높였음에도 불구하고 연구소 안팎에서 그리 높은 평가를 받지 못하는 이유 중 하나가 단기적 성과를 강조하는 PBS의 성격이 현재 정부출연연구소가 담당해야 하는 역할과 어울리지 않기 때문이기도 하다.

〈표 13〉에 나타나듯이 1966년 KIST 등장 이후 50여 년이 지나는 동안 정부출연연구소의 역할은 계속 변해왔다. 첫 번째 정부출연연구소인 KIST의 조직이나 연구 분야의 변천은 그 같은 변화와 적응을 잘 보여주고 있다. 설립 초기 정부의 정책에 맞추어 화학, 금속·재료, 기계, 전기·전자, 식품 등의 분야를 주된 연구 분야로 설정한 KIST는 1970년대 전문연구소의 설치에 따라 전기·전자, 선박, 기계 등 일부 분야를 분리시켰고, 전산, 화학·화공 분야가 가장 높은 연구계약고를 기록했다. 1980년 한국과학원과 통합된 이후 유전공학, 식품 등의 분야가 분리되었으며, 1989년 독립 이후 원천기술개발을 주된 정체성으로 삼고 신소재 연구, 환경 연구 등을 점차 강화해나갔다. 1990년대를 거치면서 의료복지기술에 대한 관심을 높여 의과학연구센터, 생체구조연구센터 등을 설치했는데, KIST는 유일한 종합연구소였기 때문에 다른 전문연구소와 구별되는 학제간 분야나 공공복지 분야를 강화하고자 했다. 2000년 이후 융복합기술 분야, 미래 성장잠재력이 큰 신생·유망기술 분야, 국가적 차원으로 추진하는 성장동력 분야를 기관 고유 사업으로 추진했으며, 개념 정립 단계에 있는 신기술개발, 미래 신산업 창출, 국가사회 필요에 의한 중장기적 대형복합·원천기술개발을 주된 연구 방향으로 설정했다. 2010년 이후 KIST는 강소형 연구소 개념에 바탕을 둔 전문연구소 체제로 조직을 개편하여, 2014년 뇌과학연구소, 의공학연구소, 다원물질융합연구소, 녹색도시기술연구소와 미래융합기술연구본부, 국가기반기술연구본부 등을 중심 조직으로 설치해 운영 중

이다. 또한 홍릉의 본원 이외에 2002년 설립한 강릉분원과 2008년 설립한 전북분원, 그리고 1996년 독일, EU, 동구와의 기술 교류 및 공동연구 거점 확보를 위한 KIST-EUROPE 연구소 등을 갖추고 있다.[136] 설립 초기 계약 연구를 통해 산업계를 위한 기술개발을 최우선 과제로 삼았던 KIST는 미래 원천기술을 위한 기초연구의 비중을 계속 늘려왔으며, 가장 많은 SCI 논문을 발표하는 정부출연연구소 중 하나가 되었다.

현재 정부출연연구소는 기계, 화학, 전자통신 등 전통적인 산업기술 연구가 강한 연구소와 핵융합, 원자력, 표준 등 공공성이 강한 연구소, 그리고 기초과학 지원, 천문 등 기초과학의 성격이 강한 연구소 등 연구 성격의 스펙트럼이 넓다. 개별 기관 내에서도 산업계 지원에서 장기적 기초연구까지 다양한 역할 등을 수행하고 있고, 경우에 따라 한 연구자가 상이한 성격의 과제를 동시에 수행하기도 한다. 이는 그간 정부출연연구소가 수행해온 연구개발 역사의 자취가 아직 남아 있기 때문이며, 연구자들은 현재의 정부출연연구소 구조에서는 그 같은 '올라운드 플레이어'가 불가피하다고 설명한다.[137] 어찌 보면 이런 다양한 역할을 수행하고 있기 때문에 기관을 대표하는 확실한 연구성과를 만들기가 쉽지 않고, 이는 바로 정부출연연구소에 대한 부정적 평가로 이어지고 있다고 볼 수 있다.

추격 시대 정부출연연구소는 분명한 개발 목표를 설정하고 상당한 재원을 투입해 성과를 올렸지만 현재는 정부출연연구소가 맡아야 할 역할이나 개발 과제가 불투명하기 때문에 계속해서 문제가 되고 있다. 이러한 현상을 풀기 위해서는 개별 연구소나 국가과학기술연구회 차원에서 정확한 연구기획을 통해 목표를 분명히 세우는 것이 제일 중요하다고 생각한다. 실제 2000년대 중반부터 여러 연구소들이 자체적으로 정책연구센터를 설치해 연구활동의 방향을 설정하려는 노력을 전개하고 있으며, 최근 들어 한국화학연구원 등이 독자적인 변화를 모색해서 좋은 평가를 받고 있기도 하다.[138] 이러한 변화가 전체 정부출연연구소에 일반화되기 위해서는 국가과학기술연구회가 정부출연연구소 전체의 전략적 연구 추진 방향을 제시하고 주요 정책에 대해 의미 있는 결정을 할 수 있어야 하며, 이를 위해서는 개별 연구소의 인력이 국가과학기술연구회에 참여하는 등 전체적인 시스템적 구조를 강화시키는 노력이 반드시 필요하다.

그동안 추진된 정부출연연구소의 활성화 혹은 개혁을 논하는 대부분의 조사연구는 해외 선진 기관의 벤치마킹을 주된 방법으로 택하고 있다. 선진국의 세계적 수준의 연구소와의 비교를 통해 장점을 흡수하고 문제점을 개선해나겠다는 취지에는 문제가 없지만 그동안 이러한 방식으로 진행된 대부분의 조사연구와 개선방안이 별다른 효과를 발휘하지 못했다. 이에 대해 선진국 연구체제의 외형에만 주목했을 뿐, 해당 기관이 지닌 철학이나 가치까지 배우려는 노력이 없었다는 지적을 받기도 한다.[139] 여러 나라의 공공연구시스템에 대한 연구에서 첫 번째로 강조되는 것이 각국의 기관마다 매우 다양하고 이질적 특성(heterogeneity)을 지니고 있다는 점을 고려하면 해외 유명 연구소의 벤치마킹에는 기본적인 한계가 있을 수밖에 없다.[140]

사실 현재 정부출연연구소가 안고 있는 문제는 상당 부분 한국적 상황에 기인한다. 2010년 많은 예산을 투자해 외국계 컨설팅 기관에 의뢰해 추진된 산업기술연구회 연구소에 대한 조사연구는 정부출연연구소의 거버넌스와 관련해 "핵심 원인 및 주요 이슈는 정부 R&D 성과 극대화 정책의 부작용으로 발생된 것으로, 다중 인과관계로 얽혀 있어 효과적 개선을 위해서는 시스템적 접근이 필요하다"고 밝혔다.[141] 한국 연구소들이 자율성과 독립성을 보장받기 어려운 상황이며, 이는 정부로부터 일정 수준의 독립성을 확보한 기관 경영이 이루어지고 있는 해외의 벤치마킹 연구소와는 다른 상황이라고 밝혔다. 따라서 이 보고서는 정부의 동반 변화를 강조했고, 이 때문에 이 보고서는 외부에 공개되지 않고 사장되었다고 알려졌다.[142] 한편으로는 이 보고서가 제안하고 있는 산업기술연구회 산하 연구소의 단일연구법인화라는 해결방안의 도출 과정과 그 결론이 현장의 동의를 얻지 못했다는 점도 작용했을 것이다.[143] 이러한 사실은 정부가 정부출연연구소에 대한 기존의 관료적 통제를 유지하는 한 정부출연연구소 개선을 위한 많은 방안들은 효과를 발휘하기가 쉽지 않다는 점을 말해준다. 따라서 이제는 한국 연구소가 그동안 밟아온 과정에 대한 엄밀한 분석을 통해 그 장점을 강화시키는 방법을 모색할 필요가 있다고 여겨진다. 그간 성공적이라고 평가를 받는 개별 정부출연연구소가 쌓아온 성과와 궤적, 앞으로의 변화 방향을 진단하고 그에 대한 정부 정책의 변화에 대한 적확한 분석과 이해 속에서 현재 상황에서 가능한 방식의 개선안을 마련할 필요가 있을 것이다.

이런 배경에서 거버넌스 변화 같은 구조 개혁 중심의 혁신 시도보다 가치 제고 중심의 혁신으로 출연연구소의 운영체계를 효율화해야 한다는 제안은 매우 적절한 지적으로 판단된다. 공공연구기관으로서 정부출연연구소는 다른 주체와 경쟁을 통해 경쟁력을 높이고 제자리를 찾아야 하는 것이 아니라 공공연구기관으로서 정확한 역할을 정립해 뿌리를 내리는 것이 중요하고, 이를 위한 방법론은 그간 여러 번의 시도에도 원하는 결과를 얻지 못했던 조직 개편, 하드웨어 변화와 같은 물리적 방법보다 필요한 역할을 담당할 수 있는 체제와 소프트웨어를 구축하여 작동할 수 있도록 하는 방법의 모색이 필요하다. 국가 차원에서 새로운 지식을 창출하고 이를 효과적으로 확산시키기 위해서는 국가혁신시스템에서 다양한 혁신 주체들이 정보와 지식을 교류하는 지식의 장이 필요하며, 이러한 국가 지식 허브의 역할은 다양한 주체들을 조정하고 연계시킬 수 있는 위치에 있는 주체가 그 역할을 담당해야 한다. 따라서 이러한 국가 지식 허브의 역할은 정부출연연구소가 그 역할을 담당하는 것이 적절하다. 정부출연연구소는 다양한 지식 창출 주체들이 지식 및 정보를 교류할 수 있는 거점으로서의 역할을 통해 해당 분야의 특성과 필요한 부분, 부족한 부분을 파악하는 것이 기본 기능이 되어야 하며, 더 나아가 정부출연연구소가 주도적으로 담당해야 할 분야를 설정하고, 다른 연구개발주체들의 역할과 기능을 조정하는 역할을 해야 한다는 것이다.[144] 이는 정부출연연구소가 특정한 역할만을 담당하는 것이 아니라 기초연구, 응용연구, 산업계 지원, 인프라 관리 등 다양한 역할을 수행할 수 있으며 분야나 상황에 따라 기능이 조정되어야 함을 의미한다.

사실 정부출연연구소가 허브 역할을 담당해야 한다는 것은 새로운 주장이 아니다. OECD가 2011년 펴낸 보고서에서도 한국의 공공연구기관은 처음 한국의 산업화를 위한 산업기술개발을 목표로 했지만 이제는 한국의 미래 수요를 위한 과학기술 허브(science and technology hub)의 제공을 지향하고 있다고 밝혔다.[145] 이러한 언급은 한국 공공연구기관으로부터 받은 의견을 정리한 것으로, 허브 역할은 정부출연연구소가 이미 목표로 하고 있는 기능임을 의미한다. 결국 허브라는 새로운 역할을 어떻게 구체화할 것인가에 대해서는 적지 않은 고민이 필요하지만, 그간 성과 없이 진행된 잦은 구조조정의 경험은 새로운 접근이 필요함을 분명하게 보여준다.

"따로 또 같이" 가는 한국 연구체제

1993년 이후 2010년까지의 연구체제의 특징은 1980년대 시작된 민간주도의 연구개발체제가 확고해지는 속에서 대학의 상대적 중요성이 부각된 점이라고 정리할 수 있다. 이 시기 동안 각 주체별 연구개발비 변화 양상을 보면 대학의 연구개발비가 10.7배 증가하여 가장 높은 증가율을 보였다. 다음으로 기업이 7.5배 증가했고, 정부출연연구소가 중심인 비영리연구소는 5.5배, 국공립연구소는 2.3배로 가능 낮은 수준이었다. 이에 따라 연구개발비의 상대적 비중은 기업체의 비중이 72%에서 75% 전후로 높아졌고, 대학의 몫도 7%에서 10.8%대로 늘어났다. 반면 비영리연구소는 17%

	1993	1996	1998	2000	2005	2010
공공연구기관	1311(21%)	1896(17%)	2099(18%)	2032(14.7%)	3193(13%)	6306(14%)
−국공립	271(4%)	334(3%)	380(3%)	355(2.6%)	447(2%)	630(1%)
−비영리	1039(17%)	1561(14%)	1720(15%)	1677(12.1%)	2746(11%)	5676(13%)
대학	445(7%)	1019(9%)	1265(11%)	1562(11.3%)	2398(10%)	4745(11%)
기업체	4398(72%)	7964(73%)	7972(70%)	10255(74.0%)	18564(77%)	32803(75%)
합계	6153(100%)	10878(100%)	11337(100%)	13849(100%)	24155(100%)	43855(100%)

〈표 14〉 주체별 연구개발비(1993~2010) (단위: 십억 원[경상가격]). (출처: 각 연도별 연구개발활동조사)

에서 12%로, 국공립연구소는 3%에서 1%대로 떨어졌다.

1990년대 국가 전체적인 연구개발투자는 꾸준히 증가하여 121.2%의 증가율을 보였으며, 2000년대 들어와서도 지속적으로 강화되어 2001년부터 2005년 사이 정부의 연구개발투자(25.2조 원)는 과거 20년간(1986~2005) 연구개발투자의 48.4%를 차지할 정도가 되었다. 연구개발인력도 꾸준히 증가했는데, 연구주체별로 볼 때 역시 기업의 연구인력 증가가 가장 눈에 띈다. 1993년 54,078명에서 2010년에는 4.2배 늘어난 22만6천여 명을 기록했으며, 같은 기간에 대학은 3.3배의 성장세를 기록했다. 그 같은 투자 증대에 힘입어 특허 논문 등 연구개발 성과도 지속적으로 증가했다. 국내특허 등록 건수가 1993년 11,446건에서 2007년 123,705건으로 늘었으며, 미국특허청, 일본특허청, 유럽특허청에 동시에 등록된 삼극특허(Triad Patent Families)는 같은 기간에 166건에서 2,302건으로 늘어 2007년 세계 4위를 기록했다. SCI 논문의 경우 1993년 1,965편에서 2007년 27,284편이 되어 세계 12위가 되었다. 3대 저널로 불리는 *Nature, Science, Cell*에 게재된 논문은 1993년 4편에서 2007년 24편이 되었는데, 이 중 80%가 대학의 기초연구 결과물로 나타나 대학의 연구개발활동이 크게 활발해졌음을 보여

	1993	1996	1998	2000	2005	2010
공공연구기관	16068 (16%)	15503 (12%)	12587 (10%)	13913 (9%)	15501 (7%)	26235 (8%)
-국공립	5391 (5%)	4148 (3%)	4390 (3%)	3797 (2%)	3950 (2%)	4363 (1%)
-비영리	10677 (11%)	11355 (9%)	8197 (7%)	10116 (7%)	11551 (5%)	21872 (6%)
대학	28618 (29%)	45327 (34%)	51162 (39%)	51727 (32%)	64895 (28%)	93509 (27%)
기업체	54078 (55%)	71193 (54%)	66018 (51%)	94333 (59%)	154306 (66%)	226168 (65%)
합계	98764 (100%)	132023 (100%)	129767 (100%)	159973 (100%)	234702 (100%)	345912 (100%)

〈표 15〉 연구개발주체별 연구인력(1993~2010). (출처: 각 연도별 연구개발활동조사)

주었다.

대학 연구개발역량의 상대적 증가는 정부출연연구소를 중심으로 한 공공연구조직, 기업 그리고 대학으로 구성된 한국의 삼각 연구체제의 개별 주체들이 모두 일정 수준의 성장 단계에 들어섰음을 보여준다. 그동안 상대적으로 더뎠던 대학의 연구개발에 대한 정부의 지원이 확대되면서 한국 연구체제는 점차 완결된 구조로 나아가고 있는 중이다. 대학부설연구소를 포함해 대학에 투입된 연구개발비가 1990년대 크게 늘어나게 된 것은 산업계보다 정부의 연구개발비 증가가 주된 요인이 되었는데, 이는 정부출연연구소와 기업을 거쳐 대학이 정부의 새로운 연구개발활동 지원 대상이 된 결과였다. 물론 이러한 정책적 지원 과정은 기초학문 연구의 본산으로서 대학의 역할이 인정된 결과이기도 했지만 동시에 과학기술의 경제적 번역의 논리가 대학에도 본격적으로 유입한 결과이기도 했다. 2007년 이후 대학의 기초연구는 꾸준히 증가 양상을 보여 2012년 기준으로 기초연구 비중은 40.0%, 응용연구 비중은 29.3%, 개발연구 비중은 30.7%에 달해 대학 연구활동이 점차 본연의 목적이라 할 수 있는 기초연구 쪽으로 조정되고 있다.[146] 아직은 대학의 연구활동이 기업을 지원하는 역할의 비중이 크지만 점차 정부출연연구소나 기업과는 구별되는 방향으로 재정립되고 있다고 해석할 수 있다.

대학연구체제의 부상은 한국 연구체제가 전체적인 성격 변화와 함께 점차 안정적인 구조로 나아가고 있음을 보여준다. 기본적으로 교육이 본령인 대학에서의 연구활동 강화는 고급 연구인력의 양성과 직결된다. 대학연구체제가 가지는 중요한 특징 중 하나가 전임연구인력의 비중이 낮고 대학교수나 대학원생의 참여도가 높다는 점이며, 이는 연구활동 제고가 연구와 결합된 대학원 교육의 질적 향상으로 이어짐을 뜻한다. 여전히 해외유학이 고급 연구인력 양성의 주요한 경로이지만 대학연구소 활성화는 국내 대학원의 강화, 고급 인력 양성 역량의 증가로 이어지는 것이다. 그리고 대학 연구활동은 기업이나 정부출연연구소에 비해 기초연구에 대한 비중이 크기 때문에 국가 전체적인 연구개발활동의 내용에서도 조금씩 변화를 가져오고 있다. 기초·원천기술에 대한 수요와 그에 대한 지원이 늘어났다는 것은 한국의 산업과 과학기술이 빠른 추격자의 단계를 넘어서고 있음을 보여준다. 결국 마지막에 주목을 받은 연구개발주체로 대학이 떠오르면서 한국의 연구체제는 기업으로 크게 기울어진 구조에서 점차 평형을 잡아가는 방향으로 진행되고 있다고 볼 수 있다. 대학연구체제는 한국 연구체제의 단계적 완성으로 나아가는 마지막 퍼즐인 셈이다.

한국의 연구개발투자는 꾸준히 증가하여 절대적인 연구개발비 규모는 세계에서 6번째이며, 2014년 GDP 대비 연구개발비는 세계에서 가장 높은 수치를 기록했다. 이 같은 양적 성장 이면의 문제점으로 연구개발주체 간의 충분한 협력이나 종합조정이 이루어지지 못하는 단독개발형 혹은 "각개약진식" 연구개발시스템이 지적된다. 1993년 2월 과총과 KIST가 개최한 "신한국의 과학기술개발전략" 세미나에서 KIST 정성철 정책연구단장이 "우리나라 기술혁신체제는 기술개발주체인 기업, 연구소, 대학 등이 상호 고립되어 각개약진으로 발전하고 있어 이를 유기적으로 연계시키는 데 실패했다"고 지적한 이후 많은 연구자들이 '각개약진식 연구개발'이라는 표현을 사용하고 있다.[147] 하지만 이는 한국 과학기술이 단기간에 경쟁적인 양적 팽창을 통해 압축적 성장을 이룩한 비결이기도 했다.

정부는 각개약진식 연구개발을 극복하기 위해 1990년대 이후 연구주체 사이의 협력을 촉진하기 위해 협동연구개발촉진법, 기술이전촉진법, 산업기술연구조합육성법, 산업교육 진흥 및 산학협력 촉진에 관한 법률 등 30여 개 법률을 제정했다. 1994년 제정된 협동연구개발촉진법은 연구요원의 파견 및 겸직 허용, 협동연구개발 사업에 대한 우선적 지원, 연구개발시설의 공동이용 촉진 등을 규정하여 협동연구개발을 뒷받침했다. 이 법에 의하면 협동연구개발은 "대학, 기업 또는 연구소가 다른 대학, 기업, 연구소 또는 그에 상응하는 외국의 연구개발 관련 기관과 동일한 연구개발과제의 수행에 소요되는 연구개발비, 연구개발요원, 연구개발시설, 기자재 및 연구개발정보 등을 공동으로 제공하여 추진"하는 연구개발활동으로 정의되었다. 하지만 이 법의 제정에도 불구하고 연구자가 소속 기관의 벽을 넘어 다른 기관에서도 근무할 수 있는 연구자 유동성 지원을 위한 제도적 뒷받침이 마련되지 않아 선언적인 법조문 이상의 기능을 못 하고 있다고 비판을 받았다.[148]

그리고 2000년 기술이전촉진법이 제정되어 공공연구기관이 개발한 기술을 민간 부문에 이전하여 산업화하는 것을 적극 지원하게 되어 산학연 사이의 기술 이전 및 확산 자체에 정책적 관심을 두게 되었다. 이듬해 이 법의 개정으로 교직원의 직무 발명은 기술이전촉진법에 의한 전담조직이 승계하며 특허권은 전담조직 소유로 규정하여 대학 연구결과의 기술 이전에 관한 제도를 마련했다.[149] 2003년 기존 산업교육진흥법이 산업교육진흥 및 산학협력 촉진에 관한 법률로 개정되면서 대학별로 산학협력단이 설치되고 산학협력중심대학 사업 등이 추진되면서 산학협동을 촉진하고자 했다. 또한 2005년 대덕연구개발특구 등의 육성에 관한 특별법도 기존 대덕연구단지를 산학연 복합단지로 발전시키기 위한 노력이었다.[150]

여러 정책적 노력에 힘입어 산학연 협력사업은 지속적으로 늘어가고 있는 추세이다. 2010년도 국가연구개발사업 조사·분석 결과에 따르면 분석 대상 과제 31,743건 중 산학연 협력연구로 수행된 과제는 전체의 81.9%인 25,985건이며, 투자비 기준으로는 전체의 73.6%인 8조3863억 원이 협력연구에 투자된 것으로 나타났다. 연도별 협력연구 변화 추이를 살펴보면 산학연 협력연구의 과제 수 비중이 2008년 53.9%, 2009년 75.2%, 2010년

81.9%로 지속적으로 증가하고 있으며, 투자비도 등락은 있지만 증가 추세를 보이고 있다. 현재까지 한국의 공동연구개발사업은 그다지 성공적이지 못했다는 평가가 적지 않다. 특히 연구조합 등 한국이 공동연구사업의 모델로 삼았던 일본의 사례에 비추어볼 때, 한국은 짧은 사업 기간에 단기과제 중심의 목표하에 참여 기업들 간의 심한 경쟁 등으로 그리 효과적인 협력연구가 이루어지지 못했다는 평가이다.[151] 이에 비해 산학연 협력사업의 경우 새로운 제품 혁신 등과 관련된 특허 등 긍정적인 효과를 보이고 있으며, 여기에는 대학의 역할이 중요하게 작용하고 있다는 분석도 나왔다.[152]

그동안 한국의 연구체제는 경쟁 속에서 단기간에 외형적·양적 성장을 거두었다. 이제는 압축적인 양적 성장에서 질적 성장을 이끌어야 되는 시기이다. 지식기반 중심의 경제발전, 융복합 지식이 강조되는 흐름 속에서 연구주체 사이의 협동과 협력의 필요성은 더욱 커지는 단계가 된 것이다. 여전히 각 주체마다 고유한 역할과 특징이 있지만 동시에 주체 간의 협력을 통해 시너지 효과를 만들어 국가과학기술역량의 효율을 높여야 되는 상황이다. 대학과 산업계는 공동연구 프로젝트를 통해 서로의 연구능력을 보강할 수 있고, 인력 양성에서도 효율적인 결과를 가져올 수 있다. 또한 그동안 많은 연구들이 국가연구개발의 생산성과 효율성 향상을 위한 중요한 과제로 대학과 정부출연연구소의 협력시스템 구축 문제를 제기해왔다. 이는 대학과 정부출연연구소가 상호 협력 대상이라기보다 국가연구개발사업의 과제 수주 경쟁상대로 여겨지면서 협력의 여지가 크지 않았던 현실 때문에 나온 문제였다. 하지만 설립 목적과 운영방식이 현저히 구별되는 기업과 달리 대학과 정부출연연구소는 각각의 역량을 강화하면서 동시에 공동연구 등의 협력을 통해 상보적 효과를 얻을 수 있는 여지가 많을 것이다. 한국 연구체제는 이제는 자신만의 역할을 수행하면서 함께 협력을 추구하는, "따로 또 같이" 가는 길을 찾아야 한다.

제7장

맺음말

연구소는 '근대의 아이콘'이라 불린다.[1] 중세의 퇴장과 함께 등장한 근대과학이 점차 개인적 탐구에서 조직적 활동으로 변모하면서 연구기자재를 구비하고 연구자들이 함께 모여 협력하는 공간인 연구소의 가치가 부각되기 시작했다. 새로운 인식의 지평을 연 근대과학이 이루어지는 현장으로서 연구소는 근대를 상징하는 징표의 하나가 된 것이다. 세상을 바꾸는 전략적 장소가 중세에는 성당이었고, 근대는 공장이었지만, 현대는 실험실(laboratory)이 되었다.[2] 현대의 공장은 실험실 혹은 확대된 실험실인 연구소의 뒷받침을 필요로 한다. 즉, 연구소는 현대사회의 변화를 이끌어낸 중심 공간으로 기능을 하고 있는 것이다.

해방 이후 국립연구소에서부터 시작한 한국의 연구체제는 시기에 따라 특징적인 연구조직이 변모하는 모습을 보였으며, 연구소가 지니는 의미도 변화했다. 1960년대 중반까지 국공립연구소가 과학기술자가 모여 연구를 진행하는 거의 유일한 공간이었으며, 대학은 교육의 중심지였을 뿐 연구까지는 주된 기능으로 세우지 못했다. 1965년 국가 전체 연구개발비의 83%, 연구개발인력의 74%가 집중된 국공립연구소는 농림수산·보건의료·원자력·국방에서 공업 일반까지 전체 과학기술 분야를 포괄하여 연구소의 존재를 사회에 알리는 의미 있는 기관이었다. 하지만 과학기술 투자의 절대적 규모 자체가 크지 않았던 당시 상황에서 그 역할에 근본적인 한계가 존재했고, 이에 과학기술자들은 새로운 연구소를 갈망했다.

1966년 세워진 KIST는 적절한 시설과 고급 인력을 갖추고 정부와 산업계의 요구에 맞추어 다양한 성격의 연구활동을 추진해나갔으며, KIST에서 시작된 정부출연연구소라는 새로운 제도는 1970년대를 거치며 한국을 대표하는 연구소 모델로 자리 잡았다. 이 시기 정부의 과학기술정책의 초점은 연구단지 건설과 연구소 신설을 통해 연구개발을 위한 인프라 구축을 향했다. 정부의 적극적 후원 속에서 정부출연연구소는 1976년부터 국공립연구소를 제치고 가장 많은 연구개발비를 사용하는 연구주체가 되었으며, 산업기술연구를 통한 경제발전에의 기여를 핵심 기치로 정립했다. 무엇보다 정부출연연구소는 해외의 한국인 과학기술자들을 유치하여 두뇌유출 해결의 길을 열었고, 연구개발을 위한 고급 인력을 확보하고 훈련시켜 다른 주체에 공급하는 연구자 풀의 기능을 했다는 점에서 의미가 컸다.

1970년대를 거치면서 기업들이 연구개발의 가치를 인식하게 되었고, 기업 연구활동을 활성화시키기 위한 정부의 정책적 노력이 전개되면서 1980년대 들어와 기업연구소가 크게 팽창했다. 대기업을 우선으로 한 정부의 각종 유인책과 연구개발비 지원에 힘입어 기업의 연구개발투자와 인력 모두 빠르게 성장하여 양적으로 정부출연연구소를 넘어서게 되었고, 현재까지 대기업 중심의 민간주도 연구체제가 이어지고 있다. 이러한 기업연구소의 강화는 산업고도화 속에서 필연적인 선택이었으며, 과학기술 활동에서 정부 정책 이외에 시장과 자본의 논리가 중요한 추동력으로 자리 잡았음을 보여주었다. 확대된 연구개발인프라에 대한 정부와 기업의 직접적인 연구개발투자가 늘어나 연구활동이 본격화되면서 산업기술 연구개발의 성과들이 등장하게 되었다. 이는 정부출연연구소가 설정했던 과학기술의 경제적 번역이라는 아젠다가 결실을 맺는 단계가 된 것이며, 그 과정에서 국가연구개발사업이 중요한 계기로 작용했다.

1990년대 초반 이후 2010년대에 이르기까지 민간의 연구개발활동이 양적으로 다른 연구주체들을 압도하는 상황이 지속되고 있지만 한편으로 대학이 빠른 성장세를 보이면서 의미 있는 연구주체로 부상하고 있다. 국가적 연구개발의 흐름이 첨단산업 분야를 중심으로 선진국을 맹렬히 추격하는 동시에 기초·원천기술개발을 통한 창조형 연구개발활동으로 전환이 도모되면서 대학의 역할이 자연스럽게 주목을 받게 된 것이다. 대학이 보유하고 있는 고급 인력의 규모에 비해 연구개발투자의 절대 규모가 크지는 않지만 정부의 지원 정책이 탁월성을 강조하는 방향으로 전환되면서 집중적 지원을 받는 연구집단을 중심으로 대학의 연구개발활동이 꾸준히 성장하고 있다. 이는 한국 연구개발체제에서 질적 변화가 이루어지고 있고, 공공연구조직, 기업, 대학으로 이루어진 연구체제의 삼각구조가 점차 균형을 잡아가기 시작했음을 뜻한다.

대표적 연구조직의 변화는 국가 전체적으로 연구개발인프라의 양적 확대를 가져온 유효한 전략이었다. 정부의 과학기술정책이 본격화되기 이전에는 과학기술자들의 제대로 된 연구소에 대한 갈망이 연구체제 성장의 밑거름이었으며, 정부출연연구소의 등장 이후 과학기술의 경제적 번역이 지원 정책의 아젠다이자 연구체제 확장의 동인이 되었다. 이러한 기치는 경제적 이익 창출을 목적으로 하는 기업의 연구개발활동과 부합했기에 1980년대 기업연구소의 확대와 연구개발의 본격화를 통해 실제로 구현되었으며, 경제적 번역이라는 기치는 1990년대 대학에도 적용되어 대학에 대한 연구개발투자를 확대시켰다. 결국 한국 연구체제의 변화를 이끄는 주된 동인은 정부의 과학기술정책이었으며, 여기에는 과학기술을 경제성장의 도구로 보는 실용적이고 공리주의적 시각이 깊숙이 자리 잡고 있었다.[3]

1960년대는 국공립연구소가 국가연구체제에서 압도적인 비중을 차지했으며, 1970년대는 정부출연연구소가 대부분인 비영리연구소의 비중이 크게 늘어났다. 특히 정부출연연구소는 연구인력에 비해 상대적으로 높은 연구개발비를 지원받아 사실상 처음으로 본격적인 연구개발활동을 수행할 수 있는 여건을 갖추게 되었다. 하지만 1980년대에는 기업의 연구인력과 연구개발비의 비중이 크게 늘어나기 시작했으며, 이러한 경향은 현재까지 계속되고 있다. 대학의 경우 연구인력에 비해 연구개발비의 비중이 낮은 편인데, 1990년대 일부 연구조직에 대한 집중적인 지원을 통해 대학 연구활동의 수준이 크게 제고되었다. 비록 연구개발비의 상대적 몫은 작지만 1990년대 이후 높은 증가 추세나 국내 박사학위자의 60% 이상이 모여 있는 연구인력의 수와 수준은 대학연구체제가 지닌 강점이자 특징이라 할 수 있다.

지난 반세기 동안 과학기술 연구인력과 연구개발비 투자는 1990년대 후반 외환위기 직후를 제외하고는 지속적으로 증가했으며, 그러한 증가 추세는 1980년대부터 본격화되었고, 2000년대 이후 더욱 가팔라졌다. 과학

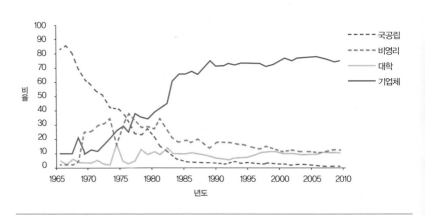

〈그림 2〉 연구개발주체별 연구개발비 상대적 비율(1965~2010)

기술에 대한 꾸준한 투자로 한국은 전 세계에서 6번째로 많은 연구개발비를 지출하고, 6번째로 많은 연구인력을 확보하고 있는 국가가 되었다. 그리고 그 같은 양적 성장을 촉발시킨 주체는 정부출연연구소였지만, 이를 가속화하고 지탱하고 있는 주인공은 기업으로 현재 국가 전체 연구개발투자의 75% 안팎을 차지하고 있다.

1960년대 중반 이후 연구개발주체별 연구개발비의 상대적 비율을 보여주는 〈그림 2〉를 통해 한국 연구체제의 변화상을 가시적으로 파악할 수 있다. 우선 1960년대 중반까지 80% 이상을 차지했던 국공립연구소의 상대적 비중 감소를 지적할 수 있는데, 1970년대의 급격한 감소는 일부 국공립연구소의 정부출연연구소로의 전환이 큰 요인으로 작용했다. 최근에는 국공립연구소와 정부출연연구소를 공공연구기관으로 함께 분류하는 경우가 많기 때문에 국공립연구소의 변화를 놓치기 쉽지만 분명 1970년대 중반까지는 가장 중요한 연구개발주체였다. 1970년대부터 1980년대 중반까지 30% 안팎의 비중을 차지했던 정부출연연구소는 이후 계속 줄어드는 모습을 보이는데, 이는 정부출연연구소의 역할을 둘러싼 계속된 논란과 구조조정의 결과라 할 수 있다. 1980년대 급부상하여 이후 70% 이상을 유지하고 있는 기업은 양적 측면에서 한국 연구개발활동의 가장 중요한 주체임을 분명하게 보여준다. 반면 대학은 1970년대 중반과 1980년대 초반 잠깐의 반등을 제외하고는 1990년대 초반까지 10%에 미치지 못하는 비중을 보였지만 1990년대 중반 이후 완만하나마 증가세를 보여 10% 안팎의 비중을 유지하고 있다. 또한 1990년대부터는 연구개발주체 간의 상대적 비율에서 큰 변화를 보이지 않고 있는데, 이는 이 시기 한국 연구체제의 성장이 어느 정도 안정적인 단계에 도달했음을 시사한다.

선진국의 경우 대체로 대학에서 연구활동이 먼저 시작되고 정부가 주도하는 연구소가 상대적으로 뒤늦게 나타나는 경향을 보였다. 19세기 중반 독일의 대학에서 과학연구가 전문 직업으로 자리 잡고, 이후 기업들에게 연구개발이 확산되어나간 것처럼 대학은 본격적인 연구활동의 출발점이었다. 물론 정부 지원으로 설립·운영되는 공공연구기관의 경우 등장 시기나 성격 등이 국가마다 많이 다르기에 직접적인 비교는 쉽지 않지만, 20세기 들어와 국가가 운영하거나 관장하는 연구소의 활동이 크게 활발해졌다. 이에 반해 한국의 경우 대학이나 기업의 연구개발에 대한 의지와 능력이 갖추어지기 전에 정부가 주도하는 연구체제가 먼저 등장하여 기업의 활동을 이끌어내는 모습을 보였다. 이는 후발국가의 연구개발활동이 기초연구부터 시작하는 선진국의 과정과 달리 완성된 기술을 도입하여 소화·개량 이후 점차 유동성과 불확실성이 큰 기술과 기초연구로 옮겨가는 역방향의 궤적을 보이는 것처럼 연구체제에서도 선진국과는 대체로 반대되는 방향의 길을 걸었다고 볼 수 있다.

한국의 연구체제, 특히 공공연구체제의 대표적 연구소는 주기적으로 변화하는 모습을 보였는데, 이는 정권의 변동과도 무관하지 않았다. 그 같은 변화는 연구체제의 불안정으로 해석될 수 있지만 한편으로 다음 단계로의 발전이나 도약을 이루는 계기가 되기도 했다. 1950년대 한국전쟁 과정에서 과학자의 피난처 역할을 했고 이후 가장 활발한 모습을 보였던 국방부과학연구소는 1959년 원자력연구소가 설립되자 상당수 연구인력과 함께 최고 연구소 자리를 내어주어야 했다. 하지만 원자력연구소는 1966년 KIST가 인사와 회계에서 자율적 운영을 표방하며 첫 번째 정부출연연구소로 등장하자 역시 우수 인력과 대표 연구소의 위상을 넘겨주어야 했다. 정부의 집중적 지원에 힘입은 KIST는 연구개발의 중심지이자 정부의 과학기술 싱크탱크로 활약했으며, 1970년대 자신을 모델로 한 전문 분야별 정부출연연구소가 연이어 설립되면서 '모(母)'연구소로서의 위상을 드높였다. 하지만 1970년대 중반부터 KIST는 최소한 규모 면에서 최대 연구소라는 자리를, 자신을 모델로 설립된 ADD에 넘겨주어야 했다. ADD는 방위산업과 관련된 특수한 목표를 부여받아 단기간에 최대 규모의 연구소로 성장해 1970년대 '과학두뇌의 집결지'라는 명성을 얻었다. 그러나 1970년대 연구소를 대표하던 양대 산맥이었던 KIST와 ADD는 1980년대 들어 시련의 시기를 만났다. 1980년 연구기관 통폐합으로 KIST는 연구소 이름뿐 아니라 그간 쌓은 명성을 잃어버렸고, ADD는 조직이 1/3 이상 축소되는 타격을 받았다. 1980년대는 전자통신 분야에 대한 정책적 지원에 힘입어 관련 국가연구개발사업의 핵심 기관으로 활약한 ETRI가 규모와 연구실적에서 단연 두각을 나타냈다. 하지만 1990년대를 거치면서 민간연구기관이 규모나 실적에서 정부출연연구소를 앞서는 상황이 전개되면서 정부출연연구소 전체가 두 번째 구조조정과 뒤이은 연장된 구조조정 분위기 속에서 불안정한 시기를 지내고 있다.

결국 한국 연구체제는 특정 기관이나 제도가 장기간의 누적적이고 연속적인 발전을 보이기보다 새로운 기관이나 제도로 교체되면서 빠른 성장을 이끌어냈다는 특성을 갖고 있다. 필자가 10여 년 전에 권태완 박사를 인터뷰했을 때, 그가 가벼운 어조로 '한국 연구소의 10년 주기설'을 얘기한 적이 있다. 국방부과학연구소, 원자력연구소 그리고 KIST까지 세 연구소가 10년씩 교대로 과학기술연구를 이끌었다는 설명이었다. 그리고 KIST는 다른 연구소들을 스핀오프했기 때문에 앞의 두 연구소처럼 약화되지 않고 살아남았다는 설명도 덧붙였다. 비록 10년이라는 주기가 딱 들어맞지 않고, KIST도 약화되는 흐름을 피하지 못했다는 차이는 있지만, 기본적으로 대표적 연구소의 단속적 성장이 한국 과학기술연구체제의 발전 과정에서 중요한 특성임을 지적했다고 볼 수 있다. 이러한 불연속적 과정을 통해 단기간에 압축적인 양적 성장을 이끌어냈지만, 이전의 경험이나 노하우의 체계적 축적이나 전수, 전체적인 종합조정을 통한 균형적 발전 등에서 약점을 노출했다.

이처럼 한국 연구체제가 압축적 성장을 이룬 과정에는 한 기관이나 제도에 집중적 투자를 통해 성공적인 모습이 보이기 시작하면 유사한 시스템을 경쟁적으로 재생산하여 빠른 시간에 확산시켜 양적 성장을 이끄는 방식이 중요하게 활용되었다. 앞에서 설명한 정부출연연구소, 국가연구개발사업 외에도, 과학기술특화대학, 연구개발특구 등의 사업에서 그 같은 모습을 찾아볼 수 있다. 한국과학기술원(KAIST)에서 시작한 과학기술특화대학은 광주과학기술원(GIST), 대구경북과학기술원(DGIST), 울산과학기술원(UNIST)으로 확대되었다. 또한 대덕연구단지는 2005년 '대덕연구개발특구 등의 육성에 관한 특별법'이 공포되어 연구개발특구로 새롭게 태어났지만, 2011년 대구연구개발특구와 광주연구개발특구가 추가로 지정되었고, 2012년에는 부산연구개발특구가, 2015년에는 전북연구개발특구가 출범하여 '특구'로서의 특별함이 약해졌다. 이러한 방식은 짧은 기간에 연구 기반을 구축하고 인력을 확보하는 데 효과적이었다. 그러나 그 같은 경쟁적 재생산방식은 전체를 묶어 조정하는 시스템적 성격이 약하다는 문제를 지니고 있다. 사실 대덕연구단지 조성의 목적이 연구소를 집적시켜 연계를 강화해 시너지 효과를 내겠다는 것이었지만 연구소들이 지리적으로 인접해 있다는 것 이상의 효과를 보지 못했고, 이러한 결과는 전체적인 종합조정에 대한 구상이 미흡한 가운데 정부출연연구소들이 경쟁적으로 확대되었던 과정과 관련이 있었다. 2000년대 들어와 정부가 정부출연연구소들을 재편성하려 했던 정책 방향에는 그 같은 분절화된 경쟁·중복 구조를 한 우산 아래 모아서 조정하겠다는 의도가 담겨 있었지만 각 연구소가 오랫동안 독자적 경로를 밟아온 경험 속에서 그 같은 전환은 쉽지 않았다.

한국 연구체제의 형성 과정을 통해 몇 가지 시사점을 얻을 수 있다. 우선, 한국 연구체제의 불연속적 성장은 시기마다 주된 육성 대상을 달리한 결과로, 과학기술발전을 위한 기반 구축이 안 된 후발국가에게 효과적인 전략이 될 수 있다. 이러한 단계적 전략은 흔히 선택과 집중으로 표현되는 표적 육성(targeting)과 같은 맥락이다. 그간 선택과 집중은 특정 과학기술 분야의 선별적 성장을 이끄는 방식으로 이해되었는데, 연구체제 발전 과정도 동일한 접근법으로 이해될 수 있다.

후발국의 경우 제도 구축에 정부의 역할이 클 수밖에 없고, 한국의 경우 그러한 역할을 보여주는 대표적인 수단이자 성과가 정부출연연구소였다. 하지만 초기 구축 단계에서 전체적인 조정과 조율에 대한 충분한 고려가 이루어지지 못해 이후 잦은 구조조정 논란을 불러일으켰다. 따라서 연구개발 인프라를 세우는 초기 단계에서부터 전체적인 기획이 필요하며, 동시에 설립 이후 조직의 유연성을 고려할 필요가 있다. 연구소의 성공적 운영을 위해 자율성은 아무리 강조되어도 지나치지 않지만 모든 기관이 반드시 독립적 위상을 갖추어야만 하는 것은 아니다. 정부출연연구소가 뒤늦게 독일의 막스플랑크연구회를 모델로 삼게 된 것은 그 같은 인식의 결과였다. 즉, 설립 초기부터 분야와 특성을 감안하여 전체적으로 정부가 주도한 공공연구기관의 조직을 총괄할 수 있는 방법을 구상해야 한다.

다음으로 어느 정도 연구체제의 기본적 건설이 이루어졌다고 판단될 경우 각 주체 간의 연계를 강화하는 정책이 강조될 필요가 있다. 경쟁적인 성장을 이끌어낼 때와는 달리 협력이 강조되는 단계에는 강조점이 달라져야 한다. 따라서 1990년대 중반 이후 한국 정부가 공동연구, 협동연구를 주된 정책 방향으로 삼은 것은 적절한 접근으로 여겨진다. 그간의 불연속적인 연구체제 성장 경험 때문에 주체들 사이의 협력이 아직은 기대만큼의 충분한 결실을 맺지 못하고 있을지라도 꾸준히 추진되어야 한다.

2011년부터 국가과학기술위원회가 내세운 '산학연 일체화'는 현재 한국

연구체제에서 각 주체 간의 협력을 이끌어내는 것이 가장 중요한 과제임을 보여준다. 하지만 이러한 협력에 앞서 각각의 주체가 분명하게 역할을 정립하고, 그에 맞는 충분한 역량을 확보하는 과정이 필요할 것이다. 산학연 연구주체 중에서 기본적으로 영리를 목적으로 하는 기업연구소는 다른 연구조직과는 구별되는 정체성을 지니고 있으며, 정부의 정책 지향에만 의지하지 않고 자본의 이해관계를 중요한 변수로 삼아 운영되고 있다. 국공립연구소는 차지하는 비중이 제한적이지만 환경·보건 등 공공복지나 농림수산과 같이 개발된 기술을 수용할 주체가 국민 대다수인 분야라는 점 등 어느 정도 독자적인 연구 영역과 기능을 갖고 있다. 대학은 가장 많은 박사학위 인력을 확보하고 있는 연구주체로서 연구개발에서 점차 그 역할이 커지고 있지만 여전히 대학의 주 임무가 교육이기 때문에 대학 내 연구조직의 기능도 교육과의 관련이 클 수밖에 없다. 따라서 정부연구개발비의 40%를 쓰는 핵심 연구개발주체로서 정부출연연구소는 자체적 연구개발뿐 아니라 산학연 협력에서 다른 주체들을 연결하는 매개 역할을 담당할 유력한 후보이다. 결국 허브라는 새로운 역할을 어떻게 구체화할 것인가에 대해 심층적 논의가 필요하지만, 여전히 정부출연연구소에 강조되고 있는 산업기술개발의 강조와 그간 시도된 잦은 구조조정과는 다른 접근이 필요함을 시사한다.

현재 한국의 연구체제에서 가장 약한 고리의 하나는 대학이라 할 수 있다. 1990년대 이후 뒤늦게 빠른 성장을 통해 연구체제의 균형을 잡아가고 있지만 아직은 대학의 역할이 충분하지 못하다. 연구체제에 대한 정부의 지원은 협동연구를 강조하되 대학에 대해서는 더욱 적극적인 지원 대책이 필요하다. 그간 대학은 연구개발 과제를 따기 위해 정부출연연구소와 중첩되는 역할 속에서 서로를 경쟁상대로 여겨야 했으나 대학과 정부출연연구소는 경쟁보다 상호 보완의 역할을 강조해야 한다. 또한 대학 연구조직은 상당 부분이 대학원생 등 지속성이 약한 인력의 비중이 크기 때문에 이를 보강하기 위해 안정된 풀타임 연구인력을 갖출 수 있도록 하는 노력이 필요하다. 아울러 대학연구소의 다양한 성격에 맞는 세분화된 전략이 추진되어야 할 것이다.

실질적으로 대기업이 주도하고 있는 기업 연구활동에 대한 정부의 지원은 대기업에서 중소기업으로 조정될 필요가 있다. 자체적으로 다양한 층위의 연구를 추진할 수 있는 여러 조직을 갖춘 대기업보다는 연구개발에 대한 의지와 필요성만큼의 연구개발인프라를 갖추지 못한 중소기업들의 연구역량을 강화시킬 수 있는 정책이 추진되어야 한다. 정부 역시 이 같은 정책 방향을 표방하고 있으며, 실제 국가연구개발사업 투자 현황도 중소기업의 비중이 지속적으로 증가하고 있는 양상을 보이고 있다.

정부출연연구소는 현재 한국의 연구체제가 풀어야 할 가장 복잡한 당면 과제라 할 수 있다. 정부출연연구소는 기업이 해야 할 연구개발활동을 정부의 재정으로 설립·운영된 연구소가 담당한다는 독특한 면모를 지니고 있었다. 당연히 이러한 구조는 기업들의 연구개발능력이 신장되면서 필연적으로 정부출연연구소의 임무나 정체성을 두고 논란을 가져올 수밖에 없었다. 기업과 구별되는 분명한 역할을 정립하지 못한 상태에서 정부출연연구소의 존립이나 위상에 대한 논란이 현재까지 지속적으로 전개되고 있는 상황은, 변화된 환경에 맞춘 근본적인 재조정이 이루어지지 않는 한 이 같은 불안정이 계속될 것임을 말해준다. 결국 정부출연연구소에 최적화된 역할과 과제를 지정함으로써 정부출연연구소의 제자리를 찾을 필요가 있다.

정부출연연구소라는 독특한 제도가 등장하게 된 배경은 국공립연구소의 비효율에서 벗어나 연구활동에 걸맞은 자율적 운영을 하겠다는 것이었다. 1970년대까지는 대통령이나 과학기술처의 적극적인 후원과 연구비 형태의 정부출연금 지원 속에서 정부 출연연구소는 일정 정도의 자율성을 누릴 수 있었다. 하지만 그러한 자율성은 정부나 정권에 의존해 얻어지는 비자율적 기초를 지니고 있었고, 정치 환경이 변화함에 따라 불안한 자율성은 유지되지 못했다. 1980년대 중반 이후 정부출연연구소를 둘러싼 논란은 연구소를 둘러싼 외부 환경의 변화뿐 아니라 연구소와 정부와의 불안정한 관계도 중요한 요인이 되었다. 이사회가 자율성을 잃은 상황에서 정부의 역할이 중요했지만, 정부가 연구소의 정체성이나 임무에 대한 논의보다 연구소 거버넌스 등의 하드웨어적 구조 개혁에 정책의 초점을 맞추면서 정부출연연구소의 전환이 지체된 것이다. 물론 이러한 지체의 원인으로 정부출연연구소 자체가 변화된 환경에 재빠르게 적응하지 못한 측면도 있지만 정부출연연구소들이 연구 방향이나 기능에 대해 자체적으로 논의한 결과에 대해 정부가 진지하게 반응하지 않는 상황에서 연구소가 할 수 있는 일은 제한되어 있었던 것이 사실이다.

이러한 문제를 해결하기 위해서는 기본적으로 정부의 방향 제시와 정부출연연구소의 자율적 판단이 결합되어야 할 것이고, 그 과정을 매개할 수 있는 국가과학기술연구회의 역할이 매우 중요하다. 그동안 연구회는 행정업무 총괄 이상의 역할을 하지 못한 것이 사실이다. 그렇지만 압축적 성장을 거둔 정부출연연구소가 밟아온 경로에서 가장 미흡한 부분이 시스템적 측면이었고, 이를 보완하기 위해 등장한 것이 연구회 체제인 만큼 단일한 기구로 새로 출범한 국가과학기술연구회가 그 같은 기능을 수행할 수 있도록 제도적이고 행정적인 뒷받침이 모색되어야 할 것이다. 새로운 기관을 세워 양적 성장을 추진하는 방식이 성과를 거두어 상당한 인프라를 구축한 현재 상황에서는 기존 시스템을 점검하여 새로 정립하는 방식이 구사될 필요가 있다.

한국 연구체제가 지닌 약점을 보완하고 각자의 고유한 역할을 담당하면서도 함께 가기 위한 길을 찾기 위해서는 밖에서 벤치마킹할 모델을 찾기보다 우리가 그동안 걸어온 궤적과 성과 그리고 한계를 면밀하게 분석해서 시사점을 찾아낼 필요가 있다. 또한 한국의 경험은 뒤를 이어 과학기술 성장을 추진하는 개발도상국가들에게도 적절한 방향을 제시할 수 있다. 이것이 한국 연구체제의 지난 역사에 관심을 가지는 이유일 것이다.

　한국 연구체제의 역사는 한국이 강점을 보이는 동계 스포츠인 쇼트트랙 계주를 떠올리게 한다. 쇼트트랙 계주는 4명의 선수가 출전하여, 횟수에 관계없이 자유롭게 교대하며 직선주로면 어디서든지 교체가 가능하다. 교체방법은 대기 선수의 등을 미는 것이며, 나머지 선수들도 트랙 안쪽을 함께 돌면서 보조를 맞추다 교대로 경기를 이끌어간다. 한국 연구체제는 쇼트트랙 계주처럼 국공립연구소에서 정부출연연구소, 기업연구소 그리고 대학에 이르기까지 각 시대를 대표하거나 특징짓는 연구체제가 교대로 등장했고, 이들의 협력으로 한국의 과학기술이 진전되어왔다. 이들은 동일한 목표를 두고 다투는 경쟁자이기도 했지만 동시에 함께 나아가는 동반자 관계였다. 한국 연구체제가 과학기술 연구개발이라는 끝이 없는 경주를 계속 해나가기 위해서 서로의 협력은 필수적이다. 한국 연구체제는 "따로 또 같이" 가고 있는 것이다.

1장 머리말

1. 『IMD 세계경쟁력연감』, 통계청 e-나라지표 (http://www.index.go.kr/) 부문별 지표에서 재인용 (2016년 9월 접속). 세계경쟁력 평가는 경제운용 성과, 정부 행정효율, 기업 경영효율, 발전인프라 구축 등 4개 부문으로 나누어 평가되며, 과학경쟁력과 기술경쟁력 지수는 발전인프라 구축의 하위 부문에 속해 있다.

2. 경제기획원, 『과학기술연감, 1964』, 1964, 27쪽.

3. 미래창조과학부 보도자료, "2013년 국내 총 연구개발투자는 59조 3,009억원, 전년대비 6.91% 증가", 2014. 11. 21.

4. 현대경제연구원, 『VIP REPORT: 과학기술강국 발목 잡는 '코리안 패러독스'』, 2011.

5. 과학기술체제를 다루고 있는 몇몇 저작들을 열거하면 다음과 같다. Werner Meske, *Institutional Transformation of S&T Systems in the European Economies in Transition* (Wissenschaftszentrum, 1998), p. 4; Zhicun Gao & Clem Tisdell, "China's Reformed Science and Technology System: An Overview and Assessment," *Prometheus* 22-3 (2004), pp. 311-331; 홍성범, 『중국의 과학기술체제와 정책』, 과학기술정책관리연구소, 1996, 87쪽; Slavo Radosevic, "Transformation of Science and Technology Systems into Systems of Innovation in Central and Eastern Europe: The Emerging Patterns and Determinants," *Structural Change and Economic Dynamics* 10 (1999), pp. 277-320; 科学技術政策研究所, 『科学技術の状況に係る総合的意識調査(定点調査 2010)』, 2011; 이춘근, "북한의 과학기술체제 개혁과 시사점", 『과학기술정책』 148, 2004, 118-133쪽.

6. James E. McClellan III and Franfois Regourd, "The Colonial Machine: French Science and Colonization in the Ancien Regime", *Osiris* 15 (2000), pp. 31-50.

7. OECD, *Public Research Institutions: Mapping Sector Trends* (OECD Publishing, 2011), p. 19.

8. 피터 보울러·이완 리스 모러스 공저, 김봉국·서민우·홍성욱 공역, 『현대과학의 풍경 2』, 궁리, 2005, 25-39쪽.

9. 송성수, 『과학기술과 사회의 접점을 찾아서』, 한울, 2011, 223-243쪽.

10. 김영식 편, 『근대사회와 과학』, 창작과비평사, 1989, 263-288쪽.

11. 김영식·임경순, 『과학사신론』, 다산출판사, 2007, 250-261쪽. 제국물리기술연구소는 1950년 연방물리기술연구소(PTB: Physikalisch-Technische Bundesanstalt)로 이름을 바꾸었으며, 현재까지 자연과학 및 공학, 특히 표준·계측학 분야의 국립연구소로 운영되고 있다. PTB 홈페이지, http://www.ptb.de/ (2015년 2월 접속).

12. Young-Joo Ko, "A Comparative Study on Science, Technology and Innovation Policy related to Public Sector Research Organisations in the UK and Korea" (University of Manchester Ph.D. Dissertation, 2005). Laboratory of the Board of Excise는 이후 Laboratory of the Government Chemist(LGC)로 개편되었으며, LGC는 영국의 바이오 및 화학 분야의 최고 표준기관이자 연구소이다. 1996년에 민영화된 후 지금은 정부 계약을 통해 운영되고 있다. LGC 홈페이지, http://www.lgcgroup.com/ (2014년 3월 접속).

13 杉山滋郎, 『日本の近代科學史』, 朝倉書店, 1994, 23-43쪽.

14. Hiromi Mizuno, *Science for the Empire: Scientific Nationalism in Modern Japan* (Stanford University Press, 2009).

15. Shigeru Nakayama, "The Central Laboratory Boom and the Rise of Corporate R&D", Shigeru Nakayama and Kunio Goto eds., *A Social History of Science and Technology in Contemporary Japan Volume 3* (Trans Pacific Press, 2006), pp. 67-77.

16. Muhammad Shahidullah, "Institutionalization of Modern Science and Technology in Non-Western Societies: Lessons from Japan and India", *Knowledge: Creation, Diffusion, Utilization* 6-4 (1985), pp. 437-460; Gyan Prakash, *Another Reason: Science and the Imagination of Modern India* (Princeton University Press, 1999); Uma Das Gupta ed., *Science and Modern India: An Institutional History, c.1784-1947* (Center for Studies in Civilizations, 2011); Simon Schwartzman, *A Space For Science: The Development of the Scientific Community in Brazil* (The Pennsylvania State University Press, 1991); Julia Rodriguez, *Civilizing Argentina: Science, Medicine, and the Modern State* (The University of North Carolina Press, 2006).

17. J. Megan Greene, *The Origins of the Developmental State in Taiwan: Science Policy and the*

Quest for Modernization (Harvard University Press, 2008); Walter Arnold, "Science and Technology Development in Taiwan and South Korea", *Asian Survey* 28-4 (1988), pp. 437-450.

18. OECD, *Public Research Institutions: Mapping Sector Trends*. 이 보고서의 첫 번째 결론은 각국의 공공연구체제는 매우 다양한 특성을 지니고 있다는 것이다.

19. Jacqueline Senker, "Introduction to a Special Issue on Changing Organization and Structure of European Public-Sector Research Systems", *Science and Public Policy*, 27-6 (2000), pp. 455-460.

20. 과학기술사에서 연구소의 역사를 다룬 연구에 대한 유용한 리뷰로, 박범순, "역사 속의 인스티튜션 빌더",『한국과학사학회지』35-1, 2013, 105-129쪽 참고.

21. Uma Das Gupta ed., *Science and Modern India: An Institutional History, c.1784-1947.*

22. 中山茂,『科学技術の国際競争力: アメリカと日本 相剋の半世紀』, 朝日新聞社, 2006.

23. Shigeru Nakayama, *Academic and Scientific Traditions in China, Japan, and the West* (University of Tokyo Press, 1984), pp. 212-215.

24. 테사 모리스 스즈키, 박영무 역,『일본 기술의 변천』, 한승, 1998, 93-131쪽.

25. 沢井実,『近代日本の研究開発体制』, 名古屋大学出版会, 2012.

26. Peter J. Westwick, *The National Labs* (Harvard University Press, 2003).

27. 조현대·황용수·김왕동·성태경·이대희·이병헌·강영주·이근,『국내외 공공연구시스템의 변천과 우리의 발전과제』, 과학기술정책연구원, 2007; OECD, *The Changing Role of Government Research Laboratories* (OECD Publishing, 1989); OECD, *Public Research Institutions: Mapping Sector Trends*; Yim, Deok Soon & Kim, Wang Dong, "The Evolutionary Responses of Korean Government Research Institutes in a Changing National Innovation System," *Science, Technology & Society* 10-1 (2005), pp. 31-55.

28. Young-Joo Ko, "A Comparative Study on Science, Technology and Innovation Policy related to Public Sector Research Organisations in the UK and Korea".

29. 캐슬린 씰렌 저, 신원철 역,『제도는 어떻게 진화하는가—독일 영국 미국 일본에서의 숙련의 정치경제』, 모티브북, 2011.

30. John A. Mathews and Dong-Sung Cho, *Tiger Technology: The Creation of a Semiconductor Industry in East Asia* (Cambridge University Press, 2000); Vuk Uskoković, Milica Ševkušić, and Dragan P. Uskoković, "Strategies for the Scientific Progress of the Developing Countries in the New Millennium", *Science, Technology & Innovation Studies*

6-1 (2010), pp. 33-62; Roberto Mazzoleni and Richard R. Nelson, "Public Research Institutions and Economic Catch-up", *Research Policy* 36 (2007), pp. 1512-1528.

31. 김근배, 『한국 과학기술혁명의 구조』, 들녘, 2016.

32. Muhammad Shahidullah, "Institutionalization of Modern Science and Technology in Non-Western Societies: Lessons from Japan and India", pp. 437-460.

33. Manyong Moon, "Understanding Compressed Growth of Science and Technology in South Korea: Focusing on Public Research Institutes", *The Korean Journal for the History of Science* 37-2 (2015), pp. 431-453.

2장 과학기술자의 공간, '연구소'의 탄생

* 2장 4절 1은, 권태완, "나의 과연근무 4년반 ─ 식품공부의 시작과 고마운 분들", 과연회, 『국방부과학연구소』, 2003, 153-157쪽; 권태완, 『仁溪 權泰完 박사 연구업적목록 및 고별강연록』, 인제대학교 식품생명과학부, 2003과 필자가 2003년, 2004년 진행한 권태완과의 인터뷰를 참고해서 작성했다.

1. 한국 산업 및 과학기술 성장사에 대한 개관은, 한국경제 60년사 편찬위원회, 『한국경제 60년사II 산업』, 한국개발연구원, 2010, 1-26쪽; 김근배 외, 『한국 학술연구 100년과 미래—과학기술분야 연구사 및 우수 과학자의 조사연구』, 한국연구재단, 2012, 56-100쪽; 김근배 외, 『근현대 산업기술분야 목록화 조사 연구용역 보고서』, 문화재청, 2012, 15-61쪽 참고.

2. 김근배, "월북 과학기술자와 흥남공업대학의 설립", 『아세아연구』 40-2, 1997, 95-130쪽.

3. 문만용·김영식, 『한국 근대과학 형성과정 자료』, 서울대학교출판부, 2005, 3-6쪽.

4. 신동완, "농사교도법의 제정과 농사원 발족", 한국농촌경제연구원 편찬, 『한국농정50년사 III권. 농정반세기 증언』, 농림부, 1999, 103-105쪽.

5. 최근의 한 연구는 중앙시험소의 기술관료들이 재래공업의 활성화를 통한 '조선본위'의 재래공업진흥론과 조선 공업원료의 활용을 통해 일본 공업의 '독립'을 표방한 '내지본위'의 제국공업진흥론이라는 이질적인 노선을 함께 지니고 있었음을 주장한 바

있다. 이태희, "제국 일본의 공업시험연구체제와 1910년대 조선총독부 중앙시험소의 공업화 전략", 『역사와 문화』 25, 2013, 122-162쪽.

6. 이준상·김옥진, "국립보건원의 변천", 『의사학』 9-11, 2000, 54-62쪽.

7. Manyong Moon, "Becoming a Biologist in Colonial Korea: Cultural Nationalism in a Teacher-cum-Biologist", *EASTS: An International Journal* 6 (2012), pp. 65-82.

8. 임종태, "김용관의 발명학회와 1930년대 과학운동", 『한국과학사학회지』 17-2, 1995, 89-133쪽; Jung Lee, "Invention without Science: "Korean Edisons" and the Changing Understanding of Technology in Colonial Korea", *Technology and Culture* 54-4 (2013), pp. 782-814.

9. 김병하, "과학관의 필요 유력자 제위에게 소(訴)함", 《동아일보》, 1938. 4. 19; 이헌구, "연구기관과 과학박물관", 《조선일보》, 1937. 1. 5; 이승우, "문화투자의 신방면과 그 구체안, 과학박물관의 설립을 제창함", 《동아일보》, 1936. 1. 11.

10. 문만용, "한국 과학기술자들의 '탈식민주의 갈망'", 『역사와 담론』 75, 2015, 179-222쪽.

11. 안동혁, "현대과학 창간축사", 『현대과학』 창간호 (1946), 안동혁, 『계상』, 안동혁선생 팔순기념문집간행위원회, 1986, 235쪽 재인용.

12. 이태규, "건국설계의 하나로 과학기술부를 설치하자", 『현대과학』 창간호 (1946), 대한화학회 편저, 『나는 과학자이다』, 양문, 2008, 193쪽 재인용.

13. 이태규, "건국설계의 하나로 과학기술부를 설치하자", 200-201쪽. "과학의 궁전"이라는 표현은 일본의 도모나가 신이치로(朝永振一郞)가 이화학연구소(리켄)의 니시나(仁科芳雄) 연구실에 대해 "과학자의 자유로운 낙원"이라고 회고한 것을 연상시킨다. 미야타 신페이 지음, 김정식 펴냄, 『과학자의 자유로운 낙원』, 약산출판사, 2005, 231쪽. 일제강점기에 이태규와 함께 교토제대 교수를 지냈던 리승기도 "과학조선"의 꿈을 지니고 있었으나 이후 이태규는 미국으로, 리승기는 북한으로 떠나면서 두 사람의 꿈은 상반된 궤적을 보이게 되었다. 김근배, "남북의 두 과학자 이태규와 리승기: 세계성과 지역성의 공존 모색", 『역사비평』 82, 2008, 16-40쪽.

14. 안동혁, 『과학신화』, 조선공업도서출판사, 1947, 19-20쪽.

15. 杉山滋郎, 『日本の近代科學史』, 朝倉書店, 1994, 124-126쪽.

16. 沢井実, 『近代日本の研究開発体制』, 名古屋大学出版会, 2012, 5-6쪽.

17. 홍성주, "한국 과학기술정책의 형성과 과학기술 행정체계의 등장, 1945-1967", 서울대학교 박사학위논문, 2010, 26-31쪽.

18. 김근배, "월북 과학기술자와 흥남공업대학의 설립", 95-130쪽.

19. 한국산업은행 기술부, 『한국과학기술요람』, 1959, 211-223쪽.

20. 국립수산진흥원 편, 『국립수산진흥원 80년사: 1921~2001』, 국립수산진흥원, 2001.

21. 국립공업기술원 편, 『국립공업기술원백년사』, 1993.

22. 한국조폐공사 편, 『한국화폐전사』, 동공사, 1971.

23. 전환국의 주 기능은 시험분석이 아닌 화폐 제조였기 때문에 첫 번째 시험연구소로 보기는 어렵다. 그보다는 이듬해 설치된 농무목축시험장이 더 유력하다. 1883년 보빙사 일행이 귀국 후 모범농장의 설치를 건의해 1884년 설치되어 최경석이 책임자가 된 농무목축시험장은 미국에서 들여온 종자나 각종 농기를 시험하여 낙농업을 비롯한 서구 농법의 도입 가능성을 타진했다. 일종의 시범농장이었으나 해외 기술의 소화를 위한 시도였음을 감안할 때 이름에도 나타나듯이 시험연구소의 성격을 지니고 있었다. 그러나 1886년 최경석이 병사한 후 내무부 산하의 종목국(種牧局)으로 이름이 바뀌었고, 1888년 새로 관리를 맡은 영국인 기사 제프리(R. Jaffray)가 사망한 뒤 기관 운영도 중단되고 말았다. 김연희, 『한국 근대과학 형성사』, 들녘, 2016, 131-135쪽.

24. 안동혁, "동숭신유록", 『계상』, 152쪽; 국립공원기술원 편, 『국립공업기술원백년사』, 196-197쪽.

25. 국립공원기술원 편, 『국립공업기술원백년사』, 182-202쪽.

26. 한국특허정보원의 특허정보검색서비스, http://www.kipris.or.kr (2012년 2월 접속).

27. 국립공원기술원 편, 『국립공업기술원백년사』, 203-216쪽.

28. 국립공원기술원 편, 『국립공업기술원백년사』, 224-225쪽.

29. "귀양사리 「외소」", 《동아일보》, 1958. 6. 19.

30. 서울대학교, 『서울대학교 40년사』, 1986, 323쪽.

31. 박승덕·김정덕, "반도체기술개발의 원천과 추진동력", 권원기 외, 『과학기술정책이 경제발전에 기여한 성과조사 및 과제발굴』, 과학기술부, 2006, 1-36쪽.

32. "연구소순례〈終〉 국립공업연구소", 『비지네스』 1964년 12월호, 122-123쪽.

33. 쓰노다 후사코, 오상현 역, 『조국은 나를 인정했다』, 교문사, 1992, 185-186쪽; 김종, 『蔬菜採種學』, 청구출판사, 1952.

34. 이영래, 『우장춘의 마코토』, HNCOM, 2013, 206-208쪽.

35. 원예연구소, 『원예연구소 오십년』, 2003, 24-25쪽.

36. 김근배, "우장춘의 한국귀환과 과학연구", 『한국과학사학회지』 26-2, 2004, 139-163

쪽.

37. 같은 논문, 161-162쪽.
38. 일제강점기 농사시험장은 해방 이후 중앙농사시험장(1946), 농사개량원(1947), 농업 기술원(1949)으로 이름과 조직이 부분적으로 변경되었다. 1957년 농사원으로 개편을 거쳐 1962년 농촌진흥청으로 새로 출범했으며, 그 과정에서 기관의 규모는 계속해서 증가했다. 농사원이나 농촌진흥청은 단순한 농사시험연구소가 아니라 농촌지도 기능까지를 포괄한 광범위한 역할을 지닌 기관이었다. 신동완, "농사교도법의 제정과 농사원 발족", 103-119쪽; 김동희, "농촌지도체계 일원화와 농촌진흥청 발족", 한국농촌경제연구원, 『농정반세기 증언』, 206-265쪽.
39. 김태욱, 『마음속에 살아 있는 인간 우장춘』, 신원문화사, 1984, 53쪽, 64쪽.
40. 김태욱, "우장춘박사의 역사적 비중과 그 위치", 『농촌경제』 8-1, 1985, 141-151쪽.
41. 정종현, "과학과 내셔널리즘: '해방전후' 과학(자)의 이동과 우장춘 서사의 과학 담론을 중심으로", 『상허학보』 39, 2013, 239쪽.
42. 농촌진흥청 국립원예특작과학원, http://www.nihhs.go.kr/personal/drwjc.asp?t_cd=3 (2012년 12월 접속).
43. Lee, K. Y., Lee, C. Y., Lee, T. Y. and Kwon, T. W., "Chemical Changes during Germination of Soybean(Ⅲ): Carbohydrate Metabolism", 『서울대학교 논문집』 9, 1959, 12-17쪽.
44. 김창규는 이후 국방부병기행정본부장, 공군참모총장을 지냈으며, 예편 이후 대한중석, 영남화학, 호남에틸렌 대표 등 화학산업계의 중심인물로 활동했다. "공업화 반세기 과학화 100년 ⑥ 김창규 장군, 오원철 수석: 한국 이공계 역사 세운 '두 거목' 대덕서 만난다", 『대덕넷』, 2012. 5. 21.
45. 과연회, 『국방부과학연구소』, 1-17쪽, 111-115쪽.
46. 정낙은은 1942년 일본 도쿄공대 전기공학과를 졸업했으며, 국방부과학연구소를 거쳐 한국전력 부사장, 건설부 장관, KIST 이사회 이사장, 인하공대 교수 등 관·산·학·연 모두를 경험한 인물이다.
47. 정낙은, "서언", 『과연휘보』 2편 1호, 1952, i쪽.
48. 한홍구, 『대한민국사 2』, 한겨레출판, 2003, 175-186쪽.
49. "귀휴병제도를 삭제, 병역법개정안 재심", 《경향신문》, 1957. 4. 25; "귀휴병제 실시, 병역법안 단일화", 《동아일보》, 1957. 6. 23.
50. 과연회, 『국방부과학연구소』, 24-25쪽.
51. 스터디 그룹을 비롯한 초기 원자력 사업에 대해서는, 김성준, "한국 원자력 기술 체

제 형성과 변화, 1953-1980", 서울대학교 박사학위논문, 2012, 19-79쪽 참고.

52. Hyoung Joon An, "Seeking Independence in Space: South Korea's Space Program (1958-2010)", *Quest* 20-2 (2013), pp. 34-51.

53. Leonard Reiffel, 『대한민국 원자력 연구에 관한 보고서』, 원자력원, 1960, 2-3쪽.

54. 과연회, 『국방부과학연구소』, 160쪽; 인터뷰: 권태완(2004. 12. 18).

55. "연구소 순례④ 육군기술연구소", 『비지네스』 1964년 8월호, 110-111쪽. 육군기술연구소는 1970년 3월 육군전투발전사령부와 통합되면서 해체되었고, 그 기능의 일부가 그해 8월 설립된 국방과학연구소로 편입되었다.

56. "조국재건의 과학설계 ① 부강조선은 과학의 위력으로", 《동아일보》, 1947. 1. 1.

57. 초기 원자력 사업에 대해서는, 김성준, "한국 원자력 기술 체제 형성과 변화, 1953-1980", 19-79쪽 참고.

58. 고대승, "원자력기구 출현과정과 그 배경", 김영식, 김근배 엮음, 『근현대 한국사회의 과학』, 창작과비평사, 1998, 295-296쪽; "두뇌유출 ② 그 원인", 《동아일보》, 1966. 8. 25.

59. 김성준, "한국 원자력의 역사와 담론", 과학철학교육위원회 편, 『과학기술의 철학적 이해 2』 제3판, 한양대학교출판부, 2006, 233-255쪽; John DiMoia, "Atoms for Sale? Cold War Institution-Building and the South Korean Atomic Energy Project, 1945-1965", *Technology and Culture* 51-3 (2010), pp. 589-618.

60. 김성준, "한국 원자력 기술 체제 형성과 변화, 1953-1980", 85-89쪽.

61. 같은 논문, 96-101쪽.

62. 노재현, 『청와대비서실 2』, 중앙일보사, 1993, 64-65쪽.

63. 송겸호, "행정기관에 있어서의 사회적 갈등: 원자력연구소의 경우", 서울대학교 행정대학원 석사학위논문, 1961, 7쪽.

64. 김성준, "한국 원자력 기술 체제 형성과 변화, 1953-1980", 101-116쪽.

65. Wayne Meinke, "Report on Visit to Korea (April 1962)", box 24, 4-5, Michigan Memorial Phoenix Project Papers, Bentley Historical Library, University of Michigan.

66. 김성준, "한국 원자력 기술 체제 형성과 변화, 1953-1980", 123-129쪽.

67. 박성래, "한국과학사의 시대구분", 『한국학연구』 1권, 1994, 277-302쪽.

68. 한국과학기술단체총연합회, 『한국과학기술30년사』, 1980, 115쪽.

69. 제1차원자력학술회의, "건의문", 1959.

70. 한국과학기술단체총연합회, 『과총 40년사(연혁집)』, 2006, 59-60쪽.

71. 이태규, "건국설계의 하나로 과학기술부를 설치하자", 200-201쪽.

72. "공업화 반세기 과학화 100년④ 최형섭과 함께 사라저간 연구자율성", 『대덕넷』, 2012. 5. 9.

73. Economic Planning Board, "Scientific and Technical Research Organizations and Their Activities in Korea" (1965), KIST 역사관 소장 자료.

3장 KIST의 등장과 '역두뇌유출'

* 이 장은 문만용,『한국의 현대적 연구체제의 형성: KIST의 설립과 변천, 1966~1980』, 선인, 2010과 문만용, "1960년대 '과학기술 붐': 한국의 현대적 과학기술체제의 형성", 『한국과학사학회지』 29-1, 2007, 67-96쪽에 근거하여 작성되었으며, 이후 이루어진 연구와 추가로 확인된 미국 국립문서기록관리청(NARA: National Archives and Records Administration)과 존슨대통령도서관(LBJ Presidential Library)에 소장된 KIST 관련 자료를 활용하였다.

1. "문교·과학 등 2장 추가계획, 자유당 선거공약",《조선일보》, 1960. 2. 15.

2. 박승엽, "경제부처 정부기구 개편", 한국산업기술인구락부 편, 『산업부흥의 문제점』, 1961, 9-25쪽.

3. "문교·과학 등 2장 추가계획, 자유당 선거공약",《조선일보》, 1960. 2. 15; 권영대, "20년 유감⑥ 자연과학: 우주시대의 한랭지대",《조선일보》, 1965. 8. 26.

4. 이 시기 한국 경제 및 산업에 대한 개관은, 한국경제 60년사 편찬위원회,『한국경제 60년사II 산업』, 한국개발연구원, 2010, 1-26쪽; 김근배 외,『근현대 산업기술분야 목록화 조사 연구용역 보고서』, 문화재청, 2012, 15-61쪽 참고.

5. 한국과학기술연구소 소사편찬위원회 편,『한국과학기술연구소의 설립: 소사편찬자료 제1집』, 한국과학기술연구소, 1971, 4쪽; "경제개발계획과 우리 과학기술의 위치",《조선일보》, 1961. 12. 30; 이종진, "과학기술은 어디로",《조선일보》, 1962. 3. 30.

6. 대한민국정부,『제1차 기술진흥5개년계획(제1차 경제개발5개년계획 보완)』, 1962, 15쪽, 46쪽.

7. 경제기획원,『과학기술백서』, 1962, 64쪽.

8. 경제기획원, 『과학기술연감, 1964』, 1964, 14쪽.

9. 전상근 외, 『미국학술원초청 미국과학계 시찰보고서』, 1963, 90-92쪽.

10. 경제각료회의 의안번호 제128호 "假稱 '韓國科學技術研究所法'(案)", 1963, 국가기록원 서울기록정보센터 자료.

11. "한국과학기술연구소(소위 민영화) 법안 드디어 폐기되다", 『工研레뷰』 46, 1963, 2쪽.

12. 금속연료종합연구소의 역사에 대해서는 오준석, "최초의 산학협동연구", 환력기념집발간회 편, 『과학기술과 더불어: 최형섭 박사 환력기념회상록』, 1981, 145-151쪽을 참고.

13. 전상근, 『한국의 과학기술정책: 한 정책입안자의 증언』, 정우사, 1982, 60-62쪽.

14. 제5회 경제·과학심의회의 의결사항: 최규남·이종진 "과학기술 행정기구개편안" (1965. 2. 23), 국가기록원 서울기록정보센터 자료.

15. 호닉, "과기연 설립의 주역", 환력기념집발간회 편, 『과학기술과 더불어: 최형섭 박사 환력기념회상록』, 177-187쪽; 존슨대통령도서관(LBJ Presidential Library)의 구술사 컬렉션(Oral History Collection), "Donald F. Hornig Oral History, Interview I (1968. 12. 4)", http://www.discoverlbj.org/item/oh-hornigd-19681204-1-74-131 (2015년 6월 접속).

16. 김근배, "한국과학기술연구소(KIST) 설립과정에 관한 연구―미국의 원조와 그 영향을 중심으로", 『한국과학사학회지』 12-1, 1990, 47-49쪽.

17. Henry Lambright, *Presidential Management of Science and Technology: The Johnson Presidency* (University of Texas Press, 1985), p. 95.

18. 홍석률, "1960년대 한미관계와 박정희 군사정권", 『역사와 현실』 56, 2005, 269-302쪽.

19. Henry Lambright, *Presidential Management of Science and Technology*, pp. 94-99.

20. D. Hornig, "Memorandum for Walt W. Rostow: Serious Drains of Philippino Physicians to the U.S.―Proposal for President Marcos' Visit" (1966. 9. 9), LBJ Library.

21. 미국 OST의 Margolies가 호닉에게 보내는 Memorandum, "Communist North Korean Reaction to President Johnson's Offer to President Park" (1965. 8. 19), RG 359-part 2, NARA.

22. "과학기술연구소 설치", 《서울신문》, 1965. 6. 7.

23. 경제기획원, "한국과학기술연구소 설치방안" (1965. 7), KIST 역사관 소장 자료.

24. Donald F. Hornig, "Report to the President: Regarding the Feasibility of Establishing

in Korea with U.S. Cooperation an Institute for Industrial Technology and Applied Science" (1965. 8), KIST 역사관 소장 자료.

25. "Visits and Missions Korea 1965, Research Institute for Korea", RG59 General Records of Department of States, Bureau of Far Eastern Affairs, box5 SCI-7, NARA.

26. 경제·과학심의회의 사무국, "Hornig 박사 일행 방한 경과보고서" (1965), KIST 역사관 소장 자료.

27. Donald F. Hornig, "Report to the President: Regarding the Feasibility of Establishing in Korea with U.S. Cooperation an Institute for Industrial Technology and Applied Science", p. 9, pp. 22-23.

28. E. E. Slowter, J. L. Gray, W. J. Harris and D. D. Evans, "Report on the Establishment and Organization of a Korean Institute of Industrial Technology and Applied Science" (Battelle Memorial Institute, 1965), KIST 역사관 자료.

29. "Memorandum: Name of Korean Institute for Industrial Technology and Applied Science" (1965. 8. 9), RG 359 General Records of Department of States part1, NARA.

30. 주한미대사관의 부대사 뉴먼(Newman)이 국무성에 보낸 전문, "Korean Institute of Science and Technology" (1966. 6. 10), NARA.

31. Yoon, Bang-Soon Launius, "State Power and Public R&D in Korea: A Case Study of the Korea Institute of Science and Technology" (University of Hawaii Ph.D. Dissertation, 1992), p. 116.

32. 김한상, 『조국근대화를 유람하기』, 한국영상자료원, 2008.

33. 이창석, "한국과학기술연구소의 현황과 문제점" (1969. 3. 28), KIST 제25회 이사회 회의록 (1969. 3. 31) 첨부자료: 최연상, "감사보고서(현황과 문제점)에 대한 의견서" (KIST 총무과, 1969), 18-19쪽, KIST 문서보관실 소장 이사회 관련 자료.

34. 전상근, 『한국의 과학기술정책』, 80-82쪽.

35. 『한국과학기술연구소 비사 제21권: 권태완』 (1975. 5. 6), KIST 역사관 자료; 안영옥, "한국과학기술연구소의 회고", 한국미래학회 편, 『미래를 되돌아본다』, 나남, 1988, 119-128쪽.

36. Yoon, Bang-Soon Launius, "State Power and Public R&D in Korea", p. 180.

37. 문만용, 강미화, "박정희 시대 과학기술 "제도 구축자": 최형섭과 오원철", 『한국과학사학회지』 35-1, 2013, 225-244쪽.

38. 『한국과학기술연구소 비사 제2권: 최형섭』 (1975. 2. 19), KIST 역사관 자료; 천병두,

"초대소장", 환력기념집발간회 편, 『과학기술과 더불어: 최형섭 박사 환력기념회상록』, 228쪽.

39. 최형섭, 『개발도상국의 공업연구』, 일조각, 1976, 89-90쪽.

40. 『한국과학기술연구소 비사 제29권: 이민하·안병주』(1975. 3. 5), KIST 역사관 자료.

41. 두뇌유출에 대한 다양한 논의들에 대해서는, 송하중, 양기근, 강창민, "고급과학기술인력의 두뇌유출 순환모형에 관한 연구", 『한국정책학회보』 13-2, 2004, 143-174쪽 참고.

42. 조황희, 이은경, 이춘근, 김선우, 『한국의 과학기술인력 정책』, 과학기술정책연구원, 2002, 86-89쪽.

43. "해외장기유학생의 귀국대책", 《조선일보》, 1958. 4. 27.

44. "서현진, "한알의 밀알이 되어(11)", 《전자신문》, 1998. 4. 16.

45. 교육50년사편찬위원회 편, 『교육50년사』, 교육부, 1998, 466-471쪽.

46. 주한 미대사관 전문 America Embassy Seoul Airgram to Department of State, "Professional Scientific and Technological Personnel in Korea: Some Comments Relevant of the Brain Drain" (1966. 8. 3), RG 59 General Records of the Department of State, Central Foreign Policy Files, 1964-1966, box 3115-1, NARA.

47. 한미재단은 1952년 한국과 미국의 유력 인사들이 한국의 재건과 부흥, 한국에 대한 민간 차원의 원조를 위해 설립한 비영리기관이다. 제8군 사령관으로 한국전쟁에 참전한 미국의 J.A. 밴플리트 대장 등이 주도해 설립했으며, 미국의 기업과 일반 시민들로부터 기부를 받아 한국 내의 고아원·의료기관·후생기관에 대한 원조를 벌였다.

48. 문교부, 『해외유학생실태조사 중간보고서 증보판』, 1968, 4쪽.

49. John R. Niland, *The Asian Engineering Brain Drain: A Study of International Relocation into the United States from India, China, Korea, Thailand and Japan* (Heath Lexington Books, 1970), p. 123.

50. Wei-Chiao Huang, "An empirical analysis of foreign student brain drain to the United States", *Economics of Education Reviews* 7-2 (1988), pp. 231-243.

51. "돌아오지 않는 물리학자들", 《조선일보》, 1966. 12. 8.

52. 4회에 걸친 《동아일보》의 "두뇌유출" (1966. 8. 23 ~ 9. 1); "해외유학생의 국내유치문제", 《조선일보》, 1966. 11. 29 등 두뇌유출에 대한 기획기사들이 여러 신문에 실렸다.

53. 대한민국정부, 『제2차 과학기술진흥5개년계획 1967~1971』, 1966, 27쪽, 72쪽.

54. "The Korea Institute of Science and Technology" (1966. 6), KIST 역사관 자료.

55. 『한국과학기술연구소 비사 제25권: 김훈철』(1975. 7. 8), KIST 역사관 자료; 『한국과학기술연구소 비사 제2권: 최형섭』(1975. 2. 19).

56. 안영옥, "한국과학기술연구소의 회고", 121쪽.

57. 한스 싱거, 『국제경제개발의 전략―한스 싱거 교수의 개발노선』, 국제경제연구원, 1978, 114-115쪽.

58. KIST, *Korea Institute of Science and Technology '67* (1968), pp. 26-27.

59. Young Bae Kim, "Contribution of Scientists and Engineers Abroad to the KIST Activities", *International Symposium on Development of Industrial Research in Korea*, (KIST, 1968), pp. 21-25; 재미한인과학기술자협회 25년 역사편찬위원회 편, 『재미한인과학기술자 개인 및 단체 형성과 업적에 관한 연구』, 재미한인과학기술자협회, 1998, 80쪽, 89쪽.

60. "돌아오지 않는 두뇌들",《한국일보》, 1967. 11. 19.

61. 최형섭 외, 『과학기술진흥장기종합기본정책에 관한 조사연구 (2)』, 과학기술처, 1968.

62. 과학기술처, 『과학기술개발 장기종합계획 1967-1986』, 1968, 57쪽.

63. 교육50년사편찬위원회 편, 『교육 50년사』, 466-473쪽.

64. "고국의 기술혁신에 이바지: '과학기연계획'에 동의한 16명의 과학자들",《동아일보》, 1967. 7. 21.

65. 『한국과학기술연구소 비사 제3권: 최형섭』(1975. 5. 28), KIST 역사관 자료.

66. David A. Anderson, "Technology Transfer via "Reverse Brain Drain": The Korean Case" (United States International University Ph.D. Dissertation, 1993), pp. 146-147.

67. Song, Hahzoong, "Reversal of Korean Brain Drain: 1960s-1980s", Paper for International Scientific Migrations Today (Institut de Recherche Pour le Developpement, 2000), pp. 1-11.

68. "연구개발실 발족", 『과기연 소식』 1호, 1967, 5쪽; "일반기술지원사업제도를 마련", 『과기연 소식』 4호, 1968, 5쪽.

69. "본연구소에 대한 연구투자감면", 『과기연 소식』 2호, 1968, 3쪽.

70. 문만용, "한국과학기술연구소(KIST)의 변천과 연구활동", 『한국과학사학회지』 28-1, 2006, 81-115쪽.

71. 한상준 외, 『장기 에너지수급에 관한 조사연구(1966-1981)』, 과학기술처, 1968.

72. 최형섭 외, 『과학기술진흥장기종합기본정책에 관한 조사연구 (2)』, 과학기술처, 1967.

73. 과학기술처, 『과학기술개발 장기종합계획 1967-1986』, 1968.

74. 해리 최 외, 『한국기계공업 육성방향 연구조사보고서』, 경제기획원, 1970.

75. 김재관 외, 『중공업발전의 기반―한국의 기계 및 소재공업의 현황과 전망분석』, KIST, 1970; 정만영 외, 『전자공업육성정책 수립을 위한 국내전자공업 및 관련분야 조사보고서』, KIST, 1968.

76. 송성수, "한국 철강산업의 기술능력 발전과정―1960~1990년대의 포항제철", 서울대학교 박사학위논문, 2002, 63-66쪽.

77. KIST 전산실의 연구과제에 대해서는, 성기수박사 회갑기념행사준비위원회 편, 『의구 성기수박사 회갑기념집』, 1993을 참고.

78 KIST, 『KIST 30년사』, 1998, 178-213쪽.

79. 기술경영경제학회·(주)날리지웍스, 『KIST의 경제사회적 파급효과 분석』, 2013.

80. KIST 제52회 이사회 회의록 (1975. 3. 21); KIST 제60회 이사회 회의록 (1977. 10. 21); "현황보고" (KIST, 1979), KIST 문서보관실 소장 이사회 관련 자료.

81. "조속히 과학청을 설치하라", 《동아일보》, 1958. 2. 5.

82. 제5회 경제·과학심의회의 의결사항: 최규남·이종진 "과학기술 행정기구개편안" (1965. 2. 23), 국가기록원 소장 자료.

83 신동천, "과학기술 행정기구개혁에 관한 연구", 서울대학교 행정대학원 석사학위논문, 1966.

84. '제1회 전국과학기술자대회'의 추진 배경과 과정에 대해서는 한국과학기술단체총연합회, 『과총 40년사(연혁집)』, 2006, 58-63쪽 참고.

85. 한국과학기술단체총연합회, 『과총 40년사(연혁집)』, 154-156쪽.

86. 과학기술진흥법의 제정 과정 및 이후의 변천에 대해서는 변명섭, "과학기술진흥법 탄생에서 소멸까지", 권원기 외, 『우리나라 과학기술정책 수립과정에 영향을 미친 주요요인들의 조사 분석·정리』, 과학기술부, 2005, 1-33쪽 참고.

87. 대한민국정부, 『제2차 과학기술진흥5개년계획 1967~1971』, 1966, 74쪽.

88. 전상근, 『한국의 과학기술정책』, 101-119쪽. 과학기술처의 설립 과정에 대해서는, 김기형, "과학기술처 탄생", 권원기 외, 『우리나라 과학기술정책 수립과정에 영향을 미친 주요요인들의 조사 분석·정리』, 71-105쪽 참고.

89. "과학기술 부총리제 강력히 주장, 김기형 초대 과기부장관 회고", 《사이언스 타임즈》, 2006. 4. 7; 과학기술처, 『현황 1967』, 1967, 3쪽; 오원철, 『한국형 경제건설 제3권』, 기아경제연구소, 1996, 311쪽.

90. 전상근, 『한국의 과학기술정책』, 108쪽.

91. 김원태무임소장관실, "과학기술 행정기구설치(안)" (1967. 2), 국가기록원 자료.

92. 총무처, "심의자료: 과학기술 행정기구설치" (1967. 2), 국가기록원 자료.

93. 조석준, 『한국행정조직론(제2판)』, 법문사, 1996, 139쪽.

94. 장기종합계획의 수립 과정에 대해서는 경종철, "과학기술개발 장기종합계획의 수립", 권원기 외, 『우리나라 과학기술정책 수립과정에 영향을 미친 주요요인들의 조사 분석·정리』, 106-145쪽 참고.

95. 과학기술처, 『과학기술개발 장기종합계획 1967-1986』, 1968.

96. "과학한국 80년대의 청사진: 과학기술처서 마련한 계획과 전망", 《조선일보》, 1968. 1. 25; 송상용, "한국과학 25년의 반성", 『형성』 3권 4호, 1969, 51-64쪽.

97. 경제기획원, 『과학기술연감, 1966』, 1966, 332쪽.

98. "과학기술자후원회 설립", 《조선일보》, 1967. 7. 26; "대통령이 직접 설립 취지문 작성, 과학문화재단 설립 정주영 등 재계 인사 대거 참여", 《사이언스 타임즈》, 2006. 4. 27.

99. 과학기술후원회는 1972년 한국과학기술진흥재단으로 개편되어 다음 해부터 본격화된 '전국민의 과학화 운동'의 주요 추진기관의 하나로 활동했다. 송성수, "전(全)국민의 과학화운동"의 출현과 쇠퇴", 『한국과학사학회지』 30-1, 2008, 171-212쪽.

100. "어디까지 왔나? '67 한국의 과학기술① 고개든 「봄」", 《중앙일보》, 1967. 12. 12.

101. "64년 레뷰⑤ 과학", 《조선일보》, 1964. 12. 24; 이채호, "이제는 무엇인가 달라져야 겠다② 새로운 과학풍토", 《조선일보》, 1965. 1. 5.

102. 이 표의 비영리기관에는 정부출연연구소, 기타비영리기관, 사립병원이 포함된다. 정부출연연구소만을 별도로 구분하지 않고 비영리기관으로 묶어서 통계를 내는 경우가 많은데, 대체로 80% 이상이 정부출연연구소의 비중이다. 최근 정부의 공식 통계는 국공립연구소, 정부출연연구소, 국공립병원, 지자체출연연구소를 공공연구기관으로, 나머지를 비영리법인으로 분류하고 있다.

103. "TePRI가 만난 사람: 최재영 외교부 개발협력과장, 김인 KOICA 베트남 사무소장", 『TePRI Report』 31, 2013, 6-12쪽; "V-KIST': S. Korea Passing on its 48 Years of Experience, Knowhow to Vietnam," *Business Korea*, March 24, 2014.

104. 한국 ODA 웹사이트, http://www.odakorea.go.kr/ez.main.ODAEngMain.do (2014년 8월 접속). 한국의 대외 원조에 대해서는 Kondoh, Hisahiro, "Korea's pathway from recipient to donor: How does Japan matter", Jin Sato and Yasutami Shimomura eds., *The Rise of Asian Donors: Japan's impact on the evolution of emerging donors* (Routledge, 2013), pp. 133-154 참고.

1. 김근배, "과학기술입국의 해부도: 1960년대 과학기술 지형", 『역사비평』 85, 2008, 236-261쪽.

2. 최용호, "1970년대 전반기의 경제정책과 산업구조의 변화", 한국정신문화연구원 편, 『1970년대 전반기의 정치사회변동』, 백산서당, 1999, 67-121쪽.

3. 김근배 외, 『근현대 산업기술분야 목록화 조사 연구용역 보고서』, 18-20쪽.

4. 이재희, "1970년대 후반기의 경제정책과 산업구조의 변화─중화학공업화를 중심으로", 한국정신문화연구원 편, 『1970년대 후반기의 정치사회변동』, 백산서당, 1999, 93-153쪽.

5. "66년을 되돌아보며 다시 생각해볼 일들 ④ 과학개발과 위정자", 《동아일보》, 1966. 12. 24.

6. 박익수, "현존기관육성이 더 중요─과학기술종합연구소 설치운동에 대하여", 《동아일보》, 1965. 6. 15.

7. "뒷받침부족한 「공업입국」", 《매일경제신문》, 1968. 1. 20.

8. 『과학기술개발 장기종합계획 1967-1986』, 과학기술처, 1968, 46-47쪽.

9. 한국과학기술정보센터의 설립과 초기 역사에 대해서는 한국과학기술정보연구원, 『한국과학기술정보연구원 50년사』, 2012 참고.

10. 『한국과학기술연구소 비사 제9권: 신동식』(1975. 7. 2), KIST 역사관 자료.

11. 한국과학기술정보센터는 1982년 국제경제연구원과 통폐합되어 산업연구원(KIET)이 되었으며, 1991년 산업기술정보원(KINITI)으로 분리 독립했다. 산업기술정보원은 1993년 설립된 연구개발정보센터(KORDIC)와 2000년에 통합되어 한국과학기술정보연구원(KISTI)으로 새롭게 출범하였다.

12. 과학기술부, 대덕전문연구단지관리본부, 『대덕연구단지 30년사 1973-2003』, 2003, 67-68쪽.

13. 구상회, "무기체계 연구개발과 더불어 30년(2)", 『국방과 기술』 1997년 11월호, 30-39쪽.

14. 국방과학연구소의 연구활동에 대해서는 국방과학연구소, 『국방의 초석 40년』,

2010; 오원철,『한국형 경제건설 제5권』, 기아경제연구소, 1996; 박준복,『한국 미사일 40년의 신화』, 일조각, 2011; 신인호,『무내미에는 기적이 없다』, 책으로만나는세상, 2003;『국방과 기술』에 1997년 10월부터 14회에 걸쳐 연재된 구상회의 "무기체계 연구개발과 더불어 30년" 등을 참고할 수 있다. 국방과학연구소는 1983년 서울 홍릉에서 대전으로 이전했다.

15. 김진기, "한국 방위산업의 발전전략에 대한 연구—박정희 시대의 방위산업 발전전략을 중심으로",『국가전략』 14-1, 2008, 95-121쪽.

16. 김진기, "박정희와 한국의 무기, 방위산업", 이지수 엮음,『박정희 시대를 회고한다』, 선인, 2010, 163-201쪽.

17. 신동호, "과학기술계의 양대 인맥", 과학기자 모임,『신한국 과학기술을 위한 연합 보고서』, 희성출판사, 1993, 134-135쪽.

18. Seung-Young Kim, "Security, Nationalism and the Pursuit of Nuclear Weapons and Missiles: The South Korean Case, 1972~82", *Diplomacy & Statecraft* 12-4 (2001), pp. 53-80; 조철호, "1970년대 초반 박정희의 독자적 핵무기 개발과 한미관계",『평화연구』 9호, 2000, 189-207쪽; Peter Hayes and Chung-in Moon, "Park Chung Hee, the CIA & the Bomb", *Global Asia*, 6-3, 2011, pp. 46-58.

19. 1978년 시험발사 성공 이후 후속 백곰Ⅱ 지대지 유도탄 개발이 추진되어 1981년 선행개발을 완료했으나, 백곰이 나이키 허큘리스에 페인트만 새로 칠한 것이라는 제보에 의해 정부가 갑작스레 정책을 변경하여 1982년말 국방과학연구소 관련 기구의 축소와 함께 연구개발이 중단되었다. 하지만 이후 백곰 미사일과 나이키 허큘리스는 외형만 동일하고 유도장치 등 핵심기술은 새로 개발·개량된 것임이 인정되었다. 1986년부터 백곰의 성능을 개량한 NHK-2 현무가 대량 생산되었다. 박준복,『한국미사일 40년의 신화』, 27-70쪽.

20. 정인영 편저,『홍릉 숲 속의 경제 브레인들』, 한국개발연구원, 2002.

21. "70년대 성장의 산파역 KDI",《경향신문》, 1981. 3. 12.

22. "KDI의 힘…아시아 싱크탱크 '톱'",《한국경제신문》, 2014. 1. 23.

23. "통상·경협 등 연구: 기획원서 「중동문제연」 설립위 개최",《매일경제신문》, 1975. 11. 28.

24. 문만용,『한국의 현대적 연구체제의 형성』, 74쪽, 146-148쪽.

25. 정근모 외,『경제대국, 과학기술강국 그 희망의 초석 한국과학원의 설립』, 명지대학교 과학기술사회연구소, 2006, 3-4쪽.

26. Kim Dong-Won and Stuart W. Leslie, "Winning Markets or Winning Nobel Prizes? KAIST and the Challenges of Late Industrialization", *Osiris* 13 (1998), pp. 154-185.

27. Kim Dong-Won, "The Conflict between the Image and Role of Physics in South Korea", *Historical Studies in the Physical and Biological Sciences* 33-1 (2002), pp. 107-129.

28. "서울연구개발단지 기관장 협의회 발족", 『과기연 소식지』 18호, 1972.

29. 정인영, 『홍릉 숲 속의 경제 브레인들』, 113쪽.

30. "기술개발공단설치", 《매일경제신문》, 1970. 1. 15.

31. 이덕선 외, 『연구·교육단지 건설을 위한 마스터 푸랜』, 과학기술처, 1971.

32. 대덕연구단지의 추진 과정에 대해서는 대덕전문연구단지관리본부, 『대덕연구단지 30년사 1973-2003』, 54-103쪽 참고; 송성수, "과학기술거점의 진화: 대덕연구단지의 사례", 『과학기술학연구』 9-1, 2009, 33-53쪽.

33. 문만용·강미화, "박정희 시대 과학기술 "제도 구축자": 최형섭과 오원철", 『한국과학사학회지』 35-1, 2013, 225-244쪽.

34. 대덕연구학원도시 건설은 국회의 개입 없이 이루어진 정책으로 소수의 전문 관료가 이해관계자나 관계 부처 등의 의견 수렴이나 타협 과정 없이 대통령의 승인을 받아 신속히 추진되었던 속결형 정책 결정으로 정책에 대한 대안적 연구나 반대의견이 부족했던 정책 집행이었다고 평가된다. 유훈, "한국의 정책형성유형에 관한 고찰", 『행정논총』 23-1, 1985, 169-179쪽; 이정희, "한국의 과학기술정책 결정과정상의 특성에 관한 연구―대덕연구단지 설립 및 KAIST 이전계획을 중심으로", 고려대학교 박사학위논문, 1988.

35. 대덕전문연구단지관리본부, 『대덕연구단지 30년사 1973-2003』, 70-79쪽.

36. 과학기술처, 『연구학원도시건설계획(안) 제2연구단지』, 1973, 19-23쪽.

37. 김형만 외, 『대덕연구학원도시 조사연구 및 기본계획에 관한 연구』, 과학기술처, 1973.

38. 정부가 중화학공업화선언에서 내세운 6대 전략업종은 철강, 화학, 비철금속, 기계, 조선, 전자였으며, 이들 분야는 새롭게 부각되었다기보다 이미 각 업종별로 선별적인 산업육성정책이 제시된 상태였다. 최용호, "1970년대 전반기의 경제정책과 산업구조의 변화", 67-121쪽.

39. 예를 들어, 서정만, "한국 과학기술의 메카 대덕연구단지", 김기형 외, 『과학대통령 박정희와 리더십』, 엠에스디미디어, 2010, 381-415쪽 중 391쪽은 1970년대 중화학공업화 정책 추진에 필요한 과학기술의 지원과 해결을 위해 대덕연구단지 조성 건설계획

을 과학기술의 주요 진흥사업으로 결정하고 강력히 추진해나갔다고 밝히고 있다.

40. 대통령비서실, 『중화학공업화정책선언에 따른 공업구조개편론』, 1973.

41. 전상근, 『한국의 과학기술정책: 한 정책입안자의 증언』, 정우사, 1982, 163-165쪽.

42. 대덕전문연구단지관리본부, 『대덕연구단지 30년사』, 93-95쪽.

43. 문만용, "KIST에서 대덕연구단지까지: 박정희 시대 정부출연연구소의 탄생과 재생산", 『역사비평』 85, 2008, 262-289쪽.

44. 대덕전문연구단지관리본부, 『대덕연구단지 30년사』, 93-95쪽.

45. James W. Dearing, *Growing a Japanese Science City: Communication in Scientific Research* (Routledge, 1995); Shuichi Tsukahara, "The Creation of Tsukuba Science City", Shigeru Nakayama and Kunio Goto eds., *A Social History of Science and Technology in Contemporary Japan* Vol. 3 (Trans Pacific Press, 2006), pp. 108-123.

46. 신동호·권병욱, "일본 쯔꾸바 연구학원도시의 혁신과 전망", 국가균형발전위원회 편, 『선진국의 혁신 클러스터』, 동도원, 2005, 433-473쪽.

47. 대덕전문연구단지관리본부, 『대덕연구단지 30년사』, 95-98쪽.

48. 1976년 당시 새로운 공과대학과 기계기술연구소 설립 추진에 대해서는 전북대 한국과학문명학연구소가 소장하고 있는 최형섭의 서신철에서 확인할 수 있다.

49. 대덕전문연구단지관리본부, 『대덕연구단지 30년사』, 98-103쪽.

50. 법제처 국가법령정보센터, http://www.law.go.kr/ (2013년 3월 접속).

51. 기관의 대덕 입주에 대해서는, 대덕전문연구단지관리본부, 『대덕연구단지 30년사』 부록 참고.

52. 송성수, "과학기술거점의 진화: 대덕연구단지의 사례", 33-53쪽.

53. 대덕전문연구단지관리본부, 『대덕연구단지 30년사』, 108-120쪽.

54. 한국과학기술원, 『대덕연구단지의 활성화계획 수립에 관한 연구』, 과학기술처, 1984, 77-79쪽.

55. 연구개발특구진흥재단, 『대덕연구개발특구 40년사』, 2013, 77-80쪽.

56. "고려인삼연구소 신설", 《매일경제신문》, 1977. 9. 1.

57. "중앙전매기술연구소 〈소장 최윤국씨〉", 《매일경제신문》, 1974. 6. 6.

58. "연초·인삼연 현판식", 《매일경제신문》, 1978. 4. 3.

59. 한국지질자원연구원, 『지질 자원 그리고 지구환경: 한국지질자원연구원 30주년[통산 88주년]』, 2006.

60. 한국표준과학연구원 30년사 편찬위원회, 『한국표준과학연구원 30년사』, 한국표준

과학연구원, 2005, 135-243쪽.

61. 김훈철, "조선공업: 어디로 가야 하나?", (2002, 미발표 원고).

62. KIST, 『선박연구소 설립안』, 1972.

63. 과학기술처, 『해양조사연구 장기종합계획 1971-1980』, 1969.

64. 김형기, "신의와 이해", 환력기념집발간회 편, 『과학기술과 더불어: 최형섭 박사 환력 기념회상록』, 1981, 279-280쪽.

65. 한국해양연구소20년사 발간준비위원회 편, 『한국해양연구소 이십년사』, 한국해 양연구소, 1993; 한국해양연구원 30년사편찬위원회 편, 『한국해양연구원 30년사: 1973-2003』, 한국해양연구원, 2003.

66. 대덕연구학원도시 건설의 재검토의 배경에 대해서는, 전상근, 『한국의 과학기술정 책』, 173-176쪽; 대덕전문연구단지관리본부, 『대덕연구단지 30년사』, 356-359쪽을 참고.

67. 박승덕·김정덕, "반도체기술개발의 원천과 추진동력", 권원기 외, 『과학기술정책이 경제발전에 기여한 성과조사 및 과제발굴』, 1-36쪽.

68. "전자통신연구소 설립에 관한 사업계획서", KIST, 1973.

69. 전기통신연구소는 1966년 기존의 중앙전기통신시험소를 개편하여 설립된 기관으로 전기통신기술의 연구개발과 시험검사를 목적으로 했다.

70. KIST 부설 전자통신연구소의 설립과 전자교환기 도입에 관한 과정은 한국전자통신 연구소, 『한국전자통신연구소 17년사』, 1995, 116-124쪽을 참고.

71. 한국전자통신연구원, 『한국전자통신연구원 35년사』, 2012, 111-133쪽.

72. 문만용, 『한국의 현대적 연구체제의 형성』, 172-175쪽.

73. 인터뷰: 장인순 (2014. 2. 20); 한국원자력연구원, 『한국원자력연구원 50년사』, 2009, 50-57쪽.

74. 한국화학연구소, 『한국화학연구소10년사』, 1986, 16-19쪽.

75. 한국기계연구원, 『한국기계연구원30년사』, 2006, 130-141쪽.

76. 박동욱, "진단과 처방을 통한 기관운영", 연구개발인력교육원 편, 『전임 기관장이 들 려주는 정부출연(연) 경영이야기』, 2012, 69-70쪽.

77. 과학기술처, 『과학기술연감 1978』, 1979, 138쪽.

78. 송성수, "한국 과학기술정책의 특성에 관한 시론적 고찰", 『과학기술학연구』 2-1, 2002, 63-83쪽.

79. 임재윤, "기술도입, 국내 R&D, 그리고 기술 '국산화': 선경화학 폴리에스터 필름 제

조기술과 그 보호를 둘러싼 논쟁 분석, 1976-1978", 서울대학교 석사학위논문, 2016.

80. 문만용, "박정희 시대 담화문을 통해 본 과학기술정책의 전개", 『한국과학사학회지』 34-1, 2012, 75-108쪽; 송성수, "'전(全)국민의 과학화운동'의 출현과 쇠퇴", 171-212 쪽.

81. 김영식, "한국 과학의 특성과 반성", 김영식, 김근배 엮음, 『근현대 한국 사회의 과학』, 창작과비평사, 1998, 342-363쪽.

82. 신동호, "과학기술계의 양대인맥", 130-216쪽; 문만용, "KIST에서 대덕연구단지까지: 박정희 시대 정부출연연구소의 탄생과 재생산", 262-289쪽.

5장 민간주도 연구체제의 형성

1. 김근배 외, 『근현대 산업기술분야 목록화 조사 연구용역 보고서』, 20-21쪽.

2. 신향숙, "제5공화국의 과학기술정책과 박정희시대 유산의 변용: 기술드라이브정책과 기술진흥확대회의를 중심으로", 『한국과학사학회지』 37-3, 2015, 519-553쪽.

3. 과학기술부, 『과학기술 40년사』, 과학기술부, 2008, 90-96쪽.

4. 한국과학기술원, 『2000년대를 향한 과학기술발전 장기계획』, 1985.

5. "천일약방", 『한국민족문화대백과』, https://encykorea.aks.ac.kr (2015년 5월 접속).

6. 정태현·도봉섭·이덕봉·이휘재, 『조선식물향명집』, 조선식물연구회, 1937.

7. 도정애 편, 『한국 최초 약학자, 경성약전 교수 도봉섭 탄생 백주년기념 자료집』, 2003; 박인규, "여명의 개척자들(6) 조근창·인섭 부자", 《경향신문》, 1984. 4. 14; 이정, "식물 연구는 민족적 과제? 일제강점기 조선인 식물학자 도봉섭의 조선 식물 연구", 『역사와 문화』 25, 2013, 89-121쪽.

8. 정태현, 『한국식물도감 하권 초본부』, 신지사, 1956.

9. 전민제, 『이당 전민제: 화학, 석유, 그리고 엔지니어링 산업을 향한 꿈. 권1 자전적 회고 록』, 한국화학회관, 2011, 66-75쪽.

10. 한국산업은행 기술부, 『한국과학기술요람』, 1959, 224쪽.

11. 산업기술진흥협회, 『산업기술개발 30년』, 2009, 97쪽.

12. 오준석, "최초의 산학협동연구", 환력기념집발간회 편, 『과학기술과 더불어: 최형섭 박사 환력기념회상록』, 1981, 145-151쪽.

13. "금속연료종합연구소 폐문 위기, 민간과학의 불모지대",《동아일보》, 1969. 5. 20.

14. 충비십년사 편찬위원회 편,『충비십년사』, 충주비료주식회사, 1968, 142-149쪽.

15. "연구실의 새구상② 석공기술연구소",《매일경제신문》, 1976. 1. 6.

16. "연구소 순례⑨ 광일생산기술연구소",『비지네스』 1965년 1월호, 109-111쪽.

17. "새 제철공장 설립, 서독차관 등으로",《경향신문》, 1964. 10. 13.

18. "원료 국산화 추진",《매일경제신문》, 1974. 6. 1.

19. "새기술의 산실「첨단」주역 민간연구소〈15〉 두산종합연"《경향신문》, 1989. 8. 23; 두산그룹 홈페이지, http://www.doosan.com/ (2013년 1월 접속).

20. "연구실의 새구상③ 대동공업 연구실",《매일경제신문》, 1976. 1. 7.

21. "박사 현주소③ 의학박사 정재원 주식회사 정식품 대표이사",《매일경제신문》, 1973. 11. 23; 정식품 홈페이지, http://www.vegemil.co.kr/ (2013년 1월 접속).

22. 동양나이론이십오년사편찬위원회 편,『동양나이론이십오년사』, 동양나이론, 1993, 145-147쪽, 648쪽.

23. "연구실의 새구상④ 코오롱 생산기술사업본부",《매일경제신문》, 1976. 1. 9. 한국나일론은 1977년 코오롱나일론으로 사명을 변경하여 현재 (주)코오롱으로 이어진다.

24. "연구소의 새구상⑦ 삼양식품연구소",《매일경제신문》, 1976. 1. 20.

25. 종근당 홈페이지, http://www.ckdpharm.com/ (2013년 3월 접속).

26. 하이트진로 홈페이지, http://www.hitejinro.com/ (2013년 2월 접속).

27. 문만용, "한국과학기술연구소(KIST)의 변천과 연구활동",『한국과학사학회지』 28-1, 2006, 81-115쪽.

28. "새 기술의 산실〈9〉 금성중앙연",《경향신문》, 1989. 6. 21.; "대기업들, 연구소 기능 강화",《매일경제》, 1975. 6. 10.

29. 금성사 35년사 편찬위원회,『금성사 35년사』, 금성사, 1993, 277-278쪽. 중앙연구소는 설립 초기 개발용 컴퓨터, 금속현미경, 고주파용해기 등의 최신 장비를 갖추었으며, 몇 차례 조직 개편을 통해 1979년 7개 연구 그룹으로 연구 분야를 전문화했다.

30. "연구실의 새구상⑤ 한국기계 연구실",《매일경제신문》, 1976. 1. 13.

31. 문만용, "한국의 '두뇌유출' 변화와 한국과학기술연구소(KIST)의 역할",『한국문화』 37, 2006, 229-261쪽.

32. "기업연구소 대덕유치 검토",《매일경제신문》, 1975. 5. 20.

33. "새 기술의 산실〈13〉 쌍용중앙연",《경향신문》, 1989. 7. 19.

34. 한국산업기술진흥협회,『산업기술개발 30년』, 306-311쪽.

35. 과학기술처, 『과학기술연감 1993』, 1994, 142-143쪽.

36. 일본은 1939년 공공연구소와 민간연구소를 모두 정부에 등록하게 하는 연구소 등록제를 실시하였다. 이는 모든 연구소의 개발계획과 재정 지원을 직접 조정하여 전시 국가의 필요에 부응한 연구활동을 유도하기 위한 것으로, 이를 위해 1942년 기술원이 설립되어 전시 과학기술의 총동원을 이끌었다. 테사 모리스 스즈키, 박영무 역, 『일본 기술의 변천』, 한승, 1998, 183쪽.

37. 한국산업기술진흥협회, 『기업부설연구소 및 산업기술연구조합 현황과 활동』, 1986, 3-4쪽.

38. 조성락 외, 『국내 연구개발조직의 육성과 상호 연계체제 구축에 관한 연구』, 과학기술정책관리연구소, 1993, 9쪽.

39. "기업연구소 설립붐, 내실 못따른다", 《한겨레신문》, 1991. 4. 13.

40. "R&D 대신해드립니다. 연구개발전문사 등장", 《매일경제신문》, 1996. 1. 27.

41. 김훈기, "한국 생명공학정책의 형성과 과학자집단의 정책 활동", 『한국과학사학회지』 32-2, 2010, 187-221쪽.

42. 신향숙, "1980년대 한국에서 유전공학의 등장과 제도화", 전북대학교 박사학위논문, 2013, 248쪽.

43. 김갑수·유태수·김성수, 『산업기술연구조합—현황 및 새로운 발전방향』, 과학기술정책관리연구소, 1999, 28-36쪽.

44. "중소기업의 경영안정 및 구조조정 촉진에 관한 특별조치법"(법률 제4092호, 1989); "韓國신발硏 등 4곳 기술연구소로 허가", 《매일경제신문》, 1990. 2. 26.

45. "연구개발업무 영역다툼", 《매일경제신문》, 1990. 9. 27.

46. 김선우, "전문생산기술연구소의 중소기업 지원 현황과 과제", 『STEPI Insight』 138호, 2014, 1-31쪽.

47. "전문생산기술연, 낙하산 인사, 각종 비리 온상", 《대구신문》, 2014. 10. 2.

48. "럭키금성 첨단 종합연구단지 준공", 《매일경제신문》, 1985. 1. 16.

49. "삼성 기흥 전자연구단지 건설", 《매일경제신문》, 1986. 5. 6.

50. "대기업 종합연구소 건립 붐", 《매일경제신문》, 1987. 2. 23.

51. 삼성전자주식회사, 『삼성전자 이십년사』, 1989, 456-460쪽.

52. "금성 중앙연구소 준공", 《매일경제신문》, 1987. 5. 20; "새 기술의 산실 첨단 주역 민간연구소(9) 금성중앙연구소", 《경향신문》, 1989. 6. 21.

53. "해외연구 거점 확산", 《매일경제신문》, 1988. 6. 14.

54. "대기업 해외 첨단기술현장 뛰어든다",《동아일보》, 1990. 11. 23.

55. 과학기술처,『과학기술연감 1989』, 1990, 283쪽.

56. 과학기술처,『과학기술연감 1989』, 283-286쪽.

57. "재벌「21세기 대도약작전」기술혁신 불꽃경쟁",《동아일보》, 1990. 7. 16.

58. "새 기술의 산실〈5〉 제일제당 종합연구소",《경향신문》, 1989. 5. 24.

59. 삼성종합기술원,『기술개발 10년사 1987-1997』, 1997.

60. 삼성전자(주),『삼성전자 30년사』, 1999, 259-260쪽.

61. 삼성종합기술원,『기술개발 10년사 1987-1997』.

62. "한국 경제의 버팀목, 삼성전자 33배 폭풍 성장",『이코노미 조선』103호, 2013. 5.

63. "삼성가 3대째 이어온 '종합기술원' 사랑",《아시아경제》, 2012. 11. 7.

64. "삼성전자 R&D, 이번엔 현장으로 간다",《아시아경제》, 2014. 2. 28.

65. "10년후를 보는 인재를 찾다. 삼성 기술의 컨트롤 타워 '삼성종합기술원'",《아시아투데이》, 2013. 10. 23.

66. "삼성전자 R&D, 이번엔 현장으로 간다",《아시아경제》, 2014. 2. 28.

67. "[이슈추적] 당장 성과 내려고, 씨앗을 먹어요?",《중앙일보》, 2014. 2. 4.

68. 쿠쿠전자(주)편,『CUCKOO 30년』, 2008.

69. 김진경·신혜진·김혜경·장민혜, "중소기업의 나아갈 길—'쿠쿠'의 성공",『경영사례연구』37-1, 2003, 109-131쪽.

70. 쿠쿠전자 홈페이지, http://www.cuckoo.co.kr/ (2013년 8월 접속); "쿠쿠전자 IH전기밥솥, 누적판매량 1천200만대 기록",《아이뉴스24》, 2016. 10. 13.

71. "새 기술의 산실〈4〉 큐닉스 시스템응용연",《경향신문》, 1989. 5. 17.

72. 포항산업과학연구원 10년사 편찬위원회 편,『포항산업과학연구원 10년사』, 재단법인 포항산업과학연구원, 1997.

73. 포항산업과학연구원 홈페이지, http://www.rist.re.kr/rist/main.jsp (2015년 5월 접속).

74. "새 기술의 산실〈2〉 목암생명공학연",《경향신문》, 1989. 5. 3.

75. "계면공학연, 폐소위기 탈출, 독지가 찾기 부심",《매일경제신문》, 1992. 9. 28.

76. 김병진, "산업기술연구조합 육성방안에 대한 연구", 연세대학교 석사학위논문, 2011, 15-20쪽.

77. "국가연구비 지원 엄격관리 긴요",《내외경제》, 1980. 3. 19.

78. KIST, "출연연구기관의 운영효율화를 위한 체제의 발전적 정비" (1980), KIST 문서보관실 자료.

79. "각종 연구기관을 계열화: 과학기술처 업무보고", 《중앙일보》, 1977. 1. 13; 과학기술처, 『과학기술연감 1978』, 1979, 7쪽.

80. 『제99회 국회 제1차 경제과학위원회 회의록』 (1978. 3. 4); "과학자들, 연구실보다 「자리」를 좋아해: 두뇌인력 부족현상", 《경향신문》, 1978. 12. 4.

81. 과학기술처, "연구개발체제 정비와 운영개선 방안" (1980), KIST 문서보관실 자료.

82. 과학기술처, 『한국원자력연구소·한국핵연료개발공단 통합(안)』 (1980), KIST 문서보관실 자료. 이 자료는 1980년 10월에 작성되었으며, 통합기관의 명칭을 한국원자력연구소로 밝히고 있다. 한국에너지연구소의 영문 이름은 Korea Atomic Energy Research Institute에서 Korea Advanced Energy Research Institute로 하여 약칭은 KAERI를 유지했다. 1989년에 이르러 다시 법 개정과 함께 한국원자력연구소라는 원래의 이름을 되찾았다.

83. 강박광 외, 『70–90년대 주요 과학기술정책이 과학기술발전과 산업발전에 기여한 성과조사 분석』, 과학기술부, 2007, 9-17쪽; 정진석, 『총성 없는 전선: 격동의 한미일 현대 외교 비사』, 한국문원, 1999, 167-169쪽.

84. "미국과 전두환의 국방과학자 8백39명 숙청작전", 『월간 말』 1994년 4월호, 44-50쪽; 신동호, "과학기술계의 양대 인맥", 과학기자 모임 지음, 『신한국 과학기술을 위한 연합 보고서』, 희성출판사, 1993, 130-216쪽, 특히 135-140쪽.

85. 문만용, "1980년 정부출연연구기관의 재편성: KIST의 KAIST로의 통합을 중심으로", 『한국과학사학회지』 31-2, 2009, 505-543쪽.

86. 김견, "1980년대 한국의 기술능력발전과정에 관한 연구—'기업내 혁신체제'의 발전을 중심으로", 서울대학교 박사학위논문, 1994, 78-80쪽.

87. 국가보위비상대책위원회, 『국보위 백서』, 1980, 187쪽.

88. 고종관, "매맞는 출연 연구소", 과학기자 모임 지음, 『신한국 과학기술을 위한 연합 보고서』, 85-87쪽.

89. 과학기술처 진흥국, "연구소 운영의 효율화 방안(시안)" (1980), KIST 문서보관실 자료.

90. 1980년대 후반 이후 많은 나라들에서 공공연구기관에 대한 정부의 관리가 점차 강화되고 있는 추세를 보인다. OECD, *Governance of Public Research: Toward Better Practices* (OECD Publishing, 2003).

91. 고종관, "정부출연연구소: 비틀대는 한국과학기술의 「싱크탱크」 활로는 없는가", 『과학동아』 1992년 8월호, 126-131쪽.

92. 과학기술처, 과학기술정책관리연구소,『과학기술처 출연연구기관백서』, 1997, 25-26쪽.

93. 강박광 외,『70-90년대 주요 과학기술정책이 과학기술발전과 산업발전에 기여한 성과조사 분석』, 208-210쪽.

94. 신동호, "과학기술계의 양대 인맥", 130-216쪽.

95. 과학기술부,『특정연구개발사업 20년사』, 2003, 70쪽,

96. 강박광 외,『70-90년대 주요 과학기술정책이 과학기술발전과 산업발전에 기여한 성과조사 분석』, 223쪽.

97. "79년부터 장기대형과제 중점 수행",『과기연 소식』 12-4, 1978.

98. 『과학기술연감 1979』; "산업기술개발 민간주도 유도",《매일경제신문》, 1980. 3. 11.

99. "「국책과제」 선정 급급…연구는 낮잠",《동아일보》, 1981. 12. 15.

100. 과학기술처,『특정연구개발사업 안내』, 1986, 11쪽.

101. 교육과학기술부, 한국과학기술기획평가원,『국가연구개발사업 성과총람 2009』, 50-66쪽.

102. 한국과학기술원부설 과학기술정책연구평가센터,『특정연구개발사업 시행5년』, 과학기술처, 1987, 45-53쪽.

103. 송성수, "한국 과학기술정책의 특성에 관한 시론적 고찰", 67-69쪽.

104. 김근배,『한국 과학기술혁명의 구조』, 212-213쪽.

105. 과학기술부,『특정연구개발사업 20년사』, 42-45쪽.

106. 교육과학기술부 · 한국과학기술기획평가원,『국가연구개발사업 성과총람』, 50-66쪽.

107. KT 신사업기획본부,『飛: KT R&D 20년, Be』, 2004.

108. 과학기술정책연구소,『특정연구개발사업('82-'89) 추진설적 및 성과에 대한 종합분석』, 과학기술처, 1991, 167-170쪽.

109. 과학기술부,『특정연구개발사업 20년사』, 77-82쪽.

110. 과학기술정책관리연구소,『특정연구개발사업 연구성과』, 과학기술부, 1998, 35쪽.

111. Jae-Yong Choung and Hye-Ran Hwang, "The Evolutionary Patterns of Knowledge Production in Korea", *Scientometrics* 94 (2013), pp. 629-650; John A. Mathews, "The Origins and Dynamics of Taiwan's R&D Consortia", *Research Policy* 31 (2002), pp. 633-651.

112. 박승덕 · 김정덕, "반도체 기술의 원천과 추진동력", 권원기 외,『과학기술정책이 경

제발전에 기여한 성과조사 및 과제발굴』, 과학기술부, 2006, 1-36쪽.

113. 한국전자통신연구원, 『ETRI 30년 IT Korea 30년』, 2006, 72-76쪽.

114. 김용열, "TDX 혈서와 전자교환기 국산화", 《디지털타임스》, 2008. 3. 14.

115. 반도체 공동개발사업의 효과에 대해서는 상이한 평가가 존재한다. 참여 기업들에
게 기술능력을 확보하게 한 매우 효과적인 협력 사업이었다는 평가와 함께, 실제로
관련 기술의 원천은 해외 기업으로부터의 기술 이전이었다는 주장도 있다. 전자와
후자의 대표적인 문헌으로 각각, R. Wade, "Industrial Policy in East Asia: does it lead
or follow the market?", G. Gereffi and D.L. Wyman eds., *Manufacturing Miracles: Paths
of Industrialization in Latin America and East Asia* (Princeton University Press, 1990),
pp. 231-266; H. Pack, "Research and Development in the Industrial Development
Process", L. Kim, R. Nelson eds., *Technology, Learning, & Innovation* (Cambridge University Press, 2000), pp. 69-94 참고.

116. 이기열, 『소리없는 혁명: 80년대 정보통신 비사』, 북스토리, 2006, 304쪽.

117. 문만용, "1980년 정부출연연구기관의 재편성", 532-538쪽.

118. 한국과학기술연구원, 『KIST 25년사』, 1994, 403쪽.

119. 한국과학기술연구원, 『KIST 25년사』, 166-176쪽.

120. 기술경영경제학회·(주)날리지웍스, 『KIST의 경제사회적 파급효과 분석』, 2013, 153
쪽.

121. 한국식품연구원, 『한국식품연구원 20년사, 1988-2008』, 2008.

122. "새 기술의 산실〈3〉 건설기술연", 《경향신문》, 1989. 5. 10.

123. Joel R. Campbell, *The Technology Policy of the Korean State Since 1961* (The Edwin Mellen Press, 2009), pp. 110-111.

124. 유헌수·박운서, 『생산기술 어떻게 할 것인가』, 생산기술연구원, 1989.

125. Joel R. Campbell, *The Technology Policy of the Korean State Since 1961*, pp. 110-111.

126. 설성수 외, 『소관연구기관 성과분석 및 경제사회적 기여전략 연구(기초과학지원연
구원, 한국천문연구원)』, 기초기술연구회, 2005.

127. 한국천문연구원, 『한국천문연구원 30년사』, 2004, 17-58쪽.

128. 산업연구원, 『산업연구원 이십오년사: 1976-2001』, 2002.

129. 과학기술정책연구원, 『과학기술정책연구원 20년: 1987-2007』, 2007, 66쪽.

130. 문만용·강미화, "박정희 시대 과학기술 '제도 구축자': 최형섭과 오원철", 『한국과학
사학회지』 35-1, 2013, 225-244쪽.

131. 『1988년 국회 상공위원회 산업연구원 국정감사 회의록』(1988. 10. 18).

132. "평화의 댐 건설되던 86년 금강산댐 착공안돼", 《동아일보》, 1993. 6. 16; "금강산댐 컴퓨터로 입체화해 규모추적", 《동아일보》, 1993. 6. 22; 김종욱, "냉전의 '이종적 연결망'으로서 '평화의 댐 사건: 행위자-연결망 이론을 통한 경험적 추적", 『동향과 전망』 83, 2011, 79-112쪽.

133. "도청시비「블랙박스」궁금한 정체", 《동아일보》, 1989. 10. 2; "'블랙박스' 도청장치 의혹 해넘겨", 《한겨레신문》, 1989. 12. 21.

134. "정부출연연구기관 동원 민자 대선 공약 극비 개발", 《동아일보》, 1992. 6. 17; "정부출연연구기관 대선공약 동원 문책을, 민주·국민 촉구", 《한겨레신문》, 1992. 6. 19.

135. 행정개혁위원회, 『행정개혁에 관한 건의』, 1989, 147-152쪽.

136. 종합과학기술심의회, 「국가적 사업」이견조정 기대", 《동아일보》, 1990. 10. 27.

137. 박노영·민병기·김도균·이정림·이상용, 『대전지역 민주노동조합 운동사』, 한울, 2011, 309-326쪽.

138. 박진희, "6월항쟁과 과학기술계", 『역사비평』 78, 2007, 146-158쪽.

139. 한국노동연구원, 『정부출연(연)의 바람직한 노사관계 설정에 관한 연구』, 국가과학기술자문회의, 2002, 48쪽.

140. 황의봉, "몸살 앓는 정부출연연구소의 속사정", 『과학동아』 1988년 9월호, 94-99쪽; "과학기술연구 '충격파' 심심치 않게 나도는 정부출연기관 통폐합", 《매일경제신문》, 1988. 7. 28.

141. 박진희, "6월항쟁과 과학기술계", 149-152쪽.

142. "과기원 연구협의회 발족", 《경향신문》, 1989. 1. 13.

143. 인터뷰: 고영주 (2014. 4. 23).

144. 연구발전협의회는 2012년 (사)출연(연)연구발전협의회총연합회로 명칭을 변경했으며, 출범 이후 새로운 연구소가 추가로 참여하여 현재 19개 기관이 가입했다. (사)출연(연)연구발전협의회총연합회 홈페이지, http://www.seanri.org/ (2015년 1월 접속).

145. 이재혁, "정부출연 연구소 부처찾기 그 내막은?", 『과학동아』 1991년 8월호, 122-125쪽; "과학기술처 예산 크게 깎여", 《한겨레신문》, 1988. 9. 6.

146. 채영복 외, 『국가과학기술발전과 정부출연연구기관의 역할에 관한 연구』, 과학기술처, 1991.

147. "과학기술계가 흔들린다, 대통령, 출연기관 조사 지시로 찬바람", 《경향신문》, 1991.

3. 26; 이재권, "G7프로젝트", 과학기자 모임, 『신한국 과학기술을 위한 연합 보고서』, 224-225쪽.

148. "정부출연연의 한숨", 《동아일보》, 1991. 4. 9.

149. 정부출연연구기관 합동평가단, "과학기술계 정부출연연구기관의 기능 재정립 및 운영효율방안(안)" (1991. 7).

150. 신동호, "과학기술계의 양대인맥", 과학기자 모임, 『신한국 과학기술을 위한 연합 보고서』, 156-157쪽.

151. "21세기 위원회, 미래정책 공개토론회", 《한겨레신문》, 1992. 6. 23.

152. 이진주, "새해 우리경제의 좌표: 과학기술, 기초분야 정부 투자 대폭 확대", 《매일경제신문》, 1986. 1. 14.

6장 한국 연구체제의 재정립

1. 과학기술30년사 편찬위원회, 『과학기술30년사』, 과학기술처, 1997, 116-117쪽.

2. 송성수, "한국 과학기술정책의 특성에 관한 시론적 고찰", 63-83쪽.

3. 함철훈, "과학기술혁신을 위한 특별법의 제정", 『과학기술정책』 100, 1997, 57-69쪽; 윤종민, "과학기술기본법의 체계성 및 정합성 제고를 위한 개정방안", 『기술혁신학회지』 17-1, 2014, 95-123쪽.

4. 교육과학기술부·한국과학기술기획평가원, 『국가연구개발사업 성과총람』, 2009, 68쪽.

5. 예를 들어, 조현대·황용수·김왕동·성태경·이태희·이병헌·강영주·이근, 『국내외 공공연구시스템의 변천과 우리의 발전과제』, 과학기술정책연구원, 2007은 공공연구조직에 공공연구소와 대학을 포함시켜 논의했다.

6. 송성수, 『과학기술과 사회의 접점을 찾아서』, 223-243쪽.

7. 설성수 외, 『인력양성사업 분석과 향후 추진방향에 관한 연구─한국연구재단지원사업을 중심으로』, 한국연구재단, 2012, 12-15쪽.

8. 민철구·박기범·김선우·조현대·안종욱, 『연구소 중심의 대학연구시스템 활성화 방안』, 한국과학기술정책연구원, 2012.

9. 문만용·김영식, 『한국 근대과학 형성과정 자료』, 서울대학교출판부, 2004, 309-314쪽.

10. 신창건, "경성제국대학에 있어서 한약연구의 성립", 『사회와 역사』 76, 2007, 105-139 쪽; 서울대학교, 『서울대학교 40년사』, 1986, 248-249쪽.

11. 서울대학교, 『서울대학교 60년사』, 2006, 688쪽.

12. 선유정, "현신규의 임학연구 궤적―과학연구의 사회적 진화", 전북대학교 박사학위 논문, 2012, 97-100쪽.

13. 유헌수·박운서, 『생산기술 어떻게 할 것인가』, 생산기술연구원, 1989, 65쪽.

14. 서울대학교, 『서울대학교 40년사』, 352쪽.

15. 서울대학교, 『서울대학교 50년사』, 1996, 114-116쪽.

16. 서울대학교, 『서울대학교 60년사』, 641쪽.

17. 서울대학교, 『서울대학교 40년사』, 518-519쪽.

18. 서울대학교, 『서울대학교 40년사』, 528쪽; 서울대학교, 『서울대학교 60년사』, 603쪽.

19. 서울대학교, 『서울대학교 40년사』, 596쪽.

20. "부산, 경북, 전남, 충남 4개 특성화대학 선정", 《매일경제신문》, 1977. 4. 4.

21. 한국학술진흥재단, 『대학부설연구소총람 1987』, 1987, 167쪽, 211쪽.

22. 강기천, "한국과학재단의 설립과 대학의 기초연구, 1961-1989", 서울대학교 석사학위 논문, 2014.

23. 박범순·우태민·신유정, 『사회 속의 기초과학』, 한울, 2016, 31-32쪽.

24. "학술연구비 40억 지급, 문교부", 《경향신문》, 1979. 4. 14.

25. "80문화계 회고(9) 과학", 《동아일보》, 1980. 12. 29.

26. "이론물리화학센터 한국과학원에 설치", 《동아일보》, 1974. 12. 23.

27. 대한화학회 편, 『나는 과학자이다』, 양문, 2008, 122쪽.

28. 김유혁, "대학부설 연구소의 활성화 방안", 『대학교육』 2호, 1983; 김신일, "연구기능 활성화를 위한 과제", 『대학교육』 16호, 1985; 홍일식, "대학의 연구기관", 『대학교육』 16호, 1985; 명노근, 이용환, "대학부설 연구소 운영 활성화 방안―전남대학교를 중심으로", 『교육연구』 11호, 1985 등이 있다.

29. 명노근·이용환, "대학부설 연구소 운영 활성화 방안", 106-107쪽.

30. 한상복 외, "대학부설연구소의 활성 방향", 『대학교육』 24호, 1986, 30-42쪽.

31. 신향숙, "제5공화국의 과학기술정책과 박정희시대 유산의 변용", 519-553쪽.

32. 신향숙, "1980년대 한국에서 유전공학의 등장과 제도화", 222-223쪽.

33. 양준철 외, 『반도체, 신화를 쓰다: 한국반도체산업발전사』, 한국반도체산업협회, 2012, 66-70쪽.

34. "기업-대학 기술전쟁 손잡는다",《동아일보》, 1994. 3. 3.

35. 서울대학교,『서울대학교 60년사』, 632-633쪽.

36. 장수영, "방사광가속기의 활용",《매일경제신문》, 1995. 5. 30; 송성수, "한국 철강산업의 기술능력 발전과정—1960~1990년대의 포항제철", 서울대학교 박사학위논문, 2002, 212-222쪽.

37. 과학기술처,『과학기술연감 1990』, 1991, 224쪽; "기술은 큰 연못의 물과 같다",《동아일보》, 1991. 10. 13.

38. "국내기초과학 '영양실조'",《경향신문》, 1992. 3. 24.

39. 설성수 외,『소관연구기관 성과분석 및 경제사회적 기여전략 연구(기초과학지원연구원, 한국천문연구원)』, 기초기술연구회, 2005.

40. "공대 부설연구소 급증",《동아일보》, 1991. 4. 6; "연세대 연구소 대폭정비, 교무위 설립요강 확정",《경향신문》, 1991. 9. 30.

41. "우수·장려연구집단 39개에 39억원 지급, 과학재단 1차 기초과학 육성 사업 확정",《한겨레신문》, 1990. 2. 22.

42. 과학기술처,『과학기술연감 1990』, 226-227쪽.

43. Soon Il Ahn, "A New Program in Cooperative Research between Academia and Industry in Korea, Involving Centers of Excellence", *Technovation* 15-4 (1995), pp. 241-257.

44. 황혜란, 윤정로, "한국의 기초연구능력 구축과정: 우수연구센터(ERC/SRC) 제도를 중심으로",『기술혁신학회지』 6-1, 2002, 12쪽.

45. 임윤철,『종료 우수연구센터 종합분석 조사연구』, 한국과학재단, 2002.

46. 황혜란, 윤정로, "한국의 기초연구능력 구축과정: 우수연구센터(ERC/SRC) 제도를 중심으로", 1-19쪽.

47. 한국연구재단,『2013 미래창조과학부 주요 연구개발사업 성과분석보고서』, 미래창조과학부, 2013, 84쪽.

48. 1990년대 대학에서 새로운 연구주제에 대해 도전적인 연구활동을 추진한 사례 연구로 서울대 SNI(Seoul National University Nanoelectronics Institute)의 활동에 대한 최형섭의 연구가 있다. Hyungsub Choi, "Emerging opportunities: nanoelectronics and engineering research in a South Korean university", *History and Technology* 30-4 (2014), pp. 334-352. 또한 이 시기 대학 생물학과의 연구경향 변화에 대해서는 김지현, "한국 과학기술정책과 대학개혁: 생물학의 변화 (1969-2004) 사례연구", KAIST 박사학위논문, 2016을 참조할 수 있다.

49. 태의경, "카이스트 인공위성연구센터의 위성 기술 습득과 개선 과정 고찰", 『한국과학사학회지』 37-1, 2015, 85-117쪽.

50. "이공계 대학 '영양실조' OECD 보고서", 《한겨레신문》, 1997. 12. 24.

51. 경종철, "우수연구센터(SRC/ERC)가 기초과학육성에 미친 효과 분석", 권원기 외, 『과학기술정책이 경제발전에 기여한 성과조사 및 과제발굴』, 과학기술부, 2006, 262-314쪽.

52. 베이-돌 법은 대학, 중소기업, 비영리기구들에게 연방 연구기금으로 이루어진 연구들에 대한 권리 부여를 핵심으로 했다. John A. Mathews and Mei-Chih Hu, "Universities and Public Research Institutions as Drivers of Economic Development in Asia", Shahid Yusuf and Kaoru Nabeshima eds. *How Universities Promote Economic Growth* (The World Bank, 2007), pp. 91-109.

53. 박희제, "한국 대학에서의 과학연구의 성격과 변화: 1980년대 이후 연구개발비 흐름을 중심으로", 『사회이론』 30, 2006, 213-244쪽; 박희제, "국가주도 과학의 상업화와 그 문화적 영향", 『담론 201』 16-4, 2013, 5-31쪽.

54. Jae-Yong Choung and Hye-Ran Hwang, "The Evolutionary Patterns of Knowledge Production in Korea", *Scientometrics* 94 (2013), pp. 629-650.

55. 미래창조과학부·한국과학기술기획평가원, 『2012년도 연구개발활동조사보고서』, 2013, 34쪽.

56. 전자의 주장은 Henry Etzkowitz, Andrew Webster, Christiane Gebhardt and Branca Regina Cantisano Terra, "The future of the university and the university of the future: evolution of ivory tower to entrepreneurial paradigm", *Research Policy* 29-2 (2000), pp. 313-330을, 후자는 Dasgupta Partha and Paul A. David, "Toward a new economics of science", *Research Policy* 23-5 (1994), pp. 487-521 참조.

57. Jong-Hak Eun, Keun Lee and Guisheng Wu, "Explaining the "University-run enterprises" in China: A theoretical framework for university–industry relationship in developing countries and its application to China", *Research Policy* 35-9 (2006), pp. 1329-1346.

58. 설성수 외, 『인력양성사업 분석과 향후 추진방향에 관한 연구──한국연구재단지원사업을 중심으로』, 12-15쪽.

59. 박종구 외, 『대학 연구력 제고를 위한 대학부설연구소 운영지원 체제 개선방안』, 교육과학기술부, 2011.

60. 민철구·박기범·김선우·조현대·안종욱, 『연구소 중심의 대학연구시스템 활성화 방안』, 한국과학기술정책연구원, 2012.

61. 엄미정·박기범·김왕동·민철구·정성욱, 『R&D 환경변화에 대응한 대학내 연구조직 지원정책 개선방안』, 한국과학기술정책연구원, 2009.

62. 산업기술진흥협회, 『산업기술개발 30년』, 2009, 345-378쪽.

63. "삼성전자 「4명 사장제」 도입", 《매일경제신문》, 1988. 8. 30.

64. 한국산업기술진흥협회, 『2011년도 기업연구소 현황분석』, 2012.

65. 박상문 외『우수기업연구소 인증제 도입방안』, 교육과학기술부, 2013.

66. "48개 기업연구소 '우수연구센터' 신규 선정: 산업부, 2014년 'ATC사업' 대상 발표, 5년간 5억원 지원", 『대덕넷』, 2014. 6. 11.

67. (사)기술혁신협회 부설 기업기술연구원, 『기술경쟁력 강화를 위한 기업연구소 활성화 방안 연구』, 과학기술부, 2002.

68. 미래창조과학부·한국과학기술기획평가원, 『2014년도 연구개발활동조사보고서』, 2015, 31-44쪽.

69. PwC, "Global Innovation 1000 Study", http://www.strategyand.pwc.com/innovation1000(2016년 9월 접속).

70. 미래창조과학부·한국과학기술기획평가원, 『2015년도 국가연구개발사업 조사·분석 보고서』, 2016, 23쪽.

71. 한국산업기술진흥협회, 『기업연구소의 기술경영 실태 및 과제』, 2007.

72. 송성수, 『기술혁신이란 무엇인가』, 생각의힘, 2014, 62-63쪽; 정형지·홍대순 외, 『제3세대 R&D 그 이후』, 케이디북스, 2007.

73. ADL, 『산업기술연구회 및 소관 연구기관 조직개선 방안 연구 최종보고서』, 2010, 103쪽.

74. 인터뷰: 장인순 (2014. 2. 20).

75. ADL, 『산업기술연구회 및 소관 연구기관 조직개선 방안 연구 최종보고서』, 100쪽.

76. "민간연 '뭔가 다르다'… 세계적 성과 뒤에는?", 『대덕넷』 2014. 5. 19.

77. 교육과학기술부·한국과학기술기획평가원, 『2010 연구개발활동조사보고서』, 2011.

78. 공학기술한림원, 『대한민국 100대 기술과 주역』, 2010.

79. 한국산업은행 기술부, 『한국과학기술요람』, 1959, 219-223쪽.

80. 사단법인 과총, 『우리나라 연구기관의 연구능력 조사에 관한 연구(연구소 편)』, 과학기술처, 1972, 12-28쪽.

81. "세계의 관심 부른 새볍씨 개량, 국제 전문가들 한국 농업연구관 격찬",《조선일보》, 1975. 10. 17.

82. "운영 합리화·예산 절감에 역점",《경향신문》, 1972. 5. 29.

83. "기술개발의 파이프 라인: 공업진흥청 개청…그 의의",《매일경제신문》, 1973. 2. 2; "구실 못하는 공업시험·검사소",《경향신문》, 1973. 7. 4.

84. 각 연도별 『과학기술연구개발활동조사보고』.

85. "국공립 연구기관 '유명무실'",《동아일보》, 1988. 4. 6.

86. 임정남 외,『국공립연구기관의 활성화 방안 연구』, 과학기술처, 1988.

87. 과학기술처,『과학기술연감 1989』, 1990, 198-201쪽.

88. 과학기술처,『과학기술연감 1990』, 1991, 200쪽.

89. "국공립연구기관 기능 확충",《매일경제신문》, 1991. 12. 7.

90. "과학기술처 기상대 청으로 승격",《매일경제신문》, 1990. 10. 17.

91. "정부출연 환경연구소 설립 노대통령 지시",《한겨레신문》, 1991. 3. 26.

92. "창립 30주 맞는 KIST 김은영 원장 '장기 청사진 마련 「국가연」 재도약",《매일경제신문》, 1996. 2. 9; "KIST 원천기술 개발 역점",《매일경제신문》, 1996. 2. 11; "국가연구소 기초연구 몰두해야",《한겨레신문》, 1996. 3. 16.

93. "우리에겐 국립천문대가 없다",《매일경제》, 2012. 2. 7; 안홍배, "천문대와 국가의 자주성",《부산일보》, 2012. 1. 25.

94. 원광식, "행정직소장이 경험한 축산기술연구소", 농촌진흥청 축산기술연구소,『축산연구오십년사』, 2002, 822-827쪽.

95. 설동섭, "나의 축산시험장 재직시절을 회고 하면서", 농촌진흥청 축산기술연구소,『축산연구오십년사』, 816-821쪽.

96. 이인형, "축산기술연구 50년을 맞이하면서", 농촌진흥청 축산기술연구소,『축산연구오십년사』, 832-837쪽.

97. 김윤권 외,『정부 조직관리의 자율성과 책임성에 관한 연구: 정부기관법인화·특별지방행정기관·책임운영기관을 중심으로』, 한국행정연구원, 2012, 239-277쪽.

98. 과학기술정책연구원,『국가 R&D 시스템 변화에 대응한 산업기술연구회 및 소관 출연(연) 운영체제 발전 방안』, 산업기술연구회, 2008, 17-50쪽.

99. AIST 홈페이지, http://www.aist.go.jp/ (2016년 4월 접속).

100. 문명재·이명진, "책임운영기관의 조직 인사 자율성과 제도적 개선 방향",『한국조직학회보』7-1, 2010, 39-63쪽.

101. 국립축산과학원, "책임운영기관 10년, 국립축산과학원 업무개선 사례", 『한국정책학회 학술대회』, 2010, 285-306쪽.

102. 박용성, "농촌진흥청 조직혁신의 성과와 과제", 『한국정책학회 학술대회』, 2010, 257-283쪽.

103. 박석희, "정부기관 법인화의 행정책임성 문제: 농림수산분야 소속기관 사례", 『한국조직학회보』 7-2, 2010, 119-156쪽.

104. Aant Elzinga, "Features of the current science policy regime: Viewed in historical perspective", *Science and Public Policy* 39 (2012), pp. 416‒428.

105. OECD, *Public Research Institutions: Mapping Sector Trends* (OECD Publishing, 2011).

106. 중간진입전략에 대해서는 정근모·이공래, 『중간진입전략』, 나남, 1996 참조.

107. "대덕단지 연구기관 '일손이 안잡힌다'", 《한겨레신문》, 1995. 2. 25.

108. "정부 연구기관 정비 보류할 이유 없다", 《한겨레신문》, 1995. 3. 3.

109. 과학기술처, 『과학기술연감 1994』, 147쪽; 과학기술처, 『과학기술연감 1995』, 123쪽.

110. 『14대 국회 통신과학기술위원회 국정감사 회의록』 (1995. 10. 14).

111. 길종백·정병걸·염재호, "정부출연의 대리문제와 PBS의 한계", 『한국조직학회보』 6-2, 2009, 179-202쪽; 김민수, "현장에서 바라본 이공계 출연연 정책의 문제점과 개선방향", 『과학기술정책』 18-4, 2008, 63-75쪽.

112. OECD, *Public Research Institutions: Mapping Sector Trends*, p. 32.

113. "공업화 반세기 과학화 100년④ 최형섭과 함께 사라져간 연구자율성", 『대덕넷』, 2012. 5. 9.

114. 전유정·차두원, 『주요국 연구기관의 블록펀딩 지원 동향 및 시사점』, 한국과학기술기획평가원, 2011, 10쪽.

115. 과학기술처, 『과학기술처 출연연구기관 백서』, 1997, 30-31쪽.

116. 과학기술부, 『과학기술연감 2004』, 2005, 248-249쪽.

117. "정부출연 대학 등과 공동활용해야: 「과학기술대토론회」서 위상정립 모색", 《동아일보》, 1989. 2. 20.

118. 이찬구, "과학기술 정책결정에서의 정책이전 연구: 연구회 도입 사례", 『사회과학연구』 26-1, 2010, 27-54쪽.

119. 손진훈·노환진, 『국가연구개발원 설립 및 운영방안 연구』, 국가과학기술위원회, 2013.

120. 과학기술부, 『과학기술연감 2004』, 247-248쪽.

121. 임기철·이철원 외,『국민소득 2만 달러 시대 대비 정부출연연구기관의 전략적 발전 방안—과학기술계』, 경제사회연구회, 2004.

122. 교육과학기술부,『과학기술연감 2008』, 2009, 34쪽.

123. 과학기술정책연구원,『국가 R&D 시스템 변화에 대응한 산업기술연구회 및 소관 출연(연) 운영체제 발전방안』, 산업기술연구회, 2008; ADL,『산업기술연구회 및 소관 연구기관 조직개선 방안 연구 최종보고서』, 2010.

124. 과학기술 출연(연) 발전 민간위원회,『새로운 국가과학기술시스템 구축과 출연(연) 발전방안』, 2010.

125. 김성수, "이명박정부 출연연 선진화정책의 표류원인 분석",『한국거버넌스학회보』 20-2, 2013, 217-242쪽.

126. 과학기술정책연구원,『ETRI 35년 연구개발 성과분석—세계 5대 연구기관 비교』, 한국전자통신연구원, 2012.

127. 기술경영경제학회·(주)날리지웍스,『KIST의 경제사회적 파급효과 분석』, 2013.

128. 국가과학기술연구회 통합통계정보서비스, http://stat.nst.re.kr/stat/org/listOrg.do (2017년 1월 접속).

129. "미 특허종합평가 3년 연속 1위 수성",《대전일보》, 2014. 4. 21.

130. 설성수 외,『소관연구기관 성과분석 및 경제사회적 기여전략 연구』, 기초기술연구회, 2004; 이철원 외,『산업기술연구회 소관 출연기관 연구성과의 경제적 효과분석 (I)』, 2003; 설성수 외,『소관연구기관 성과분석 및 경제사회적 기여전략 연구(기초과학지원연구원, 한국천문연구원)』, 기초기술연구회, 2005.

131. "흔들리는 출연연 〈중〉 비전이 없다",《전자신문》, 2011. 2. 22.

132. "최 장관의 고강도 질타, '출연연 변한게 없다'",『대덕넷』, 2014. 1. 8; "추락하는 '출연연'… '변해야 산다'",『대덕넷』, 2014. 4. 13.

133. 이호성, "정부출연연구기관 위상 정립 및 인재 활용 방안",『물리학과 첨단기술』 2012년 3월호, 23-28쪽; 이규호, "국가 R&D와 출연(연)이 가야 할 길",『화학연합』 5-4, 2013, 13-16쪽; 이철원, "과학기술계 정부출연연구기관의 새로운 도약을 위한 당면과제",『2007년 기술경영경제학회 학술발표회』, 2007, 3-4쪽.

134. Roberto Mazzoleni and Richard R. Nelson, "Public Research Institutions and Economic Catch-up", *Research Policy* 36 (2007), pp. 1512-1528.

135. 정병걸, "이카로스의 역설: 출연연의 위기와 성공의 함정", 정재용, 황혜란 엮음,『추격형 혁신시스템을 진단한다』, 한울아카데미, 2013, 112-131쪽; 정병걸, "고착화와

전환의 실패: 출연연 문제의 기원과 성격", 『국가정책연구』 26-3, 2012, 5-25쪽.

136. KIST, 『KIST 40년사』 (2006); KIST 홈페이지, http://kist.re.kr/ (2014년 2월 접속); 원유형, 『출연(연) R&D 글로벌화 추진방안: KIST 사례를 중심으로』, 한국산업기술진흥재단, 2009; Byung Gwon Lee, "KIST at 50, beyond the miracle", *Science* 351-6276 (2016), p. 895.

137. 인터뷰: 오인환 (2014. 3. 10).

138. 성지은, 고영주, "탈추격 혁신을 위한 정부출연연구관의 노력과 과제: 한국화학연구원을 중심으로", 『기술혁신연구』 21-2, 2013, 85-113쪽; "화학연에 '성장 공감대' 퍼지다", 『대덕넷』, 2014. 5. 15.

139. "'정부-출연연 5년간 연구자율 신사협정 맺자' 조영환 ETRI 박사 '獨 산업계 힘은 프라운호퍼…배경을 배워라'", 『대덕넷』, 2014. 7. 22.

140. Arie Rip and Barend J R van der Meulen, "The Post-modern Research System", *Science and Public Policy* 23-6 (1996), pp. 343-352. 이 논문은 정부의 영향력(steering)과 아젠다 설정의 집적성(aggregation)을 두 축으로 하여 구미와 일본의 연구시스템의 성격을 구분해서 설명했다.

141. ADL, 『산업기술연구회 및 소관 연구기관 조직개선 방안 연구』, 116쪽.

142. 김영욱, "[서소문 포럼] 제발 내비도", 《중앙일보》, 2013. 5. 24.

143. 인터뷰: 고영주 (2014. 4. 23).

144. 이민형·안두현·정미애·이혜진·고영주·변영지, 『연구성과 제고를 위한 정부출연연구기관 역할 및 운영체계 효율화 방안』, 과학기술정책연구원, 2012.

145. OECD, *Public Research Institutions: Mapping Sector Trends*, p. 61.

146. 미래창조과학부·한국과학기술기획평가원, 『2012년도 연구개발활동조사보고서』, 2013, 34쪽.

147. "과학기술 행정체제 통합 개편 바람직", 《한겨레신문》, 1993. 2. 9.

148. 김갑수·송충한, 『첨단소형전문연구소의 배양 필요성에 관한 연구』, 과학기술정책연구원, 2001, 71쪽.

149. 2000년대 이전까지 대부분 국립대학들이 직무 발명에 대한 보상 및 관리 규정이 존재하지 않아 대학 명의가 아닌 연구자 개인의 이름으로 특허를 출원하는 것이 일반적이었다. 이에 비해 법인이었던 KAIST는 1982년 직무 발명 규정을 마련해 직무상 발명은 대학에 귀속됨을 명확히 하고 기술 이전 수입의 일정 비율을 연구자들에게 지급하도록 했다. 이에 따라 KAIST는 1982~1999년까지 대학들의 전체 특허출

원건수 1,820건 중 58.4%인 1,062건을 출원하였다. 김상태·홍운선, "한국과 미국의 기술이전 제도 비교 연구: KAIST와 캘리포니아주립대학교를 중심으로", 『2012 한국정책학회 동계학술대회』, 2012, 493-520쪽.

150. 과학기술부, 『과학기술 40년사』, 2008, 230-236쪽; 김근배 외, 『한국 학술연구 100 년과 미래—2부 과학기술 연대기』, 한국연구재단, 2012, 97-98쪽.

151. Mariko Sakakibara and Dong-Sung Cho, "Cooperative R&D in Japan and Korea: A Comparison of Industrial Policy", *Research Policy* 31 (2002), pp. 673-692.

152. Eom Boo-young and Lee Keun, "Determinants of industry-academy linkages and their impact on firm performance: The case of Korea as a latecomer in knowledge industrialization, *Research Policy* 39-5 (2010), pp. 625-639.

7장 맺음말

1. Deepak Kumar, "Scientific Surveys in British India: A Suvey, 1760-1900", Uma Das Gupta ed., *Science and Modern India: An Institutional History, c.1784-1947* (Center for Studies in Civilizations, 2011), p. 3.

2. 송성수, "과학기술학이란 무엇인가", 한국과학기술학회, 『과학기술학의 세계』, 휴먼사이언스, 2014, 23쪽.

3. 김영식, "한국과학의 특성과 반성", 김영식, 김근배 엮음, 『근현대 한국사회의 과학』, 창작과비평사, 1998, 342-363쪽.

표 일람

도판 일람

〈참고문헌〉

1. 논문

강기천, "한국과학재단의 설립과 대학의 기초연구, 1961-1989", 서울대학교 석사학위논문, 2014.

구상회, "무기체계 연구개발과 더불어 30년(2)", 『국방과 기술』, 1997년 11월호.

국립축산과학원, "책임운영기관 10년, 국립축산과학원 업무개선 사례", 『한국정책학회 학술대회』, 2010.

길종백·정병걸·염재호, "정부출연연의 대리문제와 PBS의 한계", 『한국조직학회보』 6-2, 2009.

김견, "1980년대 한국의 기술능력발전과정에 관한 연구―'기업내 혁신체제'의 발전을 중심으로", 서울대학교 박사학위논문, 1994.

김근배, "남북의 두 과학자 이태규와 리승기: 세계성과 지역성의 공존 모색", 『역사비평』 82, 2008.

김근배, "월북 과학기술자와 흥남공업대학의 설립", 『아세아연구』 40-2, 1997.

김근배, "과학기술입국의 해부도: 1960년대 과학기술 지형", 『역사비평』 85, 2008

김근배, "우장춘의 한국귀환과 과학연구", 『한국과학사학회지』 26-2, 2004.

김근배, "한국과학기술연구소(KIST) 설립과정에 관한 연구―미국의 원조와 그 영향을 중심으로", 『한국과학사학회지』 12-1, 1990.

김민수, "현장에서 바라본 이공계 출연연 정책의 문제점과 개선방향", 『과학기술정책』 18-4, 2008.

김병진, "산업기술연구조합 육성방안에 대한 연구", 연세대학교 석사학위논문, 2011.

김상태·홍운선, "한국과 미국의 기술이전 제도 비교 연구: KAIST와 캘리포니아주립대학교를 중심으로", 『2012 한국정책학회 동계학술대회』, 2012.

김선우, "전문생산기술연구소의 중소기업 지원 현황과 과제", 『STEPI Insight』 138호,

2014.

김성수, "이명박정부 출연연 선진화정책의 표류원인 분석", 『한국거버넌스학회보』 20-2, 2013.

김성준, "한국 원자력 기술 체제 형성과 변화, 1953-1980", 서울대학교 박사학위논문, 2012.

김신일, "연구기능 활성화를 위한 과제", 『대학교육』 16호, 1985.

김유혁, "대학부설 연구소의 활성화 방안", 『대학교육』 2호, 1983.

김정흠, "해외 과학자 두뇌 유치", 『과학기술』 3-3, 1970.

김종욱, "냉전의 '이종적 연결망'으로서 '평화의 댐 사건: 행위자-연결망 이론을 통한 경험적 추적", 『동향과 전망』 83, 2011.

김지현, "한국 과학기술정책과 대학개혁: 생물학의 변화 (1969-2004) 사례연구", KAIST 박사학위논문, 2016.

김진경·신혜진·김혜경·장민혜, "중소기업의 나아갈 길—"쿠쿠"의 성공", 『경영사례연구』 37-1, 2003.

김진기, "한국 방위산업의 발전전략에 대한 연구—박정희 시대의 방위산업 발전전략을 중심으로", 『국가전략』 14-1, 2008.

김훈기, "한국 생명공학정책의 형성과 과학자집단의 정책 활동", 『한국과학사학회지』 32-2, 2010.

김훈철, "조선공업: 어디로 가야 하나?", 2002, 미발표 원고.

명노근·이용환, "대학부설 연구소 운영 활성화 방안—전남대학교를 중심으로", 『교육연구』 11호, 1985.

문만용, "1980년 정부출연연구기관의 재편성: KIST의 KAIST로의 통합을 중심으로", 『한국과학사학회지』 31-2, 2009.

문만용, "1960년대 '과학기술 붐': 한국의 현대적 과학기술체제의 형성", 『한국과학사학회지』 29-1, 2007.

문만용, "KIST에서 대덕연구단지까지: 박정희 시대 정부출연연구소의 탄생과 재생산", 『역사비평』 85, 2008.

문만용, "박정희 시대 담화문을 통해 본 과학기술정책의 전개", 『한국과학사학회지』 34-1, 2012.

문만용, "한국과학기술연구소 설립 과정에서 한국과 미국의 역할", 『한국과학사학회지』 26-1, 2004.

문만용, "한국과학기술연구소(KIST)의 변천과 연구활동", 『한국과학사학회지』 28-1, 2006.

문만용, "한국의 '두뇌유출' 변화와 한국과학기술연구소(KIST)의 역할", 『한국문화』 37, 2006.

문만용·강미화, "박정희 시대 과학기술 "제도 구축자": 최형섭과 오원철", 『한국과학사학회지』 35-1, 2013.

문만용, "한국 과학기술자들의 '탈식민주의 갈망'", 『역사와 담론』 75, 2015.

문명재·이명진, "책임운영기관의 조직 인사 자율성과 제도적 개선 방향", 『한국조직학회보』 7-1, 2010.

박범순, "역사 속의 인스티튜션 빌더", 『한국과학사학회지』 35-1, 2013.

박석희, "정부기관 법인화의 행정책임성 문제: 농림수산분야 소속기관 사례", 『한국조직학회보』 7-2, 2010.

박성래, "한국과학사의 시대구분", 『한국학연구』 1권, 1994.

박용성, "농촌진흥청 조직혁신의 성과와 과제", 『한국정책학회 학술대회』, 2010.

박진희, "6월항쟁과 과학기술계", 『역사비평』 78, 2007.

박희제, "국가주도 과학의 상업화와 그 문화적 영향", 『담론 201』 16-4, 2013.

박희제, "한국 대학에서의 과학연구의 성격과 변화: 1980년대 이후 연구개발비 흐름을 중심으로", 『사회이론』 30, 2006.

선유정, "현신규의 임학연구 궤적─과학연구의 사회적 진화", 전북대학교 박사학위논문, 2012.

성지은·고영주, "탈추격 혁신을 위한 정부출연연구관의 노력과 과제: 한국화학연구원을 중심으로", 『기술혁신연구』 21-2, 2013.

송겸호, "행정기관에 있어서의 사회적 갈등: 원자력연구소의 경우", 서울대학교 행정대학원 석사학위논문, 1961.

송상용, "한국과학 25년의 반성", 『형성』 3권 4호, 1969.

송성수, "'전(全)국민의 과학화운동'의 출현과 쇠퇴", 『한국과학사학회지』 30-1, 2008.

송성수, "과학기술거점의 진화: 대덕연구단지의 사례", 『과학기술학연구』 9-1, 2009.

송성수, "한국 과학기술정책의 특성에 관한 시론적 고찰", 『과학기술학연구』 3, 2002.

송성수, "한국 철강산업의 기술능력 발전과정─1960~1990년대의 포항제철", 서울대학교 박사학위논문, 2002.

송하중·양기근·강창민, "고급과학기술인력의 두뇌유출 순환모형에 관한 연구", 『한국정책학회보』13-2, 2004.

신동천, "과학기술행정기구개혁에 관한 연구", 서울대학교 행정대학원 석사학위논문, 1966.

신창건, "경성제국대학에 있어서 한약연구의 성립",『사회와 역사』76, 2007.

신향숙, "1980년대 한국에서 유전공학의 등장과 제도화", 전북대학교 박사학위논문, 2013.

신향숙, "제5공화국의 과학기술정책과 박정희시대 유산의 변용: 기술드라이브정책과 기술진흥확대회의를 중심으로",『한국과학사학회지』37-3, 2015.

유훈, "한국의 정책형성유형에 관한 고찰",『행정논총』23-1, 1985.

윤종민, "과학기술기본법의 체계성 및 정합성 제고를 위한 개정방안",『기술혁신학회지』17-1, 2014.

이공래·송위진, "한국 국가혁신체제의 구조와 특징",『기술혁신연구』6-2, 1998.

이규호, "국가 R&D와 출연(연)이 가야 할 길",『화학연합』5-4, 2013.

이성우, "공공부문 구조조정, 어떻게 대응할 것인가?: 구조조정 실태와 노동조합의 대응—정부출연연구기관을 중심으로",『노동사회』23, 1998.

이영창, "해외과학기술두뇌의 유인과 공헌에 관한 연구",『한양대 사회과학논총』7, 1988.

이정, "식물 연구는 민족적 과제? 일제강점기 조선인 식물학자 도봉섭의 조선 식물 연구",『역사와 문화』25, 2013.

이정희, "한국의 과학기술정책 결정과정상의 특성에 관한 연구—대덕연구단지 설립 및 KAIST 이전계획을 중심으로", 고려대학교 박사학위논문, 1988.

이준상·김옥진, "국립보건원의 변천",『의사학』9-11, 2000.

이찬구, "과학기술 정책결정에서의 정책이전 연구: 연구회 도입 사례",『사회과학연구』26-1, 2010.

이철원, "과학기술계 정부출연연구기관의 새로운 도약을 위한 당면과제",『2007년 기술경영경제학회 학술발표회』, 2007.

이춘근, "북한의 과학기술체제 개혁과 시사점",『과학기술정책』148, 2004.

이태희, "제국 일본의 공업시험연구체제와 1910년대 조선총독부 중앙시험소의 공업화 전략",『역사와 문화』25, 2013.

이호성, "정부출연연구기관 위상 정립 및 인재 활용 방안",『물리학과 첨단기술』2012년 3월호.

임재윤, "기술도입, 국내 R&D, 그리고 기술 '국산화': 선경화학 폴리에스터 필름 제조기술과 그 보호를 둘러싼 논쟁 분석, 1976-1978", 서울대학교 석사학위논문, 2016.

임종태, "김용관의 발명학회와 1930년대 과학운동", 『한국과학사학회지』 17-2, 1995.

정병걸, "고착화와 전환의 실패: 출연연 문제의 기원과 성격", 『국가정책연구』 26-3, 2012.

정세환·설성수, "한국의 기초과학연구 발전의 시대구분과 발전요인 도출", 『기술혁신학
회지』 13-3, 2010.

정종현, "과학과 내셔날리즘: '해방전후' 과학(자)의 이동과 우장춘 서사의 과학 담론을
중심으로", 『상허학보』 39, 2013.

조철호, "1970년대 초반 박정희의 독자적 핵무기 개발과 한미관계", 『평화연구』 9호,
2000.

최형섭, "N.R.C.를 중심으로 하는 Canada의 과학기술의 진흥", 『화학과 공업의 진보』
4-3, 1964.

태의경, "카이스트 인공위성연구센터의 위성 기술 습득과 개선 과정 고찰", 『한국과학사
학회지』 37-1, 2015.

하민철·김영대, "공공연구기관 거버넌스 구조의 제도적 변화: 과학기술분야 정부출연연
구기관을 중심으로", 『정부학연구』 15-2, 2009.

한상복 외, "대학부설연구소의 활성 방향", 『대학교육』 24호, 1986.

함철훈, "과학기술혁신을 위한 특별법의 제정", 『과학기술정책』 100, 1997.

홍석률, "1960년대 한미관계와 박정희 군사정권", 『역사와 현실』 56, 2005.

홍성주, "한국 과학기술정책의 형성과 과학기술 행정체계의 등장, 1945-1967", 서울대학
교 박사학위논문, 2010.

홍일식, "대학의 연구기관", 『대학교육』 16호, 1985.

황혜란·윤정로, "한국의 기초연구능력 구축과정: 우수연구센터(ERC/SRC) 제도를 중심
으로", 『기술혁신학회지』 6-1, 2002.

Ahn, Soon Il, "A New Program in Cooperative Research between Academia and Industry in
Korea, Involving Centers of Excellence", *Technovation* 15-4 (1995).

An, Hyoung Joon, "Seeking Independence in Space: South Korea's Space Program (1958-
2010)", *Quest* 20-2 (2013).

Anderson, David A., "Technology Transfer via "Reverse Brain Drain": The Korean Case"
(United States International University Ph.D. Dissertation, 1993).

Arnold, Walter, "Science and Technology Development in Taiwan and South Korea", *Asian Survey* 28-4 (1988).

Choi, Hyungsub, "Emerging opportunities: nanoelectronics and engineering research in a South Korean university", *History and Technology* 30-4 (2014).

Choung, Jae-Yong and Hye-Ran Hwang, "The Evolutionary Patterns of Knowledge Production in Korea", *Scientometrics* 94 (2013).

DiMoia, John, "Atoms for Sale? Cold War Institution-Building and the South Korean Atomic Energy Project, 1945-1965", *Technology and Culture* 51-3 (2010).

Elzinga, Aant, "Features of the current science policy regime: Viewed in historical perspective", *Science and Public Policy* 39 (2012).

Eom, Boo-young and Keun Lee, "Determinants of industry-academy linkages and their impact on firm performance: The case of Korea as a latecomer in knowledge industrialization", *Research Policy* 39-5 (2010).

Etzkowitz, Henry, Andrew Webster, Christiane Gebhardt and Branca Regina Cantisano Terraa, "The future of the university and the university of the future: evolution of ivory tower to entrepreneurial paradigm", *Research Policy* 29-2 (2000).

Eun, Jong-Hak, Keun Lee and Guisheng Wu, "Explaining the "University-run enterprises" in China: A theoretical framework for university–industry relationship in developing countries and its application to China", *Research Policy* 35-9 (2006).

Gao, Zhicun and Clem Tisdell, "China's Reformed Science and Technology System: An Overview and Assessment", *Prometheus* 22-3 (2004).

Hayes, Peter and Chung-in Moon, "Park Chung Hee, the CIA & the Bomb", *Global Asia*, 6-3 (2011).

Hentges, Harret Ann, "The Repatriation and Utilization of High-Level Manpower: A Case Study of the Korea Institute of Science and Technology" (Johns Hopkins University Ph.D. Dissertation, 1975).

Huang, Wei-Chiao, "An empirical analysis of foreign student brain drain to the United States", *Economics of Education Reviews* 7-2 (1988).

Kim, Dong-Won and Stuart W. Leslie, "Winning Markets or Winning Nobel Prizes? KAIST and the Challenges of Late Industrialization", *Osiris* 13 (1998).

Kim, Dong-Won, "The Conflict between the Image and Role of Physics in South Korea",

Historical Studies in the Physical and Biological Sciences 33-1 (2002).

Kim, Seung-Young, "Security, Nationalism and the Pursuit of Nuclear Weapons and Missiles: The South Korean Case, 1972~82", *Diplomacy & Statecraft* 12-4 (2001).

Kim, Young Bae, "Contribution of Scientists and Engineers Abroad to the KIST Activities", International Symposium on Development of Industrial Research in Korea (KIST, 1968).

Ko, Young-Joo, "A Comparative Study on Science, Technology and Innovation Policy related to Public Sector Research Organisations in the UK and Korea" (University of Manchester Ph.D. Dissertation, 2005).

Lee, Byung Gwon, "KIST at 50, beyond the miracle", *Science* 351-6276 (2016).

Lee, Jung, "Invention without Science: "Korean Edisons" and the Changing Understanding of Technology in Colonial Korea", *Technology and Culture* 54-4 (2013).

Lee, K. Y., Lee, C. Y., Lee, T. Y. and Kwon, T. W., "Chemical Changes during Germination of Soybean(Ⅲ): Carbohydrate Metabolism", 『서울대학교 논문집』 9 (1959).

Mathews, John A., "The Origins and Dynamics of Taiwan's R&D Consortia", *Research Policy* 31 (2002).

Mazzoleni, Roberto and Richard R. Nelson, "Public Research Institutions and Economic Catch-up", *Research Policy* 36 (2007).

McClellan III, James E. and Franfois Regourd, "The Colonial Machine: French Science and Colonization in the Ancien Regime", *Osiris* 15 (2000).

Moon, Manyong, "Becoming a Biologist in Colonial Korea: Cultural Nationalism in a Teacher-cum-Biologist", *EASTS: An International Journal* 6 (2012).

Moon, Manyong, "Understanding Compressed Growth of Science and Technology in South Korea: Focusing on Public Research Institutes", *The Korean Journal for the History of Science* 37-2 (2015).

Partha, Dasgupta and Paul A. David, "Toward a new economics of science", *Research Policy* 23-5 (1994).

Radosevic, Slavo, "Transformation of Science and Technology Systems into Systems of Innovation in Central and Eastern Europe: The Emerging Patterns and Determinants", *Structural Change and Economic Dynamics* 10 (1999).

Rip, Arie and Barend J. R. Van der Meulen, "The Post-modern Research System", *Science and Public Policy* 23-6 (1996).

Sakakibara, Mariko and Dong-Sung Cho, "Cooperative R&D in Japan and Korea: A Comparison of Industrial Policy", *Research Policy* 31 (2002).

Senker, Jacqueline, "Introduction to a Special Issue on Changing Organization and Structure of European Public-Sector Research Systems", *Science and Public Policy* 27-6 (2000).

Shahidullah, Muhammad, "Institutionalization of Modern Science and Technology in Non-Western Societies: Lessons from Japan and India", *Knowledge: Creation, Diffusion, Utilization* 6-4 (1985).

Song, Hahzoong, "Reversal of Korean Brain Drain: 1960s-1980s", Paper for International Scientific Migrations Today (Institut de Recherche Pour le Developpement: Paris, 2000).

Uskoković, Vuk, Milica Ševkušic and Dragan P. Uskoković, "Strategies for the Scientific Progress of the Developing Countries in the New Millennium", *Science, Technology & Innovation Studies* 6-1 (2010).

Yim, Deok Soon and Wang Dong Kim, "The Evolutionary Responses of Korean Government Research Institutes in a Changing National Innovation System", *Science, Technology & Society* 10-1 (2005).

Yoon, Bang-Soon Launius, "State Power and Public R&D in Korea: A Case Study of the Korea Institute of Science and Technology" (University of Hawaii Ph.D. Dissertation, 1992).

2. 단행본

(사)기술혁신협회 부설 기업기술연구원, 『기술경쟁력 강화를 위한 기업연구소 활성화 방안 연구』, 과학기술부, 2002.

ADL, 『산업기술연구회 및 소관 연구기관 조직개선 방안 연구 최종보고서』, 2010.

KIST, 『KIST 30년사』, 1998.

KIST, 『KIST 40년사』, 2006.

KT 신사업기획본부, 『飛: KT R&D 20년, Be』, 2004.

강박광 외, 『70-90년대 주요 과학기술정책이 과학기술발전과 산업발전에 기여한 성과조사 분석』, 과학기술부, 2007.

강철희, 이병희, 유병철, Gerald A. Francis, 『조사보고서: 기계공업』, KIST, 1967.

감사원, 『국가 R&D 감사백서』, 감사원, 2013.

경제기획원, 『과학기술백서』, 1962.

경제기획원, 『과학기술연감, 1964』, 1964.

경제기획원, 『과학기술연감, 1966』, 1966.

과연회, 『국방부과학연구소』, 2003.

과학기술출연(연)발전 민간위원회, 『새로운 국가과학기술시스템 구축과 출연(연) 발전방 안』, 2010.

과학기술30년사 편찬위원회, 『과학기술30년사』, 과학기술처, 1997.

과학기술부, 『과학기술 40년사』, 2008.

과학기술부, 『과학기술연감 2004』, 2005.

과학기술부, 『특정연구개발사업 20년사』, 2003.

과학기술정책관리연구소, 『특정연구개발사업 연구성과』, 과학기술부, 1998.

과학기술정책연구소, 『특정연구개발사업('82-'89) 추진설적 및 성과에 대한 종합분석』, 과학기술처, 1991.

과학기술정책연구원, 『ETRI 35년 연구개발 성과분석―세계 5대 연구기관 비교』, 한국전 자통신연구원, 2012.

과학기술정책연구원, 『과학기술정책연구원 20년: 1987-2007』, 2007.

과학기술정책연구원, 『국가 R&D 시스템 변화에 대응한 산업기술연구회 및 소관 출연 (연) 운영체제 발전 방안』, 산업기술연구회, 2008.

과학기술처, 『과학기술연감 1978』, 1979.

과학기술처, 『과학기술연감 1989』, 1990.

과학기술처, 『과학기술연감 1990』, 1991.

과학기술처, 『과학기술연감 1993』, 1994.

과학기술처, 『과학기술 30년사』, 1997.

과학기술처, 『과학기술개발 장기종합계획 1967-1986』, 1968.

과학기술처, 『과학기술처 출연연구기관 백서』, 1997.

과학기술처, 『연구학원도시건설계획(안) 제2연구단지』, 1973.

과학기술처, 『특정연구개발사업안내』, 1986.

과학기술처, 『한국원자력연구소·한국핵연료개발공단 통합(안)』, 1980.

과학기술처, 『해양조사연구 장기종합계획 1971-1980』, 1969.

과학기술처, 『현황 1967』, 1967.

과학기술처, 과학기술정책관리연구소, 『과학기술처 출연연구기관백서』, 1997.

과학기자 모임, 『신한국 과학기술을 위한 연합 보고서』, 희성출판사, 1993.

과학철학교육위원회 편, 『과학기술의 철학적 이해 2』 제3판, 한양대학교출판부, 2006.

공학기술한림원, 『대한민국 100대 기술과 주역』, 2010.

교육50년사편찬위원회, 『교육50년사』, 교육부, 1998.

교육과학기술부·한국과학기술기획평가원, 『국가연구개발사업 성과총람』, 2009.

교육과학기술부·한국과학기술기획평가원, 『2010 연구개발활동조사보고서』, 2011.

교육과학기술부, 『과학기술연감 2008』, 2009.

국가과학기술위원회, 『2012 과학기술연감』, 2013.

국가균형발전위원회, 『선진국의 혁신 클러스터』, 동도원, 2005.

국가보위비상대책위원회, 『국보위 백서』, 1980.

국립공업기술원 편, 『국립공업기술원백년사』, 1993.

국립수산진흥원 편, 『국립수산진흥원 80년사: 1921~2001』, 2001.

국방과학연구소, 『국방의 초석 40년』, 2010.

권원기 외, 『우리나라 과학기술정책 수립과정에 영향을 미친 주요요인들의 조사 분석·정리』, 과학기술부, 2005.

권원기 외, 『과학기술정책이 경제발전에 기여한 성과조사 및 과제발굴』, 과학기술부, 2006.

권태완, 『仁溪 權泰完 박사 연구업적목록 및 고별강연록』, 인제대학교 식품생명과학부, 2003.

금성사 35년사 편찬위원회, 『금성사 35년사』, 금성사, 1993.

기술경영경제학회, (주)날리지웍스, 『KIST의 경제사회적 파급효과 분석』, 2013.

김갑수·송충한, 『첨단소형전문연구소의 배양 필요성에 관한 연구』, 과학기술정책연구원, 2001.

김갑수·유태수·김성수, 『산업기술연구조합―현황 및 새로운 발전방향』, 과학기술정책관리연구소, 1999.

김근배 외, 『근현대 산업기술분야 목록화 조사 연구용역 보고서』, 문화재청, 2012.

김근배 외, 『한국 학술연구 100년과 미래―2부 과학기술 연대기』, 한국연구재단, 2012.

김근배 외, 『한국 학술연구 100년과 미래―과학기술분야 연구사 및 우수 과학자의 조사 연구』, 한국연구재단, 2012.

김근배, 『한국 과학기술혁명의 구조』, 들녘, 2016.

김기형 외, 『과학대통령 박정희와 리더십』, 엠에스디미디어, 2010.

김덕현·성기수·Michael Tikson, 『조사보고서: 전자계산기』, KIST, 1968.

김연희, 『한국 근대과학 형성사』, 들녘, 2016.

김영식 편, 『근대사회와 과학』, 창작과비평사, 1989.

김영식·김근배 엮음, 『근현대 한국 사회의 과학』, 창작과비평사, 1998.

김영식·임경순, 『과학사신론』, 다산출판사, 2007.

김윤권 외, 『정부 조직관리의 자율성과 책임성에 관한 연구: 정부기관법인화·특별지방행
　　정기관·책임운영기관을 중심으로』, 한국행정연구원, 2012.

김재관 외, 『중공업발전의 기반―한국의 기계 및 소재공업의 현황과 전망분석』, KIST,
　　1970.

김종, 『蔬菜採種學』, 청구출판사, 1952.

김태욱, 『마음속에 살아 있는 인간 우장춘』, 신원문화사, 1984.

김한상, 『조국근대화를 유람하기』, 한국영상자료원, 2008.

김형만 외, 『대덕연구학원도시 조사연구 및 기본계획에 관한 연구』, 과학기술처, 1973.

나카야마 시게루·요시오카 히토시 편, 박영일·정경택 역, 『일본과학기술의 사회사』, 한
　　일미디어, 2000.

노재현, 『청와대비서실 2』, 중앙일보사, 1993.

농촌진흥청 축산기술연구소, 『축산연구오십년사』, 2002.

대덕전문연구단지관리본부, 『대덕연구단지 30년사 1973-2003』, 2003.

대통령비서실, 『중화학공업화정책선언에 따른 공업구조개편론』, 1973.

대한민국정부, 『제1차 기술진흥5개년계획(제1차 경제개발5개년계획 보완)』, 1962.

대한민국정부, 『제2차 과학기술진흥5개년계획 1967~1971』, 1966.

대한화학회 편, 『나는 과학자이다』, 양문, 2008.

도정애 편, 『한국 최초 약학자, 경성약전 교수 도봉섭 탄생 백주년기념 자료집』, 2003.

동양나이론이십오년사편찬위원회, 『동양나이론이십오년사』, 동양나이론, 1993.

미야타 신페이 지음, 김정식 펴냄, 『과학자의 자유로운 낙원』, 약산출판사, 2005.

문교부, 『해외유학생실태조사 중간보고서 증보판』, 1968.

문만용, 『한국의 현대적 연구체제의 형성: KIST의 설립과 변천, 1966~1980』, 선인, 2010.

문만용, 김영식, 『한국 근대과학 형성과정 자료』, 서울대학교출판부, 2004.

미래창조과학부·한국과학기술기획평가원, 『2012년도 연구개발활동조사보고서』, 2013.

미래창조과학부·한국과학기술기획평가원, 『2014년도 연구개발활동조사보고서』, 2015.

미래창조과학부·한국과학기술기획평가원, 『2015년도 국가연구개발사업 조사·분석 보고서』, 2016.

민철구·박기범·김선우·조현대·안종욱, 『연구소 중심의 대학연구시스템 활성화 방안』, 한국과학기술정책연구원, 2012.

박노영·민병기·김도균·이정림·이상용, 『대전지역 민주노동조합 운동사』, 한울, 2011.

박범순·우태민·신유정, 『사회 속의 기초과학』, 한울, 2016.

박상문 외, 『우수기업연구소 인증제 도입방안』, 교육과학기술부, 2013.

박종구 외, 『대학 연구력 제고를 위한 대학부설연구소 운영지원 체제 개선방안』, 교육과학기술부, 2011.

박준복, 『한국 미사일 40년의 신화』, 일조각, 2011.

사단법인 과총, 『우리나라 연구기관의 연구능력 조사에 관한 연구(연구소 편)』, 과학기술처, 1972.

사단법인 출연(연)연구발전협의회, 『출연(연)의 새로운 역할 및 위상 정립 방안 연구』, 과학기술부, 2007.

산업기술진흥협회, 『산업기술개발 30년』, 2009.

산업연구원, 『산업연구원 이십오년사: 1976-2001』, 2002.

삼성종합기술원, 『기술개발 10년사 1987-1997』, 1997.

삼성전자주식회사, 『삼성전자이십년사』, 1989.

삼성전자(주), 『삼성전자 30년사』, 1999.

서울대학교, 『서울대학교 40년사』, 1986.

서울대학교, 『서울대학교 50년사』, 1996.

서울대학교, 『서울대학교 60년사』, 2006.

설성수 외, 『소관연구기관 성과분석 및 경제사회적 기여전략 연구』, 기초기술연구회, 2004.

설성수 외, 『소관연구기관 성과분석 및 경제사회적 기여전략 연구(기초과학지원연구원, 한국천문연구원)』, 기초기술연구회, 2005.

설성수 외, 『인력양성사업 분석과 향후 추진방향에 관한 연구—한국연구재단지원사업을 중심으로』, 한국연구재단, 2012.

성기수박사 회갑기념행사준비위원회, 『의구 성기수박사 회갑기념집』, 1993.

손진훈·노환진, 『국가연구개발원 설립 및 운영방안 연구』, 국가과학기술위원회, 2013.

송성수, 『과학기술과 사회의 접점을 찾아서』, 한울, 2011.

송성수, 『기술혁신이란 무엇인가』, 생각의힘, 2014.

송위진 외, 『한국 과학기술자 사회의 특성 분석—脫추격체제로의 전환을 중심으로』, 과학기술정책연구원, 2003.

신인호, 『무내미에는 기적이 없다』, 책으로만나는세상, 2003.

쓰노다 후사코, 오상현 옮김, 『조국은 나를 인정했다』, 교문사, 1992.

안동혁, 『과학신화』, 조선공업도서출판사, 1947.

안동혁, 『계상』, 안동혁선생팔순기념문집간행위원회, 1986.

양준철 외, 『반도체, 신화를 쓰다: 한국반도체산업발전사』, 한국반도체산업협회, 2012.

엄미정·박기범·김왕동·민철구·정성욱, 『R&D 환경변화에 대응한 대학내 연구조직 지원정책 개선방안』, 한국과학기술정책연구원, 2009.

연구개발인력교육원 편, 『전임 기관장이 들려주는 정부출연(연) 경영이야기』, 2012.

연구개발특구진흥재단, 『대덕연구개발특구 40년사』, 2013.

오원철, 『한국형 경제건설 제3권』, 기아경제연구소, 1996.

오원철, 『한국형 경제건설 제5권』, 기아경제연구소, 1996.

원예연구소, 『원예연구소 오십년』, 2003.

원유형, 『출연(연) R&D 글로벌화 추진방안: KIST 사례를 중심으로』, 한국산업기술진흥재단, 2009.

유헌수·박운서, 『생산기술 어떻게 할 것인가』, 생산기술연구원, 1989.

이공래·정근모, 『중간진입전략』, 나남, 1996.

이기열, 『소리없는 혁명: 80년대 정보통신 비사』, 북스토리, 2006.

이덕선 외, 『연구·교육단지 건설을 위한 마스터 푸랜』, 과학기술처, 1971.

이민형·안두현·정미애·이혜진·고영주·변영지, 『연구성과 제고를 위한 정부출연연구기관 역할 및 운영체계 효율화 방안』, 과학기술정책연구원, 2012.

이영래, 『우장춘의 마코토』, HNCOM, 2013.

이지수 엮음, 『박정희 시대를 회고한다』, 선인, 2010.

이철원 외, 『산업기술연구회 소관 출연기관 연구성과의 경제적 효과분석(I)』, 2003.

임기철·이철원 외, 『국민소득 2만 달러 시대 대비 정부출연연구기관의 전략적 발전 방안—과학기술계』, 경제사회연구회, 2004.

임윤철, 『종료 우수연구센터 종합분석 조사연구』, 한국과학재단, 2002.

임정남 외, 『국공립연구기관의 활성화 방안 연구』, 과학기술처, 1988.

재미한인과학기술자협회25년 역사편찬위원회 편, 『재미한인과학기술자 개인 및 단체 형성과 업적에 관한 연구』, 재미한인과학기술자협회, 1998.

전민제, 『이당 전민제: 화학, 석유, 그리고 엔지니어링 산업을 향한 꿈. 권1 자전적 회고록』, 한국화학회관, 2011.

전상근 외, 『미국학술원초청 미국과학계 시찰보고서』, 1963.

전상근, 『한국의 과학기술정책: 한 정책입안자의 증언』, 정우사, 1982.

전유정·차두원, 『주요국 연구기관의 블록펀딩 지원 동향 및 시사점』, 한국과학기술기획평가원, 2011.

정근모 외, 『경제대국, 과학기술강국 그 희망의 초석 한국과학원의 설립』, 명지대학교 과학기술사회연구소, 2006.

정만영 외, 『전자공업육성정책 수립을 위한 국내전자공업 및 관련분야 조사보고서』, KIST, 1968.

정인영 편저, 『홍릉 숲 속의 경제 브레인들』, 한국개발연구원, 2002.

정재용·황혜란 엮음, 『추격형 혁신시스템을 진단한다』, 한울아카데미, 2013.

정진석, 『총성 없는 전선: 격동의 한미일 현대 외교 비사』, 한국문원, 1999.

정태현·도봉섭·이덕봉·이휘재, 『조선식물향명집』, 조선식물연구회, 1937.

정태현, 『한국식물도감 하권 초본부』, 신지사, 1956.

정형지, 홍대순 외, 『제3세대 R&D 그 이후』, 케이디북스, 2007.

조석준, 『한국행정조직론(제2판)』, 법문사, 1996.

조성락 외, 『국내 연구개발조직의 육성과 상호 연계체제 구축에 관한 연구』, 과학기술정책관리연구소, 1993.

조현대·황용수·김왕동·성태경·이대희·이병헌·강영주·이근, 『국내외 공공연구시스템의 변천과 우리의 발전과제』, 과학기술정책연구원, 2007.

조황희·이은경·이춘근·김선우, 『한국의 과학기술인력 정책』, 과학기술정책연구원, 2002.

진대제, 『열정을 경영하라』, 김영사, 2006.

채영복 외, 『국가과학기술발전과 정부출연연구기관의 역할에 관한 연구』, 과학기술처, 1991.

최형섭 외, 『과학기술진흥장기종합기본정책에 관한 조사연구 (2)』, 과학기술처, 1968.

최형섭, 『개발도상국의 공업연구』, 일조각, 1976.

최형섭, 『불이 꺼지지 않는 연구소』, 조선일보사출판국, 1995.

충비십년사편찬위원회, 『충비십년사』, 충주비료주식회사, 1968.

캐쓸린 쎌렌 저, 신원철 역, 『제도는 어떻게 진화하는가—독일 영국 미국 일본에서의 숙련의 정치경제』, 모티브북, 2011.

쿠쿠전자(주)편, 『CUCKOO 30년』, 2008.

테사 모리스 스즈키 저, 박영무 역, 『일본 기술의 변천』, 한승, 1998.

포항산업과학연구원10년사 편찬위원회, 『포항산업과학연구원 10년사』, 재단법인 포항산업과학연구원, 1997.

피터 보울러·이완 리스 모러스 공저, 김봉국·서민우·홍성욱 공역, 『현대과학의 풍경2』, 궁리, 2005.

한국경제 60년사 편찬위원회, 『한국경제 60년사 II 산업』, 한국개발연구원, 2010.

한국과학기술기획평가원, 『정부출연연구기관 성과평가의 발전방안 및 성과제고를 위한 방안 도출』, 2010.

한국과학기술단체총연합회, 『한국과학기술30년사』, 1980.

한국과학기술단체총연합회, 『과총 40년사(연혁집)』, 2006.

한국과학기술연구소 소사편찬위원회, 『한국과학기술연구소의 설립: 소사편찬자료 제1집』, 한국과학기술연구소, 1971.

한국과학기술연구원, 『KIST 25년사』, 1994.

한국과학기술원, 『2000년대를 향한 과학기술발전 장기계획』, 1985.

한국과학기술원, 『대덕연구단지의 활성화계획 수립에 관한 연구』, 과학기술처, 1984.

한국과학기술원부설 과학기술정책연구평가센터, 『특정연구개발사업 시행5년』, 과학기술처, 1987.

한국과학기술정보연구원, 『한국과학기술정보연구원 50년사』, 2012.

한국과학기술학회, 『과학기술학의 세계』, 휴먼사이언스, 2014.

한국기계연구원, 『한국기계연구원30년사』, 2006.

한국노동연구원, 『정부출연(연)의 바람직한 노사관계 설정에 관한 연구』, 국가과학기술자문회의, 2002.

한국농촌경제연구원 편, 『한국농정50년사 III권. 농정반세기 증언』, 농림부, 1999.

한국미래학회 편, 『미래를 되돌아본다』, 나남, 1988.

한국산업기술인구락부, 『산업부흥의 문제점』, 1961.

한국산업기술진흥협회, 『2011년도 기업연구소 현황분석』, 2012.

한국산업기술진흥협회, 『기업부설연구소 및 산업기술연구조합 현황과 활동』, 1986.

한국산업기술진흥협회,『기업연구소의 기술경영 실태 및 과제』, 2007.

한국산업기술진흥협회,『산업기술개발 30년』, 2009.

한국산업기술진흥협회,『기업연구소 심층분석 역량진단에 관한 연구』, 2010.

한국산업기술진흥협회,『2011년도 기업연구소 현황분석』, 2012.

한국산업은행 기술부,『한국과학기술요람』, 1959.

한국식품연구원,『한국식품연구원 20년사, 1988-2008』, 2008.

한국연구재단,『2013 미래창조과학부 주요 연구개발사업 성과분석보고서』, 미래창조과
학부, 2013.

한국원자력연구원,『한국원자력연구원 50년사』, 2009.

한국전자통신연구소,『한국전자통신연구소 17년사』, 1995.

한국전자통신연구원,『ETRI 30년 IT Korea 30년』, 2006.

한국전자통신연구원,『한국전자통신연구원 35년사』, 2012.

한국정신문화연구원 편,『1970년대 전반기의 정치사회변동』, 백산서당, 1999.

한국조폐공사 편,『한국화폐전사』, 동공사, 1971.

한국지질자원연구원,『지질 자원 그리고 지구환경: 한국지질자원연구원 30주년[통산 88
주년]』, 2006.

한국천문연구원,『한국천문연구원 30년사』, 2004.

한국표준과학연구원 30년사 편찬위원회,『한국표준과학연구원 30년사』, 한국표준과학
연구원, 2005.

한국학술진흥재단,『대학부설연구소총람 1987』, 1987.

한국해양연구소20년사 발간준비위원회 편,『한국해양연구소 이십년사』, 한국해양연구
소, 1993.

한국해양연구원 30년사편찬위원회 편,『한국해양연구원 30년사: 1973-2003』, 한국해양
연구원, 2003.

한국화학연구소,『한국화학연구소10년사』, 1986.

한상준 외,『장기 에너지수급에 관한 조사연구(1966-1981)』, 과학기술처, 1968.

한스 싱거,『국제경제개발의 전략―한스 싱거 교수의 개발노선』, 국제경제연구원, 1978.

한홍구,『대한민국사 2』, 한겨레출판, 2003.

해리 최 외,『한국기계공업 육성방향 연구조사보고서』, 경제기획원, 1970.

행정개혁위원회,『행정개혁에 관한 건의』, 1989.

현대경제연구원,『VIP REPORT: 과학기술강국 발목 잡는 '코리안 패러독스'』, 2011.

홍성범, 『중국의 과학기술체제와 정책』, 과학기술정책관리연구소, 1996.

환력기념집발간회 편, 『과학기술과 더불어: 최형섭 박사 환력기념회상록』, 1981.

Leonard Reiffel, 『대한민국 원자력 연구에 관한 보고서』, 원자력원, 1960.

Campbell, Joel R., *The Technology Policy of the Korean State Since 1961* (The Edwin Mellen Press, 2009).

Dearing, James W., *Growing a Japanese Science City: Communication in Scientific Research* (Routledge, 1995).

Etzkowitz, Henry and Loet Leydesdorff eds., *Universities in the Global Economy: A Triple Helix of University-Industry-Government Relations* (Continuum International Publishing Group, Limited, 1997).

Gereffi, Gary and Donald L. Wyman eds., *Manufacturing Miracles: Paths of Industrialization in Latin America and East Asia* (Princeton University Press, 1990).

Greene, J. Megan, *The Origins of the Developmental State in Taiwan: Science Policy and the Quest for Modernization* (Harvard University Press, 2008).

Gupta, Uma Das ed., *Science and Modern India: An Institutional History, c.1784-1947* (Center for Studies in Civilizations, 2011).

Jasanoff, Sheila et. al. eds., *Handbook of Science and Technology Studies* (Sage Publications, 1995).

Kim, Linsu and Richard R. Nelson eds., *Technology, Learning, & Innovation* (Cambridge University Press, 2000).

KIST, *Korea Institute of Science and Technology '67* (1968).

Lambright, Henry, *Presidential Management of Science and Technology: The Johnson Presidency* (University of Texas Press, 1985).

Mathews John A. and Dong-Sung Cho, *Tiger Technology: The Creation of a Semiconductor Industry in East Asia* (Cambridge University Press, 2000).

Meske, Werner, *Institutional Transformation of S&T Systems in the European Economies in Transition* (Wissenschaftszentrum, 1998).

Mizuno, Hiromi, *Science for the Empire: Scientific Nationalism in Modern Japan* (Stanford University Press, 2009).

Nakayama, Shigeru, *Academic and Scientific Traditions in China, Japan, and the West* (University of Tokyo Press, 1984).

Nakayama, Shigeru and Kunio Goto eds., *A Social History of Science and Technology in Contemporary Japan Volume 3* (Trans Pacific Press, 2006).

Niland, John R., *The Asian Engineering Brain Drain: A Study of International Relocation into the United States from India, China, Korea, Thailand and Japan* (Heath Lexington Books, 1970).

OECD, *Governance of Public Research: Toward Better Practices* (OECD Publishing, 2003).

OECD, *Public Research Institutions: Mapping Sector Trends* (OECD Publishing, 2011).

OECD, *The Changing Role of Government Research Laboratories* (OECD Publishing, 1989).

Prakash, Gyan, *Another Reason: Science and the Imagination of Modern India* (Princeton University Press, 1999).

Rodriguez, Julia, *Civilizing Argentina: Science, Medicine, and the Modern State* (The University of North Carolina Press, 2006).

Sato, Jin and Yasutami Shimomura eds., *The Rise of Asian Donors: Japan's impact on the evolution of emerging donors* (Routledge, 2013).

Schwartzman, Simon, *A Space For Science: The Development of the Scientific Community in Brazil* (The Pennsylvania State University Press, 1991).

Westwick, Peter J., *The National Labs* (Harvard University Press, 2003).

Yusuf, Shahid and Kaoru Nabeshima eds. *How Universities Promote Economic Growth* (The World Bank, 2007).

科学技術政策研究所,『科学技術の状況に係る総合的意識調査(定点調査 2010)』, 2011.
中山茂,『科学技術の国際競争力: アメリカと日本 相剋の半世紀』, 朝日新聞社, 2006.
沢井実,『近代日本の研究開発体制』, 名古屋大学出版会, 2012.
杉山滋郎,『日本の近代科學史』, 朝倉書店, 1994.

3. 1차 사료

KIST, 『선박연구소 설립안』(1972).

KIST 제52회 이사회 회의록 (1975. 3. 21).

KIST 제60회 이사회 회의록 (1977. 10. 21).

KIST, "출연연구기관의 운영효율화를 위한 체제의 발전적 정비" (1980), KIST 문서보관실 자료.

『1988년 국회 상공위원회 산업연구원 국정감사 회의록』(1988. 10. 18).

과학기술처, "연구개발체제 정비와 운영개선 방안" (1980), KIST 문서보관실 자료.

과학기술처, 『한국원자력연구소·한국핵연료개발공단 통합(안)』(1980), KIST 문서보관실 자료

과학기술처 진흥국, "연구소 운영의 효율화 방안(시안)" (1980), KIST 문서보관실 자료.

김원태무임소장관실, "과학기술행정기구설치(안)" (1967. 2), 국가기록원 자료.

정부출연연구기관 합동평가단, "과학기술계 정부출연연구기관의 기능 재정립 및 운영효율방안(안)" (1991. 7).

경제각료회의 의안번호 제128호 "假稱 '韓國科學技術研究所法'(案)" (1963), 국가기록원 서울기록정보센터 자료.

경제·과학심의회의 사무국, "Hornig 박사 일행 방한 경과보고서" (1965), KIST 역사관 소장 자료.

경제기획원, "한국과학기술연구소 설치방안" (1965. 7), KIST 역사관 소장 자료.

린든 존슨 도서관(Lyndon Baines Johnson Library)의 구술사 컬렉션(Oral History Collection), "Donald F. Hornig Oral History, Interview Ⅰ (1968. 12. 4)".

이창석, "한국과학기술연구소의 현황과 문제점" (1969. 3. 28), KIST 제25회 이사회 회의록 (1969. 3. 31) 첨부자료 .

"전자통신연구소 설립에 관한 사업계획서" (KIST, 1973).

제1차원자력학술회의, "건의문" (1959).

제5회 경제·과학심의회의 의결사항: 최규남·이종진 "과학기술행정기구개편안" (1965. 2. 23), 국가기록원 서울기록정보센터 자료.

『제14대 국회 통신과학기술위원회 국정감사 회의록』(1995. 10. 14).

『제99회 국회 제1차 경제과학위원회 회의록』(1978. 3. 4).

주한미대사관의 부대사 뉴먼(Newman)이 국무성에 보낸 전문. "Korean Institute of Science and Technology" (1966. 6. 10), NARA.

주한 미대사관 전문 America Embassy Seoul Airgram to Department of State, "Professional Scientific and Technological Personnel in Korea: Some Comments Relevant of the Brain Drain" (1966. 8. 3), RG 59 General Records of the Department of State, Central Foreign Policy Files, 1964-1966, box 3115-1, NARA.

총무처, "심의자료: 과학기술행정기구설치" (1967. 2), 국가기록원 자료.

최연상, "감사보고서(현황과 문제점)에 대한 의견서" (KIST 총무과, 1969), KIST 문서보관실 소장 이사회 관련 자료.

『한국과학기술연구소 비사 제2권: 최형섭』 (1975. 2. 19), KIST 역사관 자료.

『한국과학기술연구소 비사 제3권: 최형섭』 (1975. 5. 28), KIST 역사관 자료.

『한국과학기술연구소 비사 제9권: 신동식』 (1975. 7. 2), KIST 역사관 자료.

『한국과학기술연구소 비사 제25권: 김훈철』 (1975. 7. 8), KIST 역사관 자료.

『한국과학기술연구소 비사 제29권: 이민하·안병주』 (1975. 3. 5), KIST 역사관 자료.

한국전자통신연구원, "ETRI Vision 2020" (ETRI, 2008).

"현황보고" (KIST, 1979), KIST 문서보관실 소장 이사회 관련 자료.

Meinke, Wayne, "Report on Visit to Korea (Arpil 1962)", box 24, 4-5, Michigan Memorial Phoenix Project Papers, Bentley Historical Library, University of Michigan.

"Communist North Korean Reaction to President Johnson's Offer to President Park" (1965. 8. 19), RG 359-part 2, NARA.

Economic Planning Board, "Scientific and Technical Research Organizations and Their Activities in Korea" (1965), KIST 역사관 소장 자료.

Hornig, Donald F., "Report to the President: Regarding the Feasibility of Establishing in Korea with U.S. Cooperation an Institute for Industrial Technology and Applied Science" (1965. 8), KIST 역사관 소장 자료.

Hornig, Donald F., "Memorandum for Walt W. Rostow: Serious Drains of Philippino Physicians to the U.S.—Proposal for President Marcos' Visit" (1966. 9. 9), LBJ Library.

"Memorandum: Name of Korean Institute for Industrial Technology and Applied Science" (1965. 8. 9), RG 359 General Records of Department of States part1, NARA.

Slowter, E. E., J. L. Gray, W. J. Harris and D. D. Evans, "Report on the Establishment and Organization of a Korean Institute of Industrial Technology and Applied Science" (Battelle

Memorial Institute, 1965), KIST 역사관 자료.

"The Korea Institute of Science and Technology" (1966. 6), KIST 역사관 자료.

"Visits and Missions Korea 1965, Research Institute for Korea", RG59 General Records of Department of States, Bureau of Far Eastern Affairs, box5 SCI-7, NARA.

찾아보기

The Evolution of Science and Technology Research Systems in South Korea

MOON Manyong

Assistant Professor

Korean Research Institute of Science, Technology and Civilization

Chonbuk National University

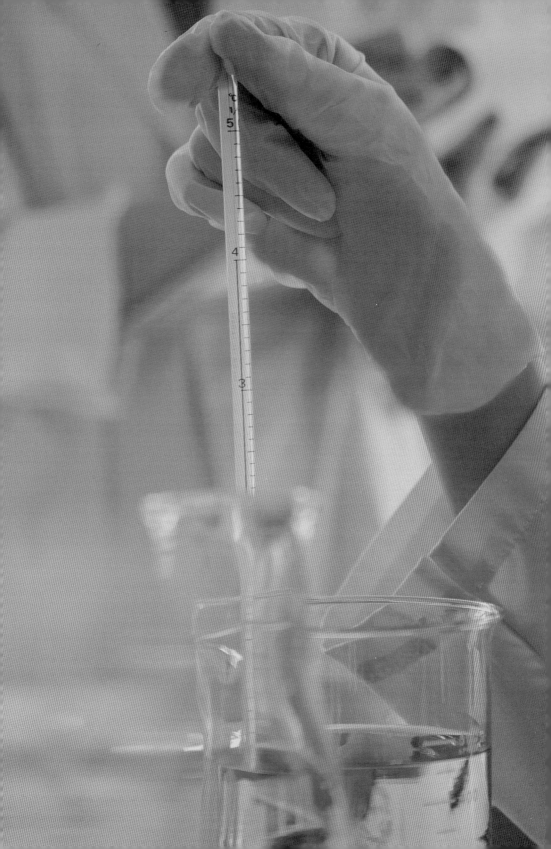